suhrkamp taschenbuch 2707

Was ist übriggeblieben von der westdeutschen Studentenbewegung der späten sechziger Jahre? Heinz Bude nimmt ein Vierteljahrhundert später die Generation in den Blick, der der gesellschaftliche Aufbruch jener Zeit zugeschrieben wird. 1968 waren die Jahrgänge 1938 bis 1948 zwischen zwanzig und dreißig Jahre alt. Heute befinden sich die Fünfzigjährigen in der Prominenzphase ihres Lebenslaufs. Nach dem Abtritt der »skeptischen Generation« hat die 68er Generation im Verhältnis der Generationen die Führungsrolle übernommen. Die einstigen Rebellinnen und Rebellen der Wohlstandsgesellschaft verkörpern heute die Autorität und den Charme der neuen Bundesrepublik. Von welchen Einsichten und Überzeugungen lassen sie sich leiten? In welchen Lebensmodellen drücken sich ihre Erfahrungsbilanzen aus? Welche Praktiken der Freiheit sind aus jenen Prozessen der Befreiung hervorgegangen? Im Zentrum der Untersuchung stehen sechs Porträts von Angehörigen der 68er Generation: drei Frauen und drei Männer, alle Stichwortgeber ihrer Generation. Ein Verleger und eine prominente Feministin, ein individualisierter Bewegungsunternehmer und eine Fernsehredakteurin, ein Professor für Gesellschaftstheorie und eine Politikerin der Grünen liefern Stoff für das Gesamtbild einer Generation, die zur Erfolgsgeschichte der alten Bundesrepublik gehört.

Heinz Bude, geboren 1954 in Wuppertal, studierte Soziologie und Psychologie in Tübingen und Berlin. Nach Lehr- und Forschungstätigkeit an der Freien Universität Berlin ist er jetzt Mitglied des Hamburger Instituts für Sozialforschung. Ebenfalls im Suhrkamp Verlag erschienen: *Deutsche Karrieren. Lebenskonstruktionen sozialer Aufsteiger aus der Flakhelfer-Generation* (1987) und *Bilanz der Nachfolge. Die Bundesrepublik und der Nationalsozialismus* (1992).

Heinz Bude

Das Altern einer Generation

Die Jahrgänge 1938 bis 1948

Suhrkamp

Umschlagfoto: Abisag Tüllmann

suhrkamp taschenbuch 2707
Erste Auflage 1997

Druck: Nomos Verlagsgesellschaft, Baden-Baden
Printed in Germany
Umschlag nach Entwürfen von
Willy Fleckhaus und Rolf Staudt

1 2 3 4 5 6 - 02 01 00 99 98 97

Inhalt

Die Methode des Porträtisten 7

I. Der Hintergrund

1. »Die große Nacht im Eimer« 17
2. Das Entstehen einer Generation 37
3. Was war 1968? 57
4. Eine Physiognomie der Bewegung 83
5. Das Gefühl der Lebensmitte 95

II. Die Porträts

1. Die lebenslange Fixierung
   Peter Beckmanns allzu großer Ödipus 105
2. Der Weg nach Hause
   Klaus Bregenz und die Kritische Theorie 145
3. Die Suche nach dem Unmöglichen
   Paul Arnheim und die Bücher 191
4. Das Scheitern eines Flüchtlingskinds
   Katharina von Gransow und der Glaube ans Höhere 242
5. Wunderbare Wandlungen
   Adelheid Guttmann und das esoterische Gefühl 275
6. Die Prophetin des Untergangs
   Camilla Blisse und das stolze Beharren 314

III. Die Betrachter

1. Was zu sehen ist 353
2. Wie gesehen wird 360

Danksagung 365
Literatur 367

Die Methode des Porträtisten

Es gibt in der soziologischen Kunst Landschaftsmaler und Porträtmaler[1]. Die einen zeichnen unsere Gesellschaft im Großformat mit den hauptsächlichen Aufenthaltsorten, zentralen Verbindungswegen und entscheidenden Umschlagspunkten. Man spricht von Spätkapitalismus oder nivellierter Mittelstandsgesellschaft, von Industriegesellschaft oder modernisierter Moderne, von einer subkulturell pluralisierten oder einer funktional differenzierten Gesellschaft. Die anderen heben die einzelnen Figuren heraus, die sich durch diese variablen Geographien bewegen. Man sieht den Bourgeois und den Hofkünstler, den Kleinbürger und den Intellektuellen, den Touristen und den Wechselwähler. Die soziologischen Landschaftsmaler operieren mit unanschaulichen Begriffen wie Struktur, System, Funktion und Code, während die soziologischen Porträtmaler mit sozialpsychologischen Phänomenen wie dem Wunsch, Anerkennung zu finden, der Bereitschaft, Macht zu demonstrieren, oder der Begierde, den eigenen Tod zu überdauern, befaßt sind. Die einen sehen das gesellschaftliche Leben gewissermaßen von außen und von weitem, die anderen von innen und von nahem. Damit hängen die möglichen perspektivischen Täuschungen beider Methoden zusammen: Im einen Fall bleiben die Menschen hohl und lösen sich zuletzt in Systemen von Interaktionen und Kommunikationen auf, und im anderen Fall sind sie übervoll mit Motiven, Absichten und Ängsten und verpuppen sich am Ende zu monströsen Körpern und Seelen. Natürlich wünscht man sich Gesellschaftsbilder, die eine Kombination beider Perspektiven darstellen: Die Landschaft, die die Kommunikationsformen und Handlungskorridore festlegt, und die einzelnen Figuren, die in Verzweiflung, Freude oder Haß diese Chance verpassen, sich jener Anmutung widersetzen und plötzlich zu überraschenden Handlungsweisen greifen. Aber solche Gesamtdarstellungen kann man nicht von einem einzelnen Autor erwarten. Es ist eine von persönlichen Vorlieben und Passionen

1 Vgl. Robert Nisbet, Sociology as an Art Form, London 1976.

abhängige Entscheidung, welche Methode ein Soziologe wählt. Jedenfalls muß er sich entscheiden, wie er anfängt: ob erst einmal mit dem Einzelnen oder gleich mit dem Ganzen.
Die Porträts, die hier vorgelegt werden, beruhen jeweils auf einem einzigen offenen Interview, aus dem für die Interviewten nichts weiter gefolgt ist. Man hat sich also nicht wieder getroffen, um Aspekte zu vertiefen, Lücken zu schließen oder Deutungen auszuhandeln, sondern es blieb bei dem einmaligen und unwiederholbaren Gespräch. In dieser bewußt inszenierten Außeralltäglichkeit liegt freilich eine besondere Wahrheitschance beschlossen. Hierin gleicht das sozialwissenschaftliche Interview einem Gespräch, das man mit irgend jemandem auf der Parkbank oder im Zugabteil führt. Es ist diese Punktualität und Flüchtigkeit der Begegnung, die den Befragten das Risiko eingehen läßt, das Ganze seiner Existenz ins Gespräch zu bringen. Bei allem Bemühen, blamable Geschichten auszuklammern oder unangenehme Punkte zu umgehen, überrascht immer wieder die Bereitschaft, sich als Person zur Disposition zu stellen. Es kommt beim sozialwissenschaftlichen Interview allerdings noch ein bestimmtes narzißtisches Motiv hinzu: das Versprechen nämlich, daß die eigene Besonderheit als Ausdruck einer Allgemeinheit genommen wird. Durch die Kategorisierung als sozialwissenschaftliches Forschungsinstrument enthält das Gespräch einen besonderen Rahmen, in dem der einzelne sich als Autor, Erzähler und Protagonist einer Geschichte von größerem und allgemeinerem Interesse präsentieren kann[2]. Damit wird die Möglichkeit der Darstellung eines Zusammmenhangs zwischen den kurzen Episoden der kontingenten Biographie und den langen Wellen der gesellschaftlichen Geschichte geboten.

2 Philippe Lejeune, Der autobiographische Pakt, Frankfurt a.M. 1994, nimmt die Identität dieser drei Sprechrollen als Ausgangspunkt für seine Rekonstruktion des Genres der Autobiographie. Zu Formen und Determinanten biographischer Thematisierungen vgl. Martin Kohli, Zur Theorie der biographischen Selbst- und Fremdthematisierung, in: Joachim Matthes (Hrsg.), Lebenswelt und soziale Probleme. Verhandlungen des 20. Deutschen Soziologentags Bremen 1980, Frankfurt a.M./New York 1981, S. 502-520.

Die Interviewführung fördert dieses Gesprächsformat. Ein wohlbedachter »Erzählimpuls«[3] bringt den Befragten in das Erwartungssystem dieser eigenartigen kommunikativen Gattung zwischen autobiographischer Stegreiferzählung und kollektivem Epos. In unserem Fall war das meistens die Frage: »Wissen Sie noch, wie Sie die Nachricht vom Attentat auf Rudi Dutschke bekommen haben?« Von da aus oszilliert das Gespräch zwischen ganz persönlichen und privaten Erinnerungen und Bezugnahmen auf öffentliche Vorgänge und Ereignisse. In dieser Bewegung, die vom Interviewer mal mit unterstützenden Nachfragen, mal mit der konfrontativen Aufforderung zu persönlichen und politischen Konfessionen, mal mit dem bloßen Äußern des Rezeptionssignals begleitet wird, entfaltet sich der einzelne in seinen sozialen und historischen Verquickungen und bringt sich so als kollektives Individuum hervor.

Der Fortgang des Interviews bekräftigt ein Bündnis des Wissenwollens zwischem dem Sozialforscher und seinem Objekt. Es geht um die Frage, ob unsere Biographie nichts anderes ist als eine Sammlung von Zufällen oder ob nicht doch gewisse soziale Mechanismen und historische Operationen dem individuellen Lebenslauf einen kollektiven Zuschnitt verleihen. Sollten wir wirklich allein uns selbst und der Kontingenz unserer Existenz überlassen sein – ohne Rückhalt in kollektiven geschichtlichen Prozessen und ohne die Möglichkeit, unser gemeines Unglück als Variation eines allgemeinen Schicksals sehen zu können? Vielleicht ist hier der eigentliche Grund für die erstaunliche Bereitschaft der Befragten zu finden, sich der Obszönität einer auf die Preisgabe intimer und geheimer Bereiche der Person zielenden Befragung auszusetzen[4].

3 Fritz Schütze hat in seiner ausgeklügelten »Technik des narrativen Interviews«, vgl. zum Beispiel: Biographieforschung und narratives Interview, in: Neue Praxis 13, 1983, S. 283-293, auf die formative Wirkung des ersten »erzählgenerierenden Impulses« hingewiesen.

4 Aron Ronald Bodenheimer, Warum? Von der Obszönität des Fragens, Stuttgart 1985, hat der Sozialforschung die Obszönität ihrer angeblich allein der Wahrheit und dem Wissen verpflichteten Tätigkeit ins Stammbuch geschrieben.

Die Rekonstruktion des Porträts hält sich mit phantastischer Genauigkeit an den verschrifteten Text des Gesagten. Kein »ehm« und kein »äh« soll dem Leser entgehen dürfen. Man mag in den Anstrengungen um eine exakte Transkription das aus dem Surrealismus bekannte ästhetische Ideal einer direkten Mitschrift des Lebens wiedererkennen. Doch nur der Text stellt die Objektivierungsform »natürlicher« Daten dar, die die Gewähr dafür liefert, daß die Methode des Zweifels auf den Interpretationsprozeß angewandt werden kann. Etwas einfacher ausgedrückt: Über Eindrücke und Ganzwahrnehmungen können die, die nicht dabei gewesen sind, schwerlich diskutieren. Interpretationen am Text jedoch müssen mit dem, was schwarz auf weiß geschrieben steht, vereinbar sein. Und jeder Nichteingeweihte kann durch Hinweis auf eine nicht beachtete Kleinigkeit des Textes die gesamte Interpretation zu Fall bringen. Dadurch gewinnt der Text freilich eine Objektivität eigener Art, die wirklicher zu sein scheint als die Wirklichkeit selbst. Natürlich bilden Körperhaltungen, Blicke und Körpergerüche eine grundlegende Schicht des Vorverständnisses, die dem weiteren Verstehen zugrunde liegt. Aber unglücklicherweise wissen wir in der Regel nicht, was wir wissen. Das Verständnis leibexpressiver Äußerungen sperrt sich bis zu einem gewissen Grade der reflexiven Durchdringung. Wir müssen uns deshalb wohl oder übel auf den Text des Gesagten konzentrieren, der freilich mehr sagt, als man gewöhnlich meint.

Der Anfang eines offenen Interviews ist immer signifikant. Hier muß die zur Rede gestellte Person sich buchstäblich ins Nichts entwerfen, was dazu führt, daß sich in ihren ersten Äußerungen das Ganze ihrer Existenz verdichtet[5]. Es ist wie mit dem Verständnis einer Sprache, deren einzelne Sequenzen auf das Gesamt des artikulierten Systems verweisen. Nur ist das Ganze in den anfänglichen Äußerungen ebensowenig vollständig wie grundsätzlich präsent. Man sollte eher an das tragende Gefüge eines Gewölbes denken, bei dem ein Element das an-

5 Vgl. als kurze Exemplifikation Heinz Bude, Was sagt der Anfang eines offenen Interviews über die Lebenskonstruktion einer Rheumakranken?, in: Gerd Jüttemann (Hrsg.), Komparative Kasuistik, Heidelberg 1990, S. 218-226.

dere abstützt. Von Saussure haben wir gelernt, daß der Sinn einer Äußerung sich nicht aus sich selbst, sondern aus der Differenz zu anderen Äußerungen ergibt. Sinn kommt aus dem Unterschied zwischen Zeichen, der selbst nicht wieder bezeichnet ist. Wir haben es daher beim Verstehen der ersten Sätze eines Interviews stets mit dem ganzen Gefüge von Sätzen zu tun, dessen Muster daran zu erkennen ist, wie sich hier ein Wort das andere gibt. Wir stehen am Beginn des Interpretationsprozesses somit vor der gewissermaßen paradoxen Situation, daß wir das Ganze aus einem ersten kleinen Teil entziffern müssen, der wiederum nur in Rekurs auf das gesamte Gefüge richtig verständlich wird.

Den Ausweg bietet ein gedankenexperimenteller Vergleich zwischen dem Gesagten und dem Nicht-Gesagten. Wir rekonstruieren die Bedeutung einer Äußerung, indem wir uns einige der Ausdrücke vergegenwärtigen, die an ihre Stelle hätten treten können, aber aussortiert und verworfen worden sind. Sie hätten den Redefluß anders berührt und in Bewegung gesetzt, und eben diese Erkenntnis führt uns vor Augen, daß die tatsächlich gefallene Äußerung der einzig mögliche Ausdruck eines latenten Sinns war. So gehen wir bei einer ins Auge gefaßten Sequenz Schritt für Schritt vor, bis wir die Anschlußselektivität, nach der hier eins aufs andere folgt, verstanden haben. Vereinzelte Fäden verknüpfen sich, Lücken füllen sich und erstaunliche Verbindungen stellen sich her. Das scheinbar völlig Zufällige und Belanglose der einzelnen Äußerungen ordnet sich mehr und mehr zu einer erkennbaren Struktur. Wie beim Legen eines Puzzles werden die Anschlüsse zunehmend schlüssiger, bis zu guter Letzt das in sich notwendige Ganze erscheint. Das Prinzip der Interpretation besteht darin, sich des Hofs möglicher Bedeutungen einer Äußerung zu vergewissern, noch bevor sie ausgesprochen wurde. Maurice Merleau-Ponty spricht vom Hintergrund des Schweigens, der nicht aufhört eine Äußerung zu umgeben und ohne den sie nichts aussagen würde[6].

6 Maurice Merleau-Ponty, Das mittelbare Sprechen und die Stimme des Schweigens, in: ders., Das Auge und der Geist. Philosophische Essays, Hamburg 1984, S. 69-114, hier S. 76.

Der Porträtist sucht nach der Lebenskonstruktion[7], die in den anfänglichen Äußerungen des Interviews zutage tritt. Gemeint ist das verborgene Muster, nach dem sich ein Leben lebt. Wir können uns darunter eine besondere Verflechtung lebensgeschichtlicher Prägungen vorstellen, die die operative Geschlossenheit einer Person ausmacht. Die Lebenskonstruktion strukturiert die Art der Empfindlichkeiten, das Profil der Vorlieben und das Muster der Deutungen eines Individuums. Den Kern solcher Lebenskonstruktionen bildet eine Frage, die immer wieder neu gestellt und immer wieder anders beantwortet wird, aber nie eine endgültige Lösung erfährt. Sollte die Biographie wirklich nur eine Folge von Zufällen sein, so bestimmt die existentielle Frage die spezifische Sensibilität für Zufälle, worin das Kontinuierliche eines Lebens besteht. Selbst die Hinnahme »kritischer Lebensereignisse« ist noch Ausdruck einer Lebenskonstruktion. Dabei können die Modalitäten der Konstruktion durchaus wechseln: Man kann in der Jugend ein tragisches, in der Lebensmitte ein komisches und im Alter ein ironisches Lebensgefühl haben. Was sich durchhält, ist ein Grundgefühl für die Fraglichkeit der eigenen Existenz. Dieses Gefühl stellt den verschobenen, verkannten oder verpaßten Schwerpunkt des permanenten Prozesses der Selbstdetermination dar[8].

Je weiter man sich ins Individuelle vertieft, um so deutlicher wird das Allgmeine. Was Ernst Kris und Otto Kurz in ihrer Untersuchung über die »Legende vom Künstler« nachgewiesen haben[9], scheint auch für den normalen Menschen zu gelten: Es gibt eine Reihe von Grundvorstellungen über das Rätsel der Persönlichkeit, nach denen wir uns ein Bild von uns selbst und den anderen machen. Die Konstruktionen des Le-

7 Vgl. zur methodischen Ausarbeitung dieses Konzepts Heinz Bude, Deutsche Karrieren. Lebenskonstruktionen sozialer Aufsteiger aus der Flakhelfer-Generation, Frankfurt a.M. 1987.

8 Vgl. Heinz Bude, Zum Problem der Selbstdetermination, in: Hans-Georg Soeffner (Hrsg.), Sozialstruktur und soziale Typik, Frankfurt a.M./New York 1986, S. 84-111.

9 Ernst Kris/Otto Kurz, Die Legende vom Künstler. Ein geschichtlicher Versuch, Frankfurt a.M. 1980 (zuerst 1934).

bens gehorchen einem unbewußten Formelzwang für bestimmte Individualitätsmuster. So wie der Maler nicht ein Bild der Welt malt, sondern einen Ausschnitt der Welt sucht, in den sich eines der Bilder hineinprojizieren läßt, das er kennt, so befinden sich die einzelnen in ihrem Leben auf der Suche nach der anerkennungsfähigen Lebenskonstruktion, die ihrem Gefühl für die Fraglichkeit der Existenz entspricht. Dieser merkwürdigen Gleichursprünglichkeit von individueller Erfahrung und sozialer Typik ist der soziologische Porträtmaler bei seinen mikrologischen Untersuchungen minimaler Textmengen auf der Spur. Wie, so fragt er in Hegelscher Manier, verbindet sich das Einzelne mit dem Allgemeinen und bringt so das Besondere hervor?

Um die innere Allgemeinheit des Falls herauszubringen, bedarf das Porträt einer gewissen Stilisierung. Der Einzelfall muß, mit Max Weber gesprochen, zu seiner inneren Konsequenz gesteigert oder, wie Michel Foucault sagen würde, auf seine Erzeugungsregel hin verknappt werden. Die Grundlage solcher Engführung kann wiederum nur eine bestimmte Textstelle sein, von der aus man eine Interpretation sozusagen hochzieht. Im entscheidenden Moment löst sich der Porträtist von der minimalistischen Rekonstruktion des Puzzels und wagt den kombinatorischen Schluß auf das ganze Bild. In der Loslösung von den inhaltlichen Konkretionen wird der individuelle Fall plötzlich als Fall einer bestimmten Art beschreibbar. Wir verstehen die Person mit einem bestimmten Namen als Repräsentantin eines bestimmten Typs[10].

Allerdings wird die Gegenbewegung nicht ausbleiben. Der Schluß aufs Allgemeine erzeugt sofort den Widerstand des Besonderen. Der individuelle Fall läßt sich auf ein generelles Prinzip nur um den Preis blanker Strukturformeln reduzieren, die gleichzeitig zuviel und zuwenig besagen. Nicht zuletzt entscheidet die Plastizität des Porträts über die Plausibilität der

10 Zur wissenschaftstheoretischen Problematik eines nach unseren normalen Vorstellungen unmöglichen »abduktiven Schlusses« (Charles Sanders Peirce) vom individuellen Fall aufs überindividuelle Muster vgl. Heinz Bude, Der Fall und die Theorie. Zum erkenntnislogischen Charakter von Fallstudien, in: Gruppendynamik 19, 1988, S. 421-427.

Rekonstruktion. Roland Barthes hat im Blick auf die Besonderheit des literarischen Werks davon gesprochen, daß dieses immer auch etwas anderes ist als seine eigene Geschichte, als die Summe seiner Quellen, Einflüsse oder Vorbilder. Es bildet einen harten irreduziblen Kern in der unentschiedenen Masse der Ereignisse, der Bedingungen und der kollektiven Mentalitäten[11].

Das Porträt kann neben der Rätselerzählung, der Novelle, dem Epos oder der Reportage zur Gruppe der soziologischen Erzählungen gerechnet werden[12]. Die Darstellungsform des Porträts unterscheidet sich etwa von der der Novelle durch die weitgehende Reduktion des Ereignishaften. In den Sittenbildern, die von einer Epoche oder von einem Milieu gezeichnet werden, dominiert die Statik in der Bewegung. Es passiert im Grunde nichts, trotzdem fügt sich alles auf eine scheinbar vorherbestimmte Weise. Soziologische Porträts zeigen, wie sich das Gesetz der Gesellschaft und der Geschichte, was auch immer die Leute machen und tun, erfüllt. Man mag jetzt fragen, ob diese melancholische Sicht in der Sache selbst oder in der Art und Weise ihrer Darstellung begründet ist. Darauf könnte man antworten, daß alles, was in unseren Interviews gesagt wird, irgendwie den Tod streift.

11 Roland Barthes, Literatur oder Geschichte, Frankfurt a. M. 1969, S. 13.

12 Vgl. Heinz Bude, Die soziologische Erzählung, in: Thomas Jung/Stefan Müller-Doohm (Hrsg.), ›Wirklichkeit‹ im Deutungsprozeß. Verstehen und Methoden in den Kultur- und Sozialwissenschaften, Frankfurt a. M. 1993, S. 409-429.

I. Der Hintergrund

1. »Die große Nacht im Eimer«

Es gehört zum Wesen des geschichtlichen Prozesses, daß zwischen den Motiven und den Konsequenzen des Handelns keine lineare Verbindung besteht. Die Gründe für die Entstehung eines kollektiven Akteurs erklären in der Regel nicht die ihm zugeschriebene historische Wirkung. Hegel sprach von der »Verkehrung« der subjektiven Intentionen im objektiven Sinn, und im soziologischen Sprachgebrauch findet sich dafür der Terminus der »nicht-intendierten Konsequenzen«. Das wirkungsgeschichtliche Prinzip besagt, daß geschichtliches Handeln nie im Sichwissen aufgeht[1]. Das Selbstverständnis der Handelnden ist stets an eine bestimmte geschichtliche Situation gebunden, die jedoch im Fortgang des geschichtlichen Prozesses überwunden wird. Es zeigen sich dann neue Relationen, die den Akteuren einen anderen Platz zuweisen. Daher kommt das Selbstverständnis, wenn es seiner Geschichtlichkeit bewußt wird, in die Krise. Um sich als geschichtliches Wesen besser verstehen zu können, muß man bereit sein, bestimmte Vorstellungen über sich selbst aufzugeben. Das hat nichts mit der nihilistischen Aufforderung zu tun, von sich selbst wegzusehen; es geht allein darum, sich selbst in der geschichtlichen Andersheit zu begreifen, damit man am Ende nicht im Beharren auf eine eigene Identität zur lächerlichen Figur wird.

Der resignative Realismus des wirkungsgeschichtlichen Bewußtseins paßt jedoch so gar nicht zum Pathos sozialer Bewegungen. Hier steht die Ideologie der Akteure häufig einem angemessenen Verständnis der Sache im Wege. Was aus ihrer Sicht sich als Scheitern darstellt, ist im Kontext des geschichtlichen Prozesses als Erfolg zu werten, wobei allerdings die früheren Absichten mit den späteren Wirkungen oft wenig zu tun haben. Hier zeigt sich, wie die Differenz von Ursprung und Erfolg einer sozialen Bewegung mit einer Differenz der historischen Epochen einhergeht. Die Motive der Akteure stammen aus einer ganz anderen historischen Ordnung als die Gründe

1 Vgl. Hans-Georg Gadamer, Wahrheit und Methode. Grundzüge einer philosophischen Hermeneutik, 3. Auflage, Tübingen 1972, S. 284ff.

für die gesellschaftliche Wirkung ihrer Aktionen. Aus diesem vertrackten Zusammenhang der Wirkungsgeschichte ergeben sich die besonderen Schwierigkeiten des kollektiven Selbstverständnisses: Im Blick auf den bleibenden Niederschlag der sozialen Bewegung täuscht man sich über den dürftigen Anfang der Mobilisierung. In der eigenen Idealbildung gehen gewissermaßen die historischen Größenverhältnisse durcheinander. Was als das Aufbegehren einer kleinen Gruppe begann, erscheint im nachhinein als der große Beginn eines sozialen Wandels. Man braucht sich deshalb über die Selbsttäuschungen der Akteure nicht zu wundern, denen schließlich ein angemessener historischer Begriff sowohl ihres Ursprungs als auch ihres Erfolgs fehlt.

Vor diesem Problem scheinen die Angehörigen der Achtundsechziger-Generation heute zu stehen. Gemeint sind die Jahrgänge 1938 bis 1948, die 1968 zwischen zwanzig und dreißig Jahre alt waren. Sie werden als Träger einer sozialen Bewegung identifiziert, die eine Revision des vorherrschenden Lebenszuschnitts in den westlichen Gesellschaften bewirkt hat. Sie gelten als Katalysatoren eines kulturellen Umbruchs, der neue Modelle der Lebensführung hervorgebracht hat, die uns im Laufe der Zeit selbstverständlich geworden sind. So spricht man in der Tradition der Zivilisationstheorie von Norbert Elias von Prozessen der Informalisierung im Alltagsleben, die mit einer Veränderung der Machtbalance zwischen den stilbildenden gesellschaftlichen Gruppen durch den »Mittelklassen-Radikalismus« (Frank Parkin)[2] der Studentenbewegung in Zusammmenhang gebracht werden. Zwischen Vorgesetzten und Mitarbeitern im Betrieb, zwischen Eltern und Kindern in der Familie, zwischen Beamten und Klienten in der Behörde, zwischen Männern und Frauen in der Liebe verringerte sich im Gefolge der Kulturrevolte von 1968 das Machtgefälle: Aus der starren Ordnung von Befehl und Gehorsam enwickelte sich ein flüssigeres Spiel von Kooperation und Aushandlung[3].

2 Frank Parkin, Middle Class Radicalism. The social basis of the British Campaign for Nuclear Disarmament, Manchester 1968.

3 Zur Ausführung dieses Gedankens haben einige Schüler von Elias beigetragen: vor allen Cas Wouters, Informalisierung und der Prozeß der Zivi-

Angesichts dieser Fundamentalliberalisierung unserer alltäglichen Normalitätserwartungen muß jeder wertkonservative Aufruf einer Rückkehr zu den festen Regeln von Sitte und Anstand wie ein Kampf mit Windmühlen wirken. Aber gerade diese überwältigende Erfolgsgeschichte lastet auf dem Selbstverständnis der Achtundsechziger-Generation. Ein Vierteljahrhundert nach 1968 stehen die Helden der Revolte als Agenten eines evolutionären Trends da. Von daher erhebt sich die Frage, worin ihr Erfolg eigentlich besteht und wo ihr Ursprung wirklich liegt.

Die Besonderheiten des deutschen Falls zeigen sich im Vergleich. Es bestehen nämlich nationale Unterschiede in der gesellschaftlichen Aufnahme der Kulturrevolte. Der evolutionäre Stellenwert wird kaum bestritten, aber die Einarbeitung in die jeweilige Geschichte des Landes sieht doch in Japan anders aus als in Italien, in England anders als in Frankreich[4]. In der republikanischen Tradition Frankreichs ist 1968 auf selbstverständliche Weise anschlußfähig an 1789[5]. Im Mutterland der Exzentrik war die Studentenbewegung sowieso nur ein Teilphänomen des »Swinging London« und konnte als Ausdruck eines wilden Liberalismus begriffen wer-

lisation, in: Peter R. Gleichmann/Johann Goudsblom/Hermann Korte (Hrsg.), Materialien zu Norbert Elias' Zivilisationstheorie, Frankfurt a.M. 1979, S. 279-298 und daran anschließend Hermann Korte, Eine Gesellschaft im Aufbruch. Die Bundesrepublik Deutschland in den sechziger Jahren, Frankfurt a.M. 1991 oder Helmut Kuzmics, Das ›moderne Selbst‹ und der langfristige Prozeß der Zivilisation, in: Hermann Korte (Hrsg.), Gesellschaftliche Prozesse und individuelle Praxis, Frankfurt a.M. 1990, S. 216-255.

4 Leider sagt darüber die großangelegte vergleichende Studie von Ronald Fraser und anderen, 1968. A Student Generation in Revolt, New York 1988, nichts Greifbares aus. Die »oral history« kommt hier wieder einmal mit der Üppigkeit des Materials nicht zurecht.

5 Das kommt zum Beispiel in folgendem Zitat von Paul Veyne zum Ausdruck: »Mai 68 wird die letzte Revolution des 19. Jahrhunderts und die erste ›coole‹ Revolte des 21. Jahrhunderts gewesen sein. Das Wort ›cool‹ will im übrigen alles und nichts besagen – ein Zeichen für seine Wichtigkeit – so wie man 1760 das der ›empfindsamen Seele‹ gebrauchte.« (Aus der Geschichte, Berlin 1986, S. 32f).

den[6]. In Italien wiederum war »die Bewegung« als Fortsetzung einer populistischen Tradition des Befreiungskampfs gegen eine fremde Herrschaft zu verstehen, was nachher auch eine gewisse Akzeptanz für den Terrorismus der »Roten Brigaden« schuf[7]. Und in Japan, wo es in den späten sechziger Jahren zu wütenden Ausbrüchen der Militanz kam, nahm man die Studentenproteste offenbar als Ausdruck einer jugendlichen Elite hin, die, nachdem sie sich ausgekühlt hatte, in die gesellschaftlichen Führungsetagen aufgenommen wurde[8].

Allein in Deutschland gilt 1968 als eine entscheidende Zäsur der Gesellschaftsgeschichte nach dem Zweiten Weltkrieg. Zäsuren sind Einschnitte in dem von langer Dauer getragenen geschichtlichen Prozeß, wo die endlosen »Strukturierungen, Destrukurierungen, Umstrukturierungen«, um mit Fernand Braudel zu sprechen, sich plötzlich an einem Punkt verdichten. Es kommt zu einer kurzen, aber turbulenten Teilgeschichte im Gesamtprozeß, die von entscheidender Bedeutung für das kollektive Selbstverständnis wird. In das Periodisierungsschema wird dann eine neue Markierung eingetragen: Es gibt ein Davor und ein Danach.

Kein Geringerer als ein deutscher Bundespräsident hat dies an keinem anderen Tag als dem der deutschen Einheit bekräftigt. Bezogen auf die Entwicklung im Westen Deutschlands führte Richard von Weizsäcker in seiner Ansprache beim Staatsakt am 3. Oktober 1990 aus:

»Die Menschen haben im Laufe der Jahre Zuneigung zu ihrem Gemeinwesen entwickelt, frei von gekünstelten Gefühlen und nationalistischem Pathos. Gewiß, in der vierzigjährigen Geschichte der Bundesrepublik gab es manche tiefgreifenden Konflikte zwischen Generationen, sozialen Gruppen und politi-

6 Für den deutschen Beobachter hat Karl Heinz Bohrer, Ein bißchen Lust am Untergang. Englische Ansichten, München/Wien 1979, die britische Methode des Umgangs mit Abweichung in allen Spielarten beschrieben.

7 Das italienische Phantasma der »Bewegung« und seine Bedeutung für 1968 kann man etwa an dem Rückblick von Guido Viale, Die Träume liegen wieder auf der Straße, Berlin 1979, studieren.

8 Ich beziehe mich hier vor allem auf die mündlich gegebenen soziologischen Erfahrungsberichte von Theo Pirker.

schen Richtungen. Sie wurden oft mit Schärfe ausgetragen, aber ohne den Hang zum Destruktiven, der die Weimarer Republik allzusehr belastete. Die Jugendrevolte am Ende der sechziger Jahre trug allen Verwundungen zum Trotz zu einer Vertiefung des demokratischen Engagements in der Gesellschaft bei.«[9]

Zwar ist von einer Geschichte gesellschaftlicher Auseinandersetzungen die Rede, aber genannt wird nur die Jugendrevolte am Ende der sechziger Jahre. Diese Hervorhebung hängt mit dem angeschlagenen Thema zusammen. Der höchste Repräsentant des deutschen Volks muß seinen Landsleuten erklären, wieso sie im Laufe der Jahre »Zuneigung« zu ihrem Land entwickelt haben. In diesen Zusammenhang wird die Studentenbewegung gestellt. »Verwundungen«, so der Weltkriegssoldat Richard von Weizsäcker, habe es zwar gegeben, aber sie haben zu einer »Vertiefung« des »demokratischen Engagements« beigetragen. Die Achtundsechziger-Generation scheint endgültig ihre Rolle im Familienroman der Bundesrepublik gefunden zu haben. Es ist ihrem Protest zu danken, daß sich Deutschland zu einem »Gemeinwesen« entwickelt hat, mit dem sich die Bürger »frei von gekünstelten Gefühlen und nationalistischem Pathos« identifizieren können. Erst 1968, so muß man folgern, ist die Bundesrepublik ein westliches und liberales Land geworden.

Das macht im übrigen verständlich, warum 1968 heute als der Punkt gilt, von dem ab sich die beiden Teile Deutschlands erst richtig auseinanderentwickelt haben. Das Fehlen der Kulturrevolte ist dafür verantwortlich, daß die DDR in der deutschen Tradition des tragischen Ernstes verhaftet geblieben ist und den Anschluß an die westliche Kultur der ironischen Leichtigkeit verloren hat[10]. Der staatlich verordnete Antifaschismus konnte den jugendkulturellen Bruch mit der Nazi-Vergangenheit der Eltern nicht ersetzen. So sind auch in dieser Hinsicht

9 Ich zitiere den Text nach einem Sonderdruck des offiziellen Bulletins vom 3. Oktober 1990.

10 Zu der Unterscheidung zwischen tragischen und ironischen Formen der gesellschaftlichen Selbstthematisierung siehe Heinz Bude, Das Ende einer tragischen Gesellschaft, in: Hans Joas/Martin Kohli (Hrsg.), Der Zusammenbruch der DDR. Soziologische Analysen, Frankfurt a.M. 1993, S. 267-281.

die Ostdeutschen deutscher, das heißt schwerer und vergrübelter, als die Westdeutschen geblieben.
In Deutschland ist die Achtundsechziger-Generation also nicht nur kulturelle Avantgarde, sondern zusätzlich noch wird ihr die Rolle des Retters von der nationalsozialistischen Vergangenheit zugemutet. Indem sie sich vorbehaltslos an der internationalen Bewegung der Jugend am Ende der sechziger Jahre beteiligt hat, hat sie dem Fanatismus der deutschen Seele ein Ende bereitet. Deutsch ist seitdem Zivilisation, Gesellschaft, Stimmrecht, Literatur und nicht mehr Kultur, Seele, Freiheit, Kunst[11]. Aber ist das wirklich so? Stellen die Jahrgänge 1938 bis 1948 tatsächlich die Verwestlichungskohorte der Bundesrepublik dar? Ist die Achtundsechziger-Generation mit dieser historischen Mission nicht überfordert?
Beginnen wir mit einem Bild, das der Maler Georg Baselitz bereits 1962/63 gemalt hat. Es heißt »Die große Nacht im Eimer« und gilt als frühes Schlüsselwerk des Künstlers. Die Signifikanz des Objekts hängt mit der Erfolgsgeschichte seines Produzenten zusammen. Georg Baselitz gehört zusammen mit Markus Lüpertz, Anselm Kiefer und Jörg Immendorff zu einer Gruppe deutscher Maler, die in den achtziger Jahren als Protagonisten einer neuen deutschen Malerei zu Weltruhm gelangten. Nach der ironischen Affirmation der Pop Art war diese von tragischem Kunstwillen durchherrschte Malerei gerade wegen ihrer als typisch deutsch angesehenen Art gefragt. Nach Joseph Beuys als einsamer Ausnahme gab es nach 1945 wieder eine deutsche Kunst von internationalem Rang. Und bemerkenswerterweise sind Baselitz, Lüpertz, Kiefer und Immendorff allesamt zur Jahrgangsgruppe der Achtundsechziger-Generation zu rechnen. Das ist der Punkt, an dem meine Interpretation einhakt: Was zeigen die Bilder von Künstlern aus dieser Generation, die mit einem Mal als Ausdruck deutscher Befindlichkeit nach 1945 in aller Welt wahrgenommen werden? Was sagt »Die große Nacht im Eimer« von Georg Baselitz über den Lebensfonds der später so genannten Achtundsechziger-Generation?

11 Das ist die Umdrehung der berühmten Formel von Thomas Mann aus der Vorrede zu seinen »Betrachtungen eines Unpolitischen« (1918, Neuauflage Frankfurt a.M. 1988, S. 23).

Die große Nacht im Eimer, 1962/63 (250 × 180 cm)

Als das Bild 1963 in der Galerie von Michael Werner und Benjamin Katz in Berlin (West) zum ersten Mal öffentlich gezeigt wurde, kam es zu einem Skandal. Es wurde zusammen mit dem Bild »Der nackte Mann« von der Staatsanwaltschaft beschlagnahmt. Die Anklage bezog sich auf die Unzucht der Abbildung. Das Verfahren gegen den damals fünfundzwanzigjährigen Maler Baselitz und die beiden ein Jahr jüngeren Galeristen beschäftigte die Gerichte ausgiebig, bis es im Frühjahr 1965 eingestellt wurde. Aber der erhebliche Rummel in den Medien nutzte nichts. Es kamen zwar viele Besucher in die Galerie, die waren jedoch mehr an dem Skandal und weniger an den Bildern interessiert. In zwei Jahren wurde ein einziges Aquarell von Baselitz verkauft sowie ein kleines Bild, das an einen befreundeten Händler ging.

»Die Große Nacht im Eimer« war aber nicht nur ein sittlicher, sondern mehr noch ein künstlerischer Skandal. Die ästhetische Linie in Westdeutschland wurde in den fünfziger und frühen sechziger Jahren von den abstrakten Methoden des Informel und des Tachismus beherrscht. Man suchte nach der Zwangsisolierung im Nationalsozialismus wieder den Anschluß an die moderne Kunst, als deren Zentrum die »École de Paris« angesehen wurde. Das Bild sei nicht mehr die Reproduktion einer Außenwelt, lautete die modernistische Doktrin, sondern die Evokation einer Erscheinung. Man war der Meinung, der Weg von Figürlich zu Abstrakt sei der Weg des Fortschritts und der Freiheit. Wo Unfreiheit herrsche, so hieß es 1959 anläßlich der Eröffnung der zweiten »documenta« in Kassel, da werde auch die moderne Kunst verfolgt. Damit hatte die Systemkonfrontation der Nachkriegszeit ihr ästhetisches Pendant gefunden: Im Westen huldigte man der Abstraktion und der Freiheit, und im Osten dem Realismus und der Unfreiheit.

Angesichts dieses Glaubens an die Abstraktion wirkte die Darstellung einer erkennbaren Figur, die sich dazu noch in einem deutlich erkennbaren Zustand befindet, wie eine Provokation. Im Grunde waren Sitte und Kunst sich einig: Dieses Bild sei der ruppige und stupide Ausdruck eines »Halbstarken«. Der Münchner Kunsthändler Franz Dahlem hat es zehn Jahre später einen »Tritt in die Eier der Deutschen« genannt.

Baselitz selbst beschreibt den Skandal rückblickend so: »Die Meinung war, und das war ja so eine wunderschöne Sache in den fünfziger und sechziger Jahren, daß alle sagten: Alle Türen sind offen. Es gibt kein Problem. Wir sind frei. Wir leben in einer freien Gesellschaft. Man muß nichts einreißen. Es gibt keine Tabus. Und dann dieses lächerliche Bild.«[12]

Georg Baselitz, geboren als Hans-Georg Kern, ist Jahrgang 1938 und stammt – übrigens genauso wie der zwei Jahre jüngere Rudi Dutschke – aus dem Osten Deutschlands. Aus einem Dorf in Sachsen mit dem Namen Deutsch-Baselitz, das während der Nazizeit Groß-Baselitz hieß. Das Nachbardorf, drei Kilometer durch den Wald, trägt den Namen Wendisch-Baselitz. Mit den Sorbenkindern, die dort wohnten, hatte der Junge jedoch kaum Kontakt. Die Familie war, wie im Osten Deutschlands nicht anders zu erwarten, durch und durch protestantisch, viele Pastoren und Lehrer, und hielt schon von daher Abstand zu den katholischen Sorben. Baselitz erinnert sich an erdenschwere Legenden seiner Kindheit. Alles Bedrohliche, aber auch alles Freundliche kam aus der Erde. Nichts vom Himmel. Das änderte sich erst, als gegen Ende des Kriegs die Flugzeuge mit den Bomben kamen.

Der Vater wird vom Sohn als ein Mann von großer Schüchternheit beschrieben. Er war Volksschullehrer, und die Familie wohnte im Schulhaus. Für das Wilde und Rigorose im Verhalten seines Sohnes hatte der auf Korrektheit und Anstand bedachte Vater kein Verständnis. Aber anscheinend war er kein Tyrann, denn der Sohn schaffte es immer wieder, daß der Vater sich und seine Konventionen verteidigen mußte. Von der Mutter erfahren wir nichts.

Von 1956 bis 1957 studierte Baselitz Malerei an der Hochschule für Bildende und Angewandte Kunst in Berlin (Ost). Nach einem Krach mit den Professoren wegen seiner Vorliebe für Picasso wurde er von der Hochschule entfernt. Er sollte sich erst einmal in der Produktion bewähren. Da er aber nichts anderes machen wollte als Bilder malen, wurden ihm nach einiger Zeit die Aufenthaltserlaubnis für Berlin entzogen und

12 Georg Baselitz im Gespräch mit Heinz Peter Schwerfel, Köln 1989, S. 50.

die Essensmarken gestrichen. Daraufhin setzte sich Baselitz durch die damals noch passierbare Grenze nach Berlin (West) ab, wo er von 1957 bis 1964 an der Hochschule für Bildende Kunst studierte.
In keiner anderen westdeutschen Stadt nistete noch so lange der Krieg wie in der Frontstadt Berlin (West). Markus Lüpertz (Jahrgang 1941), der Künstler-Freund von Baselitz, beschreibt das Berlin der frühen sechziger Jahre folgendermaßen:
»In seinen Anfängen war Berlin ein Loch, eine kulturell absolut provinzielle Kleinstadt. Wie ein großes Becken, das sich erst langsam füllte mit tausenderlei Richtungen und Denkweisen. Es gab zwar dieses große Erbe der zwanziger Jahre, vor allem aber kam langsam eine brodelnde Masse von jungen Leuten an, die versuchten, sich in dieser Stadt zu orientieren. Die Stadt selbst aber gab gar nichts. Sie war reine Legende, ein Museum, aber nicht des Sichtbaren, sondern ein Museum von Behauptungen.
Diese Behauptungen wurden damals wiederbelebt durch Leute, die sentimental genug waren, diese Stadt als das zu nehmen, was sie war. Die Behauptungen wurden aber auch gebrochen durch Leute wie mich, die in diese Stadt kamen wie in eine Wüste, die bevölkert werden wollte.«[13]
Dieser von der Geschichte zurückgelassene leere Raum bot ein Experimentierfeld für die sozialen Bewegungen der späten sechziger Jahre. Hier konnte sich die eigentümliche Mischung aus den wiederbelebten Diskussionen »jener zwanziger Jahre« (Theodor W. Adorno)[14] und den neuen Elementen der Popkultur entwickeln, wobei, wie man an der Figur von Rudi Dutschke sehen kann, der politische Ernst doch meist die popkulturelle Leichtigkeit überwog. Es nimmt nicht wunder, daß gerade in Berlin nach der Erschöpfung der antiautoritären Phase der Studentenbewegung sich Anfang der siebziger Jahre ein ganzes System von »Parteiaufbauorganisationen« bildete. Die gespenstischen Auseinandersetzungen zwischen maoisti-

13 Markus Lüpertz im Gespräch mit Heinz Peter Schwerfel, Köln 1989, S. 25.
14 Theodor W. Adorno, Jene zwanziger Jahre, in: ders., Eingriffe, Frankfurt a. M. 1963, S. 59-68.

schen, revisionistischen, trotzkistischen und spontaneistischen Kadern paßten zu den von Marlene Dietrich in Billy Wilders »Foreign Affairs« besungenen »Ruinen von Berlin«.
Aber das alles wäre ein merkwürdiges Soziotop geblieben, hätte es nicht diese ungeheure gesellschaftliche Aufmerksamkeit für die »Revolte der Studenten«[15] gegeben. Im Übergang von einer Periode des Aufbaus und der Stabilisierung nach dem Zweiten Weltkrieg zu einer des Umbaus und der Demokratisierung war der soziale Wandel auf der Suche nach seinem Träger. Schon 1964 war in der eher konservativen Wochenzeitung »Christ und Welt« die von Georg Picht verfaßte Serie »Die deutsche Bildungskatastrophe« erschienen, die die westdeutsche Öffentlichkeit in Aufregung versetzt hatte. Der Heidelberger Professor für Religionsphilosophie und Heidegger-Schüler hatte einen Zusammenhang zwischen Bildungsnotstand und gesellschaftlicher Krise hergestellt: »Das Gebäude unserer Wirtschafts- und Sozialpolitik, unserer gesamten Verwaltung und der Landesverteidigung ruht auf dem Sockel unseres Bildungswesens. Da dieser Sockel zu zerbrechen droht, gleicht unser Staat einem Koloß auf tönernen Füßen.«[16] Was für Georg Picht »ein Koloß auf tönernen Füßen« war, nannte Ralf Dahrendorf in seiner Untersuchung über »Gesellschaft und Demokratie in Deutschland« (1965)[17] eine »versäulte Gesellschaft« und die Mitscherlichs beklagten in ihrer deutschen Seelenkunde über die »Unfähigkeit zu trauern« (1967) den »heute herrschenden psychischen Immobilismus angesichts brennender Probleme unserer Gesell-

15 So der Titel einer in der Wochenzeitung »Die Zeit« gedruckten Serie, die wenig später als Buch veröffentlicht wurde: Kai Hermann, Die Revolte der Studenten, Hamburg 1967. In den Theorien sozialer Bewegungen ist darauf hingewiesen worden, daß »media coverage« eine entscheidende Entstehungsbedingung für die Studentenbewegung war. Den klassischen Beitrag hat hier Todd Gitlin, The Whole World is Watching. Mass Media in the Making and Unmaking of the New Left, Berkeley 1980, geliefert.

16 Georg Picht, Die deutsche Bildungskatastrophe. Analyse und Dokumentation, Olten/Freiburg 1964, S. 56f.

17 Ralf Dahrendorf, Gesellschaft und Demokratie in Deutschland, München 1965.

schaft«[18]. Alle diese Metaphern verweisen auf ein Anwachsen gesellschaftlicher Mobilisierungsbereitschaft. Es fehlte nur noch die vorauseilende Gruppe. Hier bot sich die Jugend als klassenunspezifischer, aber allumfassender Akteur an. Im Zeichen der als nationale Aufgabe ins Werk gesetzten »Bildungsreform«[19] wurde der jungen Generation die Rolle der Avantgarde im gesellschaftlichen Modernisierungsprozeß zugewiesen[20]. Außerdem gab es pötzlich viele bildungsbestrebte junge Menschen. Das Anwachsen der Studentenpopulation, erklärbar aus dem Zusammenwirken von erhöhter Geburtenrate in den Kriegs- und Nachkriegsjahren und verbreiteten Bildungsaspirationen in der »nivellierten Mittelstandsgesellschaft«, machte die Öffnung und den Ausbau der Universitäten notwendig. Der daraus sich ergebende Widerspruch zwischen neuen Rekrutierungsweisen und alten Karrieremustern wurde nicht zuletzt durch die gleichzeitige Expansion des Wohlfahrtsstaats gelöst. Die Anzahl der im öffentlichen Dienst Beschäftigten ist zwischen 1965 und 1975 um mehr als ein Drittel angewachsen. Ein großer Teil dieser Stellenvermehrung betraf die gehobenen Dienstwege. Die Zahl der besser dotierten Beamten verdoppelte sich gar in diesen glücklichen zehn Jahren. So war für eine ganze Generation von Hochschulabsolventen der sichere Übergang vom Bildungs- ins Beschäftigungssystem geregelt. Besonders für die neuen Sozialwissenschaftler boten sich leitende Lehr-, Planungs- und Verwaltungspositionen im Wohlfahrtsstaat an.

18 Alexander und Margarete Mitscherlich, Die Unfähigkeit zu trauern. Grundlagen kollektiven Verhaltens, München 1967, S. 38.

19 Siehe Ludwig von Friedeburg, Bildungsreform in Deutschland. Geschichte und gesellschaftlicher Widerspruch, Frankfurt a.M. 1989.

20 Dem entsprach ein bemerkenswerter Perspektivenwechsel in der Jugendsoziologie: Die von Helmut Schelsky 1957 beschriebene »skeptische Generation« galt als Faktor der sozialen Stabilisierung nach dem Zweiten Weltkrieg; ein Jahrzehnt später war von der »Jugend als Faktor sozialen Wandels« die Rede. Siehe Helmut Schelsky, Die skeptische Generation. Eine Soziologie der deutschen Jugend, Neuauflage Frankfurt a.M./Berlin/Wien 1975 und Leopold Rosenmayr, Jugend als Faktor sozialen Wandels (Versuch einer theoretischen Exploration der Jugendrevolten), in: Friedhelm Neidhardt u.a., Jugend im Spektrum der Wissenschaften, München 1970, S. 203-228.

Die Tatsache, daß unmittelbar nach ihnen dieser Zugang gleich doppelt verschlossen wurde, nämlich durch das schnelle Ende der Stellenvermehrung einerseits und das vergleichsweise junge Alter der neuen Stelleninhaber andererseits, veranschaulicht die Einmaligkeit des Periodeneffekts.

Hier bestätigt sich wiederum eine Annahme aus den Theorien sozialer Bewegungen: Soziale Bewegungen entstehen als kollektive Antwort auf eine günstige politische Gelegenheitsstruktur, die es einer minoritären Gruppe erlaubt, sich plötzlich als Sprachrohr des gesellschaftlichen Ganzen ins Spiel zu bringen[21]. Die Erfolgsbedingungen der Studentenbewegung lagen vor allem in der politischen Transformationssperre der frühen sechziger Jahre. Niemand, schrieb der liberale Skeptiker Ralf Dahrendorf 1965 in seiner Abrechnung mit dem Adenauer-Staat, wünsche die Instabilität der politischen Verfassung, die die Auflösung der Weimarer Republik gekennzeichnet habe. Die Starre einer Gesellschaft, in der jede Verschiebung parteipolitischer Kräfteverhältnisse und politischer Herrschaft durch die blinde Entscheidung traditionsverhafteter Menschen aufgrund von Zugehörigkeiten, die sich ihrer Kontrolle entziehen, unmöglich gemacht werde, berge freilich kaum weniger Gefahren; denn der Wandel sei ein ständiger Gast in menschlichen Gesellschaften. Werde der Wandel aufgehalten, dann schlössen sich nicht nur die Tore des Fortschritts, sondern es würden auch die Energien des Wandels aufgestaut, die sich später dann in unkontrollierbaren und explosiven Veränderungen Luft verschafften[22]. Man wartete auf eine »Bresche«[23] und schaute sich danach um, wer sie wohl schlagen werde.

Als Georg Baselitz das Bild malte, stand er unter dem Eindruck einer bestimmte Lektüre. Er hatte sich in seinem Hunger nach Bildern, die er im malerischen Universum der ab-

21 Siehe Sidney Tarrow, Kollektives Handeln und politische Gelegenheitsstruktur: theoretische Perspektiven, in: Kölner Zeitschrift für Soziologie und Sozialpsychologie 43, 1991, S. 647-670.

22 Ralf Dahrendorf, a.a.O., S. 143.

23 Diesen Ausdruck haben später Edgar Morin/Claude Lefort/ Jean-Marc Coudray, La Brèche. Premières réflexions sur les évènements, Paris 1968, zur Bezeichnung des Ereignisses von 1968 verwandt.

strakten Kunst nicht befriedigen konnte, intensiv mit Autoren wie Baudelaire, Lautréamont, Beckett und vor allem mit Antonin Artaud beschäftigt. Diese Autoren definieren eine Literatur, die den Einbruch des Nicht-Sprachlichen in die Sprache zur Darstellung bringt[24]. Die Wörter werden durchkreuzt von einer anderen Artikulationsweise: von Spuren körperlicher Einschnitte und energetischer Abfuhren. Diese Literatur demonstriert, wie, mit Freud gesprochen, in den sprachlichen »Sekundärprozeß« dauernd ein »Primärprozeß« eingreift: daß gegen das symbolische Verbot des Vaters sich eine frühe und andere Erfahrung behauptet, deren Schauplatz der »Kampf« zwischen dem Körper des Kindes und dem Körper der Mutter ist. Es geht um den Ursprung der ersten Gesten, die eine Beziehung zur Welt begründen.

Anfangs war es für Baselitz nach seiner Übersiedlung ein ungeheures Erlebnis, bei seinem Westberliner Lehrer Hann Trier Bilder zu malen, die zu nichts außer zu sich selbst eine Beziehung hatten. Dies bedeutete für ihn den endgültigen Bruch mit der gegenständlichen Malerei im Sinne des Sozialistischen Realismus. Doch bald entstanden Bilder, die einen Haken hatten: eine Nase, ein übergroßer Fuß, ein Beutel oder eine Träne. Und diese beunruhigenden Partialobjekte waren Anlässe für Bilder, die etwas trafen. Es gab plötzlich Befindlichkeiten, die den Heroismus der Abstraktion zerstörten. Diese ästhetische Entdeckung ermöglichte es Baselitz, bestimmte Fragen zu stellen, die die Position des Künstlers in der wiedererstandenen westdeutschen Gesellschaft betrafen: War die erhabene Indifferenz der abstrakten Malerei wirklich die einzig mögliche Antwort der Kunst auf Krieg und Faschismus?

Wie Michael Baxandall[25] erklärt hat, läuft die Beschreibung eines Bilds eher auf die Wiedergabe von Gedanken über das

24 Julia Kristeva, Die Revolution der poetischen Sprache, Frankfurt a. M. 1978, spricht in diesem Zusammenhang von einem Text, in dem zwei Bewegungen der Sinngebung aufeinandertreffen: die »symbolische« der wohl geformten Zeichen und die »semiotische« der körperlichen Markierungen.

25 Michael Baxandall, Ursachen der Bilder. Über das historische Erklären von Kunst, Berlin 1990.

Bild als auf eine Wiedergabe des Bilds selbst hinaus. Ich ordne meine Gedanken demgemäß unter drei Aspekten: Titel, Figur und Farbe[26].

Der Titel lautet: »Die große Nacht im Eimer«. »Große Nacht« kann mehreres bedeuten: Es kann die Nacht eines großen Fests gewesen sein, wo man getanzt und getrunken und sich dem Rausch hingegeben hat. Groß kann weiter eine Liebesnacht genannt werden, in der die Liebenden sich völlig verausgabt und der Lust sich überlassen haben. Eine »große Nacht« kann jedoch auch schrecklich gewesen sein: die Nacht eines Alptraums, der die Grenzen zwischen Traum und Wirklichkeit eingerissen hat. Wie auch immer, in einer »großen Nacht« ist etwas Großes passiert, das immer noch nachwirkt. Aber am Morgen danach war die »große Nacht im Eimer«. Beim Erwachen entpuppt sich alles als bloßer Schein, und der Sturz der großen Gefühle schmerzt. Man muß sogar, ganz konkret und erbärmlich, an den Nachttopf denken. Jedenfalls ist alles »im Eimer«. Die »große Nacht« endet in einem großen Erwachen. Der Titel besagt, daß etwas Erregendes zusammengebrochen ist. Bei Licht besehen, sieht alles ganz anders aus. Wie soll es nun weitergehen?

Die Figur ist wie eine Skulptur angelegt. Es gibt keine Umgebung, mit der sie in Beziehung stände. Sie tritt mit einer andeutungslosen Absolutheit hervor, die den Betrachter konfrontiert. Undeutlich ist, was hinter der Figur liegt. Vielleicht ein Sitz oder eine Trommel oder ein Nachttopf.

Das Kindchenschema ruft gleichwohl Irritationen hervor. Handelt es sich um einen Erwachsenen oder um ein Kind? Bis zur Höhe der Augen ist ein erwachsenes Gesicht zu erkennen, die untere Gesichtshälfte jedoch ist ungestaltet. Der Mund fehlt völlig. Sprechen kann die Figur nicht, sie kann sich allein in der Gebärde ihres Körpers ausdrücken.

Der riesige Kopf ruht auf einem schmalen Oberkörper. Die durchgestreckten Knie unterstreichen wieder das Kindliche. Die Figur ist nicht kraftlos, aber sie steht auch nicht fest. Von

26 Die folgende Interpretation habe ich schon an anderer Stelle dargelegt. Siehe Heinz Bude, Das Bild eines Kriegskinds, in: Merkur 45, 1991, S. 959-864.

der Statur her gesehen handelt es sich um einen Jungen von vielleicht sechs Jahren. Dafür spricht auch die kurze Hose, die merkwürdigerweise sehr eng sitzt.
Von einer neugierigen oder gar lustvollen Szene der Selbstbefriedigung kann keine Rede sein. Der mächtige Penis dringt aus dem engen Hosenschlitz. Der Junge masturbiert im übrigen nicht, sondern er hält seinen erigierten Penis in einer Hand. Es sieht fast so aus, als wäre dieser so schwer, daß der Junge nach vorn hinüberfallen könnte. Doch er hält das Gleichgewicht.
Das Glied ist Last und Waffe zugleich. Was soll der Junge mit diesem enormen Glied anfangen? Er kann es höchstens als Keule benutzen und damit losschlagen, wenn ihn die Wut überkommt. Es fehlt jede Spur von narzißtischem Stolz auf diesen schönen großen Schwanz, mit dem er jeden Rivalen in die Flucht schlagen könnte. Er erscheint vielmehr wie ein fremdes und ablösbares Ding an dem kindlichen Körper. Das ist nicht mein Schwanz, scheint der Junge ausdrücken zu wollen, das ist der Schwanz eines anderen.
Nachdem die »große Nacht im Eimer« ist, zeigt das Kind sein monumentales Glied, das sich fremd und gefährlich aufgerichtet hat. Die Frage erhebt sich, wem diese Szene vorgeführt wird. Gibt es jemanden, der dem Jungen sagen könnte, was mit ihm los ist? Das Bild läßt keinen Zweifel. Der Blick ist teilnahmslos und geht ins Leere.
Die Farbe ist ohne Geschick und ohne Raffinement aufgetragen. Der Mund ist regelrecht zugeschmiert. Die erdige Farbskala von hellgrün bis dunkelgrün führt in eine dunkle und feuchte Gegend, wo Moos wächst und Pilze gedeihen. Das wirkt nicht fest und nicht aggressiv, sondern eher weich und nachgebend. Darin manifestiert sich keine Strategie und keine Aussage, nur vage Empfindungen und verborgene Befindlichkeiten.
Im Jahre 1987 veröffentlichte die französische Analytikerin Haydée Faimberg einen Aufsatz, der aus dem allgemeinen psychoanalytischen Gerede herausragt[27]. Sie beschreibt darin

27 Haydée Faimberg, Die Ineinanderrückung (Telescoping) der Generationen: Zur Genealogie gewisser Identifizierungen, in: Jahrbuch für Psychoanalyse 20, 1987, S. 114-142.

eine besondere Form der Identifizierung, die sie das Ineinanderrücken der Generationen nennt. In ihrer Fallgeschichte fragt sie, wo Mario, ihr Protagonist, ist, wenn er abwesend ist. Seine äußere Teilnahmslosigkeit dem aktuellen Leben gegenüber erweist sich als die andere Seite einer intensiven inneren Teilnahme. Dies führt auf die Spur der Geschichte eines anderen, die zu seiner Geschichte geworden ist. Wie bei einer Psychoanalytikerin nicht anders zu erwarten, ist es eine bestimmte Geschichte der Eltern, die zur Geschichte des Sohns geworden ist. Der Mechanismus dieser Transposition besteht in einer identifikatorischen Gefangennahme. In Umkehrung des Gesetzes der Sozialisation mußte das Kind seit frühester Zeit die stellvertretende Deutung der Probleme seiner Eltern übernehmen. Was diese nicht ertrugen an Schmach, Verzweiflung und Schuld, mußte das Kind ertragen. Das ist etwas anderes als eine Delegation überschüssiger Affekte und unausgelebter Wünsche: Es geht um die Übertragung der Interpretationsaufgabe. Schon das kleine Kind mußte Verständnis für die Lage der Eltern zeigen und sie beruhigen. Das Kind wurde so zum Garanten eines geheimen Raums der Eltern. Am Ende schützt das Kind die wirkliche Geschichte der Eltern, indem es diese, verdeckt und verborgen, zu seiner eigenen Geschichte macht. Es entsteht eine vollkommen geschlossene Identifikationsreihe zwischen den Generationen, in der für die Diskontinuität der Erfahrung kein Platz ist.

Diese Rekonstruktion kann man als eine Beschreibung der Geschichte der Kriegskinder nehmen, die um 1940 geboren sind. Gerade die kleinen Kinder von zwei oder drei Jahren mußten in den Bombennächten die Mutter mit dem Pochen ihres Herzens beruhigen, und sie mußten mit ihrem Lächeln zeigen, daß das Leben weitergeht. Die Kinder haben ihren inneren Resonanzraum zur Verfügung gestellt, um die Mutter vor ihrer geheimen Angst und ihrer momentanen Lebensmüdigkeit zu retten.

Und nach dem Kriege wurden die Dinge noch verwirrter. Als der Vater nach Hause zurückkehrte, gab die Mutter dem Kind zu verstehen, daß sie den Mann, den sie einst geliebt und geheiratet hatte, verloren hatte. Denn es war nicht mehr derselbe wie vor dem Krieg. Aus der Sicht des mit der Mutter aufgewachsenen Kinds büßte der Vater dadurch seine Position im Familiensystem ein: Er konnte wüten, soviel er wollte, er bewies damit nur die geheime Botschaft der Mutter. Andererseits verstanden die Kinder den Vater. Sie spürten seine Not und ahnten sein Schicksal. Als er draußen vor der Tür stand, haben sie diesen grauen Menschen mit Neugierde und mit Mitleid betrachtet. Was wollte dieser arme und bedürftige Mann, den die Mutter mit der Wut der Enttäuschung verfolgte? Und so kam es manchmal zu einem fast geschwisterlichen Beistandspakt zwischen Vater und Kindern, der gegen die »große Mutter« gerichtet war. Nicht mehr nur die Existenz der Mutter, die Existenz der ganzen Familie hing nach dem Krieg an den Kindern. Das gemeinsame Dritte sollte die Erfahrungsdifferenzen zwischen den Eltern einerseits bestätigen und andererseits aufheben. Für die Kriegskinder stellt die Geschichte ihrer Eltern eine Last dar, die ihre eigene Geschichte zu erdrücken droht. Sie bilden einen Behälter für Erwartungen, die nicht ihr eigenes, sondern das Leben ihrer Eltern betreffen.

Diese Not eines mit der psychischen Leere gleichzeitig vorhandenen Zuviels an psychischer Anteilnahme zeigt »Die große Nacht im Eimer«. Das Bild ist Ausdruck einer traumatischen Stimulierung. Der Junge kann das Zeichen seiner Männlichkeit kaum tragen. Verzweifelt versucht er sich einen eigenen psychischen Raum gegen die Zudringlichkeiten seiner Eltern zu bewahren. Gleichzeitig ist der Impuls zu einem wütenden Ausbruch vorhanden: daß er mit diesem mächtigen Penis wahllos um sich schlagen könnte.

Karl Mannheim hat in seinem klassischen Aufsatz über das Problem der Generationen[28] auf das Phänomen der Erlebnisschichtung aufmerksam gemacht. Die Partizipation am gemeinsamen Schicksal rührt von frühen Erlebnissen der Gleichaltrigen. Für Mannheim bilden sich die ersten prägenden Eindrücke freilich erst in der Zeit der Jugend, was sicherlich zu spät angesetzt ist. Die Ursprünge des »Selbstsystems«

28 Karl Mannheim, Das Problem der Generationen, zuerst 1928, wiederabgedruckt in: ders., Wissenssoziologie. Auswahl aus dem Werk, Neuwied/Berlin 1970, S. 509-565.

(Harry Stack Sullivan)[29] liegen viel früher. So haben etwa Glen H. Elder und seine Mitarbeiter gezeigt, wie der soziale Wandel gerade über die frühe Kindheit sich in bestimmten Mustern der persönlichen Entwicklung niederschlägt[30]. Ihr Ansatz vom verletzlichen Kind läßt sich leicht in Mannheims Überlegungen zur Erlebnisschichtung einfügen. Wichtig daran ist die Einsicht, daß sich im Lebenslauf jede spätere Erfahrung an einer Gruppe von frühen Erlebnissen orientiert – mag sie nun als Bestätigung dieser ersten Erfahrungsschicht oder aber als deren Negation empfunden werden. Die im Laufe des Lebens gesammelten Erlebnisse summieren sich nicht einfach, sondern organisieren sich immer wieder neu in Bezug auf einen tief verankerten biographischen Ausgangspunkt. So werden spätere Gelegenheiten, die sich in bestimmten historischen Epochen bieten, aus der Perspektive früher Erfahrungen wahrgenommen, die aus einer ganz anderen Zeit stammen. Dadurch erhält sich die innere Verwandtschaft benachbarter Geburtsjahrgänge, weshalb man überhaupt von der Kontinuität einer Generation im Lauf der Zeit sprechen kann.

Die Geschichte der später so bezeichneten Achtundsechziger-Generation stellt sich von ihrer Kindheit her betrachtet als eine Geschichte mißlungener Ent-Identifizierungen von ihren Eltern dar. Sie kommen nicht los von dem ihnen so früh eingepflanzten Lebensgefühl des Schuldig-Geborenseins[31]. Die Revolte der Jugend war so gesehen auch nicht gegen die Eltern gerichtet, sie ist vielmehr als Wiedergutmachen zu begreifen, das die Möglichkeit eines anderen Lebens nach 1945 sichern sollte. Es war eine stellvertretende Rebellion, die im Grunde von einem schützenden Impuls gegenüber den Eltern beherrscht war, die ihre eigene Geschichte nicht mehr tragen

29 Siehe Harry Stack Sullivan, The Interpersonal Theory of Psychiatry, New York 1953.

30 Glen H. Elder jr./Avsholm Caspi, Persönliche Entwicklung und sozialer Wandel: Die Entstehung der Lebensverlaufsforschung, in: Karl Ulrich Mayer (Hrsg.), Lebensverläufe und sozialer Wandel, Kölner Zeitschrift für Soziologie und Sozialpsychologie, Sonderheft 31, 1990, S. 22-57.

31 So lautet der Titel einer Recherche von Peter Sichrovsky, Schuldig geboren. Kinder aus Nazifamilien, Köln 1987.

konnten[32]. Der Aufruhr gehört zu einem bestimmten Komplex der Bindung, dessen Ursprung ganz woanders liegt. Davon handelt »Die große Nacht im Eimer«. Das Kriegskind, das sich sein bloßes Sein durch Empathie verdienen mußte, glaubte die Last seiner Eltern los zu sein. Tatsächlich aber lassen diese ihr Kind nur insofern in Frieden, als sie selbst in Frieden gelassen werden. Solange keine andere Geschichte existiert, muß die Generation der Kriegskinder die Geschichte ihrer Eltern zum Austrag bringen.

Erstaunlicherweise mögen viele Achtundsechziger die Bilder von Georg Baselitz und seinen Freunden nicht. Das sei zuviel tiefe deutsche Seele in schwerem Öl. Stattdessen bevorzugen sie die unbeschwerte Pop Art aus dem Land der unbegrenzten Möglichkeiten. Darin sehen sie die Rettung vor den Verführungen deutscher Kunstreligion. Ihr starrer Blick auf die Pop Art hat sie blind gemacht für die Bilder ihrer eigenen Generation, die heute als die ersten deutschen Bilder nach 1945 aufgenommen werden. Möglicherweise sind die deutschen Kriegskinder doch deutscher, als es ihnen lieb ist.

1990 sagte Georg Baselitz in einem Interview: »Wenn ich anders geboren wäre, woanders geboren wäre, unter anderen Voraussetzungen geboren wäre, hätte ich ganz sicherlich glücklichere Bilder machen können.«[33]

32 Diese Deutung findet Bestätigung in der Rekonstruktion von autobiographischen Texten und von psychotherapeutischem Material. Das »beschädigte Leben« der Kriegskinder ist demnach als Ausdruck unentrinnbarer »Hörigkeitsverhältnisse« zu verstehen. Vgl. Wolfgang Türkis, Beschädigtes Leben. Autobiographische Texte der Gegenwart, Stuttgart 1990 und Anita Eckstaedt, Nationalsozialismus in der ›zweiten Generation‹. Psychoanalyse von Hörigkeitsverhältnissen, Frankfurt a.M. 1989.

33 Georg Baselitz, Baselitz, Köln 1990, S. 21.

2. Das Entstehen einer Generation

Zwischen 1987 und 1989 habe ich insgesamt einundzwanzig Interviews mit Angehörigen der Jahrgänge 1938 bis 1948 geführt. Neun meiner Interviewpartner waren Frauen und zwölf Männer. Ich war in der ganzen alten Bundesrepublik unterwegs: in München, Frankfurt am Main, Marburg und Bremen, in Osnabrück, Göttingen, Lüneburg und Schwalmbach. Ich habe unter anderem mit einer Fernsehredakteurin und einem Politiker der Grünen, mit einer Psychotherapeutin und dem Leiter einer gewerkschaftlichen Bildungsstätte, mit einer Städteplanerin und einem Verleger, mit einer als Restaurantbesitzerin tätigen Politologin und einem als Handwerker arbeitenden Soziologen gesprochen – sowie mit einigen Professorinnen und Professoren.

Die Berufe meiner Gesprächspartner verdeutlichen das in den Blick genommene gesellschaftliche Feld. Es ging mir um die Achtundsechziger, für die der kritische Ton einst die Voraussetzung für den sozialen Aufstieg war und die nunmehr als Repräsentanten der kulturellen Mehrheit gelten können. Hätte ich mich auf Ingenieure, Manager oder Rechtsanwälte konzentriert, wäre womöglich ein anderes Bild entstanden. An der Studentenbewegung waren meine Gesprächspartner nicht alle in vorderster Front beteiligt, aber doch als Unterstützer, Sympathisanten oder Nutznießer des Protests. Das normale Schicksal dieser »mittleren Aktivisten« interessierte mich.

Ich wollte weder herausfinden, wie es damals wirklich gewesen ist[1], noch wollte ich Vergleiche anstellen nach dem Schema, »was sie wollten und was sie wurden«[2], sondern ich wollte wissen, wie diese gezielt ausgewählten Vertreter der Jahrgangsgruppe 1938 bis 1948 heute ihre Vergangenheit sehen und ihre Zukunft beurteilen. Die Gegenwart sollte den Ausgangspunkt für die Konstruktion der Vergangenheit bilden.

1 Das war zum Beispiel die Absicht der schon erwähnten »Oral History«-Untersuchung von Ronald Fraser et al., a.a.O.

2 So die zehn Jahre »danach« erschienene Recherche von Peter Mosler, Was wir wollten, was wir wurden, Reinbek 1977.

In München zum Beispiel traf ich Peter Märthesheimer (Jahrgang 1938), der von 1964 bis 1979 als Fernsehdramaturg beim Westdeutschen Rundfunk in Köln tätig war, wo er etwa die legendäre Faßbinder-Serie »Acht Stunden sind kein Tag« betreute und maßgeblich für den Ankauf und die Synchronisation der 1979 gesendeten amerikanischen »Holocaust«-Serie verantwortlich war. Danach wechselte er als Dramaturg zu einer Münchner Film- und Fernsehgesellschaft und wurde schließlich freier Autor, nicht zuletzt für Rainer Werner Faßbinder, dem er zusammen mit seiner Frau Pia Fröhlich das Drehbuch für »Die Ehe der Maria Braun« schrieb. In seinem Antwortschreiben auf meine Anfrage wegen eines Interviews hatte er angedeutet, es müsse sich noch herausstellen, ob er ein solcher Achtundsechziger sei, den ich suche. Davon ist am Beginn des Interviews daher sogleich die Rede.

I: Würden Sie sich eigentlich zur Achtundsechziger-Generation rechnen? In Ihrem Brief haben Sie ein Erstaunen und eine Bestätigung gegeben. Das hörte sich so an, als ob Sie sich gefragt hätten, gehöre ich eigentlich dazu, und dann haben Sie gesagt, ja, ich gehöre dazu.

E: Ja, nein, umgekehrt. Als ich Ihren Brief bekam, dachte ich, ja Achtundsechziger, ist der Mann bei mir richtig sozusagen,

I: ja, ja,

E: und dann mußte ich eben eine Antwort geben, und dann, also ein paar Tage später, fiel mir ein, ja, ich bin eigentlich in dem Sinne gar kein Achtundsechziger, weil 68 war ich fest angestellter Redakteur gewesen und war nicht auf den Straßen und habe das auch sehr kritisch betrachtet. Und dann habe ich mich sozusagen für mich subjektiv entschieden, das ist mein Gefühl, ich sei ein Achtundsechziger, daß das zunächst mal einen Rang hat, und ob das jetzt den Einordnungskriterien genügt, das war mir dann egal, nicht, mein Gefühl über mich war mir wichtig dabei.

Es ist unklar, was ein richtiger Achtundsechziger ist. Peter Märthesheimer war in der Zeit um 1968 weder Student, noch war er an den für die Bewegung typischen Aktionen beteiligt, er hat sie in seiner Zuschauerrolle teilweise sogar mit kritischer Distanz betrachtet. Trotzdem begreift er sich spontan als Angehöriger der Achtundsechziger-Generation. Als er dann darüber nachdenkt, nach welchen Gesichtspunkten er sich eigentlich dazuzählt, kommt er jedoch zu keinem Ergebnis. Er gibt seine Selbstzurechnung als subjektive Entscheidung aus, die auf nichts anderem als einem Gefühl beruht.

Unter Berufung auf eine subjektive Evidenz setzt sich unser Gesprächspartner also über alle objektiven Einordnungskriterien hinweg. Mit anderen Worten: Das »Wir« der Generation ist zu einem gefühlsmäßigen Teil des Ichs geworden. Norbert Elias hat von der »Wir-Schicht« der Person gesprochen, um die Art und Weise der Bindung des einzelnen an das Schicksal der gedachten Bezugsgruppen des gesellschaftlichen Ganzen zu bezeichnen[3]. Natürlich gibt die Geschichte des »Wir« von den problematischen Verlaufsbahnen des Ichs nur ein schematisches, dem Klischee nahekommendes Bild. Gleichwohl scheint der einzelne aus einem inneren Bedürfnis heraus sich dem »Wir« angleichen zu wollen, um mit seiner von Kontingenzen durchsetzten Biographie nicht alleine dazustehen. Die Vorstellung der Generation, erläutert Julia Kristeva in einer »Erinnerung« an 1968 und die Folgen[4], stellt ein »übertriebenes Wir« dar, das uns die Gesellschaftsordnung als eine Projektionsfläche für unsere kollektiven Illusionen und Idealisierungen natürlicherweise anempfiehlt; diese Einsicht hindert die psychoanalytisch so erfahrene und versierte Autorin jedoch überhaupt nicht daran, sich in ihrer Erinnerung mit ihrer Generation zu verbünden. Es ist wohl so, daß das Ich die imaginäre Gruppe der Gleichaltrigen braucht, um sich seiner besonderen Lage im historischen Gesamtprozeß zu versichern.

Das Erstaunliche an den Äußerungen von Peter Märtheshei-mer besteht indes darin, daß für das Gefühl, ein Achtundsechziger zu sein, die Tatsache der aktiven Teilnahme an der Studentenbewegung gar nicht wichtig ist. Bei der Rede von der Achtundsechziger-Generation haben wir es anscheinend mit einer offenen Zuschreibungsformel zu tun, die mit den verschiedensten biographischen Daten gefüllt werden kann. Aus-

3 Norbert Elias, Studien über die Deutschen. Machtkämpfe und Habitusentwicklung im 19. und 20. Jahrhundert, Frankfurt a.M. 1989, S. 28.

4 Julia Kristeva, Eine Erinnerung, in: Schreibheft, Nr. 26, 1985, S. 134-143.

schlaggebend ist am Ende das Gefühl, einer Generation anzugehören, die einen historischen Bruch bewirkt hat. Wer sich zur Achtundsechziger-Generation zählt, weiß sich als Agent eines Neuen. Und dieses gesellschaftlich Neue, will uns unser Gesprächspartner sagen, ist nicht nur auf den Straßen, sondern genauso in den öffentlich-rechtlichen Funkhäusern erstritten worden.

Die Bezeichnung Achtundsechziger-Generation muß sich am Anfang der achtziger Jahre eingebürgert haben. Als 1977 eine Reihe von Büchern und Artikeln erschien, die einen »Rückblick nach vorn« (Klaus Hartung)[5] warfen, war noch von der APO, von der Studentenbewegung oder von der antiautoritären Bewegung die Rede[6]. Es stand also noch die »Bewegung« und nicht die »Generation« im Vordergrund. Die Einführung des Generationenbegriffs zur Bezeichnung des kollektiven Akteurs für die Protestbewegungen am Ende der sechziger Jahre zeugt von einer historisierenden Distanz. Ein Grund dafür war sicherlich die Entstehung der sogenannten »Neuen sozialen Bewegungen« zu Beginn der achtziger Jahre[7]. Der Unterscheidungsbedarf mußte seinen Ausdruck finden – zu-

5 Klaus Hartung, Über die langandauernde Jugend im linken Ghetto. Lebensalter und Politik – Aus der Sicht eines 38jährigen, in: Kursbuch, Nr. 54, 1978, S. 174-188.

6 »Die Zeitschrift »konkret« fragte im Juni 1977 »Wie tot ist die Apo?«, im Verlag Roter Stern erschien im selben Jahr unter dem Titel »Studentenbewegung 1967-69« eine von Frank Wolff und Eberhard Windaus zusammengestellte Collage aus Protokollen und Materialien, die noch, dem Vorbild Alexander Kluges folgend, mit dem aktiven Vorstellungsvermögen des Lesers rechnete, das Kursbuch 48 zog unter der Überschrift »Zehn Jahre danach« eine auf die »Identitätsprobleme der deutschen Linken« gerichtete Bilanz, Peter Moslers bereits erwähnten Nachforschungen »Was wir wollten, was wir wurden« wurden ebenfalls 1977 in der für brennende Zeitfragen reservierten Reihe »rororo aktuell« bei Rowohlt veröffentlicht und der »stern« brachte am Ende desselben Jahres eine Serie mit berühmten Köpfen der Bewegung.

7 Die Literatur zu den mit viel Aufmerksamkeit bedachten »Neuen sozialen Bewegungen« füllt Bibliotheken. Von entscheidender Bedeutung für das Verständnis des Phänomens schien die Frage nach der Kontinuität und Diskontinuität im Blick auf 1968. Diese Diskussion ist heute wohl vor allem von geschichtlichem Wert. Vgl. nur Karl-Werner Brand, Neue

mal mit der »Hausbesetzerbewegung« des Jahres 1981 eine Form des Protests auftrat, der sich in Stil und Stimmung deutlich von den späten sechziger Jahren abhob und dessen Protagonisten mit den etablierten Achtundsechzigern nichts zu tun haben wollten. Seit dieser Zeit existiert die zumeist etwas abschätzig gemeinte Formel von der Achtundsechziger-Generation, die dann in den Rückblicken des Jahres 1988 dominierte.

Dieser kleine semantische Rückblick führt uns den Prozeß der sozialen Konstruktion der Achtundsechziger-Generation vor Augen. Die Achtundsechziger-Generation erfuhr in den achtziger Jahren eine erhebliche retrospektive Vermehrung. Je mehr die Jahrgangsgemeinschaft zum definierenden Merkmal erhoben wurde, um so mehr Angehörige meldeten sich. Am Ende gehörten gar die Modernisierer in der CDU zur Achtundsechziger-Generation. Gleichzeitig formierte sich eine jüngere Generation, der, wie Bernd Ulrich 1988 in einem provokanten Artikel schrieb, die Achtundsechziger-Generation »auf den Geist ging«: »too old to Rock'n'Roll, too young to die«[8].

Die Frage erhebt sich, wie viele es ursprünglich eigentlich waren – als die »Generation« noch eine »soziale Bewegung« darstellte. Auf eine entsprechende Frage von Günter Gaus in dem berühmten Fernsehinterview vom 3. Dezember 1967 mußte Rudi Dutschke einräumen, daß der Kern der Bewegung in West-Berlin aus fünfzehn bis zwanzig voll engagierten Leuten bestehe und sich auf 150 bis 200 Aktive stützen könne[9]. In Frankfurt am Main, berichtet mir ein Informant[10], waren es

soziale Bewegungen. Entstehung, Funktion und Perspektive neuer Protestpotentiale. Eine Zwischenbilanz, Opladen 1982.

8 Bernd Ulrich, Too old to Rock'n'Roll, too young to die. Die 68er oder wie eine Generation anfing, mir auf den Geist zu gehen, in: Kommune 6, 1988, Heft 4, S. 28-35.

9 Rudi Dutschke zu Protokoll. Fersehinterview von Günter Gaus, in: Rudi Dutschke, Mein langer Marsch. Reden, Schriften und Tagebücher aus zwanzig Jahren, herausgegeben von Gretchen Dutschke-Klotz, Helmut Gollwitzer und Jürgen Miermeister, Reinbek 1980, S. 42-57.

10 Es handelt sich um Wolfgang Kraushaar, der seit einiger Zeit mit der Zusammenstellung einer detaillierten »Protestchronik der Bundesrepublik« beschäftigt ist.

vielleicht fünfzig Leute, in Marburg nicht mehr. Der SDS hatte in der Zeit zwischen 1964 und 1970 bundesweit zwischen 2000 und 2500 Mitglieder, und zur großen Demonstration im Anschluß an den »Internationalen Vietnam-Kongreß« in Berlin kamen am 18. Februar 1968 etwa 12.000 Teilnehmer. Die Schätzung ist nicht untertrieben, daß die westdeutsche Studentenbewegung um 1968 eine mobilisierbare Masse von 10.000 Leuten umfaßte.

Dabei darf man jedoch nicht vergessen, daß sich mit diesen studentenbewegten Zehntausend eine zahlenmäßig starke Generation zu Wort meldete. Der Krieg hatte vor allem die jungen Soldaten getroffen. Der Volkszählung vom September 1950 zufolge umfaßten die Zwanzigjährigen, die am Ende des Kriegs noch als »Flakhelfer« oder auf anderen Hilfspositionen einberufen worden waren, zweiundzwanzig Prozent und die Vierzigjährigen, die den Krieg von Anfang an mitgemacht hatten, vierundzwanzig Prozent der erwerbstätigen Männer. Die Dreißigjährigen, also die Generation der um 1920 geborenen jungen Soldaten, bildeten mit achtzehn Prozent einen vergleichsweise kleinen Anteil[11]. Die Folgen dieses Bruchs in den Jahrgangsstärken der Geburtskohorten zeigten sich später. Ende der sechziger Jahre übernahmen die Zwanzig- bis Dreißigjährigen zusammen mit den Dreißig- bis Vierzigjährigen das Kommando in den Arenen der gesellschaftlichen Selbstdarstellung. Die mittlere Generation der damals Fünfzigjährigen, denen in der Abfolge der Generationen normalerweise die Aufgabe zukommt, für die Kontinuität der kollektiven Erfahrungsbildung Sorge zu tragen, war zahlenmäßig zu schwach und seelisch zu ausgebrannt. Und die Alten, die als paternalistische Leitfiguren der jungen Bundesrepublik noch die Moral des Kaiserreichs hochhielten, hatten endgültig aus-

11 Ich beziehe mich hier auf eine aufschlußreiche Analyse der Zusammenhänge von Bevölkerungs- und Gesellschaftsentwicklung von 1945 bis 1978 in Westdeutschland, die Rainer Mackensen, Bevölkerung und Gesellschaft in Deutschland. Die Entwicklung 1945-1978, in: Joachim Matthes (Hrsg.), Sozialer Wandel in Westeuropa. Verhandlungen des 19. Deutschen Soziologentags Berlin 1979, Frankfurt a.M. 1979, S. 443-464, vorgelegt hat.

gedient. »In keiner Phase«, resümiert der Bevölkerungssoziologe Rainer Mackensen, »war die Arbeitswelt so deutlich von Jüngeren geprägt, wie in den frühen siebziger Jahren«[12].
Peter Märthesheimer war sechsundzwanzig Jahre alt, als er für das Fernsehspiel verantwortlicher Redakteur beim Westdeutschen Rundfunk wurde. Mit ihm kamen viele aus der späteren Achtundsechziger-Generation auf leitende Positionen in dem neuen Medium, das gerade sein »take-off« erlebte. Anders als die damals Dreißig- bis Vierzigjährigen, die, gerettet durch die »Gnade der späten Geburt« (Günter Gaus)[13], unmittelbar nach dem Krieg sich in lebenspositivistischer Einstellung auf eine Kooperation mit den vom Nationalsozialismus belasteten Generationen eingelassen hatten, wollten die Zwanzig- bis Dreißigjährigen den Konflikt. Die Kriegskinder konnten die Mentalität des unbedingten Aufstiegs nicht teilen, weil sie die seelischen Kosten dieses »manischen Ungeschehenmachens«, wie Alexander und Margarete Mitscherlich 1967 schrieben[14], miterlebt hatten. Sie brauchten es auch nicht, weil ihr Aufstieg im Zeichen einer Periode des intensiven gesellschaftlichen Wandels gesichert war. Ihre Aufgabe war nicht mehr Restauration, sondern Erneuerung.
Deshalb kann sich Peter Märthesheimer, ohne je auf der Straße gewesen zu sein, im nachhinein als Angehöriger der Achtundsechziger-Generation fühlen. Mit seinen Altersgenossen verbindet ihn eine Komplizenschaft des »Wir«, die auf diese Erfahrung eines Bruchs zurückgeht. So sind im Laufe der Zeit viele zur Achtundsechziger-Generation dazugekommen, die an der sozialen Bewegung der Studenten überhaupt nicht beteiligt waren.
Es soll hier allerdings nicht unterschlagen werden, daß Peter Märthesheimer so ganz unbeteiligt an der Geschichte von 1968 auch wiederum nicht war. Wie er mir erzählte, hatte er Ende der fünfziger und Anfang der sechziger Jahre in Frankfurt am Main Soziologie und Philosophie studiert, und sich in dieser

12 Rainer Mackensen, a.a.O., S. 458.
13 Günter Gaus, Wo Deutschland liegt. Eine Ortsbestimmung, Hamburg 1983, S. 275.
14 Alexander und Margarete Mitscherlich, a.a.O., S. 25.

Zeit, in der Adenauer noch Kanzler war, in irgendwelchen Hinterzimmern von Kneipen mit einigen Kommilitonen getroffen, um unter der Leitung von Oskar Negt die Schriften von Marx zu lesen. Auch im Umkreis des SDS tauchte er auf. So hielt er auf der 15. ordentlichen Delegiertenkonferenz, die am 1. und 2. Oktober 1960 in Frankfurt am Main stattfand, zusammen mit Helga Gross ein Referat über das politische Bewußtsein der Studenten. Weitere Referate wurden etwa von Michael Schumann zum Thema »Gesellschaftliches und politisches Bewußtsein des Arbeiters« oder von Claus Offe zum Thema »Hochschule in der Demokratie – Anspruch und Realität« bestritten.

Aber das »übertriebene Wir« der Generation kann auch wie ein Käfig wirken, in den der einzelne sich eingesperrt fühlt. Das Ich ruft, ich bin mehr als nur die abstrakte Schablone eines Achtundsechzigers. Dies zeigt der Antwortbrief einer Interviewkandidatin, die sich freilich die anonyme Verwendung ihrer Selbstinterpretation ausgebeten hat. Ich war auf sie aufmerksam geworden als eine der Unterzeichnerinnen einer Erklärung, die Schüler Adornos auf einem Flugblatt in der Frankfurter Universität nach seinem Tode veröffentlicht hatten. Dort heißt es:

»Die neue Linke folgte darin Adorno, daß sie ökonomische Krisen als objektive Bedingung revolutionärer Situationen kaum erwartete, sah aber die Chance, den die Ökonomie immer stärker bestimmenden Überbau partiell zu verunsichern, um Repressionen freizulegen, die exemplarisch Gewaltverhältnisse an der Basis erfahrbar machen. Das Subjekt dieser durch Provokation herzustellenden Aktivität unterschied sich notwendig von dem traditionell-marxistischen Subjekt der Revolution.«[15]

Ich hatte herausgefunden, daß sie heute die Position der Text-Direktorin einer internationalen Modezeitschrift einnimmt, und bat sie, Bezug nehmend auf ihre Frankfurter Studienzeit, um ein Interview. Ihre Antwort kam buchstäblich postwendend:

15 Hermann Schweppenhäuser (Hrsg.), Theodor W. Adorno zum Gedächtnis. Eine Sammlung, Frankfurt a.M. 1971, S. 24.

»danke für Ihr Schreiben vom ... An sich finde ich Ihr Anliegen nicht ungewöhnlich. Nur betrachte ich mich nicht als den richtigen Adressaten. Ich bin kein ›68er‹ und habe das auf verschiedenen Podien schon begründet, auf denen man selbständige Köpfe in diese Schablone pressen wollte.
Es ist wohl richtig, daß ich als Assistentin am Senckenberg-Institut war, und ich habe mich auch nicht unwohl gefühlt dort, aber ich habe mich auch vor 68 als einen denkenden Menschen empfunden, Kultursoziologie hat man mir nicht bei Adorno beigebracht. Ich hatte vorher – in meinen Augen – beeindruckende Persönlichkeiten kennengelernt, komme ohnehin aus einem unkonventionellen, interessanten – und wenn Sie so wollen – gebildeten Elternhaus, vor allem aber, ich schätze Ideologien ohne gutes Handwerkszeug nicht – mit auch nur sehr begrenzt. Auf dieser Ebene habe ich mich auch viel im Senckenberg-Institut auseinandergesetzt. Auch die Toleranz, die aus dem vergleichenden Denken wächst und der Vielfalt von Disziplinen und Anschauungen fehlte mir dort, mit ›Relativismus‹ nicht zu verwechseln. Dies bezieht sich vor allem auf die Kontakte unter den ›Schülern‹ dort.
Ich bin auch keineswegs erst durch ›68‹ politisiert worden, jedenfalls nicht mehr als die (wichtigen) Impulse auf die Gesamtgesellschaft und ihre Medien bewirkten. Leider bin ich aus persönlichen Gründen im übrigen jedem Massenauflauf gegenüber distanziert und entwickle hier also auch keine Gemeinsamkeiten.
Vielleicht können Sie mit dieser ›Selbstinterpretation‹ wenigstens indirekt etwas anfangen. Auf ein persönliches Interview möchte ich aus diesen und aus Zeitgründen verzichten, ich hoffe, Sie haben dafür Verständnis und können mit den Zeilen dennoch für Ihre Einschätzung etwas anfangen, ›anonym‹ versteht sich.«
Daß man bei einer bekannten Publizistin mit Frankfurter Hintergrund im Rahmen von Nachforschungen über die Achtundsechziger-Generation um ein persönliches Interview nachsucht, findet sie an sich nicht ungewöhnlich. Mit diesen Worten begann mein Anschreiben: »mit einem etwas ungewöhnlichen Anliegen wende ich mich an Sie«. Sie bestätigt also zunächst, daß ich mich auf der richtigen Spur befinde. Nur

will sie sich nicht als Angehörige der Achtundsechziger-Generation identifizieren lassen. Es scheint ein öffentliches Interesse an dieser Kategorisierung zu geben. Die Formulierung, daß »man selbständige Köpfe in diese Schablone pressen wollte«, macht deutlich, mit welcher Macht sich unsere Briefschreiberin gegen das generationsspezifische »Wir« zur Wehr setzt. Sie sei »kein 68er« – die Verwendung der männlichen Form der Bezeichnung paßt zum Anspruch des »selbständigen Kopfes«.

Ein »denkender Mensch«, so ihre Destruktion des Mythos von 1968, sei sie weder durch das Milieu der Kritischen Theorie noch durch die Studentenbewegung und schon gar nicht durch die Identifikation mit der prominenten Frankfurter Leitfigur geworden. Unsere Briefschreiberin verteidigt eine andere Identifikationsreihe, die bis in ihre Herkunftsfamilie zurückreicht. Hier liegt der Ursprung einer Autonomie, die sich im Frankfurter Umkreis nicht entwickeln konnte. »Ideologie ohne gutes Handwerkszeug« und die fehlende Vielfalt des Denkens förderten im inneren Bezirk der Kritischen Theorie ein System heteronomer Abhängigkeiten. Dabei will sie diese Einschätzung nicht als ein naives Plädoyer für »Relativismus« mißverstanden wissen. Es geht ihr vielmehr um den Hinweis auf die Enge dieses linken »juste milieu«, woran in erster Linie die allzu gelehrigen Schüler des kritischen Geistes ihren Anteil hatten.

Unsere Briefschreiberin unterstreicht die Täuschung von »68« dadurch, daß sie die Jahreszahl in Anführungsstriche setzt. Die Wahrheit ihres Ichs hat mit dieser vermeintlichen Zäsur wenig zu tun. Da spielt die Familie, da spielen »beeindruckende Persönlichkeiten« der Erziehung und zufällige Erfahrungen eine größere Rolle. Dagegen erscheint das »Wir« der Generation wie eine leere Hülse, die das Wichtige und Entscheidende des Lebens nur verdeckt.

An beiden Reaktionen, an dem spontanen Zugehörigkeitsgefühl von Peter Märthesheimer einerseits und dem offenbar ebenso spontanen Abgrenzungsimpuls unserer anonymisierten Briefschreiberin andererseits, läßt sich die Generation als eine soziale Realität eigener Art erkennen: Die Formel von der Achtundsechziger-Generation stellt eine soziale Konstruktion

dar, die dem einzelnen eine Orientierung im Fluß der Geschichte ermöglicht, und zugleich eine soziale Zumutung, die die Wahrheit des Ichs auszulöschen droht.
Aber für wen gilt überhaupt die Formel von der Achtundsechziger-Generation? Helmut Schelsky hat auf das Zusammenspiel von Generationselite und Generationsmasse bei der Definition einer Generationsgestalt aufmerksam gemacht[16]. Es sind zwar in der Regel nur wenige, die dem Gefühl und der Gesinnung einer Generation Ausdruck verleihen, aber die Generationen unterscheiden sich danach, in welchem Umfang das dominierende Deutungsmuster die Jahrgangsgruppe insgesamt trifft. Schelskys Beispiele sind die Generation der Jugendbewegung, die Generation der politischen Jugend und die »skeptische Generation«. War das Erscheinungsbild der Jugendbewegung von einer elitären Minderheit geprägt, die mit der überwiegenden Mehrheit dieser Jahrgänge wenig zu tun hatte, so löste sich bei der politischen Jugend der dreißiger Jahre die Differenz von Elite und Masse im Verhaltenstyp der organisierten Jugend auf oder war doch nur noch als Differenz von Aktivisten und Mitläufern präsent, bis sie schließlich bei der von aller Ideologie kurierten »skeptischen Generation« völlig verschwand. Der stille Rückzug auf das Persönliche und Private war nach 1945 für alle Fraktionen der jungen Generation charakteristisch: ob sie nun aus einer bildungsbürgerlichen, einer mittelständigen oder einer proletarischen Stammkultur kamen. Nach Krieg und Völkermord schienen die Kräfte für einen weltverbessernden Idealismus der Jugend verbraucht, und die westdeutsche Jugendsoziologie stellte bis ins Jahr 1968 die Diagnose von der weitgehenden politischen Gleichgültigkeit und sozialen Einpassung der Jugend[17]. Allein Helmut

16 Helmut Schelsky, Die skeptische Generation. Eine Soziologie der deutschen Jugend, Neuauflage, Frankfurt a. M./Berlin/Wien 1975, S. 81 f.

17 Elisabeth Pfeil zum Beispiel glaubte in ihrer 1968 veröffentlichten Untersuchung über den Jahrgang 1941 noch die »unauffällige Integration in die Gesellschaft« feststellen zu können, Friedhelm Neidhardt sah in seiner 1967 publizierten Soziologie der jungen Generation deren Vorstellungen und Orientierungen im herkömmlichen Bezugsrahmen organisiert und selbst der aus dem Milieu der Frankfurter Schule stammende Ludwig von Friedeburg notierte in der Einführung zu dem 1965

Schelsky erwartete bereits 1957 in der vorwärtsblickenden Nachbetrachtung zu seiner Deutung der »skeptischen Generation« eine »sezessionistische Jugend«, die durch eine Welle sinnloser Ausbruchsversuche aus der in die Watte manipulierter Humanität, überzeugter Sicherheit und allgemeiner Wohlfahrt gewickelten modernen Welt auf sich aufmerksam machen würde[18]. Zehn Jahre später trat die von ihm prognostizierte Protestbewegung gegen die »eindimensionale« Gesellschaft[19] tatsächlich in Erscheinung.

Aber handelte es sich nicht wieder um das Werk einer »kleinen radikalen Minderheit«, während die überwiegende Mehrheit der Jahrgangsgruppe in den Verhaltensmustern der angepaßten Jugend hängen blieb? Die Studentenbewegung ist insbesondere von einigen älteren Beobachtern als eine Wiederkehr der Jugendbewegung gekennzeichnet worden. Für Richard Löwenthal beispielsweise bestand das Erschreckende von 1968 darin, daß sich die jungen Intellektuellen der zweiten Nachkriegsgeneration in ihrer Mehrzahl von den grundlegenden westlichen Werten abwandten und in einem »romantischen Rückfall« wieder Gemeinschaft gegen Gesellschaft setzten[20].

Gegen dieses Bild von der hochgestimmten Generationselite und der niedergedrückten Generationsmasse ist vor allem von einer Gruppe von Autoren Widerspruch erhoben worden, die

herausgekommenen Sammelband über die Jugend, daß von der Jugend keine gesellschaftsverändernden Impulse zu erwarten seien. Siehe Elisabeth Pfeil, Die 23jährigen. Eine Generationenuntersuchung am Geburtsjahrgang 1941, Tübingen 1968, S. 367; Friedhelm Neidhardt, Die junge Generation, Opladen 1967, S. 87f.; Ludwig von Friedeburg, Einführung, in: ders. (Hrsg.), Jugend in der modernen Gesellschaft, Köln/Berlin 1965, S. 11-19.

18 Helmut Schelsky, a.a.O., S. 387f.

19 Herbert Marcuse, Der eindimensionale Mensch, Neuwied/Berlin 1967.

20 Richard Löwenthal, Der Romantische Rückfall, Stuttgart 1970. Dieses Argument ist mehr als zehn Jahre später von einigen jüngeren Autoren unter anderem Vorzeichen wiederholt worden: von Uwe Schimank, Neoromantischer Protest im Spätkapitalismus, Bielefeld 1982, mit systemtheoretischen Mitteln, von Cristoph Conti, Abschied vom Bürgertum, Reinbek 1984, und Christoph Hennig, Die Entfesselung der Jugend. Romantischer Individualismus in den deutschen Alternativkul-

sich selbst zur Studentenbewegung rechnen[21]. Ausgehend von der Beobachtung, daß die Halbstarken von 1958 derselben Generation angehören wie die Studenten von 1968 ist die These von der »einen Generation und den zwei Rebellionen« (Marina Fischer-Kowalski)[22] entwickelt worden. Sowohl bei den »Halbstarkenkrawallen« der Jahre 1956 bis 1958 als auch bei der Studentenbewegung der Jahre 1966 bis 1970 habe es sich um spontane Mobilisierungen kollektiven Handelns gehandelt, das ein bestimmtes kulturelles Thema zum Ausdruck brachte und das sich außerhalb der gegebenen Institutionen organisierte, weshalb in beiden Fällen von einer sozialen Bewegung gesprochen werden könne. Der Unterschied bestehe nur darin, daß die in den Bildungsinstitutionen eingesperrten Kinder der Mittelklasse länger brauchten, bis sie den Aufstand proben konnten, als die Arbeiterjugendlichen, die schon früher über die materiellen und symbolischen Mittel verfügten, um ihren Hohn und ihre Verachtung der »alltäglichen Verteidigung der Korrektheit« (Thomas Ziehe)[23] gegenüber auszudrücken.

So gesehen stellt sich die soziale Bewegung der Generationselite als verspäteter Nachtrag einer sozialen Bewegung der Generationsmasse dar. Es ist dann einzig dem Bildungsprivileg der Selbstideologisierung in Begriffen der »legitimen Kultur« zuzuschreiben, daß heute die Studentenbewegung das Erscheinungsbild der Jahrgangsgruppe der um 1940 Geborenen domi-

turen, Frankfurt a.M./New York 1989, mit Hilfe eines kulturgeschichtlichen Vergleichs.

21 Ulf Preuss-Lausitz u.a., Kriegskinder, Konsumkinder, Krisenkinder. Zur Sozialisationsgeschichte seit dem Zweiten Weltkrieg, Weinheim/Basel 1983. Die Autoren sehen offenbar sich selbst und ihre Generation am Anfang einer »Sozialisationsgeschichte nach dem Zweiten Weltkrieg« und deklarieren ihre Untersuchung bemerkenswerterweise als »Erinnerungsarbeit«, mit der sie »Hoffnungen für sich selbst wie für die Nachwachsenden« (S. 11) verbinden.

22 Marina Fischer-Kowalski, Halbstarke 1958, Studenten 1968. Eine Generation und zwei Rebellionen, in: Ulf Preuss-Lausitz, a.a.O., S. 53-70.

23 Thomas Ziehe, Die alltägliche Verteidigung der Korrektheit, in: Willi Bucher/Klaus Pohl (Hrsg.), Schock und Schöpfung. Jugendästhetik im 20. Jahrhundert, Darmstadt/Neuwied 1986, S. 254-258.

niert. Aber eigentlich hatten die späten sechziger ihren Probelauf in den späten fünfziger Jahren.

Im Jahre 1956 kam der Film »Die Halbstarken« mit Horst Buchholz und Karin Baal in den Hauptrollen heraus. Erzählt wird die Geschichte vom neunzehnjährigen Freddy, der sein Elternhaus verläßt, um sich selbständig durchs Leben zu schlagen, und dabei auf die schiefe Bahn gerät, und von der fünfzehnjährigen Sissy, die sich am Ende nicht scheut, ihren eigenen Freund niederzuschießen. Auf dem Filmplakat wirkt Horst Buchholz wie ein deutscher James Dean. Er trägt Turnschuhe, eine Lederhose im Jeansschnitt und ein Sweatshirt, und er hat einen Stein in der Hand, den er gegen jeden Angreifer schleudern wird. Karin Baal schaut berechnend und entschlossen aus dem Hintergrund, und der heutige Betrachter ist verblüfft über ihre Ähnlichkeit mit der jungen Ulrike Meinhof. Der Film operiert mit drei Arten von Gegensätzen: zwischen alt und jung, zwischen drinnen und draußen und zwischen beengt und befreit. Der Entwurf der »Halbstarken« ist gegen die Alten gerichtet, die sich unter dem Blick der anderen häuslich und wohlanständig geben. »Zuhause ist's furchtbar«. Da verderben einem der autoritäre Vater, der sich nur aufspielt, und die liebevolle, aber fügsame Mutter, die nichts zu sagen hat, die Laune. Das wahre Leben findet draußen statt: im Schwimmbad, an der Tankstelle und in der Eisdiele. Rock'n'Roll, die Jeans und Coca-Cola verbreiten eine Aura der »Amerikanizität« (Roland Barthes), die den Körper in Schwingung versetzt. In einer wissenschaftlichen Stellungnahme zu den Jugendunruhen, die 1957 unter dem Titel »Jugendliche stören die Ordnung« erschienen ist, bemerken die Autoren etwas Besonderes an der stilprägenden »Avantgarde der Halbstarken«: »eine Vermeidung aller ruckhaft-eckigen und steifen und eine Betonung elastischer Bewegungen des ganzen Körpers«[24].

Die Ästhetik des Films ist durch einen gewissen Verismus, eine bestimmte Ökonomie der Gefühle charakterisiert. Der »Evan-

24 Curt Bondy/Jan Braden/Rudolph Cohen/Claus Eyferth, Jugendliche stören die Ordnung. Bericht und Stellungnahme zu den Halbstarkenkrawallen, München 1957, S. 25.

gelische Filmbeoachter« meinte in einer Besprechung monieren zu müssen: »Das Leben ist hier nur fotografiert, aber nicht gestaltet«[25]. Aber genau darum ging es dem Regisseur Georg Tressler und seinem Drehbuchautor Will Tremper: in klaren Bildern eine einfache Geschichte über eine Gruppe von Jugendlichen zu erzählen, die dem lähmenden Idyll entkommen wollen. »Wie Horst Buchholz seine Uhr auf die Straße wirft, wie Christian Doermer seine Cola und Buchholz den Sekt bestellen, wie Jo Herbst sich betont langsam seine Zigarre anzündet, während um ihn herum seine Kunden warten müssen, bereits in diesen kleinen Gesten liegen große Sehnsüchte verborgen.«[26]

Das Vorbild kam aus Amerika. Es war der von James Dean verkörperte »Rebel without a Cause« – so bekanntlich der Titel des Films von Nicholas Ray aus dem Jahre 1955. Noch fehlte dem Rebellischen die Theorie, die die jugendliche Provokation zum geschichtlichen Beitrag erhebt. Der Rebell sucht nichts anderes als die Authentizität des reinen Neins. Allein der negative Wille verleiht ihm ein Gefühl für das eigene Dasein, das ihm die geheuchelte Welt der Alten verwehrt. Dabei spielt nicht selten eine Frau die Rolle der eigentlichen Leitfigur, die den jugendlichen Rebellen durch ihren überlegenen Willen führt. Mal stachelt sie ihn an, mal hält sie ihn zurück. Karin Baal läßt sich von Horst Buchholz' frechem Selbstbewußtsein nicht beeindrucken. Sie treibt ihr Spiel mit seiner verborgenen Sehnsucht, und sie bestimmt das Ende der Geschichte.

Man ist geneigt, die Halbstarken zu den vergessenen Helden der kulturellen Verwestlichung der Bundesrepublik zu stilisieren[27]. Durch sie wurde der Pop ins Land des Fleißes und des

25 Zitiert nach: Zwischen Gestern und Morgen. Westdeutscher Nachkriegsfilm 1946-1962, Frankfurt a.M. 1989, S. 387.

26 Norbert Grob, ›Es gibt keine bessere Kulisse als die Straße ...‹ Berlin-Filme von Gerd Oswald und Georg Tressler in den fünfziger Jahren, in: Zwischen Gestern und Morgen, a.a.O., S. 206-222, hier S. 209.

27 Mit großem Aufwand tut dies Kaspar Maase, Bravo Amerika. Erkundungen zur Jugendkultur der Bundesrepublik in den fünfziger Jahren, Hamburg 1992, der am Beispiel der 1956 gestarteten Jugendzeitschrift »Bravo« die Aneignung des mit der amerikanischen Lebensart verbundenen »zivilen Habitus« durch die Arbeiterjugendlichen der fünfziger Jahre beschreibt.

Idealismus gebracht. Pop bedeutet die Bejahung des Gegegebenen, die Lust am Vulgären und Trivialen und die Übernahme kommerzieller Einstellungen. Damit werden die heiligen Unterscheidungen der hohen Kultur durcheinandergebracht. Man kümmert sich nicht um den Ernst, die Tiefe und das Wesen, sondern huldigt einem fröhlichen Positivismus, der die als typisch deutsch angesehene Orientierung am Unwirklichen hinter sich läßt. Das ist freilich nicht mit kriterienloser Affirmation zu verwechseln. Horst Buchholz und James Dean treffen sich in einem bestimmten Sinn für Affektgenauigkeit: Ihre Ausstrahlung beruht auf einer merkwürdigen Mischung aus Unberührbarkeit und Verletzlichkeit. Sie gehen lieber freiwillig zugrunde, als daß sie sich den sentimentalen Eitelkeiten einer innerlich ausgehöhlten Gesellschaft überlassen. Sie appellieren nicht und wollen sich nicht helfen lassen.

Diese sympathisierende Interpretation unterstellt der trotzigen Jugend der fünfziger Jahre im nachhinein womöglich zuviel evolutionären Avantgardismus. Zumindest bleibt die Frage offen, woher denn die Bereitschaft zur inneren Verwestlichung kam. Die allgemeine Logik muß durch die besonderen Bedingungen erklärt werden, sonst versteht man nicht, welcher Prozeß dieses Resultat hervorgebracht hat. Die Frage nach dem Ursprung der rebellischen Disposition der Jahrgänge 1938 bis 1948 führt zurück zur Erfahrung der Kriegskinder. Rolf Dieter Brinkmann (Jahrgang 1940) notiert in »Rom, Blicke«:

»Ruinenkinder, Bombensplitterkinder, ja, Todessplitterreisen haben wir, jeder auf seine Art, gespielt, und die frühe Kulisse waren aufgerissene Straßen, abgedeckte Häuser, brennende Ruinen – lange her und in der ersten Zeit des Lebens, des Sehens, der Neugier, der ersten halbbewußten Wahrnehmungen versiegelt, eingeschlossen, nämlich was?: Trümmer, zerrissene Häuser, Betonbrocken, Brandphosphorbomben und blaue Narben am Körper eines Spielkameraden (...) das ist es, was sich als erste Lebenskulisse ergab, unter dem nicht näher faßbaren Druck und der Bedrohung der Vernichtung – das ist unsere Generation, eine Gerümpel-Generation, hastig und mit Angst vor dem Krieg oder in den ersten Kriegstagen zusammengefickt – ein verworrenes Motiv: ehe der Mann in den Krieg zieht, macht er der Frau noch ein Kind – ›ich bin nur da, weil es einen Krieg gab‹ – und was ist dann Kindheit und Jugend? Nichts als eine einzige Entschuldigung, daß man überhaupt da ist, ›entschuldigen Sie, daß ich geboren bin‹.«[28]

Die erste Lebenskulisse bietet ein Bild der Verwüstung. Wie kann sich inmitten von Trümmern, zerrissenen Häusern, Betonbrocken und Brandbomben ein Weltvertrauen bilden? Es ist gleichwohl vom Sehen und von Neugier die Rede, also davon, daß die Kinder ihre Augen nicht verschlossen, sondern zur Kenntnis genommen haben, was sich abspielt. Diese frühen Erinnerungsspuren bilden, »versiegelt, eingeschlossen«, den Boden ihrer Erlebnisschichtung. Aber als der eigentliche Grund für ein nicht näher faßbares Gefühl der Bedrohung erweist sich das »verworrene Motiv« dafür, daß sie überhaupt auf der Welt sind: Als wollte er ein anderes Leben beschwören, macht der Mann, ehe er in den Krieg zieht, seiner Frau noch ein Kind. Die Kinder fühlen sich als das Ergebnis eines panischen Lebenswillens, »hastig und mit der Angst vor dem Krieg und in den ersten Kriegstagen zusammengefickt«, und glauben daher, keine eigene Existenzberechtigung zu haben. Man versteht, daß diese »Gerümpel-Generation« der Wiederaufbau nicht locken konnte. Wie sollte sich aus dem Gefühl, daß die eigene Kindheit und Jugend »nichts als eine einzige Entschuldigung« war, eine positive Besetzung der wiedererstandenen Gesellschaft entwickeln? Mit einer Art »wachen Ohnmacht« wurde vielmehr registriert, wie alle in ihrer Falle gefangen waren. So jedenfalls charakterisierte Rolf Dieter Brinkmann 1962 seine Schreibhaltung. »Es hockte«, heißt es in der Erzählung »In der Grube«, »hinter aller Trägheit, hinterlistig, der Überdruß am Leben, der zu der Zeit immer häufiger hervorgekrochen war, grinsend, unförmig.«[29]

Was die Halbstarken von 1958 mit den Studenten von 1968 verbindet, ist der Herkunftskomplex der Kriegskindheit. Neben dem »verworrenen Motiv« ihres Ursprungs gehört dazu eine bestimmte Erfahrung der Selbstsozialisation im »Kontroll-Loch« der unmittelbaren Nachkriegszeit. Ulf Preuss-

28 Rolf Dieter Brinkmann, Rom, Blicke, Reinbek 1979, S. 356.
29 Rolf Dieter Brinkmann, Erzählungen, Reinbek 1985, S. 52.

Lausitz u.a.[30] berichten von darauf bezogenen Gruppendiskussionen mit um 1940 Geborenen, in denen sich eine Atmosphäre der Erfahrungsoffenheit und Freizügigkeit mitteilt. Vom Spielen im Freien, vom Herumstreifen zwischen Trümmern, von abenteuerlichen Banden und kleinen Diebstählen ist die Rede. Dabei waren die Kinder der Kontrolle der Eltern, die vor allem mit der Organisierung des Notwendigsten beschäftigt waren, weitgehend entzogen. Diese Periode wilder Selbständigkeit verging jedoch in den frühen fünfziger Jahren, als wieder Ordnung ins Leben gebracht werden sollte. Mit dem beginnenden Wohlstand kehrten die Mütter in ihren häuslichen Bereich zurück, und die restaurierten Väter erinnerten sich an ihre Erziehungsaufgabe. Der vielfach beschriebene Rückzug auf die »kleinräumlichen Beziehungen« bedeutete für die heranwachsenden Kinder eine Einsperrung in die familiäre Enge. Hier preßte sich zusammen, was anders sich nicht äußern konnte. Die Väter nervten die Familie mit ihren Endlosgeschichten aus dem verlorenen Krieg, und die Mütter fügten sich in stummer Geschäftigkeit ihrem Schicksal. Zugedeckt von der »Toleranz der gemeinsamen Not« schien jeder mit seiner Enttäuschung allein. So erlebten die Kriegskinder einen Zwiespalt zwischen einer ungebundenen Kindheit und einer eingezwängten Jugend. Dieser am eigenen Leibe empfundenen Diskrepanz zufolge erklärt Preuss-Lausitz u.a. die rebellische Disposition dieser Generation. Die um 1940 Geborenen hatten in ihrer Kindheit eine Ahnung von Freiheit und Abenteuer bekommen, und daher konnten sie auf das in den fünfziger Jahren zwanghaft wiederhergestellte Regime der Väter nur mit Hohn und Spott reagieren. In der Atmosphäre einer in stiller, großer Gleichgültigkeit dahinziehenden Zeit wuchs die Sehnsucht nach einer anderen Welt. Als sie dann noch ohne Widerrede froh sein sollten über eine blühende Wirtschaft und ein stabiles politisches System, bereitete es ihnen, im Gegensatz zu der um zehn Jahre älteren »Flakhelfer-Generation«, keine Schwierigkeiten, nein zu sagen.

30 Ulf Preuss-Lausitz u.a., Kriegskinder, Konsumkinder, Krisenkinder, a.a.O.

Was den Protest der Halbstarken von 1958 mit dem der Studenten von 1968 verbindet, ist das Motiv der Negation – und zwar weniger aus einem Gefühl der Gewißheit als aus einem Hunger nach Erfahrung[31]. Nur war die »politische Gelegenheitsstruktur« für eine Kulturrevolte Ende der sechziger Jahre offenbar günstiger als Ende der fünfziger Jahre. Man denke etwa daran, daß der »Wundergreis« Adenauer (Sebastian Haffner)[32] 1957 seinen erfolgreichsten Wahlkampf mit dem Slogan »Keine Experimente« führte – wogegen Willy Brandt 1969 mit der magischen Formel »Mehr Demokratie wagen« den Machtwechsel vollzog. Historische Chancen fallen freilich nicht vom Himmel, sie haben ihre Vorgeschichte. Vielleicht sollte man die zehn Jahre von 1958 bis 1968 daher als Inkubationszeit des Protests betrachten, in der sich die Jugend als Großgruppe mit einem eigenen Bewußtsein bilden konnte. Mal war es der Existentialismus, mal der Rock'n'Roll, aus dem man das Gefühl für ein anderes Leben sog. Das Wichtigste war, daß sich überhaupt etwas bewegte und der Stein ins Rollen kam. So jedenfalls beschreibt Ingrid Schmidt-Harzbach, die 1991, kurz vor ihrem fünfzigsten Geburtstag, ihrem Leben ein Ende setzte, ihre »Jungmädchenzeit« in den fünfziger Jahren:

»Man machte das erste Espresso in Hanau auf. Das war natürlich todschick ... Wir waren ständig in Pose – das rechte Bein etwas vorgestellt, die Hüfte leicht verschoben. Alles im Kino und in Zeitschriften abgeguckt, vorzugsweise von Brigitte Bardot. Deren offensiv zur Schau getragene Sinnlichkeit bewunderte ich sehr ... Die ›Halbstarken‹ haben wir uns mehrmals angesehen, das war ein richtiger Kultfilm. ... überhaupt waren einige Filme prägend für mich: die mit Marlon Brando und natürlich James Dean in › ...denn sie wissen nicht, was sie

31 Das Motiv des Hungers zieht sich wie eine Spur durch die Selbstauskünfte der »Gerümpel-Generation«. So nannte Jutta Brückner ihren Film über ein Mädchenleben in den fünfziger Jahren »Hungerjahre« und Michael Rutschky seinen Essay über die siebziger Jahre »Erfahrungshunger« (Köln 1980).

32 Sebastian Haffner, Im Schatten der Geschichte. Historisch-politische Variationen aus zwanzig Jahren, Stuttgart 1985, S. 288.

tun‹. Das war auf einmal eine ganz andere Männerfigur. Der weinte und zeigte Gefühle. In Kleidung, Frisur und Gesten haben sich viele Jungen sehr an ihn angelehnt. Außerdem natürlich an Elvis – die Koteletten. Und was den Kamm betraf, hinten in der Hosentasche, ohne ihn ging man damals nicht aus dem Hause, auch die Mädchen nicht ... ›Zusammen schlafen‹ war tabu. ›Petting‹ hieß damals das Zauberwort, und dafür gab's ungeschriebene Regeln – grad noch bis zum Bauchnabel, dann hörte es aber auch auf, dann begann das ›Forbidden Territory‹, wie wir es nannten ... In die Rock'n'Roll-Bars ging ich zwar auch noch manchmal im Petticoat; aber meistens trug ich da schon enge Hosen, denn zum Rock'n' Roll mit Überschlag, links und rechts, auf die Hüfte springen, waren die praktischer. Rock'n'Roll war ja wie ein Ventil, durch das all die Energie, die wir in uns spürten, herausgelassen werden konnte. Das war Lebensfreude und Protest. ›Negermusik‹ hieß es dazu nur von den Erwachsenen. Bei uns ging das so weit, daß wir die Musik wie eine Droge konsumierten. Zwei Stunden ununterbrochen tanzen, daran kann ich mich genau erinnern. Rekordaufstellen, das gab's auch beim Küssen ... Mich interessierte dann eine ganz andere Clique, nämlich der Kreis von Studenten der Goldschmiede-Akademie in Hanau. Die brachten ein bißchen Bohème-Flair in die Kleinstadt. Bei denen wurde Rotwein getrunken, das kannte ich bis dahin gar nicht. Und wir lasen François Villon ... Mein ›Philosoph‹, Peter hieß er, hat überhaupt nicht getanzt, und das fand ich toll. Der saß da im schwarzen Rollkragenpullover und mit interessanter Brille und war Existentialist, hat mir Gedichte geschrieben und gewidmet. Wir lagen stundenlang nebeneinander im Bett, und die Grenzen waren schon fließender, aber weiter gingen wir nicht ... Ich trug jetzt nur noch schwarze Sachen und der Petticoat war abgemeldet. Ich wollte nie mit der Masse gehen – bloß nicht so sein wie alle! Und vor allem bloß nicht spießig sein.«[33]

33 Ingrid Schmidt-Harzbach, Rock'n'Roll in Hanau, in: Perlonzeit. Wie die Frauen ihr Wirtschaftswunder erlebten, Berlin 1985, S. 37-41, hier S. 37ff.

3. Was war 1968?

Mit Niklas Luhmann[1] kann man die Entstehung sozialer Bewegungen als unerwartete Zusammenballung von Dissenseffekten verstehen, die auf die Lockerung von psychischen Bindungen an gegebene normative Strukturen zurückzuführen sind. Auf jeden Fall ergeben sich auf diese Weise günstige Gelegenheiten, die randständige Akteursgruppen ermutigen können, institutionelle Barrieren zu durchbrechen. Dabei fördert besonders die Unbestimmtheit der Situation im Hinblick auf Kampfstärke und Konfliktausgänge, so Friedhelm Neidhardt in Notizen »Über Zufall, Eigendynamik und Institutionalisierbarkeit absurder Prozesse«[2], die Tendenz, daß sich alle Beteiligten in Richtung wachsender Abweichung stimulieren. Der Prozeß der sozialen Bewegung verzehrt die ursprünglichen Motive der Akteure, erzeugt neue Motive und radikalisiert sich mit ihnen. Bewegungsunternehmer treten auf, die die Organisation des Protests übernehmen, und sich dadurch die Legitimation verschaffen, die Protestnormen festzulegen. Und unter den Bedingungen der zunehmenden gesellschaftlichen Selbstbeobachtung durch die Medien wird »media coverage« zum zentralen Erfolgskriterium sozialer Bewegungen.

So beschleunigt sich eine soziale Bewegung immer weiter, bis sich schließlich ihre selbsterzeugten Energien erschöpft haben: das Wachsen der Teilnehmerzahl, die Unwahrscheinlichkeit der Spontaneität und die Erhöhung der Militanz scheinen nicht mehr möglich. Nach dem Verebben der »heißen« Phase einer sozialen Bewegung widmet sich in der Regel ein Teil der Aktivisten dem Organisationsaufbau, ein anderer sucht in einer infor-

1 Niklas Luhmann, Soziale Systeme. Grundriß einer allgemeinen Theorie, Frankfurt a.M. 1984, S. 543 ff. Siehe auch ders., Soziologie des Risikos, Berlin/New York 1991, S. 135-155.

2 Friedhelm Neidhardt, Über Zufall, Eigendynamik und Institutionalisierbarkeit absurder Prozesse. Notizen am Beispiel einer terroristischen Gruppe, in: Heine von Alemann/Hans Peter Thurn (Hrsg.), Soziologie in weltbürgerlicher Absicht. Festschrift für René König zum 75. Geburtstag, Opladen 1981, S. 243-257.

mellen Szene zu überleben und ein dritter pflegt seine Verzweiflung über den Mißerfolg der Weltverbesserung. Die allermeisten jedoch richten sich in der gegenwärtigen Normalität ein und träumen zu bestimmten Anlässen von der vergangenen Zeit[3]. Die Erfahrung der sich aufschaukelnden und sie mitreißenden Eigendynamik eines sozialen Pozesses ist es, woran sich die an der Studentenbewegung Beteiligten heute mit einer Mischung aus Erstaunen und Erschrecken erinnern. Thomas Schmid (Jahrgang 1945) schrieb 1985 in einem Text über die »Vergesellschaftung der Ohnmacht«: »Es gibt Berge von Literatur zu ›1968‹; doch kaum etwas ist darunter, das eine lebendige Vorstellung gibt von der rasenden Geschwindigkeit und dem selbstgewissen Impetus, mit denen diese Bewegung die verkrustete Sozietät der Nach-Adenauer-Zeit (die immer noch eine Adenauer-Zeit war) in Unruhe versetzte und durcheinanderbrachte. Nachträgliche Kommentatoren waren meist bemüht, das Rationale dieser Bewegung von ihrem Irrationalen zu trennen und sie ausschließlich zu einer Reformkraft umzudeuten. Diese Interpretation ist die einzige, die im formulierten öffentlichen Bewußtsein haften geblieben ist. Ganz falsch ist sie nicht, doch sie übersieht eine Winzigkeit, die entscheidend war: diese Bewegung hat – *neben den bestehenden Institutionen und Beziehungen der Gesellschaft* – spontan Formen der Assoziation und Vergesellschaftung gefunden, die ungeheure subjektive Kräfte freigesetzt hat. Wäre das Wort nicht so verdächtig, könnte man von einer kollektiven Ekstase reden, die gleichwohl nicht Entrückung bedeutete, sondern eindeutig in dieser Welt stattfand.«[4] Die Frage ist nur, was da so eindeutig in der Welt stattgefunden hat. Um begreifen zu können, was am Ende der

3 Über die Organisationsentwicklung sozialer Bewegungen gibt es eine ganze Reihe von Untersuchungen. Siehe nur Antony Obershall, The Decline of the 1960s Social Movements, in: Louis Kriesberg (Ed.), Research in Social Movements. Conflict and Change, Vol. III, Greenwich, Conn. 1978, S. 257-290; Hanspeter Kriesi, Organisationsentwicklung von sozialen Bewegungen, in: Forschungsjournal Neue soziale Bewegungen 5, 1992, Heft 4, S. 85-93.

4 Thomas Schmid, Nicht sozial, aber bürokratisch. Über die Vergesellschaftung der Ohnmacht, in: ders. (Hrsg.), Das pfeifende Schwein, Berlin 1985, S. 127-142, hier S. 127f.

sechziger Jahre vor sich ging, müssen wir uns von der Phänomenologie der sozialen Bewegung lösen und unseren Blick distanzierter und weiträumiger einstellen. Was also war 1968?

Ein Anfang

Bereits im Jahre 1969 veröffentlichte Ralph H. Turner einen Aufsatz, in dem er die gesellschaftsgeschichtliche Bedeutung der sozialen Bewegungen der sechziger Jahre zu bestimmen suchte[5]. Worum, so fragt er, dreht sich eigentlich der Protest und welche Richtung wird er in den nächsten zehn oder zwanzig Jahren einschlagen? Turner fühlt sich als Zeitgenosse einer grundlegenden normativen Revision, die er mit dem Auftauchen eines »neuen Objekts der Empörung« in Zusammenhang bringt. Zum ersten Mal in der Geschichte, so sein von der Atmosphäre der Zeit berührter Ton, erleben wir heute, daß Empörung darüber zum Ausdruck gebracht wird, daß der einzelne ein Gefühl seines wahren Selbst nicht finden kann. Die Tatsache, daß Menschen an sich selbst leiden, sei natürlich nicht neu. Neu sei vielmehr, daß dies nicht als persönliches Unglück, sondern als gesellschaftliches Unrecht empfunden werde. Sei man bisher bestrebt gewesen, den Mangel an Selbstwertgefühl vor den anderen zu verbergen, so erklären heute zu des Soziologen Erstaunen junge Menschen vor aller Welt, daß die eigenen Identitätsprobleme Ausdruck eines gesellschaftlichen Mißstands seien. Der für die kulturelle Evolution wichtige Punkt besteht darin, daß auf diese Weise die Klagen des Selbst zum legitimen Gegenstand politischer Forderungen geworden sind. Jedenfalls kann seit den Tagen der Studentenbewegung alles, was mit dem Selbstsein zu tun hat, als Politik bezeichnet werden. Man spricht von einer Politik der Geschlechter, der Lebensstile oder gar des Körpers.

Die sozialen Bewegungen, deren Thema die seelische Entfremdung des einzelnen ist, zeichnen sich denn auch durch eine

5 Ralph H. Turner, Das Thema zeitgenössischer sozialer Bewegungen, in: Walter R. Heinz/Peter Schöber (Hrsg.), Theorien kollektiven Verhaltens. Band 2, Darmstadt/ Neuwied 1972, S. 102-127.

neue und andere Anhängerschaft aus. Weder vermögende Bürger noch selbstbewußte Arbeiter bilden ihr Klientel, sondern die Jugend. Überhaupt werden die sozialen Bewegungen des neuen Typs nicht von sozialen Klassen, sondern von Altersgruppen getragen. Das auffallendste Phänomen seit dem Zweiten Weltkrieg ist für unseren ersten theoretischen Gewährsmann die wachsende Autorität, Unabhängigkeit und Anerkennung, die der jungen Generation zugebilligt wird. Angesichts der schnellen Veränderungen in Wissenschaft und Technik erscheinen die Jungen als die eigentlichen Avantgardisten der Modernität.

Der damalige Beobachter erwartete, daß das neue Unrechtsbewußtsein zu einem Katalysator für umfassende soziale Veränderungen werden könnte, weil viele gesellschaftliche Gruppen, deren Wünsche und Bedürfnisse sich in den hergebrachten Schemata sozialer Konflikte nicht artikulieren lassen, ihre eigenen Probleme in den neuen Begriffen sehen können, die die jugendlichen Aktivisten propagieren.

Ralph H. Turner stand mit seinen Überlegungen nicht allein. Der Bewegungstheoretiker Alain Touraine forderte bereits 1965 den Abschied von der Vorstellung, daß das Schicksal des Menschen sich in einer einzigen Schlacht entscheiden würde. »Die sozialen Bewegungen bedeuten nicht mehr die soziale Transkription der Widersprüche eines ökonomischen Systems. Sie werden nunmehr von den vielfältigen Bedürfnissen des historischen Subjekts gegenüber sämtlichen sozialen Entfremdungen vorangetrieben.«[6] Mit den sozialen Bewegungen der sechziger Jahre trat, wenn man Touraine folgt, das Individuum selbst ins Zentrum des historischen Subjekts. Man will sich nicht mehr mit historischen Großgruppen identifizieren lassen, sondern jeder einzelne fordert, als Konstituens des historischen Subjekts anerkannt zu werden.

Und auf dem denkwürdigen Frankfurter Soziologentag von 1968, der sich der großen Alternative »Spätkapitalismus oder Industriegesellschaft?« verschrieb, formulierte eine für einen erkrankten Professor eingesprungene Arbeitsgruppe, beste-

6 Alain Touraine, Soziologie als Handlungswissenschaft, Neuwied 1974, S. 507.

hend aus Joachim Bergmann, Gerhard Brandt, Klaus Körber, Ernst Theodor Mohl und Claus Offe, ihre später vieldiskutierte Disparitäten-These[7], wonach in der spätkapitalistischen Gesellschaft Krisenbezirke existieren, die für den Kapitalverwertungsprozeß nur periphere Bedeutung haben, weshalb sie durch politische Eingriffe zwar notdürftig daran gehindert werden, weitere Störungen für das Gesamtsystem zu produzieren, im übrigen aber sich selbst überlassen bleiben, ohne daß Privilegien der Klasse und Schicht für die übergroße Mehrheit der Betroffenen noch eine wichtige Rolle spielten. Das gelte etwa für die Lebensphase vor der Schule oder für die nach dem Berufsleben, für die Randgruppen der seelisch Kranken, Obdachlosen und kriminell Gewordenen oder für die gesellschaftliche Ausnahmesituation ethnischer Minderheiten, zukunftsloser Wirtschaftszweige und struktureller Armutgebiete. Diese neue Gegebenheit der Disparität von Lebensbereichen könnte nach Meinung der akademischen Rebellen maßgeblich daran mitwirken, politischen Konfliktstoff und systemtranszendierende Tendenzen zu mobilisieren.

In diesen theoretischen Kommentaren erscheint 1968 als Zündung für einen grundlegenden Formwandel des gesellschaftlichen Subjekts und der individuellen Selbstthematisierung. Zweifellos hatten die strukturellen Verschiebungen im gesellschaftlichen Gefüge nach dem Zweiten Weltkrieg schon unbemerkt stattgefunden, aber es bedurfte der sozialen Bewegung von 1968 zur Lösung der akkumulierten Spannung. Die Studentenbewegung leugnete gewiß nicht die Existenz von Klassen und Klassenkämpfen, aber in ihren Aktionen kam ein ganz anderes Bild der Gesellschaft zum Vorschein: Hier bewegten sich andere Akteure in anderen Landschaften und vollzogen andere Prozesse. Die Studentenbewegung bestand aus vielfachen Unruheherden, die überall Konflikte hervorriefen und, wie besonders der Mai 1968 in Paris demonstrierte, eine zu-

7 Joachim Bergmann/Gerhard Brandt/Klaus Körber/Ernst Theodor Mohl/Claus Offe, Herrschaft, Klassenverhältnisse und Schichtung, in: Theodor W. Adorno (Hrsg.), Spätkapitalismus oder Industriegesellschaft? Verhandlungen des 16. Deutschen Soziologentags Frankfurt am Main 1968, Stuttgart 1969, S. 67-87.

mindest vorübergehende Umkehrung der gesellschaftlichen Kräfteverhältnisse drohen ließ. Das institutionalisierte System der Herrschaft erwies sich für einen kurzen Sommer lang als unfähig, die Ausbreitung einer anderen Macht, die nicht der traditionellen Aufmarschordnung gehorchte, sondern aus einem Durcheinander einzelner, zufälliger und lokaler Provokationen bestand, in Zaum zu halten. Die Jugend übernahm die Definitionsmacht und führte vor Augen, daß die Gesellschaft keine festgefügte Pyramide darstellt, sondern eine Ansammlung von Kämpfen in einem neuen System der Disparität von Lebensbereichen. Dabei wurde das nach 1945 so hochgehaltene Postulat der Legalität einfach durchbrochen. Die allzu grobe Gegenüberstellung von Gesetz und Ungesetzlichkeit wurde durch den feineren Zusammenhang von Gesetzesübertretungen und Gesetzen ersetzt. Denn jedes Gesetz, so die Botschaft der fröhlich praktizierten Regelverletzungen, ist lediglich eine zwanghafte Formalisierung von permanenten Gesetzesübertretungen. Im übrigen wurde die Theorie abweichenden Verhaltens herangezogen, um den Beweis zu führen, daß gesellschaftliche Gruppen abweichendes Verhalten dadurch schaffen, daß sie Regeln aufstellen, deren Verletzung abweichendes Verhalten überhaupt erst hervorbringt. Es hatte den Anschein, als gäbe die junge Generation ihre Loyalität mit dem Staat und seinen Institutionen auf, um beweglichere Koordinationen des gesellschaftlichen Verkehrs zu erproben.
Nach dieser Deutung trat 1968 eine neue Konstruktion des gesellschaftlichen Subjekts in Erscheinung: Der einzelne fühlt sich nicht mehr durch seine Zurechnung zu gesellschaftlichen Großgruppen und durch die Anmutung sozialer Rollen konstituiert, sondern erhebt den Anspruch auf Selbstkonstitution in den verschiedenen Bereichen seiner Lebenspraxis. Das »wahre Selbst«, das sich dergestalt hervorbringt, versteht sich, so eine Formel von Ralph H. Turner[8], nicht mehr »institutionell«, sondern »impulsiv«. Nichts soll in der Gesinnung anerkannt werden, was nicht durch ein Gefühl gerechtfertigt ist. Nicht die Erfüllung geltender Rollenmuster fördert die Selbst-

8 Ralph H. Turner, The True Self. From Institution to Impulse, in: American Journal of Sociology 81, 1976, S. 986-1007.

achtung, sondern allein das Gehorchen der inneren Stimme. Das einst Uneingestehbare wird somit zum Garant der eigenen Authentizität. Daher das steigende Interesse an den Formen eines sozial legitimierten Sprechens über Intimes und Verborgenes, daher der populäre Erfolg der Psychoanalyse nach 1968.

Alain Touraine sprach 1965 vom »Verschwinden des konstituierenden und dem Triumph des schöpferischen Bewußtseins«[9]. Aber woraus soll das Bewußtsein schöpfen, wenn es sich nichts anderem mehr unterwirft außer sich selbst? Der reflexive Subjektivismus bringt wiederum eigene Probleme mit sich. Wenn die angebotenen sozialen Rollen und die eingelebten Individualitätsmuster nicht mehr als Gefäße oder Mittel der Selbstdarstellung hingenommen werden können, ist der einzelne sowohl sich selbst als auch der Gesellschaft viel direkter und schutzloser ausgeliefert. Die Diagnose von der »neuen Unmittelbarkeit von Individuum und Gesellschaft«, die die Invidualisierungsdebatte der achtziger Jahre beherrschte[10], scheint so gesehen in der »Linie der tausend Abirrungen« von 1968 (Gilles Deleuze)[11] ihren Ursprung zu haben.

Der Mythos von 1968 als eines Anfangs ist vor allem von der Forschung zum sogenannten Wertewandel genährt worden. Ronald Inglehart stieß bei seinen Umfragen, die er seit dem Beginn der siebziger Jahren in den USA und in neun Staaten der Europäischen Gemeinschaft durchgeführt hatte, auf eine Verschiebung des Wertesystems, die er bekanntlich als Wandel von »materialistischen« zu »postmaterialistischen« Werten kennzeichnete. Besonders bei jungen Menschen mit gehobenem Bildungsniveau lag demnach die höchste Priorität nicht mehr auf den Werten der Sicherheit und des Wohlstands, son-

9 Alain Touraine, a.a.O., S. 508.

10 Der Ausgangstext ist natürlich Ulrich Beck, Risikogesellschaft. Auf dem Weg in eine andere Moderne, Frankfurt a.M. 1986, S. 121ff. Mit etwas Abstand betrachtet handelt es sich um das Ergebnis einer langen Geschichte der Verzeitlichung des Verhältnisses von Individuum und Gesellschaft. Siehe etwa Martin Kohli, Gesellschaftszeit und Lebenszeit, in: Johannes Berger (Hrsg.), Die Moderne – Kontinuitäten und Zäsuren, Soziale Welt, Sonderband 4, 1986, S. 183-208.

11 Gilles Deleuze, Foucault, Frankfurt a.M. 1987, S. 66.

dern auf denen der Selbstverwirklichung und der Lebensqualität. Inglehart betrachtete diese Gruppe als schöpferische Minorität eines schließlich die gesamte Gesellschaft ergreifenden Wertewandels. Mit dem Ausdruck »stille Revolution«[12] wollte er darauf hinweisen, daß trotz kurzfristiger Wertschwankungen, die auf das Auf und Ab der wirtschaftlichen Entwicklung zurückzuführen sind, eine langfristige Tendenz sich durchsetzen werde, die zu einer grundlegenden Änderung unseres politischen Systems führen werde. Bei der erneuten Überprüfung seiner Theorie[13] entwarf der Wertewandelforscher dafür ein aufschlußreiches Szenarium: Die etablierten Parteiensysteme in den westlichen Demokratien sind in erster Linie über Themen institutionalisiert, die aus der geschichtlich überholten Phase des Materialismus stammen. Mit neuen politischen Bewegungen rücken neue politische Anliegen ins Zentrum der politischen Willensbildung, wofür bei den traditionellen Parteien und Organisationen die symbolischen Mittel der Aufnahme und Artikulation fehlen. In dem Maße wie sich die linken und rechten Parteien für postmaterialistische Werte öffnen, läuft ihnen auf beiden Seiten ein erheblicher Teil der materialistisch gesonnenen Stammwählerschaft weg, die dann das Klientel eines rechtsextremen Populismus bildet. Es könnte passieren, daß auf lange Sicht eine postmaterialistisch, d.h. an Themen wie Umweltschutz, Multikulturalismus und Frauenemanzipation interessierte politische Mehrheit eine in materialistischen Wertpräferenzen verharrende Minderheit in die rechtsextreme Ecke drängt. Was 1968 als Weltverbesserung begann, würde am Ende eines gesellschaftlichen Diffundierungsprozesses in einer gefährlichen Instabilität unseres politischen Systems münden.

Inglehart argumentiert im Grunde von 1968 aus. Nur sieht er in der Studentenbewegung der westlichen Welt den mit einer notwendigen Zeitverschiebung auftretenden Ausdruck einer zwanzigjährigen Periode sozialer Wohlfahrt und wirtschaftlicher Prosperität nach dem Zweiten Weltkrieg. 1968 stieß eine

12 Ronald Inglehart, The Silent Revolution. Changing Values and Political Styles Among Western Publics, Princeton 1977.

13 Ronald Inglehart, Kultureller Umbruch. Wertwandel in der westlichen Welt, Frankfurt a.M./New York 1989.

jüngere Generation, die in der formativen Phase ihres Heranwachsens Sicherheit und Wohlstand als Selbstverständlichkeit genossen hatte, auf eine ältere Generation, deren prägende Jahre von Unsicherheit und Not bestimmt waren. Die Konfrontation zwischen den postmaterialistisch gesinnten Jungen und den materialistisch gesinnten Alten war deshalb unausweichlich, weil beide Seiten ihre Lebenserfahrungen zu verteidigen hatten. Aber mit der Fortdauer des durch den Kalten Krieg garantierten Friedens und dem Ausbau des Wohlfahrtsstaats trugen die Jüngeren den Sieg davon.

1968 war dieser Sicht zufolge ein Anfang, der seinen Grund in der Sicherheit und im Wohlstand der Nachkriegsperiode hatte. Zehn oder fünfzehn Jahre nach dem Beginn des Wirtschaftswunders erreichte die Achtundsechziger-Generation das Wahlalter bzw. das Alter der politischen Beteiligung. Weitere zehn Jahre dauerte es, bis sie in die einflußreichen Positionen ihrer Gesellschaft aufgestiegen waren. Und noch einmal zehn Jahre vergingen, bis sie in die Reihen der höchsten Entscheidungsträger vorgestoßen waren. Mit dem Postmaterialismus stieg nach Ingleharts Auffassung eine neue Klasse auf, die durch eine kritische Haltung zur bestehenden gesellschaftlichen Ordnung charakterisiert ist. »Nicht mehr der Student, der mit einem Protestplakat durch die Straßen zog, verkörpert den Postmaterialismus, sondern der Anwalt, der sich für das öffentliche Wohl einsetzt, oder der Technokrat, der einen Bericht über Umweltschäden verfaßt.«[14]

Ingleharts Vorstellungen von einer Evolution der westlichen Grundwerte werden zwar in der Öffentlichkeit vielfach als Universalschlüssel zur Erklärung aller möglichen mit Sorge beobachteten gesellschaftlichen Erscheinungen vom Geburtenrückgang bis zur Schwächung der Berufsethik verwendet, sind aber in der Wissenschaft alles andere als unumstritten[15].

14 Ronald Inglehart, a.a.O., S. 412.

15 Vgl. nur Helmut Thome, Wertewandel in der Politik? Eine Auseinandersetzung mit Ingleharts Thesen zum Postmaterialismus, Berlin 1985 und Heinz Otto Luthe/Heiner Meulemann (Hrsg.), Wertwandel – Faktum oder Fiktion? Bestandsaufnahmen und Diagnosen aus kultursoziologischer Sicht, Frankfurt a. M./New York 1988.

Die Kritik richtet sich in erster Linie auf die allzu schlichte Psychologie der Wertbildung, die sich letztlich darauf reduziert, daß Phasen des Wohlstands postmaterialistische und Phasen des Mangels materialistische Einstellungen begünstigen, und der daraus folgenden Blindheit für die subkulturelle und institutionelle Ausgestaltung der Wertgesichtspunkte. Unbestreitbar lassen sich bei großflächigen Umfragen Rangplatzverschiebungen von der Gruppe der Pflicht- und Akzeptanzwerte zu der der Selbstentfaltungswerte feststellen; aber das Bild ändert sich vollkommen, wenn man einzelne sozialmoralische Milieus oder bestimmte gesellschaftliche Organisationen in den Blick nimmt. Da stößt man auf zählebige Deutungsmuster, die sich gegenüber vermeintlichen Wertewandlungen als ziemlich resistent erweisen. Bemerkenswerter aber noch ist, daß von Forschern, die dem Forschungsunternehmen Ingleharts nahestehen, Einwände gegenüber der behaupteten Einsinnigkeit und Unvermeidlichkeit des Wertewandels erhoben werden. Helmut Klages, der der deutschen Abteilung der Wertewandelforschung vorsteht, hat darauf aufmerksam gemacht, daß der in den späten sechziger Jahren einsetzende Wertewandel in der zweiten Hälfte der siebziger Jahre seine bis dahin vorhandene Schubkraft verlor[16]. In der Sprache der Wertewandelforschung ausgedrückt, waren die nachwachsenden Alterskohorten mit einem Mal nicht mehr selbstentfaltungsorientierter als die vorangegangenen. Zudem zeigte sich, daß die auf alle Altersgruppen gleichzeitig einwirkenden »Periodeneffekte« der ökonomischen Krise der siebziger Jahre die Werte von Partizipation, Emanzipation und Kommunikation schwächten. Für Klages belegen die Daten für die Bundesrepublik, daß der Wertewandel in Wahrheit ein Wertewandlungsschub war, der gewissermaßen auf der Mitte des Wegs abbrach, ohne daß allerdings eine wertkonservative Restauration stattgefunden hätte. Wir würden uns heute in einer unentschiedenen Schwebelage befinden, die von heftigen Wertschwankungen begleitet sei. Mit anderen Worten: Kohärente Voraussagen über den Wertewandel sind nicht mehr möglich.

16 Zusammenfassend Helmut Klages, Wertedynamik. Über die Wandelbarkeit des Selbstverständlichen, Zürich 1988.

Man muß daraus den Schluß ziehen, daß das ambitionierte Programm der Konstruktion eines Makrotrends des Wertewandels in der westlichen Welt gescheitert ist. Wie Charles Tilly aus der Sicht einer historischen Soziologie dargelegt hat[17], müssen solche Theorien mit einer gewissen Notwendigkeit scheitern, weil sie unbedacht bestimmten geschichtsphilosophischen Vorbildern folgen. Es handelt sich bestenfalls um Oberflächenbeschreibungen, die durch eine unzulässige Abstraktion von dem kollektiven historischen Akteur, den man ursprünglich im Blick hatte, zustande kommen. So gesehen hätte die Theorie des Wertewandels die Spur der Kulturrevolte der späten sechziger Jahre verfolgt, die zunächst wie ein fundamentaler kultureller Umbruch in den Gesellschaften des Westens erschien, sich im Laufe der siebziger Jahre jedoch in vielfältigen nationalkulturellen und subkulturellen Geschichten verlor. Am Ende stellt sich die Frage, ob 1968 wirklich der große Anfang war, als der er immer hingestellt wird.

Ein Wechsel

Im Jahre 1978 begann Albert O. Hirschman in Paris mit der Arbeit an einem Buch über die großen gesellschaftlichen Stimmungswechsel von den fünfziger zu den sechziger Jahren und dann wiederum von den sechziger zu den siebziger Jahren. Ihm lag eine ganze Flut von Artikeln und Büchern vor, die aus Anlaß des zehnten Jahrestags jener Demonstrationen, Studentenrevolten, Streiks und anderer öffentlicher Aktionen geschrieben worden waren, aber alle diese teils wohlmeinenden, teils gehässigen Kommentare konnten nicht darüber hinwegtäuschen, wie fern die Ereignisse waren, an denen sich eine Massenbewegung von Bürgern in Westeuropa, Nord- und Südamerika und Japan beteiligt hatte. Der Zeitgeist von 1968 mit seinem so überraschend auftretenden und daher so überwältigenden Interesse für politische Fragen und öffentliche Angelegenheiten erschien wie ein rätselhafter Ausbruch aus ei-

17 Charles Tilly, Big Structures, Large Processes, Huge Comparisons, New York 1984.

ner langen Phase privaten Rückzugs und persönlichen Vorankommens. Im Laufe der siebziger Jahre hatten sich die meisten Bürger im Zeichen wirtschaftlicher Rezession, drohenden Sozialabbaus und bleibender Dauerarbeitslosigkeit wieder ganz der Sorge um ihr eigenes Wohl zugewandt, und der »homo oeconomicus« war wieder zu seinem Recht gekommen. Aus dieser Perspektive mußte 1968 wie ein Anfall kollektiver Manie und sozialer Ideenflucht wirken. Hirschman stellte sich die Frage, wie ein so großer Stimmungsumschwung in so kurzer Zeit zu erklären sei.

Die Antwort, die er in seinem 1982 unter dem Titel »Shifting Involvements« publizierten Buch gab[18], mutet wie ein nietzscheanisches Konzept politischer Ökonomie an. Hirschman entwirft eine Phänomenologie kollektiver Begeisterung und Enttäuschung, die sich auf allgemeine Merkmale von Konsumerfahrungen stützt, die sich im Verlauf einer geschichtlichen Welle wiederholen. Alles trägt den Keim seiner eigenen Zersetzung in sich – und zwar nicht nur, was sofort einleuchtet, das politische Engagement, sondern auch der private Konsum. Jedesmal, so stellte Hirschman bei seiner Rekapitulation kollektiver Enttäuschungserfahrungen in den letzten zweihundert Jahren fest, wenn es die wirtschaftliche Entwicklung in den Ländern des Westens sozialen Gruppen zum ersten Mal gestattet, in großem Umfang am Konsum von Gütern und Dienstleistungen teilzunehmen, treten starke Reaktionen der Enttäuschung und Reue oder gar der Feindseligkeit gegen den neuen materiellen Wohlstand auf. George Bernhard Shaw scheint mit seiner berühmten Bemerkung recht zu haben: »Es gibt im Leben zwei tragische Erfahrungen: die eine ist, daß man nicht bekommt, was man sich sehnlichst wünscht, die andere, daß man es bekommt.« Der enttäuschte Verbraucher verliert die Lust am privaten Konsum und wendet sich auf seiner Suche nach einer anderen Form des Glücks dem öffentlichen Engagement zu. Daher bewegt sich der Bürger ewig zwischen seiner Bestimmung als Privatmensch und als Staatsbürger.

18 Albert O. Hirschman, Engagement und Enttäuschung. Über das Schwanken des Bürgers zwischen Privatwohl und Gemeinwohl, Frankfurt a.M. 1988.

Das Bemerkenswerte von Hirschmans Analyse besteht darin, daß der Wechsel der kollektiven Präferenzen auf innere Triebkräfte und nicht auf äußere Bedingungen zurückgeführt wird. Nicht die Veränderung der sozioökonomischen Bedingungen läßt den Bürger zwischen dem Streben nach privatem und öffentlichem Glück schwanken, sondern die periodische Engführung von Enttäuschungserfahrungen. Und überraschenderweise stellt gerade die Konsumkultur eine Quelle massenhafter Enttäuschungen dar. Hirschman will einfach nicht vergessen, daß für Bürger früherer Zeiten, die sich staatsbürgerlichen Tugenden verpflichtet fühlten, ein Rückfall in privates Erfolgsstreben womöglich noch unbegreiflicher gewesen wäre, als es aus unserer Sicht ein Wechsel in entgegengesetzter Richtung ist. In unserer verbohrten Modernität wollen wir offenbar nicht gerne wahrhaben, daß Tugend und Ehre genauso zum bürgerlichen Wertekanon gehören wie Konsum und Fortkommen. Idealismus, öffentliches Engagement und Opferbereitschaft für die Gemeinschaft müssen aus solcher Sicht nicht als pathologische Ausnahmen, sondern können als normale Erscheinungen bürgerlichen Verhaltens angesehen werden.

Hirschman entfaltet eine differenzierte Phänomenologie enttäuschender Konsumerfahrungen, mit deren Hilfe sich eine besondere Geschichte der ersten Nachkriegsperiode schreiben läßt. Die ersten Glückserfahrungen des privaten Konsums betrafen die eigentlichen Verbrauchsgüter wie Nahrung und Brennstoff. Diese Güter bieten begreiflicherweise wenig Anlaß für Enttäuschungen. Sie wirken schnell, und man braucht sie immer wieder. Nach den schlimmen Entbehrungen besonders der Jahre 1945 bis 1948, so der Tenor diverser lebensgeschichtlicher Rekonstruktionen der ersten Nachkriegszeit in Deutschland, konnte es ein größeres Glücksgefühl nicht geben, als sich satt zu essen und eine warme Stube zu haben.

Die ersten Enttäuschungen begannen mit den langlebigen Gebrauchsgütern wie dem Auto, der Möbelgarnitur oder der Musiktruhe mit eingebautem Radio und Plattenspieler. Das Unangenehme dieser Objekte besteht darin, daß sie auch dann noch vorhanden sind, nachdem man sie gebraucht und enttäuschende Erfahrungen mit ihnen gemacht hat. Sie halten durch ihr bloßes Fortbestehen die Erinnerung an die Enttäuschungen wach. Die Enttäuschungsanfälligkeit dieser Dinge rührt im Prinzip daher, daß man erst dann, wenn man hat, was man wollte, merkt, daß man eigentlich etwas anderes wollte. Der Kofferraum des auf Kredit angeschafften Autos erwies sich als viel zu klein, die Möbelgarnitur wirkte schon nach zwei Jahren ziemlich schäbig und die riesige Musiktruhe auf den dünnen Beinen verschandelte das ganze Wohnzimmer. Es muß, wenn die Analyse von Hirschman zutrifft, in den frühen sechziger Jahren in allen westlichen Ländern massenhaft solche Enttäuschungserfahrungen gegeben haben, weshalb sich eine diffuse Stimmung der Unzufriedenheit mit dem erreichten Wohlstand ausbreitete.

Es gibt freilich ein ausgesprochen langlebiges Gebrauchsgut, das anscheinend von beständiger Attraktivität für den Konsumenten ist: das ist das eigene Haus. Viele Nachkriegskinder können zur Genüge davon berichten, mit welcher Energie sich ihre Eltern zuerst dem Bau und dann dem Umbau ihres Eigenheims gewidmet haben. Da spielte besonders bei den Flüchtlingsfamilien der Mythos eines neuen Grunds und eines bleibenden Werts eine entscheidende Rolle. Vor allem jedoch wird der Wert des eigenen Hauses dadurch gesteigert, daß es unaufhörlich verschönert und verbessert werden kann, und der Hausbesitzer immer aufs neue die Früchte der eigenen Arbeit und der selbst getroffenen Entscheidungen mit Stolz betrachten kann.

Man darf allerdings nicht vergessen, daß die Hintergrundphilosophie der Nachkriegszeit, nämlich der Existentialismus, kein geruhsames Weltvertrauen verhieß. Womöglich avancierte die Essaysammlung von Hans Egon Holthusen in erster Linie wegen ihres Titels zum Klassiker der fünfziger Jahre: Hinter dem »Wirtschaftswunder« lauerte das Gefühl des »unbehausten Menschen«[19].

Zu Beginn der sechziger Jahre muß die Freude an der Konsumkultur schal geworden sein. Die öffentliche Wirkung des 1960 herausgekommenen Films »La dolce vita« von Federico Fellini mag dafür als Beleg dienen. Der Klatschkolumnist Mar-

19 Hans Egon Holthusen, Der unbehauste Mensch. Motive und Probleme der modernen Literatur, Neuausgabe München 1964 (zuerst 1951).

cello, gespielt von Marcello Mastroianni, verliert sich im schönen und schwülen Dschungel der römischen Gesellschaft von der Via Veneto. Er ist allen Frauen verfallen: der klugen, gelangweilten, lasziven Tochter reicher Eltern, seiner Frau Emma, die immer zu Hause auf ihn wartet, der kolossalen Kindfrau Anita Ekberg oder dem Mädchen Paola, dessen waches Staunen ein Leben jenseits der Überdrehtheit und des Überdrusses verheißt. Die hysterische Spannung des Films resultiert aus der Stimmung einer Übergangs- und Wartezeit. Auch der Schriftsteller Steiner, der zunächst als ruhige und selbstgewisse Gegenfigur zu dem von innerer Unruhe getriebenen Marcello aufgebaut wird, kann das Warten auf eine neue Zeit schließlich nicht mehr ertragen und bringt sich um.

Einigen jüngeren Kritikern in der Bundesrepublik ging der Film nicht weit genug. Ulrich Gregor und Enno Patalas monierten in ihrer 1965 publizierten »Geschichte des modernen Films«: »Fellini geht es gar nicht darum, die Einsamkeit seines Helden Marcello aus dessen Lebensbedingungen zu erklären und aus dieser Sicht zu einer Kritik am ›süßen Leben‹ vorzudringen; er postuliert vielmehr eine ›prinzipielle‹ Einsamkeit. Die Möglichkeit einer Kommunikation mit der Welt erscheint Marcello in der Gestalt des einfachen und naiven Serviermädchens Paola (...); aber von dieser idealisierten Gestalt ist er in der Schlußszene des Films durch einen symbolischen Wasserlauf getrennt. Die Kritik am Lebensstil der eleganten Society bleibt in ›La dolce vita‹ folgenlos, da die sinnlosen Zuckungen der parasitären Gesellschaft von der Leinwand herab immer noch als spannendes Schauspiel genossen werden können.«[20]

Hier kündigt sich die Gesellschaftskritik von 1968 an. Fellinis opulenter Nihilismus hat den kritischen Kritikern zufolge zwar die Stimmung der Zeit getroffen, aber die Botschaft des Films wird als ein folgenloser existentialistischer Aufschrei verworfen. Die Entfremdung, so werden wir aufgeklärt, hat nichts mit irgendeiner ontologischen Verfassung des Menschen zu tun, sie resultiert vielmehr aus bestimmten gesellschaftlichen Verhältnissen.

20 Ulrich Gregor/Enno Patalas, Geschichte des modernen Films, Gütersloh 1965, S. 126f.

Albert Hirschman weist darauf hin, daß die untergründigen Enttäuschungserfahrungen der Konsumenten von einer gesellschaftlichen Gruppe artikuliert werden müssen, damit sie in die politische Arena Eingang finden und dort einen Wechsel des politischen Regimes hervorrufen können. Im Blick auf die frühen sechziger Jahre zeigt sich, daß die Gesellschaftskritik der Studentenbewegung ihre Vorläufer hatte. Es waren die skeptischen Kritiker der »verfetteten« Wohlstandsgesellschaft, die überhaupt erst die Akzeptanzbereitschaft für die Kritik des Konsumismus schufen. Im selben Jahr, in dem »La dolce vita« herauskam, veröffentlichte Hans Magnus Enzensberger (Jahrgang 1929) in der Wochenzeitung »Die Zeit« unter dem Titel »Plebiszit des Verbrauchers« eine Analyse des Herbstkatalogs aus dem Versandhaus N. in Frankfurt. Beschrieben wird eine »kleinbürgerliche Hölle«, aus der es kein Entrinnen zu geben scheint. Der Kunde habe die Wahl zwischen IRISETTE und OPTILON, SUPREMA und KINGFLASH, TUBOFLEX und DANUFLOR, MINICARE und ERBAPRACTIC, SKAI und LAVAFIX, NO IRON FINISH und NINO-IRIX-AUTO-MAGIC. Und das verdeckt Babarische dieser monströsen Offerte bestehe in einer perfiden Mischung aus dumpfer Sentimentalität (»unsere lieben Kleinen«) und markiger Fortschrittsentschlossenheit (Großrechenanlage). Enzensberger ist sich darüber im klaren, was solcher Kritik entgegengehalten werde. Das seien die Sorgen arroganter Intellektueller, die nichts anderes wollen, als den einfachen Leuten ihre Feierabendfreuden zu mißgönnen und die soziale Marktwirtschaft in Mißkredit zu bringen. Aber Einwände dieser Art berühren nicht die Sicherheit seines Urteils über die Enttäuschungen mit der Konsumkultur: »Das deutsche Proletariat und das deutsche Kleinbürgertum lebt heute, 1960, in einem Zustand, der der Idiotie näher ist denn je zuvor. Ist es Snobismus, diese bedrohliche Tatsache mit einem Schrei des Bedauerns festzuhalten? Es liegt uns ferne, Herrn N., den Veranstalter des Katalogs, den wir vor uns haben, zu verteidigen. Die Dienstbereitschaft seiner Firma ist von der Art, die zu allem bereit wäre, was verlangt wird. Aber niemand wird Herrn N. allein in die Schuhe schieben können, was er mit so großer Umsicht registriert und ausnutzt: ein gesellschaftliches Versagen, an dem wir alle schuld sind: unsere Regierung, der die Verblödung einer Mehrheit gelegen zu kommen scheint; unsere Industrie, die ihr blühende Geschäfte verdankt; unsere Gewerkschaften, die nichts gegen eine geistige Ausbeutung unternehmen, von der das materielle Elend der Vergangenheit nichts ahnen konnte; und unsere Intelligenz, welche die Opfer dieser Ausbeutung längst abgeschrieben hat.«[21]

So mehrten sich besonders bei den Angehörigen der »skeptischen Generation« im Laufe der sechziger Jahre die Zweifel am Glück des privaten Konsums. Zu gerne hätte man sich weiter der Sorglosigkeit der ersten Nachkriegsjahre überantwortet, nur, so Ingeborg Bachmann (Jahrgang 1926) in ihrem Gedicht »Reklame« von 1956, »wohin tragen wir ... unsere Fragen und den Schauer aller Jahre«, »was aber geschieht ... wenn Totenstille eintritt«.

Es bedarf eines Schnitts, damit die angestauten Enttäuschungen sich entladen und ein Umschwung in den persönlichen Glücksvorstellungen und gesellschaftlichen Leitbildern stattfinden kann. Mit einem Mal verliert die Ohne-mich-Haltung ihren Charme und gleichzeitig gewinnt das politische Engagement an Reiz. Hirschman spricht von einem Abstoßungseffekt, mit dem man sich einer langweilig und quälend gewordenen Geschichte entledigen will. Mit der Studentenbewegung ging plötzlich ein Ruck durch alle westlichen Gesellschaften. Skepsis galt nicht mehr als das letzte Wort angesichts einer sinnlosen und barbarischen Geschichte, sondern wurde als eine ganz bestimmte Ideologie entlarvt, die nur der Bemäntelung einer ängstlichen Haltung der Engherzigkeit und des Eigennutzes dient. Eine neue Generation trat auf, die das Fehlen jeglichen Begriffs des öffentlichen Glücks beklagte und sich daher auf die Suche nach neuen Pathosformeln für das politische Engagement machte. Was die »skeptische Generation« überwunden zu haben glaubte, wurde von der Generation der Revolte wiederentdeckt. Die Heldenzertrümmerung nach 1945 hatte ein Vakuum hinterlassen, das jetzt mit bisher für überholt gehaltenen Vorstellungen von höherem Sinn und tieferem Zweck des geschichtlichen Prozesses gefüllt wurde.

21 Hans Magnus Enzensberger, Einzelheiten I, 10. Auflage, Frankfurt a.M. 1979, S. 171f.

1968 fand eine Wiederkehr der Debatten der heroischen zwanziger Jahre statt, von denen man sich 1945 doch endgültig verabschiedet hatte. Die Formel vom Politischsein des Privaten signalisierte die Umwertung der Werte: Alles, was man nach der totalitären Erfahrung als persönlich und privat verteidigt hatte, wurde zur politischen Angelegenheit erklärt: die Konsumentscheidung, die Kindererziehung, sogar der Umgang mit dem eigenen Körper. Was sich aus der Sicht skeptischer Selbstbehauptung als bedrohliche Entdifferenzierung darstellte, wurde von der Neuen Linken als Aufhebung bürgerlicher Abspaltungen gefeiert. Gegen institutionelle Wohlgeformtheit wurde die Intensität des Politischen gesetzt.

Daß öffentliches Engagement notwendigerweise in Enttäuschung endet, steht heute außer Frage. Das hängt in erster Linie mit dem beschränkten Vorstellungsvermögen der Akteure zusammen. Die politische Begeisterung lebt von der Vorstellung eines radikalen Wandels, und sie verfällt mit der ernüchternden Erkenntnis seines Ausbleibens. Offenbar stört es die Euphorie einer sozialen Bewegung, sich ein einigermaßen realistisches Bild von Zwischenlösungen und Halbheiten auf dem »Marsch durch die Institutionen« zu machen. Dazu kommt der fatale Umstand, daß sich in den Augen der Vorkämpfer das ursprüngliche Projekt auf dem Wege seiner Verwirklichung in der Regel verkehrt und sich bisweilen gar in ein wahres Ungeheuer verwandelt, das »seine Kinder frißt«. So mündet Überengagement in Schwermut, weil die Akteure sich ihres Idealismus und ihrer Opferbereitschaft betrogen sehen.

Aber auch diejenigen, die sich nicht auf das Hochgefühl einer sozialen Bewegung eingelassen haben, sondern ihrem Gemeinsinn im Rahmen der repräsentativen Demokratie Ausdruck verliehen haben, machen ernüchternde Erfahrungen. Hirschman ist der Auffassung, daß die Wahl eine politische Unterforderung des Staatsbürgers darstellt. Der politisch mobilisierte Einzelne muß sich notgedrungen mit dem reduzierten Ausdruckswert seiner Stimme abfinden. Seine Bereitschaft zum Engagement wird durch das demokratische Verfahren enttäuscht. Der Rat, sich in einer politischen Partei zu betätigen, ist zweischneidig, denn das läuft schnell auf die beschriebene Problematik des Überengagements hinaus. Hirschman zufolge

bietet sich dem Bürger bei der Suche nach Formen für sein öffentliches Engagement nur die unbefriedigende Wahl zwischen Überforderung durch eine soziale Bewegung und Unterforderung durch das demokratische Verfahren der Wahl. Und so erklärt sich, was uns selbstverständlich erscheint: daß nach einer Phase hoher politischer Partizipation eine Phase verbissener privater Interessenverfolgung kommt.
Nichts ist heute einfacher als die Entlarvung des Gemeinsinns. Der Zusammenbruch des Sozialismus hat uns vor Augen geführt, daß der Mensch zunächst und zumeist ein einzelner ist, der in erster Linie an sich denkt und dem das persönliche und private Glück das Wichtigste ist. Gleichwohl bleibt die Tatsache der mit einer gewissen Regelmäßigkeit auftretenden Ausbrüche kollektiver Mobilisierung. Was bringt die einzelnen dazu, plötzlich von ihrer Selbstbekümmerung zu lassen und das Gefühl zu genießen, einer sozialen Bewegung anzugehören? Für Albert O. Hirschman war 1968 ein authentischer Ausdruck bürgerlichen Glücksstrebens: ein momentaner Triumph des jubilierenden Staatsbürgers über den grauen Konsumenten. Diese Zyklentheorie kollektiven Handelns hat etwas Beruhigendes, da sie uns versichert, daß wir uns nicht mit der vermeintlichen Normalität eines nur auf seinen Vorteil bedachten und vornehmlich mit sich selbst beschäftigten Privatmenschen abfinden müssen. Andererseits täuscht sich Hirschman womöglich über die schrecklichen Formen des Gemeinsinns. Die Geschichte der letzten zweihundert Jahre lehrt, daß die Ausbrüche des Bürgers aus dem Etui des Privaten genauso rechts und repressiv wie links und libertinär aussehen können. Und jugendliche Revolten an sich garantieren kein Weltbürgertum.
Ob man 1968 nun als Anfang eines grundlegenden Wertewandels oder als Ausdruck eines allgemeinen Präferenzwechsels begreift, jedes Mal steht der Protest der Studenten für einen Aufbruch in eine neue Zeit. Und dabei gelten die Entwicklungen der frühen sechziger Jahre als Vorbereitung für die »Bresche« in den späten sechziger Jahren. Waren Enzensberger, Ingeborg Bachmann und die anderen »jungen zornigen Leute« nur die Wegbereiter für Rudi Dutschke, Ulrike Meinhof und die Studentenbewegung? War 1968 wirklich ein Anfang oder nicht genau genommen ein Ende?

Von Werner Abelshauser stammt die Formel von den »langen fünfziger Jahren«[22]. Gemeint ist damit, daß die Jahre von 1949 bis 1966 eine in sich geschlossene wirtschaftliche Wachstumsperiode darstellen, die mit dem großen Nachkriegsboom der Weltwirtschaft zusammenhängt. Die Investitionsquote stieg ständig, es gab, zumindest seit 1958, »Übervollbeschäftigung« und die öffentlichen Haushalte hatten immer Überschüsse. In jeder Hinsicht bedeuteten hier die Jahre 1966/67 einen Einschnitt. Zum ersten Mal nach dem Krieg sahen sich die Westdeutschen mit einem konjunkturellen Abschwung konfrontiert, was von vielen mit Überraschung, von den meisten jedoch mit Schrecken zur Kenntnis genommen wurde. Aber nicht nur konjunkturell, auch strukturell ist an dieser Stelle eine Zäsur zu verzeichnen. 1966/67 beginnt der Abfall des Geburtenüberschusses, die »Industrialisierung« Deutschlands, was den Anteil der Beschäftigten betrifft, kommt an ein Ende, und die Staatseinnahmen vermögen mit den Staatsausgaben nicht mehr Schritt zu halten.

Von der politischen Periodisierung her betrachtet begannen die sechziger Jahre mit der Großen Koalition, die vor allem eine »Ära Schiller« war. Dessen Konzept einer politischen Gesamtsteuerung bot einen Ausweg aus der Krise. Nur zu gern ließ man sich von dem Nachfolger Ludwig Erhards dazu auffordern, nicht mehr zu sparen, sondern mehr auszugeben. Das Angenehme an dieser staatlichen Lizenz zu Konsum bestand darin, daß es dem Ganzen förderlich schien, wenn man etwas für sich tat. Im Rahmen dieses wirtschafts- und finanzpolitischen Regimewechsels formierte sich eine »große Koalition« der Sozialpolitiker, die im Sinne des wohlfahrtsstaatlichen Verständnisses eine politische Ausweitung des Sozialen vornahmen. Auf breiter politischer Basis fand, so die Formel von Hans Günther Hockerts[23], eine Umwertung von einer schüt-

22 Werner Abelshauser, Die langen fünfziger Jahre. Wirtschaft und Gesellschaft der Bundesrepublik Deutschland 1949-1966, Düsseldorf 1987.

23 Hans Günter Hockerts, Metamorphosen des Wohlfahrtsstaats, in: Martin Broszat (Hrsg.), Zäsuren nach 1945. Essays zur Periodisierung der deutschen Nachkriegsgeschichte, München 1990, S. 35-45, hier S. 39.

zenden Sozialpolitik zu einer fördernden Gesellschaftspolitik statt. Der Staat sollte nicht nur Schutz gegen die existentiellen Risiken von Unfall, Krankheit, Alter und Arbeitslosigkeit bieten, sondern zur Förderung der Lebensqualität seiner Bürger beitragen. Der »Vorsorgestaat« (François Ewald)[24] definierte öffentliche Leistungsaufgaben auf den Gebieten der Bildung, der Gesundheit, des Städtebaus oder der Umwelt und schuf damit die Positionen für eine neue sozialwissenschaftlich gebildete Intelligenz.

Zu den politischen Kosten der »Großen Koalition«, in der der ehemalige Emigrant Brandt mit dem ehemaligen NSDAP-Mitglied Kiesinger eine Regierung bildete, gehörte die Entstehung der Außerparlamentarischen Opposition. Günter Grass, der bei der Bundestagswahl von 1965 für die SPD ein Wahlkontor deutscher Schriftsteller organisiert hatte, schrieb Willy Brandt in einem offenen Brief, daß der ehemalige Verteidigungsminister Strauß, der die Kuba-Krise im Zustand der Volltrunkenheit erlebt hätte, nie wieder Minister werden dürfe. Und der damals dreiundzwanzigjährige F. C. Delius schrieb unter dem Titel »Abschied von Willy«: »Brandt: es ist aus. Wir machen nicht mehr mit./Viel Wut im Bauch. Die Besserwisser grinsen./ Der letzte Zipfel Hoffnung ging verschütt.«[25]

Der politische Höhepunkt der sechziger Jahre in der Bundesrepublik war der »Machtwechsel« von 1969. Die sozialliberale Koalition war mehr als ein politisches, sie war ein kulturelles und gesellschaftliches Projekt. Alle, die eine andere Republik wollten, die skeptischen Kritiker des »großen Konsumvereins« genauso wie die studentischen Rebellen der »eindimensionalen Gesellschaft«, hatten ihr Ziel erreicht. Die Dominanz der »Weimarer Generation« der Adenauer, Ollenhauer und Heuss war endgültig gebrochen. Die Generationen der um 1930 geborenen Flakhelfer und der um 1940 geborenen Kriegskinder übernahmen die Führung in den öffentlichen Arenen und in den zuständigen Apparaten.

»Unser Volk braucht wie jedes andere seine innere Ordnung. In den siebziger Jahren werden wir aber in diesem Lande nur

24 François Ewald, Der Vorsorgestaat, Frankfurt a.M. 1993.

25 Siehe »Die Zeit« vom 9. Dezember 1966, S. 17.

so viel Ordnung haben, wie wir an Mitverantwortung ermutigen. Solche demokratische Ordnung braucht außerordentliche Geduld im Zuhören und außerordentliche Anstrengung, sich gegenseitig zu verstehen«, sagte Willy Brandt am 28. Oktober 1969 und fuhr fort: »Wir wollen mehr Demokratie wagen.«
»Ich glaube nicht«, notierte dazu Michael Rutschky (Jahrgang 1943), »daß ich damals richtig zugehört habe bei der ersten Regierungserklärung Willy Brandts, als wir ihm im Fernsehen zuschauten. Es war eher so, wie man Musik hört: nur Zustimmung, Mitgehen, Sympathie.«[26]
So lang die fünfziger Jahre waren, so kurz waren die sechziger. Was 1966 begann, war spätestens 1973 schon wieder vorbei. Im Frühjahr 1973 kam es zu einem Anwerbungsstop für ausländische Arbeitskräfte, und im Herbst zum ersten Ölschock, womit eine lange Periode billiger Energie für die westlichen Industrienationen plötzlich zu Ende war. Zudem brach die auf den Dollar ausgerichtete Währungsordnung der Nachkriegszeit endgültig zusammen und wurde durch ein System flexibler Wechselkurse ersetzt. In der Bundesrepublik kletterte die Inflationsrate auf fast sieben Prozent, und die Arbeitslosenquote passierte die Marke von vier Prozent und stieg unaufhörlich weiter. Nach einer Phase des Wiederaufbaus und einer der Vollbeschäftigung folgte eine Phase von Strukturbrüchen, die ihre Gestalt bis jetzt noch nicht gefunden hat[27].
Nach 1973 begann die Welt, so wie wir sie heute kennen: gekennzeichnet von konjunkturellen Auf- und Abschwüngen, von struktureller, das heißt auch durch wirtschaftliches Wachstum nicht zum Verschwinden zu bringender Arbeitslosigkeit, von öffentlichen Finanzierungsdefiziten und staatlichen Regulierungsproblemen. Denn trotz des enormen wirtschaftlichen Wachstums in den achtziger Jahren bietet sich die

26 Michael Rutschky, Wie es so gekommen ist. Ein Kulturbericht über die sozialliberale Ära, in: ders., Ethnographie des Inlands, Frankfurt a.M. 1984, S. 127-146, hier S. 127.

27 Siehe zum Beispiel Knut Borchardt, Zäsuren in der wirtschaftlichen Entwicklung. Zwei, drei oder vier Perioden? in: Martin Broszat (Hrsg.), Zäsuren nach 1945. Essays zur Periodisierung der deutschen Nachkriegsgeschichte, München 1990, S. 21-33.

wohlfahrtsstaatliche Problemlage noch genauso dar wie am Ende der sechziger Jahre. Von daher erhebt sich die Frage, ob 1968 nicht den Abschluß einer großen Nachkriegsentwicklung darstellt, die wir erst jetzt zu überblicken vermögen.

Für Ralf Dahrendorf symbolisiert 1968 den Triumph des sozialdemokratischen Konsensus, bezeichnet aber zugleich den Anfang seines Endes[28]. Das Attribut sozialdemokratisch ist dabei nicht im engen Sinne parteipolitisch zu verstehen, sondern meint ein bestimmtes Gesellschaftsbild der Mehrheitsklasse im wohlfahrtsstaatlich regulierten Kapitalismus. Alle Bestandteile dieser Vorstellung beziehen sich auf soziale Bürgerrechte in einer Welt des Wohlstands. Dazu gehört eine durch korporatistischen Interessenausgleich gedämpfte Demokratie, eine durch politische Beeinflussungen gezähmte Marktwirtschaft und vor allem eine durch staatliche Vorsorge geregelte Gesellschaft. Nicht mehr der Bürger und sein Eigentum stellt die soziale Leitfigur dar, sondern das Gesellschaftsmitglied und seine sozialen Anrechte.

T. H. Marshall hatte die Logik dieser Entwicklung schon 1949 in einer berühmten Vorlesung beschrieben[29]: daß die bürgerlichen Freiheitsrechte des 18. Jahrhunderts und die politischen Bürgerrechte des 19. Jahrhunderts durch die sozialen und ökonomischen Wohlfahrtsrechte des 20. Jahrhunderts ihre Vollendung finden würden. 1968 erscheint in dieser langfristigen Sicht als turbulente Teilgeschichte einer Evolution des Bürgers, der sich über seinen Status als Rechtssubjekt und Wähler hinausentwickelt hat. Es entsteht eine neue Kategorie von sozialen Anrechten, die sich nicht mehr nur auf das rechtliche und das politische System beschränken lassen, sondern sich auf die Gesellschaft als ganze beziehen.

Die Gesellschaftskritik der Studentenbewegung erweist sich so gesehen als Ausdruck dieser Enwicklungslogik. Die Entdekkung der Gesellschaft erlaubte es, die als verhängnisvoll angesehene Trennung zwischen politischen Entscheidungen und persönlicher Betroffenheit, zwischen individuellen Symptomen und sozialen Ursachen aufzuheben. Der Mensch als

28 Ralf Dahrendorf, Der moderne soziale Konflikt, Stuttgart 1992, S. 175.

29 T. H. Marshall, Citizenship and Social Class, Cambridge 1950.

Mensch, lautete das Ergebnis von Michel Foucaults 1966 veröffentlichter Inspektion der Humanwissenschaften[30], ist tot. Das Denken muß aus seinem anthropologischen Schlaf geweckt werden, damit der einzelne sich als Teil des gesellschaftlichen Wesens begreifen kann, das sich durch Arbeit, Interaktion und Sprache selbst erzeugt. Das Neue an diesem Denken bestand in einer eigentümlichen Mischung aus einem theoretischen Objektivismus einerseits und einem sozialen Pantheismus andererseits. Dadurch, daß der einzelne sich als konstituiert durch soziale Regeln erfährt, fühlt er sich mit allen anderen verbunden. Selbst unsere Seele, war von Wittgenstein oder Lacan zu lernen, ist wie eine Sprache gebaut, die die anderen womöglich besser verstehen als wir selbst. Nach diesem Verständnis gehen das Soziale und das Psychische ineinander über und werden zu flüchtigen Momenten einer gesellschaftlichen Selbstbewegung.

Hier wird deutlich, wie sich der »innen-geleitete« Bürger zum »außen-geleiteten« Gesellschaftsmitglied transformiert. Man will sich nicht mehr mit der letztlich defensiven Position der rechtlichen Selbstsicherung und der politischen Kontrolle begnügen. Im Zeichen der Gesellschaftskritik fordert der einzelne sein Recht aufs Ganze.

Was bedeutet das für den Fall der Bundesrepublik? Zweifellos waren schon Mitte der fünfziger Jahre die zentralen ökonomischen, sozialpolitischen, institutionstechnischen und außenpolitischen Entscheidungen für einen »neuen Kapitalismus« (Thomas Nipperdey)[31] gefallen. Man denke nur an die Rentenreform von 1957, mit der der Funktionswandel von der Überlebenshilfe zur Lebensstandardsicherung vollzogen wurde. Aber charakteristisch für den »historischen Block«, mit Antonio Gramsci gesprochen, der Ära Adenauer war eine bemerkenswerte Konstellation von sozialstrukturellem Neubeginn und sozialpsychologischer Restauration. Die »Stabilitäts-

30 Michel Foucault, Die Ordnung der Dinge. Eine Archäologie der Humanwissenschaften, Frankfurt a.M. 1971.

31 Thomas Nipperdey, Probleme der Modernisierung in Deutschland, in: ders., Nachdenken über die deutsche Geschichte, München 1990, S. 52-70.

zäsur« der fünfziger Jahre (Hans-Peter Schwarz)[32] war begleitet von einem trotzigen Komplex von Ruhebedürfnissen, Vergessenswünschen und Reparaturgesinnung. Noch 1954, um wiederum nur ein Beispiel zu nennen, hatte der Bundesgerichtshof nichts Besseres zu tun, als die Naturwidrigkeit des Verlobtenbeischlafs festzustellen.

1968 zerfiel dieser »historische Block«. Die Kriegskinder wollten sich dem »kommunikativen Beschweigen« (Hermann Lübbe)[33] nicht mehr fügen und brachten die nach 1945 gebauten Verständigungsbrücken zwischen den Generationen zum Einsturz. Der im Laufe der sechziger Jahre enstandene politisch-moralische Überschuß hatte endlich seinen gesellschaftlichen Ausdruck gefunden. Die sozialstrukturelle Basis hatte sich längst gewandelt, und es bedurfte nach den »langen fünfziger Jahren« geradezu einer Revolution im kulturellen Überbau.

1968 vollendete sich der sozialdemokratische Konsens der bundesdeutschen Nachkriegsgesellschaft. Die »Schicksalsgemeinschaft« der fünfziger Jahre wandelte sich zur wohlfahrtsstaatlichen Gesellschaft mit einem austarierten System von »Versorgungsklassen« (M. Rainer Lepsius)[34]. Die sozialen Bewegungen der späten sechziger Jahre haben eine Gestalt des Bürgers hervorgebracht, der nicht paternalistische Wohltaten erwartet, sondern sich seiner Wohlfahrtsrechte bewußt ist. Unvereinbar mit diesem Bewußtsein sozialer Anrechte scheinen festgefügte gesellschaftliche Hierarchien und alle Formen personalisierter Herrschaft. Wo auch immer sich der einzelne im politischen Spektrum verortet, jedes Gesellschaftsmitglied kann sich im Rückgriff auf 1968 als radikaler Gesellschaftskritiker gebärden. Oder mit Helmut Schelsky ausgedrückt:

32 Hans-Peter Schwarz, Die fünfziger Jahre als Epochenzäsur, in: Jürgen Heideking/Gerhard Hufnagel/Franz Knipping (Hrsg.), Wege in die Zeitgeschichte. Festschrift zum 65. Geburtstag von Gerhard Schulz, Berlin/New York 1989, S. 473-496.

33 Hermann Lübbe, Der Nationalsozialismus im deutschen Nachkriegsbewußtsein., in: Historische Zeitschrift 236, 1983, S. 579-599.

34 M. Rainer Lepsius, Soziale Ungleichheit und Klassenstrukturen in der Bundesrepublik, in: Hans Ulrich Wehler (Hrsg.), Klassen in der europäischen Sozialgeschichte, Göttingen 1979, S. 166-209.

Durch ihre Kritik an bildungsaristokratischen Gespensteridealen förderte die Studentenbewegung die Vervollständigung der »nivellierten Mittelstandsgesellschaft«, die weder Stände noch Klassen duldet.

Genauso wie jede Partei ihre Achtundsechziger vorweist, sind nach 1968 alle politischen Parteien mehr oder minder sozialdemokratisch geworden. Sterben soziale Kräfte, wie Ralf Dahrendorf meint, unausweichlich im Moment ihres Sieges? Tatsache ist, daß weder sozialdemokratische Konzepte gesellschaftlicher Gesamtsteuerung noch die auf Gesellschaftsveränderung zielenden Ideen und Utopien von 1968 heute noch Enthusiasmus hervorzurufen vermögen. Überhaupt ist die Vorstellung eines idealen Zentrums, von dem aus man in der Lage wäre, die Einheit der Gesellschaft sowohl zu repräsentieren als auch zu bewerkstelligen, abhanden gekommen. Unsere gegenwärtige gesellschaftliche Problemlage ist mit diesen gedanklichen Mitteln nicht zu lösen, offenbar nicht einmal mehr zu beschreiben. 1973 war womöglich wirklich das Ende einer historischen Periode, die zwar unsere Vergangenheit, aber nicht mehr unsere Zukunft ist.

Der Zeitschrift »alternative«, die sich fünfundzwanzig Jahre der Neuen Linken gewidmet hatte, stellte 1982 ihr Erscheinen mit folgender Erklärung der Redaktion ein:

»Die in ihrem Erklärungsanspruch (...) erschütterte linke Theorie, wie ›alternative‹ sie mitgetragen hat, hat bei uns keinen Ort und keinen Reflexionsraum mehr. Einer derart professionalisierten Linken – uns – ist die jüngere Generation an den Schulen und Hochschulen ausgesetzt. Und die sich innerhalb der sozialen Protestbewegungen zur Wehr setzen, machen keinen Gebrauch von dem, was wir produzieren.

Damit verliert eine Zeitschrift wie ›alternative‹ nicht nur ihr Publikum, sondern auch ihre Funktion.«[35]

35 alternative 25, 1982, Heft 145/146, S. 133.

4. Eine Physiognomie der Bewegung

Aus der soziologischen Gruppentheorie ist bekannt, daß die Heterogenität von Gruppen die Chancen kollektiver Aktionen erhöht. Nicht das Gleiche, vielmehr das Gegensätzliche zieht sich an[1]. Solange eine soziale Bewegung es schafft, die Differenz der Beteiligten zu nutzen, ist sie stark; wenn die Bewegungsunternehmer anfangen, »politische Korrektheit« von den Mitgliedern der Bewegung einzuklagen, ist der Zerfall schon in vollem Gange. Im glücklichen Moment der Bewegung fließt das Differente zusammen, erst angesichts ihres Endes beginnen die verschiedenen Fraktionen, sich bis aufs Messer zu bekämpfen. Differenz hat sich von einer Ressource zu einem Problem der sozialen Bewegung verwandelt.

M. Rainer Lepsius[2] hat darauf aufmerksam gemacht, daß sich die Gesellschaftskritik der Studentenbewegung, zumindest so wie sie sich in Westdeutschland darstellte, aus ganz verschiedenen Quellen speiste. Da war einmal der Neomarxismus, der die aus der Tradition der Arbeiterbewegung stammende sozialmoralische Idee der sozialen Gleichheit betonte. Hierdurch wurde Sympathie und Loyalität im linken Milieu von Gewerkschaften und Sozialdemokratie geschaffen[3]. Die antiautoritären Aktionen dagegen konnten sich auf die Idee der antiinstitutionellen Autonomie berufen, die in Deutschland mehr auf die Tradition des fundamentalistischen Protestantismus als auf die des politi-

1 Siehe zum Beispiel Dieter Claessens, Gruppe und Gruppenverbände. Systematische Einführung in die Folgen der Vergesellschaftung, Darmstadt 1977.

2 M. Rainer Lepsius, Die Prägung der politischen Kultur der Bundesrepublik durch institutionelle Ordnungen, in: ders., Interessen, Ideen und Institutionen, Opladen 1990, S. 63-84, hier S. 82f.

3 Der in den Theorien sozialer Bewegungen einflußreiche »resource-mobilization«-Ansatz sieht darin eine entscheidende Erfolgsbedingung einer sozialen Bewegung: inwieweit es der Bewegungsorganisation gelingt, bei etablierten sozialen Organisationen Unterstützung zu mobilisieren. Vgl. als Überblick J. Craig Jenkins, Resource Mobilization Theory and the Study of Social Movements, in: Annual Review of Sociology 9, 1983, S. 527-553.

schen Anarchismus zurückgeht. Dies erklärt die freundliche Sympathie gewisser Teile des protestantischen Bildungsbürgertums für das Aufbegehren der Jugend gegen die Zwangsanstalten des Staates und der Gesellschaft. Die bei den intellektuellen Führern der Studentenbewegung so beliebte Kulturkritik schließlich dramatisierte die Idee der existentiellen Echtheit, deren Vorbilder vor allem in den konservativen Bedrohungsszenarien gegen die nivellierende Wirkung von Demokratie und Moderne zu finden sind. Daher war das kulturkritische Feuilleton von Anfang an auf seiten der rebellierenden Studenten.

Den drei Quellen der radikalen Wertekritik lassen sich ganz verschiedene Szenen der Bewegung zuordnen. Der Neomarxismus wurde vor allem von Ableitungsmarxisten und Parteiaufbauarbeitern verwaltet. Deren Zentrum war West-Berlin, wo sich verschiedene maoistische und revisionistische Parteien erbittert bekämpften und gleichzeitig ein »Projekt Klassenanalyse« versuchte, aus den Verwertungsbedingungen des Kapitals den Stand der Klassenkämpfe abzuleiten. Das Zentrum der Kulturkritik dagegen war Frankfurt am Main. Hier profilierte sich unter dem Einfluß der Kritischen Theorie die Fraktion der Essayisten, die sich ganz dem »Unbehagen in der Kultur« hingaben. In immer neuen Versuchen wurde der Beweis geführt, daß es nach 1945 nichts Harmloses mehr gab. Die Botschaft solcher Kulturkritik lief darauf hinaus, daß einem nichts anderes blieb, als bei einem protestierenden oder einem resignierten Verhalten Zuflucht zu suchen.

Die weder von marxistischen Revolutionsträumen noch von adornitischer Verzweiflung beherrschten Sympathisanten der antiautoritären »Sponti-Szene« bildeten die Mehrheit und den Kitt der Bewegung. Sowohl in West-Berlin als auch in Frankfurt am Main oder in Marburg, Bremen oder Heidelberg stellte der Protest gegen die Institutionen der bürgerlichen Gesellschaft das organisierende Motiv der Studentenbewegung dar. Auf diesem Boden trafen sich Revolutionäre, Essayisten und das Gros der Mobilisierten in den »sonderbar leichten Tagen der Euphorie«[4].

4 So das beim Rückblick frierende Ich in Hans Magnus Enzensbergers historischer Komödie »Der Untergang der Titanic« (Frankfurt a.M. 1981, S. 15).

Ausgehend von den verschiedenen Quellen der Gesellschaftskritik und den verschiedenen Szenen ihrer Artikulation stellt sich die Frage nach den verschiedenen Typen von Achtundsechzigern, die die Bewegung aus sich entlassen hat. Was, so fragt man sich, ist aus den ehemaligen Kadern des Neomarxismus geworden, was aus den schärfsten Kritikern unserer Kultur und was aus den Avantgardisten des Ungehorsams?
Noch sind die Typen allerdings nicht klar genug identfiziert. Was unterscheidet eigentlich Ableitungstheoretiker, Kulturkritiker und Selbstverwirklicher voneinander? Es handelt sich offenbar nicht allein um flüchtige Varianten des Protests, vielmehr um grundsätzliche Alternativen der Lebensführung. So führt uns die Frage nach den verschiedenen Typen von Achtundsechzigern mitten hinein in die Konkurrenz der Lebensordnungen nach der Entdeckung der Kritik. Denn 1968 steht dafür, daß der einzelne sich nicht mehr durch die Bezugnahme auf ein fraglos gegebenes Ethos der Gesellschaft selbst verstehen und identifizieren kann. Das aufrichtige Bemühen um ein »edles Leben«, so die Diagnose von Lionel Trilling, ist abgelöst worden von der endlosen Suche nach dem »wahren Selbst«[5]. In diesem Sinne veranschaulichen die verschiedenen Typen von Achtundsechzigern, wie es sich in einer »Gesellschaft von Gesellschaftskritikern«[6] leben läßt.

5 Lionel Trillings 1972 zuerst in den USA veröffentlichte Untersuchung stellt den Ursprungstext einer ganzen Reihe von Schriften dar, die die verderblichen Folgen des »Endes der Aufrichtigkeit« für die Kultur des Westens zum Thema haben. Nur fehlt den erregten Analysen von Christopher Lasch, Richard Sennett oder Peter Clecak die spröde Eleganz von Trillings sechs Vorlesungen, die einige der Ironien in der langen Geschichte der Ersetzung des Ideals der moralischen Rechtschaffenheit durch das der seelischen Sensibilität festhalten wollen. Vgl. Lionel Trilling, Das Ende der Aufrichtigkeit, München 1980; Christopher Lasch, Das Zeitalter des Narzißmus, München 1982; Richard Sennett, Verfall und Ende des öffentlichen Lebens. Die Tyrannei der Intimität, Frankfurt a. M. 1983; Peter Clecak, America's Quest for the Ideal Self. Dissent and Fulfillment in the 60s and 70s, New York/Oxford 1983.

6 Mit der Feststellung, daß die Gesellschaftskritik im Gefolge von 1968 normal geworden ist, schließt ein Kulturkritiker aus dem Frankfurter

Soziale Typen werden deutlich, wenn man nach der jeweiligen Rationalität der Lebensführung fragt. Max Weber meinte damit bekanntlich die Methoden, nach denen der einzelne sein Leben als ganzes erfaßt und ihm eine wiedererkennbare Gestalt verleiht. Nicht daß wir immer wüßten, was uns geschieht und was wir tun, aber wir folgen in unserem Erleben und Handeln intuitiv bestimmten Regeln, die uns im Geleise unserer Existenz halten. Sie sind eben nicht das Ergebnis reflexiver Selbstdistanzierung, sondern präreflexiver Grund alltagspraktischer Evidenzgefühle. Darin zeigt sich ein einheitlicher Sinn, der sich durch die Vielfalt unserer Intentionen hindurch erfüllt.

Die Frage nach der Rationalität solcher Selbsterzeugung verweist auf eine Methode analytischer Steigerung, die grundlegende Prämissen oder letzte Bezugspunkte der Lebenskonstruktion herausarbeitet. Dabei zeigt sich, daß ein Typ sich immer nur in Relation zu einem anderen charakterisieren läßt. Auf dem Wege bestimmter Negationen wird das besondere Gesetz erkennbar, auf das jeder Typ zurückgeführt werden kann und von dem aus sein innerer Aufbau begreifbar wird. Daraus ergibt sich ein Tableau struktureller Varianten, die sich in wechselseitiger Abgrenzung voneinander bestimmen.

Fragen wir also, wie sich Ableitungstheoretiker, Kulturkritiker und Selbstverwirklicher als Rationalitätstypen voneinander unterscheiden und wie sich ihr kognitives Ideal, ihre sozialen Beziehungsmuster, ihre intellektuellen Strategien und ihre geheimen Sehnsüchte zugleich aufeinander beziehen.

Der marxistische Welterklärer folgt der Rationalität eines Hierarchisten[7]. Der Hierarchist sucht eine pyramidische Soli-

Milieu seine melancholischen Erinnerungen an die schönen Zeiten der Gesellschaftskritik. Siehe Michael Rutschky, Erinnerungen an die Gesellschaftskritik, in: ders., Zur Ethnographie des Inlands, Frankfurt a.M. 1984, S. 182-195.

7 Ich beziehe mich hier bis zu einem gewissen Grade auf ein von Michael Thompson, Welche Gesellschaftsklassen sind potent genug, anderen ihre Zukunft aufzuoktroyieren? in: Lucius Burckardt/Internationales Design Zentrum Berlin (Hrsg.), Design der Zukunft, Köln 1987, S. 58-87, ausgearbeitetes Tableau von Rationalitätstypen. Außerdem habe ich Klassikern wie Eduard Spranger, Lebensformen. Geisteswissenschaftliche Psy-

dität des Seins. Sein kognitives Ideal ist die gedankliche Geschlossenheit und die begriffliche Durchstrukturiertheit der Welt. Nichts darf sich seiner Kontrolle entziehen, alles muß sich seinem ausgearbeiteten System fügen. Das hierarchistische Weltbild droht daher mit der Zeit immer steiler und härter zu werden – bis schließlich seine dürren und sterilen Prinzipien alles Umwegige und Vielgestaltige vernichtet haben. Es ist, als ob allein die abstrakte Leere der Allgemeinbegriffe Schutz vor der Fülle der Existenz böte. Anders ist die hypnotische Wirkung, die von Begriffsbildungen wie Kapitallogik, Verwertungszusammenhang oder tauschwertbestimmter gesellschaftlicher Synthesis ausging, kaum zu verstehen.

Es liegt auf der Hand, daß dieser Form der Weltbeherrschung eine Vorliebe für bestimmte soziale Daseinsformen entspricht. Hierarchisten fühlen sich wohl in festen Gruppen, die ihnen eine klare Position innerhalb einer Rangordnung zuweisen. Dann sind sie bereit, sich voll und ganz für die Sache einzusetzen, und sie schauen mit unverhohlener Verachtung auf die, die nur um sich selbst bekümmert sind. Der Ursprung der Sache kann durchaus mysteriös bleiben. Entscheidend ist nur, daß es sich um große Aufgaben handelt, die höchstes Engagement fordern. Es besteht dann die moralische Notwendigkeit für ein Denken aus einem Guß. Pluralität erscheint als Abweichung, die einem imaginären Feind der Wahrheit in die Hände spielt. Wenn es darauf ankommt, müssen die individuellen Überzeugungen der kollektiven Disziplin geopfert werden. Andererseits ist bei den Hierarchisten ein soziales Geschick nicht zu übersehen. Hierarchisten besitzen einen untrüglichen Instinkt für Risse im Gefüge. Sobald sie spüren, daß das Ganze zu kippen droht, steigen sie aus, wechseln die Seite oder ziehen sich auf die Sicherung ihrer Macht und ihres Einflusses zurück. Die andere Seite ihres Verlangens nach Unterwerfung ist der unbedingte Wille nach Kontrolle. Parteiaufbauorganisationen, verschworene Projektgruppen und minoritäre Einheits-

chologie und Ethik der Persönlichkeit, 6. Auflage, Halle 1927, Karl Jaspers, Psychologie der Weltanschauungen, 10. Auflage, Berlin/Heidelberg/New York 1971 und Karl Mannheim, Ideologie und Utopie, 5. Auflage, Frankfurt a.M. 1969 wichtige Anregungen entnommen.

parteien stellen deshalb eine günstige soziale Ökologie für das Gedeihen des hierarchischen Typs dar.
Allerdings fördern solche Gruppen und Organisationen das intellektuelle Ungeschick. Hierarchisten neigen dazu, im Gefühl des Besitzes der Wahrheit den Mund zu voll zu nehmen. So lassen sie sich dazu hinreißen, die gesamte bürgerliche Wissenschaft vom Standpunkt marxistischer Klassenanalyse der Lächerlichkeit preiszugeben, und merken gar nicht, daß sie in ihrer ehrfurchtsvollen Bewunderung der eigenen »heiligen Texte« unversehens selbst zu lächerlichen Figuren geworden sind. Mit ihrem starren Blick aufs System haben sie sich um die intellektuelle Geschmeidigkeit gebracht, die man braucht, um gemachte Fehler für die eigene Denkentwicklung nutzen zu können. Dieses Übermaß an Überzeugung droht am Ende zu ihrem Verhängnis zu werden. Verlassen von dem einen lichten und massiven Sinn fallen sie in den Zustand »transzendentaler Obdachlosigkeit« und finden sich der Absurdität der Existenz schutzlos ausgeliefert.
Man mag sich bei unserer Beschreibung des Hierarchisten an die Charakteristika des »autoritären Charakters« erinnert fühlen. Die Fixierung auf den Ordnungswert der Ordnung stellt zweifellos einen wesentlichen Ausgangspunkt beider Rekonstruktionen dar. Aber anders als beim letztlich psychopathologischen Begriff des »autoritären Charakters« ist hier ein immer schon gegebener Typ methodischer Lebensführung gemeint. Es sind nicht durch Herrschaft verzerrte Kommunikations- und Sozialisationsbedingungen, die für die Herausbildung dieses Typs verantwortlich gemacht werden können, sondern man muß im hierarchischen Weltbild eine Möglichkeit der Existenzgestaltung erblicken, die sich allein schon aus der Abgrenzung zu anderen, konkurrenten Möglichkeiten ergibt. Ob man Hierarchisten nun sympathisch findet oder nicht, sie sind nicht aus der Welt zu schaffen oder durch therapeutische Kuren angenehmer zu machen.
Die Haltung des Geltenlassens unterscheidet den Ansatz einer sozialen Typologie von dem einer analytischen Sozialpsychologie, deren Bezugspunkt die Kritik bestimmter gesellschaftlicher Verhältnisse ist. Das Affirmative von Typenlehren hängt mit der Unterstellung zusammen, daß im Prinzip kein Typ

einem anderen gegenüber eine privilegierte Stellung beanspruchen kann. Es ist eher so, daß für die verschiedenen Individualitätstypen sich im Laufe des historischen Prozesses und im Wechsel der sozialen Situationen jeweils besondere Auftrittschancen eröffnen. Dann können sich die einen in den Vordergrund spielen, wodurch andere in den Hintergrund gedrängt werden, und noch andere müssen gar von der Bühne abtreten. Die Akte des historischen Schauspiels wären somit danach zu unterscheiden, welche Konstellation von Typen zu welcher Zeit die Hauptrolle spielen und sich dem auf neue soziale Leitbilder erpichten Publikum als führende Gestalten der Jetztzeit präsentieren. Wie sich in Prozessen langer Dauer das Publikum ändert, was seine soziale Zusammensetzung, seine Sehgewohnheiten und seine Placierung zum historischen Geschehen anbelangt, ist eine ganz andere und viel schwieriger zu beantwortende Frage. Das betrifft den Alltag der Geschichte, der mit dem Schauspiel der historischen Protagonisten in einem überaus komplexen Zusammenhang steht. Indes spätestens dann, wenn es als »Volk«, »Klasse« oder »Masse« in das Spiel einbezogen wird, sieht sich das Publikum aufgefordert, sich nicht nur als Zuschauer, sondern auch als Akteur zu verhalten. Odo Marquard hat für diese Art typologischer Betrachtung anscheinend die richtige Formel gefunden: Bei Typenlehren, so seine Diagnose angesichts der vielfältigen Weltanschauungstypologien des ausgehenden neunzehnten und des beginnenden zwanzigsten Jahrhunderts, handelt es sich um eine resignierte Form der Geschichtsphilosophie[8].

Daß der Hierarchist nicht einfach auf einen festgezurrten »autoritären Charakter« zu reduzieren ist, zeigt sein Hang zu außeralltäglicher Bewährung. Im Opfer des einzelnen für das Ganze erlebt er das Gefühl eines persönlichen Triumphs. In einem solchen Moment oder nur in der Vorstellung eines solchen Moments ist seine Existenz von tiefer Rührung und Dankbarkeit durchdrungen. Aus diesem Grunde fühlt sich der

8 Odo Marquard, Weltanschauungstypologie. Bemerkungen zu einer anthropologischen Denkform des neunzehnten und zwanzigsten Jahrhunderts, in: ders., Schwierigkeiten mit der Geschichtsphilosophie, Frankfurt a.M. 1982, S. 107-121.

Hierarchist innerlich zu Ritualen und Zeremonien hingezogen, bei denen sich das Ganze zur Schau stellt. Das müssen nicht Ehrungen und Paraden, das können auch Demonstrationen und Kongresse sein. Aber sofort ist ihm wieder klar, daß dies bloß eine kurze Unterbrechung auf dem langen Marsch zum fernen Ziel sein kann. Nur wer in langen Ketten denkt, vermag seiner Ansicht nach das Wesen hinter den Erscheinungen zu erkennen, in dem sich die »kalte Logik der Geschichte« enthüllt. Die Dinge so zu nehmen, wie sie sind, ist für den Hierarchisten die einfachste und naivste Methode der Lebensführung. Denn schon die Frage, was dies sei, was da zunächst und zumeist erscheint, führe das Bewußtsein zum Begriff seines Wissens und weiter zur Allgemeinheit seiner Begriffe, was beweise, daß wir uns nicht aus uns selbst, sondern allein aus der Vermittlung durch das Allgemeine begreifen können.

Den Gegentyp zum Hierarchisten kann man den Experimentalisten nennen. Die Experimentalisten erscheinen als die geborenen Essayisten. Sie mißtrauen dem systematischen Zwang der »Grundsatzvernunft« und setzen auf die souveräne Leichtigkeit der »Gelegenheitsvernunft«[9]. Sie hoffen auf die Lücke in der Normalität, wo plötzlich die Wahrheit, die Intensität oder die Präsenz des Lebens selbst aufscheint. Man spricht vom »Schock« oder vom »Blitz« der Erkenntnis und beruft sich auf die surrealistische Erkenntnistheorie vom »objektiven Zufall«, der im scheinbar Unzusammenhängenden die geheime Urschrift der Welt hervortreten läßt. Die Übereinstimmung von Selbst und Welt entzieht sich in der experimentalistischen Lebenskonstruktion unserer Kontrolle, sie geschieht oder geschieht nicht. Alles, was man tun kann, ist, sich für die glückli-

9 Helmut F. Spinner hat im Rückgriff auf Max Webers Unterscheidung zwischen »Betrieb« und »Charisma« dargelegt, daß beide Formen der Rationalität im Projekt der abendländischen Doppelvernunft zusammengehören, was allerdings nicht über den existentiellen Streit zwischen »Systematikern« und »Okkasionalisten«, so Jacob Taubes in einem Vortrag über Carl Schmitt, hinwegtäuschen sollte. Siehe Helmut F. Spinner, Max Weber, Carl Schmitt, Bert Brecht als Wegweiser zum ganzen Rationalismus der Doppelvernunft, in: Merkur 40, 1986, S. 923-935 und Jacob Taubes, Ad Carl Schmitt. Gegenstrebige Fügung, Berlin 1987, S. 63.

che Gelegenheit bereitzuhalten. Dazu bedarf es jedoch eines bestimmten energetischen Zustands des Selbst, den man als Ideal der Schnellkraft bezeichnen kann. Was sich plötzlich zeigt, muß erfaßt werden, sonst vergeht es unbemerkt. Es kommt auf den Augenblick der Erfahrung an, wo die allgemeinen Evidenzen schwinden und die für sicher gehaltenen Relationen sich verschieben. Experimentalisten verstehen sich gerne als Theoretiker der »Plötzlichkeit« und des »Nichtidentischen«.

In ihrem intellektuellen Habitus sind die experimentalistischen Essayisten im Unterschied zu den hierarchistischen Ableitungstheoretikern offenbar völlig frei von kultureller Ehrfurcht. Ihnen ist ein genauso vertrautes wie abschätziges Verhältnis zum hergebrachten Bildungskanon eigen. Sie wenden sich mit besonderer Aufmerksamkeit den vom Universitätssystem vernachlässigten oder gar verachteten Sparten und Werken zu und suchen ihre Meisterdenker unter den Häretikern der legitimen Kultur, die gleichwohl den Glanz geheimer Neuerer oder genialer Abweichler verbreiten. So inszenieren sie sich zugleich selbst mit den von ihnen entdeckten Autoren und Figuren. Dieser Blick aufs Randständige trägt zu ihrer intellektuellen Mobilität bei, mit der sie jeder Verspätung und Veralterung ihrer Ansichten voraus sein wollen.

Begreiflicherweise flieht der Experimentalist die vergruppte Existenz. Sobald die sozialen Beziehungen so viel Verbindlichkeit erreicht haben, daß von ihm eine gewisse Loyalität erwartet werden könnte, sucht er den Absprung. Als das soziale Ideal des Experimentalisten kann man den auf sich selbst gestellten, aber nie mit sich identischen Einzelnen ansehen. Oft geht das einher mit der Geringschätzung von persönlichen Versicherungen und staatlicher Daseinsfürsorge. Das Selbstverständnis als Einsamer und Freier verträgt sich offenbar nicht mit Geboten kollektiver Verpflichtung und Kriterien universeller Begründung. Die existentielle Durchlebtheit ist auf jeden Fall wichtiger als die politische Korrektheit. Überhaupt ist dem Experimentalisten das System gesellschaftlicher Anerkennung suspekt. Besonders ist dem Beifall der anderen zu mißtrauen. Der Experimentalist sucht daher Schutz in einer heroischen Attitüde, die von der Erwartung des Scheiterns ausgeht. Die Würde des Mißlingens wäre ihm ein persönlicher Triumph.

Die Sehnsucht des Experimentalisten ist auf eine zufällige und flüchtige Begegnung gerichtet, die alles fordert. Es heißt dann: »Du mußt dein Leben ändern«. Dahinter verbirgt sich eine gebieterische Ästhetik der Existenz. Es gibt einen Punkt, wo sich Kunst und Leben berühren und alles neu wird. In der Vorstellungswelt des Experimentalisten rettet der ästhetische Absolutismus die verlorene Einheit der Erfahrung und das zersplitterte Ganze der Gesellschaft. Daraus folgt vor allem ein ästhetisches Verständnis der Politik. Hier und jetzt soll die Menschheit exemplarisch beginnen. Dabei dürfen die vermeintlichen Interessen der Mehrheit keine Rolle spielen. Ein Generalstreik für eine Stunde kann für das allgemeine politische Bewußtsein wichtiger sein als eine zehnjährige Periode der Reform. Daß indes alles so weiter geht, ist die Katastrophe. Die Möglichkeit, der universellen Verblendung zu entrinnen, ist am Ende nur noch im mythischen Zeitmaß zu denken: die Erfahrung eines Augenblicks, der in die Ewigkeit reicht.

Zwischen den Hierarchisten und den Experimentalisten stehen die Konsensualisten. Sie bilden in dieser Konstellation meistens die Mehrheit, und es hat den Anschein, als ob sie die normalsten von den dreien wären. Konsensualisten pflegen in jeder Hinsicht das Ideal der Zwischenmenschlichkeit. Was ihre implizite Erkenntnistheorie betrifft, so glauben sie, daß sowohl das geschlossene gedankliche System als auch die blitzartige Einsicht erst im herrschaftsfreien Diskurs die letzte Rechtfertigung finden. Denn die Wirklichkeit ist im konsensualistischen Weltbild nichts anderes als eine gesellschaftliche Konstruktion, der die Gesellschaftsmitglieder bis auf weiteres Glauben schenken. Folglich stiftet weder Kontrolle noch Zufall ein Gefühl der Übereinstimmung von Selbst und Welt, sondern allein die momentane Harmonie in der Interpretationsgemeinschaft.

Die ideale Form des Zusammenlebens ist für den Konsensualisten natürlich die auf dem Gleichheitsprinzip fußende Gruppe. Hierarchien gelten als grundsätzlich illegitim, und es wird argwöhnisch darauf geachtet, daß niemand sich aus dem Gruppenverband erhebt. Komplizierte Verfahren der Rotation dienen der Aufrechterhaltung der Gleichheit. Mit höchster Sensibilität reagiert jeder auf die Reaktionen des anderen, so daß alles aufs engste

miteinander verbunden und aneinander gekettet erscheint. Was der Konsensualist am meisten fürchtet, ist die soziale Zurücksetzung, weil es ihm an Vorstellungen für die Vorzüge des Alleinseins mangelt. Jedenfalls fehlt ihm der Starrsinn des Hierarchisten genauso wie der Wagemut des Experimentalisten.
Konsensualisten sind mehr Mobilisierte als Mobilisierer. Mit der Konsequenz von Anhängern einer sozialen Bewegung verteidigen sie die Errungenschaften des Aufbruchs. Sie haben die Gesellschaftskritik gewissermaßen zum biographischen Projekt erhoben. Sie erscheinen als die folgsamsten Parteigänger der Psychoanalyse, die als letzte Bastion einer »Hermeneutik des Verdachts« hochgehalten wird. Gleichwohl bedürfen sie mehr als die anderen beiden Typen der stellvertretenden Deutung durch intellektuelle Leitfiguren. Die verschiedenen Varianten der Kulturkritik haben in ihnen ein treues Publikum. Sie sehen sich immer noch in Opposition zur Gesellschaft, obwohl sie längst zu den Protagonisten der kulturellen Mehrheit geworden sind. In der Unselbständigkeit ihrer Existenz können wir den Grund dafür erblicken, daß sie sich in der von ihnen erreichten sozialen Position mit Vorliebe als Zensoren der »politischen Korrektheit« gebärden. Dabei beanspruchen sie exemplarische Rederechte und erinnern an uneingelöste Versprechen, die sie selbst gegeben haben.
Das außeralltägliche Ereignis, auf das die ewige Revolte der Konsensualisten abhebt, ist die kollektive Aktion, die sie als eine rauschhafte Konfluenz der Seelen erlebt haben. Darum hüten sie wie niemand sonst den Mythos der Bewegung. Das Zeitmaß der Geschichte ist ihrem Gefühl nach durch solche kurzen Fristen bestimmt, die eine Zäsur im endlosen Prozeß des sozialen Wandels bilden. Was hier zum Vorschein kommt, ist der letztliche Triumph der Zwischenmenschlichkeit: daß alle Menschen Brüder und Schwestern werden.
Führen wir uns zum Schluß noch einmal vor Augen, wie sich die drei Typen zur Zeit der Bewegung in einem durch das reine Schema der Kritik definierten gemeinsamen Thematisierungsraum voneinander abgegrenzt haben. Für die Hierarchisten stellen die Konsensualisten unberechenbare Gestalten dar: Je nach Stimmung in ihrer Bezugsgruppe schwanken ihre politischen Einschätzungen. Ihnen fehlt die Festigkeit eines Über-

zeugungssystems, das eine klare Linie unter wechselnden Bedingungen garantiert. Die Experimentalisten sind in den Augen der Hierarchisten allerdings nicht nur unberechenbar, sondern dazu noch gefährlich. Sie suchen in der politischen Aktion allein die Ekstase der Rebellion. Nicht die erkennbaren verallgemeinerungsfähigen Interessen sind ihre Bezugsgröße, sondern vage Vorstellungen einer Ästhetik der Politik. Sie sind konstitutive Putschisten.
Aus der Sicht der Konsensualisten erscheinen die Hierarchisten als Zwangscharaktere, die ihrem kindlichen Gewissen das Aussehen felsenfester Theorien geben. Unentwegt horchen sie auf die Weisungen eines imaginären Politbüros, das ihnen vorbuchstabiert, was sie zu tun und zu lassen haben. Ohne alle soziale Empathie exekutieren sie Weisungen, die doch niemand zur Kenntnis nehmen will. Die Experimentalisten werden von den Konsensualisten bis zu einem gewissen Grade bewundert. Es ist die souveräne Gleichgültigkeit, mit der sich diese über den Gruppendruck hinwegsetzen, die von ihnen als Befreiung erlebt wird. Die extreme Individualisierung, die die Experimentalisten vorführen, entspricht einem verborgenen Wunschbild der Konsensualisten. Dies erklärt auch die schweren Mühen »kritischer Solidarität«, mit der das konsensualistische Milieu terroristisch gewordene Experimentalisten begleitet.
Die Experimentalisten wiederum empfinden die Hierarchisten als ihre Gegner. Diese erscheinen ihnen als Vertreter einer fortdauernden Repression in neuem Gewande. Universalismus und Zentralismus der hierarchistischen Allgemeinbegriffe vernichten die Intensität des Lebens. Denn nicht um die Beförderung des gesellschaftlichen Fortschritts geht es den Experimentalisten, sondern ganz im Gegenteil um die Rettung vor solchen scheinbaren Notwendigkeiten. Den Konsensualisten gegenüber ist ihre Haltung von einer gewissen Herablassung geprägt. Sie wissen, daß sie im Zweifelsfall auf die Solidarität des konsensualistischen Milieus angewiesen sind, aber ihnen ist die dort verbreitete Gesinnungsgefolgschaft verhaßt. Bei ihrer Recherche nach Verwandten im Geiste wollen sie auf Lagermentalitäten keine Rücksicht nehmen. Sie erwecken vielmehr den Eindruck, daß die geheime Loge der Experimentalisten sich nach ganz anderen Zeichen findet.

5. Das Gefühl der Lebensmitte

Die Angehörigen der Achtundsechziger-Generation befinden sich heute in der »Prominenzphase«[1] ihres Lebenslaufs. In der Lebensmitte kann der einzelne die Summe seines Könnens und Wissens in der mehr oder minder glücklich erreichten sozialen Position ausspielen. Zwar hocken die Nachfolger schon in den Startlöchern, aber noch kennen sie nicht alle Tricks und Finten, mit denen man die Nase vorn behält.

Zu dieser auf das eigene Ich bezogenen Perfektionierungschance kommt in der Lebensmitte eine Tradierungsaufgabe in Bezug auf die nachfolgenden Generationen. Wer um die Fünfzig ist, sieht sich mit der Erwartung konfrontiert, eine Art überpersönliches Interesse an der Erhaltung und Erneuerung der gesellschaftlichen Institutionen und der kulturellen Werte zu zeigen. In der Konstellation der Generationen kommt es besonders der mittleren zu, die Autorität und den Charme der Gesellschaft zu verkörpern. Sie stellt das Leitbild dar, an dem sich die Jüngeren und Nachrückenden die spezifische Chancenstruktur der Gesellschaft vor Augen führen können.

Erik H. Erikson[2] hat diese Tradierungsaufgabe in seinem Modell des Lebenszyklus mit der psychosozialen Krise einer Entscheidung zwischen Integrität und Verzweiflung in Zusammenhang gebracht. Es muß an die Selbstachtung des einzelnen rühren, wenn er nach seinen lebensgeschichtlichen Bilanzierungen in der Lebensmitte zu dem Ergebnis kommt, aus seinem Leben nichts gemacht zu haben, was er weitergeben könnte. Es geht um den eigentlich paradoxen Anspruch, ein individuelles Modell darstellen zu können. Daran hängt das Gefühl für die eigene Integrität oder, wenn es nicht gelingt, die Stimmung der Verzweiflung.

1 So ein Ausdruck von Niklas Luhmann, Zum Begriff der sozialen Klasse, in: ders., Soziale Differenzierung. Zur Geschichte einer Idee, Opladen 1985, S. 119-162, hier S. 147.

2 Erik H. Erikson, Identität und Lebenszyklus, Frankfurt a.M. 1966.

Um 1988 konnte man die teils trotzigen, teils traurigen[3], niemals jedoch überschwenglichen Gedächtnisfeste zum zwanzigjährigen Jubiläum erleben. Man hatte wirklich auf der ganzen Linie gesiegt. Sogar auf der politischen Rechten gaben sich die »alternativen Achtundsechziger« zu erkennen – so eine Bezeichnung, die der Journalist Werner A. Perger in verschiedenen Artikeln verwendet hat. Die Modernisierung der CDU unter dem Vorsitzenden Helmut Kohl, so wurde erklärt, sei auch als ein Effekt von 1968 zu verstehen. Man habe in Strategie und Taktik der Revolution der »Selbstentfaltungswerte« Rechnung getragen. Jürgen Habermas brachte sich einmal mehr als Mentor der Bewegung ins Spiel, als er 1988 in einem Interview erklärte, die Kulturrevolte habe einen »Prozeß der Fundamentalliberalisierung« ausgelöst, der mittlerweile auch die CDU erreicht habe[4]. Es sieht so aus, als sei eine soziale Bewegung erfolgreich verschwunden und eine Generation sei übrig geblieben.

Schließlich büßte die Achtundsechziger-Generation mit der deutschen Einigung ihre hegemoniale Deutungsposition ein. Die Zäsur von 1989 relativierte die Zäsur von 1968, worauf die intellektuellen und politischen Meinungsführer der Generation nur noch mit dem Festhalten am Vergehenden reagieren konnten. Patrick Süskind entdeckte im September 1990 seine Liebe zu diesem »faden, kleinen, ungeliebten, praktischen Staat Bundesrepublik Deutschland« und er zeigte sich »ein wenig traurig« über dessen Untergang[5]. Andere, zum Beispiel Klaus Hartung und Thomas Schmid[6], verfielen auf

3 Trotzig versuchte der 1987 in Frankfurt am Main veranstaltete »Prima Klima-Kongreß«, dem der dann doch wieder sehr ernst gemeinte Untertitel »Erste gnadenlose Generaldebatte wider den Zeitgeist« beigegeben wurde, noch einmal die Stimmung ewiger Jugendlichkeit zu verbreiten; traurig, aber nicht resigniert wirkte dagegen die 1987 gesendete vierteilige Fernsehserie von Daniel Cohn-Bendit »Wir haben sie so geliebt, die Revolution«.

4 Jürgen Habermas, Der Marsch durch die Institutionen hat auch die CDU erreicht, in: Frankfurter Rundschau vom 11. März 1988.

5 Patrick Süskind, Deutschland, eine Midlife Crisis, in: Der Spiegel vom 17. September 1990.

6 Klaus Hartung, Neunzehnhundertneunundachtzig. Ortsbesichtigungen nach einer Epochenwende, Frankfurt a.M. 1990 und Thomas Schmid, Staatsbegräbnis. Von ziviler Gesellschaft, Berlin 1990.

das von osteuropäischen Emigranten in den USA formulierte Konzept der »Zivilgesellschaft«, um sich vor der »Wiederkehr der Geschichte« zu retten. Damit war jedoch im besten Fall das Selbstbewußtsein linker Marginalität zu stabilisieren. Es ist, als habe sich die Achtundsechziger-Generation nach dem Ende der Nachkriegszeit überlebt. Das kulturelle Modernisierungspotential von politischen Selbstverwaltungsforderungen und persönlichen Selbstverwirklichungsutopien hat sich erschöpft. Sie sind eingegangen, so zumindest der Befund von Gerhard Schulzes voluminösem Sittenbild von der »demokratischen Überflußgesellschaft« der achtziger Jahre[7], in ein relativ saturiertes Selbstverwirklichungsmilieu, das sich in einer mobilen Gesamtkonstellation gegenüber einem Niveau-, einem Harmonie-, einem Integrations- und einem Unterhaltungsmilieu behauptet. Bei dieser Feststellung darf man allerdings nicht vergessen, daß der Ansatz von Schulzes empirischer Kultursoziologie, die nach den sozialen Formen der individuellen Erlebnissteigerung fragt, selbst wieder als ein Ergebnis der gesellschaftlichen Reflexion von 1968 zu begreifen ist.

Aus der soziologischen Lebenslaufforschung ist bekannt, daß glückliche Umstände einer früheren Lebensphase sich später nicht unbedingt als Gewinn erweisen – oder andersherum: daß schlechte Bedingungen in früher Zeit nicht zu lebenslangen Nachteilen führen müssen[8]. Denn über die Erfolgsbilanz an einem lebensgeschichtlichen Zeitpunkt entscheidet, inwiefern bestimmte individuelle Eigenschaften oder Fähigkeiten gerade gesellschaftlich gefordert oder prämiert werden. Aber es gibt vermutlich auch so etwas wie die spezifische Chancenstruktur von Lebensläufen, die mit bestimmten historischen Bedingungen zusammenpassen. Könnte es nicht sein, daß die Achtundsechziger-Generation, ganz so wie der Name es sagt, ihre Zeit gehabt hat und sich nun endgültig darauf einstellen

7 Gerhard Schulze, Die Erlebnisgesellschaft. Kultursoziologie der Gegenwart, Frankfurt a.M./New York 1992.

8 Siehe hierzu etwa Karl Ulrich Mayer, Lebensverlaufsforschung, in: Wolfgang Voges (Hrsg.), Methoden der Lebenslauf- und Biographieforschung, Opladen 1987, S. 51-73, hier S. 59.

muß, in den Hintergrund zu treten? Bitter allerdings ist es, wenn der einzelne diese Erkenntnis in der Lebensmitte fassen muß: daß er mit den Problemstellungen und Erfahrungsbilanzen der eigenen Generation historisch deplaziert dasteht. Die Jüngeren wollen nichts mehr von einem wissen, mehr noch: sie mockieren sich über die »utopische Altlast von 1968«. Wie soll dann noch ein Gefühl für die Integrität des eigenen Selbst entstehen?

Natürlich besteht zwischen der Geschichte des einzelnen und der Geschichte seiner Generation eine konstitutive Entzweiung. Nur in den für die Bildung der Generation entscheidenden Phasen hat es den Anschein, als stimmte der biographische mit dem historischen Takt überein. Danach beginnt gewöhnlich eine lange Geschichte der Ernüchterung, die in Zuständen individueller Sinnverlassenheit endet. So jedenfalls hat Dieter Wellershoff das Muster des modernen Desillusionierungsromans rekonstruiert[9]. In dem Maße wie die einzelnen ihre persönlichen Sinnprojektionen nicht mehr im Gesamtschicksal ihrer Generation aufgehoben fühlen, privatisieren sich die Existenzen und verlieren sich in den endlosen Variationen der individualisierten Biographie. Zu hoffen ist dann nur noch auf plötzliche Momente der Wahrheit und des Glücks, die aber immer umgeben sind von dumpfer Gewohnheit und alltäglicher Trivialität. Die Sehnsucht richtet sich auf einen Augenblick des Wahren mitten im Falschen.

Vor diesem Hintergrund fragt die vorliegende Untersuchung nach dem Altern der Achtundsechziger-Generation. Was ist aus den Helden des gesellschaftlichen Aufbruchs der sechziger Jahre geworden? Wie tragen sie die Last ihrer Geschichte? Welche Lebensmodelle können sie der jungen Generation von heute anbieten?

Damit greift die Studie eine natürliche Reflexion ihres Gegenstands auf. In der Lebensmitte stellen sich solche Fragen, die die innere Allgemeinheit der eigenen Existenz betreffen. Es ist die Zeit, in der die Kinder das Haus verlassen und die eigenen

9 Dieter Wellershoff, Das Geschichtliche und das Private. Aspekte einer Entzweiung, Akademie der Wissenschaften und der Literatur, Mainz, Abhandlungen der Klasse der Literatur, Wiesbaden 1986.

Eltern sterben. Zugleich sieht das gesellschaftliche System der Altersschichtung zwischen dem fünfundvierzigsten und dem fünfundfünfzigsten Lebensjahr eine Periode erneuten Experimentierens vor. Es ist, als stünde der biographische Kompromiß von Bindung und Freiheit noch einmal zur Disposition. Danach, so Jean Améry in seinem Traktat über das Altern, verengt sich der Raum und vermehrt sich die Zeit des Lebens. »Alt sein oder auch nur altern sich spüren, heißt: Zeit haben im Körper und in dem, was man so Seele nennen mag, der Kürze halber. Jung sein, das ist: den Körper hinauswerfen in die Zeit, die keine Zeit ist, sondern Leben, Welt, Raum.«[10]
Das Schicksal des Körpers, so scheint es, trifft die Frauen unausweichlicher als die Männer. Die Menopause, wie auch immer sie subjektiv erlebt wird, ist Zeichen eines irreversiblen Prozesses, der auf den eigenen Tod hinläuft. In der Lebensmitte wird die Lebenszeit zur Frist, die einem noch bleibt. Was jetzt nicht passiert, passiert nie mehr.

Optimistisch gesonnene Entwicklungspsychologen der Lebensspanne warten freilich mit der Versicherung auf, daß man um die Fünfzig zu einer kühleren Haltung sich selbst und seinem eigenen Leben gegenüber kommt: »Wir leben mit einem Gefühl, etwas vollendet zu haben, einem Gefühl, daß wir sind, wer immer wir nun sein werden – und wir akzeptieren das nicht mit der Resignation vor dem negativen Gefühl, daß wir hätten mehr werden können und versagt haben, sondern mit einer positiveren Anerkennung: ›So ist es, Welt. Hier bin ich! Dies bin ich!‹ Und dieses geheimnisvolle, unauflösbare ›Ich‹ wird zum anerkannten Kern, um den herum wir den Rest unseres Lebens aufbauen.«[11]

Darin steckt andererseits die etwas weniger euphorische Erkenntnis, daß man ein Leben lang derselbe bleibt. Solange man jung ist, kann man sich das nicht vorstellen, aber mit fünfzig

10 Jean Améry, Über das Altern. Revolte und Resignation, Stuttgart 1968, S. 26. Zur sozialen Konstruktion der Lebensmitte insgesamt Martin Kohli, Lebenslauf und Lebensmitte, in: Kölner Zeitschrift für Soziologie und Sozialpsychologie 29, 1977, S. 625-656.

11 Roger L. Gould, Lebensstufen. Entwicklung und Veränderung im Erwachsenenalter, Frankfurt a.M. 1979, S. 319.

weiß man es. Isaac B. Singer antwortete 1991 in einem Interview, wie er mit seinen achtzig Jahren das Leben beurteile: »Genauso wie mit dreiundzwanzig. Ich bin immer noch derselbe Mann. Ich habe dieselben Schwierigkeiten und dieselben Passionen. Ich stelle noch immer dieselben Fragen.« Und er fügte hinzu: »Und wenn es um die sogenannten ewigen Fragen geht, dann gibt es niemals eine Antwort. Gott ist so still wie immer.«[12]

Das heutige Erscheinungsbild der Achtundsechziger-Generation entspricht dem allerdings kaum. Nicht wenige fünfzigjährige Männer haben noch einmal eine deutlich jüngere Frau geheiratet und mit ihr ein erstes oder weiteres Kind gezeugt. Es gibt den Achtundsechziger, der ungefähr zur gleichen Zeit Vater und Großvater geworden ist. Andererseits geben sich die Frauen aus der Achtundsechziger-Generation viel jünger, als es Frauen in ihrem Alter vor zwanzig Jahren taten. Die von Balzac beschriebene »Frau von dreißig Jahren« ist heute fünfzig. Eine ganze Sparte gehobener und feministisch aufgeschlossener Unterhaltungsliteratur entwirft ein Bild der neuen Frau, wozu vor allem die Möglichkeit einer ewigen oder unverhofften wilden Liebe gehört.

»An manchen Tagen«, läßt Margaret Atwood die Ich-Erzählerin gleich zu Beginn ihres Romans »Katzenauge« sagen, »sehe ich aus wie eine abgewrackte Fünfunddreißigjährige, an anderen wie eine muntere Fünfzigerin. Das hängt sehr vom Licht ab und davon, wie man sich betrachtet.« Und etwas später heißt es: »Ich stehe jetzt in der Mitte meines Lebens. Ich stelle es mir wie einen Ort vor, wie die Mitte eines Flusses, die Mitte einer Brücke, halbwegs drüber weg, halbwegs vorbei. Eigentlich sollte ich inzwischen allerlei Dinge angesammelt haben: Besitztümer, Verantwortungen, Errungenschaften, Erfahrung und Weisheit. Eigentlich sollte ich ein Mensch mit Substanz sein.«[13]

Michel Foucault hat in einem seiner letzten Interviews eine Unterscheidung zwischen Befreiungsprozessen und Praktiken

12 Zitiert nach Harry P. C. Stroeken, Über imaginäres Alter, in: Forum der Psychoanalyse 9, 1993, S. 26-34, hier S. 31.

13 Margaret Atwood, Katzenauge, Frankfurt a. M. 1989, S. 15 und 23.

der Freiheit getroffen[14]. Er weist auf die geschichtliche Erfahrung hin, daß die Praxis von Befreiungsbewegungen nicht ausreicht, um Praktiken der Freiheit zu definieren, die anschließend nötig sind, damit ein Volk sich annehmbare und tradierbare Formen seiner Existenz und seiner politischen Gemeinschaft geben kann. Diese Unterscheidung trifft das ethische Konstruktionsproblem, vor dem die Achtundsechziger-Generation heute steht, ziemlich genau. Ein Vierteljahrhundert nach 1968 stellt sich die Frage, welche Praktiken der Freiheit diese Befreiungsbewegung hervorgebracht hat.

Noch scheint die Achtundsechziger-Generation ihren Definitionsanspruch nicht aufgegeben zu haben. Besonders Antje Vollmer tut sich heute als Protagonistin ihrer Generation hervor. In einem im September 1990 gegebenen Interview, das in der Veröffentlichung den bemerkenswerten Titel trägt: »Jetzt kontrolliert niemand mehr dieses Deutschland außer uns«, sagte sie: »Wenn wir jetzt nicht antreten, um die Summe all dieser Erfahrungen in den Machtetagen einzubringen, dann wird es bald zu spät. Dann könnten wir als eine hochsensible, mit vielen Lebensexperimenten versehene Generation herauskommen, die aber, im Grunde genommen, vergeudet wird. Jedenfalls vergeudet hinsichtlich der Gestaltung des gesellschaftlichen Ganzen. Manchmal habe ich diese Angst.«[15]

Die andere Seite des heroischen Selbstanspruchs ist eine Stimmung existentieller Ermüdung. Peter Schneiders 1992 erschienener Roman »Paarungen«, der als dichte Beschreibung des gegenwärtigen Seelenzustands der Achtundsechziger-Generation rezipiert wurde, beginnt mit den Worten: »Das wichtigste Ereignis der vergangenen Jahre war die Veränderung seiner Schlafstellung.«[16] Der Roman zeichnet das Bild einer Generation, die sich von der Geschichte zurückzieht, um ihre eigene Biographie zu entdecken. Da taucht das Bild des Vaters auf, dessen Leben als eine einzige Anstrengung zur Vermeidung einer Pause erscheint, und die Söhne fragen sich, welcher

14 Michel Foucault, Freiheit und Selbstsorge, Frankfurt a.M. 1985, S. 10.

15 Antje Vollmer, Die schöne Macht der Vernunft. Auskünfte über eine Generation, Berlin 1991, S. 187.

16 Peter Schneider, Paarungen, Berlin 1992, S. 7.

Schmerz und welche Frage in jenen immer vermiedenen Pausen Gehör verlangte. In hilfloser Rührung scheinen die Kinder an das Schicksal ihrer Eltern gebunden zu sein, gegen die einst ihre Revolte gerichtet war.

II. Die Porträts

1. Die lebenslange Fixierung. Peter Beckmanns allzu großer Ödipus

Die meisten Kartons sind noch nicht ausgepackt. Nachdem er fünfzehn Jahre in Dortmund gelebt hat, ist Peter Beckmann im Herbst 1988 nach Berlin zurückgekehrt. Ich hatte ihn zwei Jahre davor auf einer Tagung der Friedrich-Ebert-Stiftung kennengelernt. Das Thema der Tagung lautete: »Wo ist das Proletariat geblieben?« und der Titel seines Referats: »Die Sprache der Arbeiter und die Sprache der Angestellten«. In der nach wie vor feststellbaren Differenz der Sprachstile, so seine Ausführungen, drücke sich eine Differenz der sozialen Perspektiven aus: Die Arbeiter sehen die Gesellschaft unter der Perspektive von Macht und Herrschaft und die Angestellten unter der von Konkurrenz und Absetzung. Peter Beckmann ist Linguist, genauer: Soziolinguist, und arbeitet seit vielen Jahren in verschiedenen Forschungsprojekten über schicht- und milieuspezifischen Sprachgebrauch. Die wissenschaftliche Konjunktur für die Soziolinguistik ist jedoch längst vorüber, und Peter Beckmann hat es verpaßt, sich vorzeitig eine der vielen dafür geschaffenen Stellen zu sichern. Als nunmehr Fünfzigjähriger gehört er zur großen Schar von wissenschaftlichen Projektmitarbeitern ohne Aussicht auf eine unbefristete Anstellung an einer Universität oder einem Forschungsinstitut. Deshalb hat er sich in letzter Zeit mit einigem Erfolg auf mehr journalistische Arbeiten verlegt. Wir kamen auf der Tagung über meinen Plan ins Gespräch, eine Untersuchung über die Wandlungen der Achtundsechziger-Generation zu machen. Sofort sprudelten aus ihm Geschichten hervor, die ihn als eine führende Figur der Bewegung zu erkennen gaben.

Obwohl er im Augenblick sicher viel mit dem Umzug zu tun hatte, kam Peter Beckmann meinem Wunsch nach einem baldigen Interviewtermin sogleich nach. Die Küche ist notdürftig eingerichtet, und der Küchentisch, an dem wir sitzen, hat noch keinen festen Halt, was einige Störungen im Mitschnitt des Gesprächs zur Folge hat. Mein Gesprächspartner ist ein kleiner Mann mit einem flinken Blick. Aber er wirkt weniger leichtfüßig und verspielt als kompakt und verbissen. Seiner ganzen Erscheinung nach, was durch den schwarz-grauen Ton seiner Kleidung noch unterstrichen wird, erinnert er mehr an einen Arbeiterpriester als an einen freischwebenden Intellektuellen. Wir sitzen von nachmittags vier bis abends acht Uhr zusammen. Und ich habe nach dem Gespräch das Gefühl, einem langen monologischen Fluß zugehört zu haben.

Nachdem er von mir erfahren hat, daß ich nicht nach einem festen Leitfaden vorgehe, nimmt er das Gespräch von sich aus in die Hand.

E: Ich kann ja vielleicht soviel zunächst mal sagen, daß meine Stellung auch nicht typisch war in der Achtundsechziger-Bewegung. Denn ich gehörte zu den damaligen Altgenossen.

I: Mhm.

E: Ich hatte ja 66 schon mein Examen gemacht. Ich hatte also mein Examen schon fertig, als die anderen anfingen zu studieren oder erst im zweiten, dritten Semester waren. Und die zweite Differenz bestand darin, daß ich eigentlich zu der Minderheit gehörte, die schon immer politisch gearbeitet hatte.

I: Mhm.

E: Und zwar seit dreizehn. Naturfreunde, Falken, Jusos, dann Hochschulpolitik. In den Sechzigern war ich mal Konventsabgeordneter, 60, 61, wo übrigens Wohlrabe ASTA-Chef war und Lummer Konventspräsident und Lüder war Ältester. Also diese Leute, die jetzt alle in der CDU und in der FDP hier dran sind, die waren damals in der Zeit alle aktiv. Da war der ASTA noch vom RCDS beherrscht.

I: Ja.

E: Und in der Zeit habe ich im linken Lager gewissermaßen als Opposition gearbeitet. Und da waren mein Jahrgang, wenn man so will, oder teilweise ein bißchen älter, vielleicht ein Semester, zwei, drei Jahre älter, war der Wolfgang Nitsch, der Klaus Meschkat oder, solange er hier studierte, zum Beispiel der Tilmann Moser, der war hier in der ESG, evangelische Studentengemeinde, und der Peter Müller, ich weiß nicht, ob du von dem gehört hast, der war auch in der ESG, der war, glaube ich, sogar mal ASTA-Chef, ist völlig verschwunden zum Beispiel.

I: Mhm.

E: Das ist diese alte Gruppe gewesen.

I: Mhm.

E: Ich habe auch damals im SDS mitgearbeitet, ohne Mitglied zu sein, aber das war damals ja nicht so entscheidend. Und war mit denen sehr eng bekannt, also teilweise heute noch. Und dann kam also die, die, die, diese Kritikphase, also Studienkritik, Hochschulkritik, da war ich Sprecher der Germanisten und habe sozusagen die Hochschulreform im Germanistischen Seminar vorangetrieben.

I: Mhm.

E: Teilweise mit schon ziemlich massiven Argumenten auch. Das war 65, 66, glaube ich, war ich Sprecher, ich glaube, in dieser Zeit. Das war aber alles noch immanent in dieser Phase. Das fing so langsam an. Na ja, diese Geschichte kennst du ja, dann kamen diese politischen und explizit allgemeinpolitischen und außenpolitischen Faktoren dazu. Dann kam 66 mit dem ersten Sit-in im Juni, und so weiter.

I: Mhm. Aber laß mich mal zwischendurch, es gab doch im SDS eher so eine, sagen wir mal, traditionelle, sozusagen die alte SPD-Tradition im SDS, und auf der anderen Seite gab es doch auch welche, die relativ früh schon, sich so um Kritische Theorie bemüht haben.

E: Aber ich glaube, die Linie war weniger diese, die du da gerade beschreibst, sondern mehr die Linie zwischen denen, die so ein bißchen mehr auf dem altanarchistischen Trip waren, so wie Kunzelmann und Co., die nannten sich Ultimisten, glaube ich, so

I: subversive Aktion,

E: subversive Aktion, richtig, ja, diese Linie, während also die Beschäftigung, sagen wir mal, mit Adorno und Benjamin und so bei einigen ohnehin schon mehr und mehr im Gespräch war, vor allen Dingen unter den mehr ästhetisch Interessierten.

I: War das bei dir auch der Fall?

E: Bei mir auch, aber nicht so ausgeprägt. Ich war zwar Germanist, aber irgendwie, ja woran das lag, habe ich bis heute bei mir selber noch nicht rausgekriegt. Ich habe zwar sehr intensiv Bloch gelesen, und Marx auch schon, aber bei Adorno hat mich damals irgendwie gestört dieser elitäre Duktus.

I: Mhm.

E: Ich weiß nicht, ob das so an dieser genuinen Falken-Juso-Tradition lag, wo ich sozusagen an den Realproblemen dran war und sagte, wenn jemand darüber redet, dann darf er ja eigentlich nicht in so eine Kunstsprache sich flüchten, ich habe das später bedauert, weil es den Zugang für mich verstellt hat, eine Weile lang.

I: Mhm.

E: Bis ich so gelassen war, den wirklich unvoreingenommen zu rezipieren, ist eine ganze Zeit vergangen. Ich habe ihn gelesen, aber mehr weil man mußte, nicht mit der Lust. Verstehste?

I: Ja, ja.

E: Also das war bei Benjamin anders, den habe ich mit großem Interesse und großer Neugier gelesen, naja gut, Brecht sowieso, das war damals, also Musil, Kafka, das waren so die Sachen, die damals diskutiert wurden. Und dann natürlich auch so Erich Fromm, die Beschäftigung mit Marx und mit Kritischer Theorie ging ja sozusagen von den Rändern her, also Marx selber immer ausklammernd.

Als erstes stellt unser Gesprächspartner klar, daß sein Fall nicht typisch sei. Was will er damit sagen? Offenbar nicht, daß er mit seiner Besonderheit keinem Typ entspreche. Denn schon im zweiten Satz bezeichnet er sich als Repräsentant eines bestimmten Typs in der Bewegung. Wichtig ist etwas anderes. Typisch ist für Peter Beckmann das Bild der Studentenbewegung als Jugendbewegung. Demgegenüber betont er die aus der Tiefe der Nachkriegszeit kommende Linie linker Politik, die von den damaligen »Altgenossen« vertreten wurde. Die Stichworte »Naturfreunde, Falken, Jusos, dann Hochschulpolitik« deuten den Gang einer minoritären politischen Sozialisation in den fünfziger und sechziger Jahren der Bundesrepublik an. Unser Gesprächspartner wuchs im traditionellen sozialdemokratischen Milieu heran, was nicht selten auf eine entsprechende Parteikarriere hinauslief. In den Jugendor-

ganisationen wurde einem beigebracht, wie man sich als Sozialdemokrat im Adenauer-Staat behaupten konnte. Aus diesem Zusammenhang ist zu verstehen, daß Peter Beckmann sich in eine Generationsgemeinschaft mit den »alternativen Achtundsechzigern« stellt, die heute im rechten Lager führende Positionen einnehmen. Das Gemeinsame ist die zur gleichen Zeit erfolgte Sozialisation in den Nachwuchsorganisationen einer traditionellen Partei; das Trennende ergibt sich aus den gegnerischen Positionen beim Kampf um die Macht. Hier zeigt sich eine bestimmte Vorstellung von Politik, die etwas mit organisierten Kräften und harten Rekrutierungsprozeduren zu tun hat. Nur wer sich den Mühen eines langen Aufschubs unterzogen hat, darf die Arena betreten. Das politische Rederecht muß man sich verdienen, man darf es sich nicht einfach nehmen. Im Prinzip erscheint diesem Verständnis politischen Handelns Disziplin wichtiger als Spontaneität.
Peter Beckmanns Bezugsgruppe ist die »alte Gruppe« der Linken, die in harten Zeiten Opposition zu machen lernte, wodurch sie sich von der Gruppe der »Youngster«, so sein später im Gespräch verwendeter Ausdruck, unterscheidet, die in den SDS strömten, als die sozialdemokratische Gesinnung durch die Beteiligung der SPD an der »Großen Koalition« gesellschaftlich schon mehrheitsfähig geworden war. Die Verwendung des englischen Ausdrucks deutet nicht nur eine gewisse Distanzierung an, sie enthält darüber hinaus einen Hinweis auf eine andere Quelle des Protests: nämlich auf die aus England und Amerika kommende Popkultur. Die Rebellion hat da mehr mit dem Rock'n'Roll als mit der Arbeiterbewegung zu tun. Die »Youngster« und den »Altgenossen« trennen indes nicht nur sprachlich Welten. Peter Beckmann ist kein spielerischer Regelverletzer, sondern ein prinzipientreuer politischer Arbeiter. Andererseits scheint unser Gesprächspartner mit dem Altersabstand eine sozialisatorische Aufgabe zu verbinden. Schließlich hatte er, was er nicht ohne Grund betont, schon sein Examen gemacht, als die anderen gerade anfingen zu studieren. Die Älteren konnten daher aufgrund ihrer gewachsenen politischen Erfahrungen den von der Popkultur inspirierten Jüngeren den richtigen Weg weisen, so daß das diffuse Unbehagen eine politische Stoßkraft bekam. Peter

Beckmann hat die Hochschulreform im Germanistischen Seminar »vorangetrieben«, und zwar mit »ziemlich massiven Argumenten«. Er war »Sprecher« für andere, die, so kann man weiterdenken, geführt, agitiert oder kontrolliert werden mußten. Dabei fühlte er sich in seinen Phantasien Lenin oder Trotzki gewiß näher als Mick Jagger oder Jim Morrison.

Die Vorliebe für Bloch und die Abneigung gegen Adorno paßt ins Bild. Der dampfende Expressionist liegt dem politischen Arbeiter mehr als der artistische Hermetiker. Obwohl beide Denker Juden sind, denken sie von ganz verschiedenen Bezugspunkten her: Blochs philosophische Erzählung entspringt der glücklichen Oktoberrevolution, während Adornos philosophischer Aphorismus im Tod von Auschwitz terminiert. Insofern kann man Bloch als einen Philosophen des Weiterlebens der Arbeiterbewegung nach dem Faschismus und Adorno als einen des Endes der Arbeiterbewegung durch den Faschismus lesen. Verständlicherweise konnte sich einer, der sich mit der politischen Einsamkeit eines freischwebenden Intellektuellen nicht anfreunden konnte, vom Utopismus Blochs mehr angesprochen fühlen als vom Negativismus Adornos. In diesem Sinne könnte die folgende Tagebucheintragung von Rudi Dutschke, datiert vom 12. März 1965, auch von Peter Beckmann stammen: »In einem Buch oder Artikel las ich: 1918 wollten deutsche Revolutionäre per Zug nach Berlin vorstoßen. Allerdings blieb der Kartenkontrolleur unauffindbar. Und die erreichten Berlin nie. Wann sollen wir Deutschen je eine Revolution erreichen? Da ist mir schon lieber, in einem Lande zu leben und zu kämpfen, in welchem anderes Leiden andere Leidenschaften hervorruft. Ich bin sicher, daß der Ernst Bloch, dessen ›Subjekt-Objekt‹-Buch und jenes über Thomas Münzer mich so beeinflußten, mit Sicherheit in einer lateinamerikanischen Universität mehr Verständnis finden würde als in Tübingen.«[1]

Schließlich fällt noch ins Auge, daß in Peter Beckmanns Erzählung diverse Namen vorkommen. Man fragt sich, was das zu bedeuten hat. Will er sich mit diesen bekannten Personen

1 Zitiert nach Ulrich Chaussy, Die drei Leben des Rudi Dutschke, Frankfurt a.M. 1985, S. 55.

schmücken? Dagegen spricht der Hinweis auf diesen Peter Müller, den heute niemand mehr kennt. Es passiert im übrigen öfter im weiteren Gespräch, daß unser Gesprächspartner Namen von Verschollenen und Vergessenen erwähnt. Dadurch wird eine entschwundene Geschichte beschworen. Die Namen beweisen die Existenz von Personen, die damals versucht haben, Geschichte zu machen. Auch wenn dem Anschein nach davon nicht viel übrig geblieben ist, es war ein großer Aufbruch, und die Bewegung hat Bewegungsgewinnler und Bewegungsverlierer hinterlassen. Peter Beckmann will das Geschehen vor dem spurlosen Verschwinden bewahren. Die Namen stiften eine imaginäre Solidarität der Beteiligten, die ihn selbst miteinschließt.

Der Eröffnungssequenz ist zu entnehmen, daß Peter Beckmann sich zwar im Zentrum der Bewegung verortet, aber sich zugleich gegen die Beweglichkeit der Bewegung stemmt. Das Vagierende und Wuchernde der Sache ist ihm suspekt. Als Mitglied einer disziplinierten Minderheit fühlt er sich dazu aufgerufen, die stürmischen Aktionen der Jungen einerseits zu stoppen und andererseits voranzutreiben. Und genauso wie er damals die Bewegung steuern wollte, will er sie heute vor dem Verschwinden retten. Es besteht eine strukturelle Analogie zwischen seiner Verortung in der Bewegung und der Art und Weise seiner Erinnerung an die glorreiche Zeit. Dies ist die Spur, die wir bei der weiteren Interpretation verfolgen müssen: Was ist das für eine Struktur und wie hat sie sich gebildet?

Peter Beckmann schildert dann, wie dieses »kleine Häufchen« von Linken, so sein Bild, gegen die Wand einer in das Nachkriegssystem eingepaßten Mehrheit anrannte. Man mag hier zum Beispiel an die 1962 veröffentlichte Studie »Student und Politik« von Jürgen Habermas und anderen[2] denken, die zu dem Ergebnis kam, daß zwei Drittel der befragten Studenten nur vage oder überhaupt keine Vorstellungen hatten, die eine bestimmte Aussage über ihre politischen Ansichten zuließen. Das übrige Drittel verfügte zwar über ein politisch klar ausge-

2 Jürgen Habermas/Ludwig von Friedeburg/Christoph Oehler/Friedrich Weltz, Student und Politik, Neuwied/Berlin/Darmstadt 1961.

prägtes Bild der Gesellschaft, aber lediglich einem Drittel davon konnte man ein »definitiv demokratisches Potential« zusprechen. Unser Gesprächspartner besteht darauf, daß sich Nachgeborene gar nicht mehr vorstellen könnten, was es in den fünfziger und frühen sechziger Jahren bedeutete, Gedanken zu haben und zu äußern, die, und sei es nur entfernt, an Sozialismus erinnerten. So wurden den Verkäufern der Zeitschrift »konkret« von RCDS-Mitgliedern vor der Mensa die Hefte aus der Hand geschlagen und vor ihren Augen zerrissen. Die Frage drängt sich auf, wie bei ihm unter diesen Bedingungen eine oppositionelle politische Einstellung sich bilden konnte.

I: Wie kam das denn, daß du, ich sag das mal in so Begriffen, den Mut dazu hattest? Man kommt natürlich sofort drauf, jetzt nach deiner eigenen Geschichte zu fragen, denn da muß man ja eine Kraft zu haben, sich gegen so eine Mehrheit zu stellen?

E: Stimmt. Das liegt wahrscheinlich an meiner frühen Sozialisation. Also ich war eigentlich immer, wenn man so will, wie soll man das bezeichnen, ein Begriff fällt mir dafür schwer. Ich will das vielleicht mal eher beschreiben. Also während der Grundschule war ich schon einer, der einen eigenen Kopf hatte.

I: Mhm.

E: Na ja, das äußert sich in dieser Phase in so Streichen, also Leute anstiften, Mist zu machen gegen den Lehrer oder so. In der Religionsstunde, kann ich mich noch erinnern, das war eines der schärfsten Ereignisse, wo meine Mutter auch zur Schule bestellt wurde, da bin ich mit zweien auf den Dachboden gegangen in meiner Grundschule und habe den Entlüftungsschacht, der in die Klasse führte, damals gab's so was, so Lüftungsschächte, und dann haben wir gehört, wo die Stimme unserer Religionslehrerin war. Ich bin damals teilweise nicht zum Religionsunterricht gegangen, weil ich kein Verhältnis zu Gott hatte,

I: mhm,

E: schon mit, was weiß ich, sieben, acht, neun oder was, und dann haben wir einen großen Ziegelstein genommen und an einer Schnur oder einem Seil, irgendwas, Draht, da runtergelassen und den immer hoch und runter gezogen, daß das einen mörderischen Lärm in der Klasse gab und die Lehrerin nicht unterrichten konnte. Und dann, wenn sie dann da rantrat, um zu horchen, dann haben wir so beleidigende Sprüche runtergelassen, und wir sind vielleicht 'ne Spur zu spät abgehauen, also die ging dann zum Rektor, und die waren im Anmarsch, sie, der Rektor und noch ein Lehrer, so als Strafexpedition, so in Richtung Dachstuhl, und wir kamen nun gerade runter und liefen denen in die Arme. Das war natürlich Mist. Dann haben wir erst mal 'ne Ohrfeige gekriegt, und dann, Mutter wurde bestellt, na ja, das war schon ziemlich hart. Dann kriegte ich ins Klassenbuch geschrieben, Peter hat nicht bloß, das hatte ich im Jahr davor, da wurde ich wegen schlechten Betragens gerügt, sondern es hat sich rausgestellt, daß er selbst zu diesem Fall anstiftet.

I: Aha.

E: Das war also ein schweres Verdikt. Und der Rektor hatte mich seitdem auf dem Kieker, was nicht so einfach ist, aber ich hab mich dagegen behauptet, und das ging dann in der Oberschule genauso weiter.

I: Mhm.

E: Da war ich oft Klassensprecher und immer in Konfrontation mit den Lehrern. Also ich hatte teilweise dann auch eine Minderheitenrolle auch immer da, weil ich weiter ging als andere, die das nicht ertrugen. Und ich habe mal in einem Streit, ich kam in eine neue Klasse, und der hatte schon, der neue Klassenlehrer, die Mitteilung, daß ich also etwas aufsässig sei, oder wie man das nennen will, und da hat er gleich gesagt, wer zu spät kommt, muß hier zehn Pfennig zahlen, wieso, das hätte die Klasse so beschlossen, und dann hab ich gesagt, das habe ich nicht mitbeschlossen, zahl ich auch keine zehn Pfennig, ja, du mußt dich der Klassengemeinschaft fügen. Ich sage, das kann nur mit meiner Zustimmung gefällt werden und außerdem war mir das auch vorher nicht bekannt. Aber schließlich, weil jetzt seine Autorität gefordert, herausgefordert war, und alle waren mucksmäuschenstill, und der Zweikampf, das ist klar, da,

I: ja ja,

E: kann kein Lehrer nachgeben. Also kurzum, er verdonnerte mich zum Papieraufsammeln auf dem Hof. Ich sage, das mach ich schon gar nicht, ja, entwürdigend, da rumlaufen und Papier aufsammeln, nichts, mach ich nicht. Dann hat er die Strafe immer weiter gesteigert, bis er schließlich beim Vorsitzen angelangt war, also morgens um Viertel sieben kommen, da hatte unser Rektor immer Lateinunterricht für die Fakultativen. Da war natürlich ein Punkt erreicht, wo mein Risiko anfing.

I: Mhm.

E: Da mußte ich dann irgendwann beigeben. Da bin ich aber lieber morgens hingegangen als Papier aufsammeln.

Peter Beckmann bringt seine oppositionelle Einstellung, den »Mut« und die »Kraft«, wie es in der Frage heißt, die dazu gehören, in Verbindung mit frühen Prägungen und Erfahrungen. Ein Begriff dafür zu finden, fällt ihm schwer; deshalb greift er auf die narrative Darstellung zurück. Peter Beckmann ist Jahrgang 1940, das heißt, was er uns berichtet, hat sich in den Jahren 1948 oder 1949 abgespielt. Schon im Grundschulalter beharrte er auf seinem eigenen Kopf. Auf seine Weise opponierte der Junge gegen das ideologische System des Religionsunterrichts. »Weil ich kein Verhältnis zu Gott hatte«, lautet die merkwürdige Begründung. Merkwürdig daran ist der erwachsene Ton: als ob er als vielleicht Achtjähriger bereits sein Verhältnis zu Gott geklärt hätte. Die Formulierung wird nicht, was von heute aus zu erwarten wäre, durch eine ironische Wendung relativiert, sondern bleibt so stehen, so daß sich aus dem Bericht von den kindlichen Streichen sozusagen der Ausdruck eines erwachsenen Arguments erhebt. Der Achtjährige erscheint als Kind und als Erwachsener zugleich. Hier taucht schon das Bild des überstimulierten Kriegskinds auf, das mit einem Zuviel an Ansprüchen und Zumutungen nicht zurecht kommt. Selbstverständlich wird uns diese Beobachtung noch beschäftigen.

Nicht weiter interessieren soll uns hier die phallische Konnotation des geschilderten »scharfen Ereignisses«: Da wird ein »großer Ziegelstein« in einen tiefen Schacht heruntergelassen und »immer hoch und runter gezogen«. Das kann man als

normale entwicklungsspezifische Provokation verstehen. Kennzeichnender ist schon die Art und Weise, wie die Lehrerin beleidigt wird: die »beleidigenden Sprüche« werden »runtergelassen«, und die Täter sind »'ne Spur zu spät abgehauen«. Das ist die Symbolik einer zu spät abgebrochenen Penetration, die in der Tiefe etwas hinterlassen hat. Wenn man die Assoziationsreihe vervollständigt, ergibt sich der Gedanke einer Zeugung durch einen mißglückten »coitus interruptus«.
Anscheinend fehlte der Vater, zumindest ist von ihm nicht die Rede. Die Mutter wird zum pädagogischen Rapport in die Schule bestellt. Obwohl diese Maßnahme »schon ziemlich hart war«, nutzte sie nichts. Selbst »schwere Verdikte« konnten ihn nicht zähmen. Peter Beckmann blieb ein aufsässiger Schüler, der die Konfrontation mit den Lehrern liebte. Dabei glaubte er, Sprecher für die anderen zu sein. Auf diese Weise kam er in eine »Minderheitenrolle«, weil er ertrug, was andere nicht ertragen konnten. Mit anderen Worten: Seine Opposition und sein Protest waren letztlich altruistisch motiviert. Er brachte nur zum Ausdruck, was die anderen sich nicht zu sagen trauten. Das stellvertretende Sprechen, so sollen diese Geschichten belegen, das er später als Aktivist der Studentenbewegung praktizierte, entwickelte sich bei ihm schon früh in der Auseinandersetzung mit den schulischen Autoritäten in der unmittelbaren Nachkriegszeit. Aber woher rührt diese Fixierung auf den Sturz von Autoritäten?
In der zweiten Geschichte kommt es zu einem regelrechten Zweikampf zwischen dem Jungen und einem Lehrer, den das Publikum »mucksmäuschenstill« verfolgt. Obwohl mit ungleichen Mitteln gekämpft wird, gibt sich Peter Beckmann in den Rededuellen erst angesichts der höheren Autorität des Rektors geschlagen. Aber dem Papieraufsammeln verweigert er sich. Die Begründung, daß das für ihn eine entwürdigende Strafe sei, beschwört eigentümlicherweise einen Komplex von männlichem Stolz und soldatischer Haltung herauf. Lieber will er »Vorsitzen«, als »da rumlaufen und Papier aufsammeln«. Da haben wir wieder das Motiv des Überzogenen und Übertriebenen: so als würde der kleine Junge die Geschichte eines anderen reinszenieren. Es handelt sich um die Geschichte der trotzigen Abwehr einer geforderten Unterordnung unter die

Regeln einer neuen Gemeinschaft. Das führt uns zum Herkunftskomplex des Kriegskinds Peter Beckmann.

I: Wie hast du eigentlich den Krieg erlebt? Du warst so vier, fünf Jahre alt.

E: Ja, ja, den habe ich ziemlich massiv noch erlebt. Also sagen wir mal, ich weiß nicht, 42 oder 43 wurden wir evakuiert. Und ich habe aus der Zeit noch diese Luftangriffe, die Sirenen in Erinnerung, also immer dieses Heulen der Sirenen und nachts aus dem Bett und dann in den Keller, ja, das zum Beispiel weiß ich noch, obwohl ich da erst drei oder vier war.

I: Wo war das?

E: Hier. Hier in Berlin. Wir haben am Winterfeldplatz gewohnt.

I: Ach was.

E: Ja, ja. Dann sind wir 43 evakuiert worden nach Mecklenburg, und da haben wir das Kriegsende erlebt. Das heißt, als die russische Front näher kam, da hieß es eben, Frauen und Männer sollen die Orte verlassen, und wir taten es, meine Mutter hatte da so einen Kinderwagen, mit dem Jüngsten drin, die ist, glaube ich, 43 geboren, da war sie eben zwei Jahre oder was, die konnte kaum laufen, die war im Kinderwagen, und wir beide liefen, meine ältere Schwester und ich, an der Hand in Richtung Berlin. Mit irgendwie einem Topf Schmalz noch drin, auf dem Kinderwagen, naja, wie man damals eben mit irgendwelchem Zeug noch so. Und unterwegs haben uns dann die Russen eingeholt. Allerdings bevor das geschah, sind wir ein paarmal so in gefährliche Situationen geraten.

I: Mhm.

E: Zum Beispiel haben wir in einem Haus übernachtet, und dann kam eine Rotkreuzmeldung, abends, Frauen und Kinder sollten sofort den Ort verlassen, es droht Artilleriebeschuß. Und dann waren wir gerade 'ne halbe Stunde aus dem Bett, das war so um halb zwölf, sind wir raus, Kinder, wir schliefen schon, und dann sahen wir tatsächlich im Hintergrund die Häuser brennen, unter anderem unser Haus. Da war ich fünf, das hatte ich voll begriffen, was das heißt. Mensch, hatten wir alle einen Schrecken und irgendwie so ein Gefühl, entkommen zu sein, also diese Häuser, die brennenden Häuser am Horizont, das werde ich nie vergessen, das war für mich ein ganz tiefer Eindruck, diese, dieser Krieg, wie das immer näher kam, wie eine gewaltige Bedrohung.

I: Mhm.

E: Und dann die zurückfließenden Truppen mit allem, was da so war, Panjewagen und Pferde vor, also nicht groß was motorisiert dabei, auch kein Benzin mehr, die liefen alle zu Fuß und kamen mit Wagen an und schoben das, zerlumpt zum Teil und kaputt. Also ein Elendszug fast, die deutschen Truppen, alle weg von der Front.

I: Hast du das auch so empfunden als kleiner Junge, daß es was Elendes hatte, wie die deutschen Truppen zurückkamen?

E: Na ja, irgendwie teilte sich die Stimmung schon mit, ich meine, es ist schwer, jetzt im nachhinein das genuin zu rekonstruieren. Weil ein Stück natürlich spätere soziologische oder historische Interpretation mitschwingt. Man hat so viele Bilder gelesen, gesehen später von den zurückflutenden Truppen, und die kann man natürlich im nachhinein projizieren auf die eigene Erfahrung. Wenn ich ganz präzise sein wollte, dann war eigentlich so für mich das Beeindrukkende die Pferde und diese Wagen.

I: Mhm.

E: Weil es war irgendwie, weil ich immer dachte, die hätten soviel Panzer und so was. Dann kamen die plötzlich mit Pferden an, das fand ich so merkwürdig als Kind.

I: Mhm.

E: Weil das habe ich natürlich noch nicht verstanden, das habe ich jetzt, der Kopf, da schwingt sehr viel spätere Interpretation rein. Aber ich habe auch diesen Staub und irgendwie diese Niedergeschlagenheit, Bedrücktheit, das, glaube ich, habe ich empfunden. Weil die ganze Stimmung, alles war so niedergeschlagen.

I: Ja.

E: Die Furcht und Angst in den Gesichtern, das war also schon sehr schlimm. Naja, und dann sind wir in irgendeinen Ort gekommen, wo die Russen uns da einholten, in irgend so eine Stadt. Und dann, naja, dann eben die üblichen Sachen, die haben sie alle erlebt. Wie die russischen Soldaten dann reinkamen, haben meiner Mutter ein Päckchen Tabak weggenommen, das sie für meinen Vater retten wollte. Und dann lief sie hinterher, schreiend, wollte sich das nicht wegnehmen lassen, ja, bis in den Hausflur, wir waren so im Souterrain da, hinterher schreiend, und dann kam so ein Leutnant rein, das werde ich auch nicht vergessen, der sah die Szene, und das war sehr eindrucksvoll, und schlug diesem Soldaten zwei Ohrfeigen, weil er ihn beim Diebstahl erwischt hatte, und die Frau, meine Mutter, bekam das Päckchen wieder. Das ist enorm, ich meine, das sind sehr unterschiedliche Sachen. Also Vergewaltigungsgeschichten habe ich nicht erlebt, zum Glück, kann ich nur sagen, meine Mutter haben sie immer in Ruhe gelassen, weil sie drei Kinder offenbar hatte.

I: Mhm.

E: Ich habe auch erlebt, daß wir mal mitgenommen wurden von so einem sowjetischen Militärlaster, der hielt an und rief uns, und uns alle drei hochgehoben und Kinderwagen, alles rauf, hinten auf die Plattform, und dann sind wir fast zwanzig Kilometer mit denen gefahren. Waren wir alle unheimlich happy, waren wir unheimlich froh. Ich hatte auch keine Angst vor den Soldaten.

I: Mhm.

E: Ich fand bloß merkwürdig als Kind, daß die an so einem Vorgarten hielten und grüne Erdbeeren aßen. Das war im Mai, 8. oder 6. oder 7. Mai, ich weiß nicht, ob schon Waffenstillstand war, die sprangen da runter und aßen die grünen Dinger. Ich dachte, das gibt's doch gar nicht, die sind doch noch nicht reif, die kann man doch noch gar nicht essen. Das hat mich als Kind beeindruckt. Und mich hat beeindruckt, daß wir das Huhn zurücklassen mußten, das uns irgendein Flüchtling geschenkt hatte. Und wir hatten ja schon lange Tage nichts Richtiges mehr gegessen und waren in so einer Scheune, und wir waren dabei, gerade das zu rupfen und das irgendwie über dem offenen Feuer zu braten, und dann hielt der Russenlaster da und winkte uns rüber, und in der Eile, um die nicht wegfahren zu lassen, ohne uns, haben wir das Huhn liegen lassen. Und nachher auf dem Laster fing ich an, meiner Mutter in den Ohren zu liegen, wir haben das Huhn liegen lassen, und war traurig und sauer, daß sie das Huhn vergessen hatte. Also solche Geschichten.

I: Mhm.

E: Dann irgendwie kamen wir nach Berlin und dann sind wir durch diese ganzen endlosen Trümmerfelder gezogen vom Norden, von oben von Reinickendorf oder von Pankow, durch die ganze Stadt bis zum Winterfeldplatz, immer in der Angst, das Haus sei kaputt.

I: Und wie war's? War es dann auch kaputt?

E: Ein Teil, aber nicht alles. Zum Glück war unsere Wohnung nicht zerstört. Aber da waren jetzt andere Leute drin, die sie da einquartiert hatten, so aus Wohnungsnot. Das passierte ja relativ rasch, sofort nach Waffenstillstand. Wir kamen vielleicht eine Woche später an, und in der Zeit saßen bereits Leute, und die Scheiben waren alle kaputt, da war dann Pappe davor, und es war dunkel, die Räume waren alle dunkel, weil sie mit Pappe verkleidet waren. Und dann fehlten viele Sachen, waren geklaut.

I: Mhm.

E: Also gut, das kenne ich noch so (spricht sehr leise), na ja gut, aber ich will jetzt nicht die ganze Nachkriegsgeschichte erzählen.

Peter Beckmann ist ein Kriegskind. Aus seiner Erinnerung steigen verschiedene Bilder auf. Eigentlich stellt dieser Textabschnitt gar keine Erzählung dar, wie man auf den ersten Blick meinen könnte, sondern eine Folge von Bildern, die auf erzählerische Weise lose miteinander verbunden sind. Wittgenstein hat in seinen »Philosophischen Untersuchungen« notiert, das Bild sei aber nur wie eine Illustration zu einer Geschichte, aus ihm allein wäre meistens nichts zu erschließen; erst wenn man die Geschichte kenne, wisse man, was es mit dem Bild soll[3]. Trotzdem sind die Bilder da. Sie können zwar verschiedenen Geschichten dienen, aber sie bilden gleichwohl eine Grund-

3 Ludwig Wittgenstein, Philosophische Untersuchungen, Frankfurt a.M. 1971, Nr. 663, S. 265.

schicht der Erfahrung, die das Gefühl des Selbst prägt. Wie auch immer sie eingekleidet werden, sie sind nicht zu verwischen. Vielleicht fügen sich die einzelnen Bilder dieser Stelle zu einem Gesamtbild.

Die Frage nach dem Krieg ruft sofort eine körperliche Erinnerung wach. Die ersten Bilder sind die der Luftangriffe, und das damit verbundene frühe Erleben ist das eines immer wieder unterbrochenen Schlafs. Das Heulen der Sirenen stellt eine tief eingegrabene Konditionierung dar. Der Rhythmus von Tag und Nacht ist gestört, was bedeutet, daß es für den Zwei- und Dreijährigen das sichere Gefühl geschützter nächtlicher Ruhe nicht gibt. Im zweiten Bild sieht man die Familie ohne den Vater auf der Flucht: Die beiden älteren Kinder laufen an der Hand der Mutter, während das jüngste noch im Kinderwagen transportiert werden muß. Der einzige Schatz der Familie ist ein Topf Schmalz. Es handelt sich, trotz aller Gefahr, um das Bild einer mutterzentrierten Idylle. Dann kommt das Bild der brennenden Häuser und des Gefühls, entkommen zu sein. Das Haus, in dem sie gerade noch schliefen, brennt am Horizont. Der Fünfjährige, so heißt es, hatte voll begriffen, was das heißt. Die Bilder der heulenden Sirenen und der brennenden Häuser schieben sich ineinander, und dazwischen läuft die um die Mutter sich scharende Kleinfamilie den, wie sie glauben, von Rache getriebenen Verfolgern davon. Das vierte Bild zeigt den Elendszug der von der Front zurückströmenden deutschen Truppen. Von diesen zerlumpten und kaputten Soldaten, so die Verbindung zum vorhergehenden Bild, ist kein Schutz zu erwarten. Die vaterlose Familie ist auf sich selbst gestellt. Das Beeindruckende für den Jungen sind eigentümlicherweise die Pferde. Daß keine Panzer zu sehen waren, sondern nur Pferde, sei der Grund für sein Erstaunen gewesen. Dahinter verbirgt sich natürlich die Frage, ob nicht die ganzen deutschen Feldzüge auf einer großen Täuschung beruhten. Außerdem verweisen die Pferde als Zeichen der Enttäuschung auf den Zusammenhang von Hochmut und Fall: Hoch zu Roß sind die deutschen Soldaten in den Krieg gezogen, und geschlagen kehren sie mit dem Pferd an der Leine und mit Staub bedeckt zurück. Und an die Nachkommen richtet sich die Frage: Wer fechtet's besser aus? Er habe damals die Niedergeschlagenheit und Bedrücktheit der besiegten Truppe empfunden. »Weil die ganze Stimmung« so war, lautet die Begründung für die Echtheit der Empfindung. Es war also nicht bloß ein kindlicher Eindruck, dem kleinen Peter teilte sich vielmehr eine allgemeine Stimmung mit. Durch alle nachträglichen Interpretationsschichten hindurch sind die »Furcht und Angst in den Gesichtern« zu erkennen, und die Unterschiede zwischen einer kindlichen und einer erwachsenen Perspektive sind aufgehoben, wenn es dann zusammenfassend heißt: »das war also schon sehr schlimm«. Das nächste Bild hat demgegenüber etwas Befreiendes und Lösendes. In der Szene, die Peter Beckmann ebenfalls nicht vergessen kann, tritt ein ritterlicher Held auf. Als Retter in der Not sorgt der russische Leutnant dafür, daß die Mutter das Päckchen Tabak, das die Verbindung zum Vater symbolisiert, wiederbekommt. Durch zwei Ohrfeigen, vermutlich rechts und links, stellt der Offizier der Roten Armee seine Macht unter Beweis. Damit wird trotz der vielen zerlumpten und kaputten Figuren das väterliche Prinzip wiederaufgerichtet. Allerdings hat die Sache einen Haken: Dieser Ritter ist ein »russischer Untermensch« und dazu noch ein Sieger über die deutsche Wehrmacht. Es verwundert deshalb nicht, daß die Relativierung des russischen Retters sogleich folgt. Dazu taugt das Bild von den russischen Soldaten, die grüne Erdbeeren essen. Die erscheinen als unwissende Barbaren, die sich Sachen in den Mund stecken, die man doch noch gar nicht essen kann. Damit hält der Junge in ganz versteckter Weise an der Vorstellung des »deutschen Herrenmenschen« fest. Zumindest will er nicht so einfach hinnehmen, daß der russische Leutnant zum Repräsentanten einer ritterlichen Kultur aufsteigt. Das folgende Bild zeigt uns zudem, wie der Junge Einspruch dagegen erhebt, daß die Mutter jedem Wink eines »Russenlasters« folgt. Wenn man den Text genau liest, ist er zunächst noch »beeindruckt, daß wir das Huhn zurücklassen mußten«, doch dann macht er seiner Mutter Vorhaltungen, »daß sie das Huhn vergessen hatte«. Das Huhn steht für die Aussicht einer Familienmahlzeit, bei der man in Ruhe und Gemütlichkeit das Geschenk eines anderen Flüchtlings verzehrt. Im übrigen verweist das Huhn auf die Vorstellung der Mutter als Glucke der Familie. Im letzten Bild der Sequenz kehrt die vaterlose Familie durch endlose Trümmerfelder, immer in der Angst, das Elternhaus sei zerstört, nach Hause zurück. Es ist ein dunkler, bereits von anderen besetzter Ort, wo die Nachkriegsgeschichte beginnt. Zum Schluß ist Peter Beckmanns Stimme ganz leise geworden. Er hat gemerkt, daß eine Gestalt geschlossen ist und nun ein neuer Abschnitt beginnt.

Das untergründige Thema der Szenenfolge ist unübersehbar. Das Kriegskind erlebt die deutsche Niederlage. Voller Anteilnahme sieht Peter Beckmann die Angst und Furcht in den Gesichtern der zurückströmenden Soldaten. Die Metaphern des Fließens und Flutens unterstreichen das Überwältigende des Eindrucks. Es ist, als sei dem kleinen Jungen die Last der Wiedergutmachung aufgebürdet. Wie sollen sich diese bedrückten und niedergeschlagenen Männer je wieder erheben? Dabei ist sein eigener Grund unsicher genug: Heulende Sirenen und brennende Häuser signalisieren die Bedrohtheit der kindlichen Heimat. In der Szene mit dem russischen Leutnant kommt der Wunsch nach einem schützenden Objekt zum Ausdruck. Ein Dritter, der machtvoll auftritt und klare Verhältnisse schafft. Die Frage nach dem Vater stellt sich.

Das erste, was Peter Beckmann zu seinem Vater einfällt, ist, daß er Spätheimkehrer war. Der Vater wurde 1940 eingezogen, da war der Sohn gerade geboren, und er kam 1951 aus russischer Kriegsgefangenschaft nach Hause zurück, da war der Sohn elf Jahre alt. Dazwischen war er verschiedentlich auf Heimaturlaub bei Frau und Kind. Bei einem dieser Blitzbesuche ist Peter Beckmanns jüngere Schwester entstanden, die 1943 geboren wurde. Peter Beckmann hat die Geschichte seines Vaters und die seiner beiden Herkunftsfamilien, wie er betont, genau rekonstruiert. Seine ausführliche Erzählung beginnt mit dem Vater seines Vaters, der als wohletablierter selbständiger Schneidermeister aus Greifswald vorgestellt wird. Von seinen beiden Söhnen schickte er den älteren, den Onkel unseres Erzählers, auf die höhere Schule; der jüngere, der Vater von Peter Beckmann, sollte das Schneiderhandwerk erlernen und später das Geschäft übernehmen. Dieser Onkel, von dem wir noch hören werden, studierte später Jura und machte Karriere zuerst als Nazi und dann als Demokrat. Der Vater widersetzte sich jedoch den Absichten des Großvaters und lief mit sechzehn Jahren von zu Hause weg und flüchtete sich in die große Stadt Berlin. Der Vater verbot in altdeutscher Strenge der Mutter jeglichen Kontakt mit dem ausgerissenen Sohn. Heimlich mußte sie deshalb nach Berlin fahren, um ihn mit Lebensmitteln und Kleidung zu versorgen. Aber Peter Beckmans Vater stand diesen Ablösungskampf durch und entwickelte sich, so die Formulierung seines Sohns, zum »selfmademan«. Er besuchte auf eigene Faust die Wirtschaftsakademie und erwarb das Diplom in Volkswirtschaft. Das sei doch enorm, bemerkt unser Erzähler, womit er den Eindruck von der jugendlichen Lebensenergie des Vaters herausstreicht. Doch dann geriet der Vater in die große Arbeitslosigkeit der Weimarer Republik. Aber selbst unter diesen schwierigen Bedingungen ging er nicht unter, sondern hielt sich mit Gelegenheitsjobs über Wasser. Unter anderem betätigte er sich als Vertreter für feine Tuchwaren auf dem Balkan, was ein bemerkenswertes Geschick und einen gewissen Wagemut zu erkennen gibt. Die Vorstellung eines Handelsreisenden, der in der Ferne mit allen möglichen Leuten Geschäfte macht, regt die Phantasie an. Vielleicht war das bei der Mutter ähnlich. Sie besaß ein Musikgeschäft am Winterfeldplatz, das sie von ihrem Vater geerbt hatte. Der war nach seiner Pensionierung als Postbeamter von Hinterpommern nach Berlin gezogen, um mit seiner Frau und seiner Tochter ein privates Konservatorium aufzuziehen. Die Liebe zur Musik sollte die Grundlage für eine neue Existenz bilden. Diesen geradezu amerikanischen Pioniergeist findet Peter Beckmann »toll und irre«. Man muß ihm beipflichten, daß sein Herkunftsmilieu aus einem Gemisch überaus »interessanter Biographien« besteht. Der Vater kann sich in dieser Gesellschaft durchaus sehen lassen. Gewissermaßen als Aussteuer hatte der Großvater mütterlicherseits seiner Tochter das Musikgeschäft eingerichtet, in das der Vater, weil er keine richtige Arbeit fand, einstieg. Da er, wie die Mutter sich auszudrücken pflegte, immer schon einen gewissen Flitz besaß, wollte er aus dem Geschäft etwas mit mehr Prestige machen. Also gründete er einen Musikalienverlag, was allerdings, wie wiederum die Mutter sagte, ein ziemlicher Reinfall war. Der wirtschaftliche Mißerfolg betrübte den Vater freilich weniger. Für ihn war wichtig, daß er sich als Verleger ausgeben konnte. Er gefiel sich in der Rolle des Kulturagenten und überließ seiner Frau das Geschäft.

Insgesamt fällt an der Erzählung von Peter Beckmann auf, daß alle Informationen über den Vater, insbesondere was das Zusammenleben der Eltern betrifft, von der Mutter stammen. Mit dem Vater selbst hat der Sohn über diesen Abschnitt seines Lebens offenbar nie gesprochen. Hier tritt eine Unmittelbarkeit des Informationsflusses zwischen Mutter und Sohn zutage, die den Vater ausschließt. Dies legt die Vermutung nahe, daß Peter Beckmanns Erzählung über seinen Vater den Bildern seiner Mutter über seinen Vater folgt. Und die innere Logik dieser Erzählung ist leicht zu erkennen: Sie stellt die Stationen einer fortschreitenden Enttäuschung dar. Der Vater begann als jugendlicher Held, schlug sich sodann als abenteuerlicher Handelsreisender durch und endete als parasitärer Möchtegern. Die folgende Stelle bringt das Bild des Vaters auf den Punkt:

E: Und saß aber ansonsten immer im Caféhaus, während meine Mutter den Laden gemacht hat, worüber sie sauer war.

I: Als Verleger muß man ja Kontakte haben.

E: Jaja, richtig, naja. Das hat übrigens nachher dazu geführt, als die Nazis dann 33 dran kamen, weil er eben sehr viel auch mit Juden Kontakt hatte, weil er immer so kleine Geschäfte dann machte, er hat ja nie einen richtigen Job gehabt, sondern war eigentlich immer nur der Mann meiner Mutter als Ladenbesitzerin.

I: Mhm.

E: Da haben sie dann, die Nazis, die SA, an den Laden rangeschrieben, Judenfreund. Weil das in der Nachbarschaft bekannt war, daß er in den Caféhäusern mit den Juden zu tun hat. Das ist typisch, mein Vater hat sich hinten versteckt, als die SA kam und das rangeschrieben hat, während meine Mutter mit einem Eimer Wasser und einem Lappen rausgegangen ist und das einfach abgewischt hat wieder. Also der Mut meiner Mutter hat mir imponiert, das war in dem Alter, als sie mir solche Sachen erzählt hat.

I: Mhm.

E: Er ist nie Nazi gewesen, was ich ganz gut und richtig finde, aber er war ein Feigling.

I: Mhm.

E: Er wurde wie alle eingezogen, und irgendwie hat er es geschafft, ins kartographische Amt nach Thüringen zu kommen, beim Generalstab, hat Karten gezeichnet und ist dann erst spät, 44 glaube ich, in den Fronteinsatz gekommen.

I: Ach ja.

E: Das fand ich gut, da war seine Feigheit korrekt angewendet.

Peter Beckmann spricht aus der Perspektive seiner Mutter: Sie ist sauer darüber, daß ihr Mann sich ständig im Caféhaus herumtreibt, während sie den Laden hüten muß. Der Interviewer nimmt im Gegenzug die Perspektive des Vaters ein, indem er, mit einem ironischen Unterton, einwirft, daß der Verleger Kontakte pflegen müsse. Es sieht so aus, als wollte der Interviewer das Windige des väterlichen Verhaltens gegen die rigiden Verurteilungen des Sohns verteidigen. Aber Peter Beckmann läßt sich von diesem Einwand nicht beeindrucken. Im Gegenteil, er fährt mit einem vernichtenden Schlag gegen seinen Vater fort: »Eigentlich (war er) immer nur der Mann meiner Mutter als Ladenbesitzerin«. Etwas Eigenes hatte er folglich nicht zu bieten. Er kroch unter bei der Ladenbesitzerin, die ihn am Leben hielt. Selbst der Kontakt mit Juden wird vom antifaschistisch gesinnten Sohn gegen den Vater ausgelegt. Man könnte doch diese ziemlich undeutsche Art, mehr zu scheinen als zu sein, durch die der Vater mit Juden ins Geschäft kommt, als eine heimliche Stärke herausstellen. Aber statt dessen wird diesem vorgehalten, daß er kein aufrechter und mutiger Mann gewesen sei. Als die Gefahr in Gestalt der Nazis naht, versteckt er sich hinten und schickt die Frau nach vorne, um die erniedrigende Schrift zu entfernen. Im Grunde verhält sich der Vater so, als ob das Geschmier stimmte: Er ist wirklich ein Judenfreund, der die SA fürchten muß. Doch der Sohn bewundert den Mut der Mutter und verachtet die Feigheit des Vaters. Das einzige, was Peter Beckmann seinem Vater zugesteht, ist, daß er kein Nazi war. Aber selbst die Distanz zum Faschismus nützt ihm in den Augen seines Sohnes nichts: Der Vater war und blieb ein Feigling. Nur was das Militär betrifft, da scheint Peter Beckmann die List seines Vaters zu akzeptieren. Daß er so lange wie möglich den Fronteinsatz umging, findet der Sohn »korrekt«. Diese Formulierung läßt einen stolpern: Woher nimmt der Sohn die Berechtigung, sich zum Richter über seinen Vater aufzuschwingen, der darüber befindet, was »korrekt« und was »nicht korrekt« an dessen Verhalten war? Dieses Unversöhnliche in der Haltung des Sohnes läßt auf eine tiefe Enttäuschung schließen. Die zitierte Textstelle enthält sogar einen Hinweis auf den Ursprung dieser Enttäuschung. In dem Alter, so heißt es, als die Mutter ihm solche Sachen über die Beziehung der Eltern zueinander erzählte, war er von der mütterlichen Stärke beeindruckt. Aber es fehlte der Vater als konkurrierender Informant, der eine andere Sicht der Dinge hätte zur Geltung bringen können. Zu einem bestimmten Zeitpunkt, so ist zu folgern, wurde die Unvollständigkeit des Familiendreiecks für den Jungen zum Problem. Die symbolische Vernichtung des Vaters hängt mit der Unmöglichkeit der ödipalen Triangulierung zusammen. Es ist hier nicht so, daß der Sohn nach der Mutter verlangt und auf das Nein des Vaters stößt, es ist vielmehr so, daß er nach der Transzendenz des Vaters verlangt und nur die Immanenz der Mutter vor Augen sieht. Das ist der eigentliche Grund für die enorme Aufblähung des Ödipus.

I: Wie hast du das erlebt, als dein Vater nach Hause kam?

E: Der hatte so ab und zu Karten schreiben dürfen. Da stand dann drauf, wenn ich zurückkomme, dann möchte ich mit dir Indianer spielen mit Pfeil und Bogen, oder so kindgemäße Sachen schreibt er da, und logisch hat er meine Vorstellungen schon animiert so mit sieben, acht, neun. Und dann war ich auch immer traurig. Alle in der Straße hier hatten ihre Väter wieder, und meiner war immer noch in Kriegsgefangenschaft.

I: Ja.

E: Und als er dann kam, da kam einer mit diesem grauen Feldanzug, völlig eingefallene Wangen, kaputt, der war krank und kaputt.

I: Mhm.

E: Und dann war er praktisch da und war nicht da. Er war nämlich kurze Zeit drauf wieder im Krankenhaus. Der war, glaube ich, mehrere Wochen lang oder Monate, mußte der wieder aufgepäppelt werden. Der war nämlich das letzte halbe Jahr oder so in Workuta oder das letzte Jahr oder irgendwo eine Zeitlang, ich weiß nicht, ob es das letzte war. Aber innerhalb seiner fünf Jahre, die er da verbracht hat, war er in Workuta in so einem Straflager, diesem berüchtigten, wo sie reihenweise starben.

I: Ja.

E: Wo du nur Wassersuppe gekriegt hast am Tag und dann mußtest du Bäume fällen. Und das war aufgrund dieser Denunziation, ausgerechnet die Schwägerin, also die Gattin von diesem Nazi da, die schrieb denn eine Karte in die Kriegsgefangenschaft, also das hat mein Vater mir so erzählt, ob das so stimmt, naja, du mit deinen internationalen Beziehungen kannst doch was für deinen Bruder tun. Der in amerikanischer Kriegsgefangenschaft war, das muß man sich vorstellen. Aus russischer etwas für jemanden tun, der in der amerikanischen Gefangenschaft ist, ist sowieso schon mal hirnrissig, und dann, denen ging's doch blendend noch vergleichsweise. Wie soll denn der, also mir kommt ja die Geschichte heute noch sehr merkwürdig vor, wie kann man so bescheuert sein, will mir nicht in den Kopf. Aber der hat sich später so verhalten mir gegenüber, als wäre das so gewesen, und hat sie nie mehr sehen wollen.

I: Mhm.

E: Und das werde ich nie vergessen, daß ich ihn bat, das war so kurze Zeit nachdem er zurück war, mir 50 Pfennig zu geben für ein Fußballspiel, Argentinien gegen Deutschland im Olympiastadion. Das kostete soviel, 50 Pfennig. Und dann hat er gesagt, da gehste nicht hin, das ist Proletensport. Das hatte ich noch nie gehört gehabt, das Wort, und daß es abfällig war, schon gar nicht. Und dann die Verweigerung.

I: Mhm.

E: Das sind so Sachen, da fällt richtig stufenweise was zusammen. Alle Klassenkameraden oder Freunde aus der Straße gingen dahin, und ich durfte nun nicht, weil ich das Geld nicht gekriegt habe, und ich hatte nichts. Also solche Erfahrungen, ja, da machste zunehmend mehr, und nachher war eine Neutralität und nachher eine Feindschaft.

I: Feindschaft?

E: Absolut, nachher sogar eine Feindschaft, so da war ich fünfzehn, sechzehn. Weil er auch meine Mutter geschlagen hat, und die sich oft gestritten haben, ob das Haushaltungsgeld war oder weiß ich was, irgendwas war immer. So das Familienklima war außerordentlich gespannt.

I: Ja.

E: Und als ich dann stärker war, größer, mit fünfzehn, sechzehn war ich eigentlich ausgewachsen, so wie jetzt, da habe ich mich dann dazwischen gestellt.

I: Mhm.

E: Und das sind so Sachen, wo ich anfing, glaube ich, Autorität sozusagen abzubauen. Ich mußte auch erstmal eine Barriere abbauen, aber als mir das gelang, meine Mutter gegen meinen Vater zu verteidigen, da war ich auch stark genug, möglicherweise in der Schule so etwas zu tun. Ich könnte mir das so vorstellen.

I: Mhm.

E: Jedenfalls einmal habe ich, einmal habe ich ihn tatsächlich gepackt, also weil ich sehr kräftig war, und habe ihn so genommen, im Schwitzkasten, und aufs Bett geworfen, obwohl er größer war als ich.

I: Mhm.

E: Und das war, ich habe ihn nicht mit der Faust geschlagen oder so was, aber ich habe ihm körperlich eine Niederlage beigebracht, die an der Grenze zum absoluten Autoritätsverlust war.

I: Mhm.

E: Und das hat er natürlich nicht verkraftet, er hat geschäumt und getobt, aber er hat mich nicht anzurühren gewagt. Denn das wäre dann noch dramatischer geworden.

M: Mhm.

E: Und dann genügte später, daß ich mich einfach dazu stellte und ihn einfach scharf anschaute. Wenn er mit meiner Mutter sich stritt, und es wieder so eine bedrohliche Situation annahm, wo er handgreiflich werden wollte, habe ich mich einfach daneben gestellt und ihn ganz scharf, messerscharf angeguckt, strafend, verachtend, also alle meine Verachtung in den Blick legend, ihn bannend, ja.

I: Mhm.

E: Dann wurde er zwar noch zorniger, aber irgendwie hat er sich nicht getraut. Für mich war das unheimlich belastend, neben dem Zimmer zu schlafen, wo die waren, denn die haben sich dann auch nachts in den Betten gestritten, das war so eine schmale Trennwand und da hast du alles gehört, da war so eine Zwischentür, also es hat mich viel gekostet.

I: Mhm.

E: Ich würde sagen, so diese späte Frühreife, die ich auch irgendwo in der Schule hatte, ich war eigentlich irgendwie viel bewußter und gezielter als meine Klassenkameraden, das kommt wahrscheinlich alles durch diese Geschichten. Auch so eine Selbständigkeit gegenüber Autoritäten, ich habe nie gekuscht. Bis heute nicht. Ich würde das auch nie machen wollen.

I: Ja.

E: Und das war in der Studentenbewegung ganz, ganz wichtig.

Die Geschichte mit dem Vater führt also geradewegs zur Studentenbewegung. Es geht um die Selbstbehauptung gegenüber Autoritäten. Die vorliegende Stelle bringt dieses Thema in Zusammenhang mit der Rückkehr des Vaters aus russischer Kriegsgefangenschaft. Der Vater, erfahren wir, habe während seiner langen Abwesenheit, allein die Gefangenschaft dauerte sechs Jahre, ab und an Karten nach Hause schreiben dürfen, wodurch er die Verbindung zu Frau und Kindern und wohl besonders zu seinem Sohn hielt. Das Indianerspiel mit Pfeil und Bogen, das er seinem Sohn ankündigt, stellt ein geschlechtsspezifisches Sozialisationsspiel dar, das bei dem Sechs- bis Neunjährigen entsprechende Vorstellungen weckte. Und die Traurigkeit des Jungen offenbart nicht nur, daß er den Vater vermißt, sondern darüber hinaus, daß er die Gefährdetheit des geliebten Objekts spürt. Der Anblick des zurückkehrenden Vaters wird mit ähnlichen Worten geschildert wie der Anblick der zurückströmenden deutschen Truppen: Es kam ein kranker und kaputter Mann mit grauem Feldanzug und eingefallenen Wangen. Die ruinöse Erscheinung des Vaters ist indes nicht der Punkt der Enttäuschung. Denn in diesem Bild ist noch der Heroismus des Geschlagenen zu erkennen. Der Vater, so wird dazu erklärt, verbrachte eine Zeit seiner Gefangenschaft in dem berühmten und berüchtigten Straflager von Workuta, und dahin war er nicht durch eigene Schuld, sondern durch eine fahrlässige oder bösartige, in ihrem Ergebnis auf jeden Fall fatale Aktion aus der Verwandtschaft geraten. Das unglaubliche Unschuldsbewußtsein der Frau dieses Nazi-Onkels, der dem Vater immer schon vorgezogen worden war, hätte ihn beinahe das Leben gekostet. Hier nimmt der Sohn seinen Vater in Schutz. Es ist sogar eine Spur von Stolz auf den Vater zu bemerken, der unter diesen mörderischen Bedingungen überlebt hatte. Allerdings ist die zweimalige Erwähnung nicht zu übersehen, daß dies die Erzählungen des Vaters seien, womit die Möglichkeit eines Zweifels angedeutet wird. Die Enttäuschung, die, wie es heißt, innerhalb weniger Wochen, fast Tage kam, betrifft die Veränderung des väterlichen Charakters. Die Mutter tritt wieder als Dolmetscherin der Gefühle auf. Sie gab dem Jungen zu verstehen, vor dem Krieg, als er seinen Vater noch gar nicht kannte, sei dieser ganz anders gewesen; nach dem Krieg erlebte ihn der Sohn als unduldsam, manchmal jähzornig und mit sehr engen Moralvorstellungen. Das Resultat lautet: »Kurzum, wir wurden nie recht warm mit ihm«. Wer ist »wir«? Von seinen beiden Schwestern ist nicht die Rede, allein vom Sohn und von der Mutter. Nimmt man den Wortsinn genau, dann wärmten sich die beiden aneinander und ließen den Spätheimkehrer im Kalten stehen. Es sieht so aus, als habe die Mutter angesichts dieses völlig zerrütteten Mannes, den man nicht abweisen konnte, Trost bei ihrem Sohn gesucht. Die während der Abwesenheit des Vaters gewachsene enge Beziehung zwischen Mutter und Sohn wurde nach dessen Rückkehr noch enger. Der Vater trug dazu bei, weil er, obwohl »krank und kaputt«, seine moralischen und sittlichen Vorstellungen in der Familie durchsetzen wollte. Doch jeder konnte sehen, daß sein Autoritätsgebaren auf wackligen Beinen stand. Außerdem hatte er keine Ahnung von der Lebenswelt seines Sohns. Die Verweigerung des Geldes für eine Eintrittskarte für das Fußballänderspiel mit der Begründung, Fußball sei Proletensport, isolierte den Jungen von seiner Altersgruppe. Dabei hatte der Vater doch keine Alternative zu bieten. So häuften sich die Erfahrungen der Entfremdung zwischen Vater und Sohn, bis »Neutralität« in »Feindschaft« umschlug.

Der eindringende Vater wird für das gespannte Familienklima verantwortlich gemacht. Als der Jugendliche körperlich ausgewachsen war, nahm er die Dinge selbst in die Hand. Wie ein erwachsener Mann, »so wie jetzt«, verteidigte er die Mutter gegen den Vater. Natürlich mußte er zunächst noch eine Barriere überwinden, doch dann fühlte er sich aufgrund der Gewalttätigkeit des Vaters gegen seine Mutter dazu berechtigt, den väterlichen Anspruch zu brechen. In einem dramatischen Zweikampf muß sich der Vater der überlegenen körperlichen Kraft des Sohnes geschlagen geben, wodurch sich die Asymmetrie zwischen den Generationen in der Familie umkehrt. Der verachtende Blick des Sohnes bannt fortan den außer sich geratenden Vater. Diese magische Geste ist freilich nicht nur eine Geste der Beherrschung, sondern zugleich eine Geste der Berührung. Der eine muß alle Kraft in seinen Blick legen, um den anderen zu erreichen und niederzuhalten. Es entsteht der Eindruck, daß die beiden Kämpfenden sich näher waren, als sie glaubten. Denn natürlich berührt die Verachtung seines Vaters die Selbstachtung des Sohns. Nachdem er über den Vater gesiegt hatte, war dieser als Identifikationsfigur gestorben. Formulierungen wie: das sei »an der Grenze zum absoluten Autoritätsverlust« gewesen, lassen die Wut des Sohns über die Schwäche des Vaters ahnen. Diese Enttäuschung hat offenbar keine Reduzierung, sondern im Gegenteil eine Potenzierung des kindlichen Identifikationsverlangens zur Folge gehabt. Der besiegte Vater hat eine Leerstelle hinterlassen, die der Auffüllung bedarf.

Für Peter Beckmann war das alles »unheimlich belastend«. Die Szene, wie er hinter der dünnen Trennwand der nächtlichen Intimität der Eltern lauscht, zeugt von einer gesteigerten inzestuösen Atmosphäre in dieser Nachkriegsfamilie. Der Jugendliche fühlt sich verantwortlich für seine Eltern, die nicht mehr miteinander auskommen. Aber was ist das Geheimnis ihrer Verbindung? Präziser gefragt: Warum verläßt diese starke Frau, die die Geschäfte führt, nicht diesen schwachen Mann, der sie schlägt? Aus der Sicht des Sohnes müssen sich die Dinge folgendermaßen darbieten: Die Mutter nahm ihn als ihren heimlichen Verbündeten in Anspruch, dem sie von ihren Enttäuschungen berichten und mit dem sie ihre Sehnsüchte teilen konnte. Er mußte die Mutter trösten, deren einst mit einem gewissen Flitz ausgestatteter Mann als deformierte Gestalt aus Krieg und Kriegsgefangenschaft heimkehrte. Er glaubte schließlich, die Mutter gegen diesen gewalttätigen Fremden verteidigen zu müssen. Doch diese schlug sein ritterliches Rettungsangebot aus. Sie blieb bei diesem Mann und ernährte ihn sogar noch. Allein für die Mutter zog Peter Beckmann in den ödipalen Kampf gegen seinen Vater, doch sie vereitelte seinen ödipalen Sieg. Zwar triumphierte er über den Vater, aber die Mutter ließ sich trotzdem nicht von ihm befreien. Zum Schluß stand er deshalb mit leeren Händen da: mit einem gemordeten Vater und einer sich entziehenden Mutter. Und das Verrückte ist, daß Mutter und Vater bei allem Streit ein Paar blieben.

Diese ins Leere laufende inzestuöse Überreizung könnte der Grund sein für das forcierte Autonomiestreben von Peter Beckmann. Er mußte für andere dasein und seine eigene Geschichte zur Geschichte von anderen machen. Indem er nämlich in dem Aufstand gegen den Vater den Part der Mutter vertrat, ermöglichte er die Restauration der Elternbeziehung. Man kann sich schwer vorstellen, wie die Eltern ohne das Agieren ihres Sohnes hätten zusammenbleiben können. Er war ein Teil ihrer agressiven Verbindung. Deshalb beruht die frühe Selbständigkeit von Peter Beckmann, genau betrachtet, auf einer fortwirkenden inneren Unselbständigkeit. Darin besteht das Schicksal dieses Kriegskinds: nach dem Kriege zur Entlastung der völlig von sich selbst belasteten Eltern gedient zu haben.

Peter Beckmann spricht von seiner »späten Frühreife« als Grund für seine rebellische Disposition. Als frühreif muß man sein Verhalten gegenüber Autoritäten ansehen. Gemeint ist diese zwanghafte Fixierung auf den Sturz von vaterähnlichen Gestalten, die ihn schon in der Schule aus der Gruppe seiner Klassenkameraden heraushob und die ihn bis heute beherrscht. In seinem unbedingten Pochen auf Selbständigkeit rennt er sich immer wieder in einer bestimmten Konstellation fest. Sein allzu großer Ödipus läßt ihn nicht los. Weil er sich von seinem Vater befreien will, so das paradoxe Gesetz seiner Unfreiheit, findet er keinen Ausweg. Das Phantasma der Rebellion ist so aufgebläht und übertrieben, daß jeder kleine Wink der Erfüllung regelmäßig verpaßt wird. Es ist immer schon zu spät.

»Und das war in der Studentenbewegung ganz, ganz wichtig.«

Unsere Interpretation des Falls von Peter Beckmann enthält eine erstaunliche Interpretation der Studentenbewegung: Die Studentenbewegung kann als vehementer Ausdruck der inzestuösen Enge der Nachkriegsfamilie verstanden werden. Entgegen allem Anschein sprengt der Aufstand gegen die Autorität den erzwungenen Konsens der Nachkriegszeit nicht, sondern er fixiert ihn. Die Revolte gegen sichtbare Loyalitäten ist mit der fortwirkenden Macht unsichtbarer Loyalitäten durchaus vereinbar. Die radikale Befreiung entpuppt sich als die andere Seite einer fatalen Bindung.

Hierher führt uns also die Spur, die wir bei der Interpretation des Gesprächsbeginns aufgenommen haben. Die Struktur des Lenkens und Festhaltens, die wir bei dem prinzipientreuen politischen Arbeiter Peter Beckmann erkannt haben, hat ihren Ursprung in der Hörigkeit des Kriegskinds. Die ihm aufgeladene Mission besteht darin, wiedergutzumachen, was den Eltern zerbrochen ist.

Peter Beckmann erlebte die Studentenbewegung in einem biographischen Hochgefühl. Er fühlte sich als eine Art Relaisstation der Bewegung.

E: Ich war an der Kritischen Universität beteiligt, ich habe auch den Republikanischen Club in Berlin mitbegründet, 69 war ich im Vorstand, außerdem war ich Delegierter der Roten Zelle Germanistik und vorher der Ad-hoc-Gruppe der Germanisten. Also ich habe eine Fülle von Aktivitäten, ja und dann habe ich noch die Basisgruppe Wedding gegründet, das war eine Stadtteilgruppe.

I: Mhm, mhm.

E: Also du siehst, was für ein Geflecht. Auf diese Weise sind unheimlich viele Informationen über mich gelaufen. Ich mochte bloß nicht so als Volkstribun auftreten auf Vollversammlungen, das habe ich fast nie gemacht. Und zwar aus verschiedenen Gründen. Einmal bin ich nicht so ein zündender Redner, so wie Dutschke das ist oder auch Lefèvre teilweise. Aber was vielleicht wichtiger ist, ich hatte oft zu viele Skrupel und Bedenken. Du mußt, wenn du da Leute mitreißen willst, mußt du die alle über Bord kippen und auf einer Linie argumentieren. Und das fällt mir schwer. Wenn ich selber Bedenken habe und kann die nicht unterdrücken, wird meine Rede auch nicht überzeugen.

I: Mhm.

E: Und da habe ich mich zum Beispiel, das werde ich nie vergessen, heute mache ich mir Vorwürfe, als die Schlacht am Tegeler Weg war, im November 68, da war die Versammlung in der TU, und Semler stellt sich hin und erzählt, wir haben heute einen Sieg erreicht, eine Stufe der neuen Militanz, hinter der wir nicht mehr zurückfallen dürfen.

I: Mhm.

E: Und ich habe ja das Ding hautnah erlebt, mittendrin in dem Getümmel, wie die Pferde da durchgeritten sind, und die Steineschlachten und die Gasschwaden, ich meine, die waren nicht vorbereitet, die hatten noch keine neuen Helme, die hatten noch diese alten Papp-Schako-Helme, die hatten nicht damit gerechnet, daß sie so angegriffen würden. Aber das ist das Einfachste auf der Welt, sich besser zu bewaffnen, und das nächste Mal passiert's nicht. Also ganz einfach.

I: Ja.

E: Da stellt der sich hin und erzählt so eine Scheiße. Denn das Gefährliche, das war mir sofort klar, war doch, die Leute in eine falsche Sicherheit und Überlegenheit zu reden, die es nicht gab.

I: Ja.

E: Der Staat, der Staatsapparat kann sich entsprechend höher bewaffnen, und am Ende stehen Maschinengewehrsalven vielleicht. Also mir war in dem Moment klar, das ist eine unverantwortliche Agitation. Aber die Stimmung war, nachdem die Bedrohung gerade aus den Köpfen gewichen war, und die Angst, also aus dieser fast erlittenen Niederlage und der Sieg und irgendwie die Verfolgung, die Angst, man hatte ja immer Schiß, man würde vielleicht identifiziert und Landfriedensbruch und so, das drohte ja noch alles, du konntest ja Jahre ins Gefängnis kommen.

I: Ja.

E: Und dann steht einer auf und sagt, das ist eine neue Stufe der Militanz, hinter der wir nicht zurückfallen dürfen. Gefährlich. Und ich habe mich nicht getraut, nach oben zu gehen. Ich wollte es machen und habe es unterdrückt. Heute kritisiere ich mich. Ich wußte aber, hätte ich's gemacht, ich habe dir ja erzählt, wo ich überall drin saß.

I: Mhm.

E: Aber es war oft so, wenn du solche Kritik übtest oder wenn du irgendwie Bedenken hattest, dann wurdest du schnell als Reformist verdächtigt. Dieses Schlagwort war schnell zur Hand. Und dann war aber dein politischer Einfluß in den entsprechenden Gremien weg. Und das habe ich in dem Moment abgewogen und habe mich, wenn man so will, opportunistisch verhalten. Um meines Machterhalts willen habe ich in der entscheidenden Situation geschwiegen.

Die Bewegung ging durch Peter Beckmann förmlich hindurch, denn es liefen über ihn, wie er sich ausdrückt, unheimlich viele Informationen. Unser Gesprächspartner ist genau betrachtet kein Hierarchist des politischen Bewußtseins, der sich über die Masse erhebt, er befindet sich mit der Basis vielmehr auf gleicher Ebene und spürt daher ganz genau, wie die Emotionen hin und her wogen. Sein Gruppenverhalten ist mehr reagierend als agierend. Die vielen Skrupel und Bedenken lassen ihn gar als zögerlichen Charakter erscheinen. Peter Beckmann ist kein großer Redner, der die anderen im Glauben an die richtige Sache mitreißen kann, er ist eher ein Feuerwehrmann, der im Falle der Gefahr einspringt. Allerdings zeigt das geschilderte Beispiel, wie er sich dabei in den Fallstricken der Gruppendynamik verheddert.

Tilman Fichter und Siegward Lönnendonker beschreiben in ihrer »Kleinen Geschichte des SDS« die Umstände der »Schlacht am Tegeler Weg« folgendermaßen:

»Das Attentat auf Rudi Dutschke am Gründonnerstag, der gescheiterte Versuch, die Auslieferung der Springer-Zeitungen zu verhindern, und das Inkrafttreten der Notstandsgesetze verstärkten noch das Gefühl der Studentenschaft, das Freiwild der bürgerlichen Gesellschaft zu sein. Aus dieser Situation der Ohnmacht heraus erklären sich auch die Ereignisse am Tegeler Weg vom 4. November 1968.

Der Generalstaatsanwalt beim Kammergericht des Landes Berlin hatte gegen Rechtsanwalt Horst Mahler, der seit Mitte der sechziger Jahre zahlreiche Studenten der FU verteidigte, ein Ehrengerichtsverfahren bei der Berliner Rechtsanwaltskammer beantragt. Der Vorwurf: Mahler habe die Standesehre und seine Berufspflichten verletzt, als er sich am Abend des Gründonnerstag nach dem Attentat auf Rudi Dutschke an einem Marsch auf das Springer-Hochhaus beteiligte. Axel Cäsar Springer hatte Mahler auf Zahlung der Kosten für die angeblich während dieser Demonstration entstandenen Schäden, (...) in Höhe von DM 506 696,70 verklagt. In dieser Situation rief der Berliner SDS die Studenten zu einer Solidaritätsdemonstration mit dem Anwalt der Außerparlamentarischen Opposition auf. Vor dem Landgericht am Tegeler Weg gingen ungefähr 1000 Studenten unter der Führung einiger SDS-Mitglieder zum Angriff gegen die bereitstehenden Polizeieinheiten über, die zahlenmäßig in der Minderheit waren. Die Waffe der Studenten war der Pflasterstein. 130 Polizeibeamte und 21 Studenten wurden verletzt. Zwar blieben die Studenten in dieser taktischen Situation kurzfristig in der Offensive, doch bereits am Abend desselben Tages war sich der SDS darüber im klaren, daß beim nächsten Angriff die Polizei von ihren Waffen Gebrauch machen würde.«[4]

Peter Beckmann war »mittendrin im dem Getümmel«, und er spürte die Atmosphäre aus Angst und Euphorie. Da tritt das spätere Mitglied des Zentralkomitees der maoistischen KPD auf und peitscht die Stimmung der versammelten Studenten weiter auf, anstatt sie zu beschwichtigen und in vernünftige Bahnen zu lenken. Es ist, als stünde unserem Gesprächspartner die Situation wieder voll vor Augen. Die Geschichte wird nicht in ihren zeitbedingten Rahmen gestellt, im Gegenteil, sie wird durch sprachliche Assoziationen an bürgerkriegsähnliche Zustände in ihrer Dramatik noch gesteigert: »und am Ende stehen Maschinengewehrsalven vielleicht«. Für Peter Beckmann ist die Studentenbewegung noch lange keine Geschichte, sondern immer noch lebendige Erinnerung. Er redet sich da soweit hinein, daß

4 Tilman Fichter/Siegward Lönnendonker, Kleine Geschichte des SDS, Berlin 1977, S. 136.

sein damaliges Verhalten wieder zur Debatte steht: »Heute mache ich mir Vorwürfe«, heißt es gleich zu Beginn. Worum geht es? Ihm sei das Gefährliche der unverantwortlichen Agitation sofort klar gewesen, aber er habe sich nicht getraut, nach oben zu gehen. Wer in einer solchen Situation Bedenken geäußert hätte, wäre schnell als Reformist verschrien gewesen und hätte seinen politischen Einfluß in den Foren der Bewegung verloren. Deshalb habe er in der entscheidenden Situation geschwiegen und deshalb kritisiere er sich heute. Mit anderen Worten: Bei der Alternative, nach oben zu gehen und die Konfrontation zu wagen oder unten zu bleiben und den Einfluß in der Gruppe zu sichern, entschied sich Peter Beckmann dafür, nicht herauszutreten, sondern in Deckung zu verharren. Wie paßt dieses Verhalten mit der vorher betonten Selbständigkeit gegenüber Autoritäten zusammen? Peter Beckmann ist ein Gruppenmensch. Im Zweifelsfall ist ihm die Integration in die Gruppe wichtiger als die Exposition zum Gruppenführer. Er fordert die falschen Autoritäten zwar heraus, aber er fühlt sich nicht sicher genug, selbst Autorität zu sein. Im Ton der Selbstanklage, die vor der Unterstellung des Opportunismus nicht haltmacht, klingt das Lebensthema des Kriegskinds an: Indem sich das Gefühl der Abhängigkeit mit einem Gefühl gehemmter Loslösung vermischt, nimmt es letztlich selbstzerstörerische Formen an.

E: Ich habe zwölf Stunden am Tag Politik gemacht, nichts anderes, von morgens bis nachts um zwei, jeden Tag. Kannste dir ja vorstellen bei den Aktivitäten.

I: Wie hast du dich eigentlich dabei gefühlt? Mal so doof gefragt, hast du dich da gut bei gefühlt?

E: Doch, das fand ich wichtig.

I: Ja.

E: Weil es wichtig war, weil man ja so das Gefühl hatte, du bist in einer historischen Umbruchsituation.

I: Ach, ist das wirklich so gewesen?

E: Es kam auf dich an, ja. Und es kam auf dich an, nicht nur weil etwas nicht klappte, es klappte ja dauernd irgendwas nicht, sondern auch weil mein spezieller Einfluß wichtig war, nach meiner Überzeugung. Weil andere eine falsche Politik machten oder weil es ohne mich nicht geht oder irgend so was.

I: Mhm.
E: Ob man da sich nun überschätzte oder ob das wirklich ist, ist ja egal.

Ob er sich »gut« gefühlt hat, ist nicht die Frage. Es sei »wichtig« gewesen, sich in dieser historischen Umbruchsituation voll und ganz einzusetzen. Aus dieser Antwort spricht der Wertekodex der alten Linken, in dem, wenn man nur an einen Mann wie Herbert Wehner denkt, persönliche Gefühle keinen Platz haben. Die Geschichte fordert ihr Recht, und dem hat sich der einzelne unterzuordnen.

Gleichwohl wäre es ein Mißverständnis, Peter Beckmann als Vertreter eines imaginären Politbüros zu sehen. Er agiert nicht von oben, sondern von unten. Die zwölf Stunden am Tag verbrachte der politische Arbeiter damit, die Bewegung in Gang zu halten und die Basis zu beobachten. Sein »spezieller Einfluß« war deshalb wichtig, weil er immer im Auge hatte, ob »andere eine falsche Politik machten«. Dieses besondere Gespür für die Meinungsprozesse und Stimmungslagen in den verschiedenen Gruppen ist möglicherweise der Grund für seine Überzeugung, daß es ohne ihn nicht ging. Im Sinne unserer Typologie erweist sich Peter Beckmann hier als ein Konsensualist im Dienste der Bewegung.

1971 verließ Peter Beckmann Berlin. Seine Frau, die, so seine Formulierung, sich nicht in dem Maße politisiert hatte, hatte sich zusammen mit ihrem gerade zwei Jahre alten gemeinsamen Sohn von ihm getrennt, und die Aussicht, eine Assistenstelle am Otto-Suhr-Institut der Freien Universität anzutreten, hatte sich zerschlagen. Außerdem war der Versuch gescheitert, die Studentenbewegung nach 1968 mit der Arbeiterbewegung zu verbünden. Peter Beckmann gehörte zu den Gründern der ersten Betriebsbasisgruppe in Wedding, aber es stellte sich bald heraus, daß er sich mit seinen Vorstellungen von radikaler Demokratie und proletarischer Selbstorganisation gegen die strikte Kaderlinie der diversen Parteiaufbauorganisationen nicht durchsetzen konnte. Die Bewegung als Bewegung war vorbei.

Die erste Möglichkeit, von Berlin wegzugehen, ergab sich im Zusammenhang mit der Gründung einer neuen Universität in Bremen. Peter Beckmann stand, obwohl weder habilitiert noch promoviert, auf dem ersten Platz einer Berufungsliste für eine Professorenstelle im Fach Soziologie. Die folgende Stelle beleuchtet, an welch unglaublichem Machtdelirium Peter Beckmann Anfang der siebziger Jahre teilhatte:

E: Anfangs haben wir die Bremengeschichte als revisionistischen Scheiß abgetan. Wir haben den schlechtesten Mann aus der Zelle in den Gründungsausschuß delegiert. Mußt du dir mal vorstellen, die Rote Zelle war so übermütig und hochfahrend, daß sie sagte, die Bremer Gründung kann doch nur reformistischer Kack sein, SPD-Scheiße zur Verwirrung der Genossen. Naja, dann haben wir uns breitschlagen lassen von immer wieder neuen Anrufen, ihr müßt doch kommen und so eine Chance und so, und dann haben wir irgend so einen ganz biederen Typen hingeschickt, also ich will den jetzt nicht beleidigen, also der war an sich ein ganz ordentlicher und integrer Mensch, ja, der hat viel gemacht, ja, aber so haben wir's damals empfunden.

I: Ja.

E: Heute würde ich sagen, der hat wirklich gute Arbeit gemacht, aber wir haben es ein bißchen abschätzig gesehen und haben den rhetorisch und intellektuell irgendwie am wenigsten auffälligen und am ehesten entbehrlichen dann so nachgeschickt. Der hat uns immer Bericht erstattet, der kam immer, alle zwei Wochen oder vier Wochen, wenn wir Plenum hatten, und hat berichtet über seine Taten, der hat dann Aufträge von uns gekriegt, von der Roten Zelle in Berlin, wie er sich im Gründungsausschuß verhalten soll, wer berufen werden soll und, und, und (lacht). Das mußt du dir mal alles vorstellen, den Hochmut, den wir hatten, die läppischen Sachen, die Bremer Uni, das nehmen wir nicht so ernst.

I: Das ist ja doll.

E: Das ist schon doll, ja.

Am Ende wurde Peter Beckmann von der Roten Zelle Berlin doch nicht berufen. Der Wissenschaftssenator hatte Erkundigungen über das Immer-Noch-SPD-Mitglied eingezogen, und in der Partei hatte man ihn aufgrund verschiedener Aktivitäten als subversiven Kader identifiziert. Man zog Kandidaten aus dem Frankfurter Milieu vor, die denkerisch radikal, aber politisch harmlos erschienen. So stand der Aktivist der Studentenbewegung 1971 plötzlich mit leeren Händen da.

In dieser Situation bot sich die Gelegenheit, am gewerkschaftsfreundlichen und reputablen Sozialwissenschaftlichen Forschungsinstitut in Göttingen ein Forschungsprojekt über Arbeiterbewußtsein zu konzipieren und durchzuführen. Göttingen war von der Hauptstadt der Bewegung aus gesehen zwar Provinz, aber Peter Beckmann hatte das Gefühl, daß seine Zeit in Berlin abgelaufen war.

Natürlich versuchte er an dem neuen Ort noch einmal an alte Zeiten anzuknüpfen. Man begrüßte ihn als bekannten Berliner Führer, und schon bald darauf war er mit der Gründung einer marxistischen Gruppe beschäftigt, die sich durch radikale Kritik an den Berliner Sekten profilierte. Doch die politische Arbeit war nicht mehr von einer sozialen Bewegung getragen, und die Fragen nach dem privaten Weiterleben und persönlichen Fortkommen waren nicht länger zu unterdrücken.

E: Ich meine, man muß natürlich sehen, ich habe seit Beginn meines Studiums politisch gearbeitet, intensiv politisch gearbeitet, eigentlich zehn Jahre ziemlich massiv politische Arbeit gemacht. Unter Vernächlässigung meiner persönlichen Interessen. Zum Beispiel habe ich 66 ein Promotionsstipendium gekriegt von der Evangelischen Studienstiftung. Das war gut dotiert für damalige Verhältnisse, mit 800 Mark. Das entspricht heute mindestens 1600, das doppelte. Und das habe ich voll der Bewegung geschenkt, das Geld. Weil ich nämlich überhaupt nicht promoviert habe, sondern nur für die APO gearbeitet habe, die sich bildete.

I: Mhm.

E: Und so habe ich ja einige Opfer, wenn man so will, ich hätte schon 68 promoviert sein können, dann hätte ich jetzt schon eine ganz andere Unikarriere übrigens gemacht.

I: Mhm.

E: Beispielsweise wollte der Ernst Fraenkel, der damals Professor am Otto-Suhr-Institut war, mich zum Assistenten machen, weil ich eine Examensarbeit über die Heimatideologie in der deutschen Literatur geschrieben hatte. Als der aber erfuhr, daß ich einer der Hauptmacker bei der Besetzung des Instituts gewesen bin und 68 bei den aufrührerischen Studenten gewesen bin, hat er dann einen anderen genommen.

I: Mhm.

E: Also ich habe so einige Folgen meines politischen Handelns schon zu bewältigen gehabt. Und ich habe mir dann 73 gesagt, ich kann das nicht länger machen, ich muß auch an meine eigene Qualifikation jetzt mal denken. Außerdem mußte ich für das Kind und die Frau zumindest finanziell aufkommen.

I: Ja.

E: Schließlich konnte ich wegen des Jobs nicht so wie die anderen zehn Stunden Politik machen. Und dann habe ich gesagt, ich könne nur einen Termin in der Woche wahrnehmen, und dann kamen auch erste inhaltliche Spannungen so zutage, und dann sagten die, das ginge nicht, du mußt alles mitmachen, was ja auch irgendwie stimmte, denn sonst fällst du raus, und ich war bis dahin in Leitungsgremien, und das wäre mir auch schwergefallen, jetzt so, verstehste, ins zweite Glied zu rücken.

I: Jaja.

E: Ist immer schwierig, vor allen Dingen, wenn du deine abweichende Meinung rüberbringen willst, dann kannst du sie nicht so gut theoretisch formulieren, weil du nämlich nicht die entsprechenden Vorarbeiten mitgemacht hast. Dann wirkt dein Wort weniger, selbst wenn es noch so richtig ist, aber du nicht die entsprechenden Gründe vorbringen kannst. Die theoretische Fundierung machte damals viel aus für die Akzeptanz von Thesen.

I: Klar.

E: Ja gut, ich stieg da aus und habe gesagt, ich müßte promovieren.

Peter Beckmanns biographische Bilanz sieht nicht gut aus. Er hat das Gefühl, zehn Jahre seines Lebens einer sozialen Bewegung geopfert zu haben, die nach Phasen der Stagnation, der Spaltung und des Zerfalls verschwunden ist. Dabei standen ihm alternative Möglichkeiten offen. Hätte er mehr an seine persönlichen Interessen gedacht, stünde er heute ganz anders da. Als Schüler eines berühmten Professors hätte der Fünfzigjährige bestimmt auf eine erfolgreiche Universitätskarriere zurückblicken können. Stattdessen mußte er seinen biographischen Abstieg in der Provinz erleben. Dem Führer der Bewegung wurde in der örtlichen Gruppe nahegelegt, ins zweite Glied zu rücken. Das harte Gesetz der politischen Arbeit lautet, wer nicht alles mitmacht, hat nichts mehr zu sagen. Die Erklärung über die Notwendigkeit der theoretischen Fundierung politischer Argumente läßt beschämende Degradierungsprozeduren in der marxistischen Gruppe ahnen. Es traten, so heißt es, erste inhaltliche Spannungen zutage, und es wird darauf hingewiesen, wie schwierig es ist, abweichende Auffassungen theoretisch zu formulieren, wenn man an der Gruppendiskussion nicht beteiligt ist. Vermutlich ist es unserem Gesprächspartner tatsächlich passiert, daß sein Wort weniger galt, weil er nicht die entsprechenden Gründe vorbringen konnte. Peter Beckmann erscheint mit einem Mal als ein alternder Prediger des Politischen, dem die jungen Aktivisten die mangelnde theoretische Fundierung seiner Thesen vorhalten. Der Ausstieg war daher nicht nur nötig, weil er sich endlich um seine eigene Berufsqualifikation kümmern mußte, sondern vor allem ein Gebot der Selbstachtung. Auf Senioritätsrechte konnte man damals nicht hoffen.

Für Peter Beckmann war die heiße Zeit der Studentenbewegung von 1966 bis 1968 der Höhepunkt seines Lebens. Ein solches Gefühl persönlicher Wichtigkeit wird ihm wohl nie mehr vergönnt sein. Biographie und Geschichte schlugen im gleichen Takt, und Peter Beckmann gab sich »unter völliger Vernachlässigung (seiner) persönlichen Interessen« dieser heftigen Romanze von Politik und Leben hin. Die Erinnerungen daran sitzen ganz vorn in seinem Gedächtnis, und es bedarf nur eines kleinen Anstoßes für seine unendlichen Geschichten. Die Fixierung an diese Hochphase seiner Lebensgeschichte hat einen ganz einfachen, sozusagen ökonomischen Grund. Hohe Investitionen haben starke Bindungen zur Folge. Damit ist freilich noch nicht beantwortet, warum Peter Beckmann vom Promotionsstipendium angefangen der Bewegung so viel von sich »geschenkt« hat.

Hier müssen wir auf das Lebensthema des Kriegskinds zurückkommen. Durch die Erzählungen unseres Gesprächspartners zieht sich das Motiv des Sturzes von Autoritäten. Dahinter haben wir ein bestimmtes familiendynamisches Szenarium entdeckt: Dem Jungen oblag die Reparierung der Nachkriegsfamilie. Dabei wurde er zum Spielball von Familienkoalitionen, wo er am Ende aufgefüllt mit der Geschichte seiner Eltern, aber verlassen von Vater und Mutter zurückblieb. Peter Beckmanns Phantasien sind, psychoanalytisch gesprochen, von einer phallischen Illusion beherrscht. Im Krieg sollte der Sohn der Mutter Trost spenden, und nach dem Krieg sollte er auf ihr Geheiß die Feigheit und die Schwäche des heimgekehrten Vaters ausgleichen, aber er sollte nie an dessen Stelle treten. Die kindliche Erfahrung einer Überstimulierung, die ins Leere geht, erweist sich als das Übergangsmotiv, das zur Studentenbewegung führt. Die »späte Frühreife«, die ihm »so eine Selbständigkeit gegenüber Autoritäten« ermöglichte, war nach seinen eigenen Worten »in der Studentenbewegung ganz, ganz wichtig«. So wie er seinen Eltern als »seelischer Container« gedient hat, so hat er sich ohne Rückhalt der Bewegung verschrieben, und zu guter Letzt steht der fünfzigjährige Peter Beckmann genauso wie das Kriegskind einsam und verlassen vom großen Sinn der Geschichte da.

Mit dem Austritt aus der Gruppe habe er seine politische Heimat verloren. Zudem habe sich diese in der Folge in eine politische Richtung entwickelt, der er nicht mehr folgen konnte. Eine Wiederannäherung an die Sozialdemokratie war ihm nicht möglich. Die SPD blieb für ihn »ein stinkender Leichnam« (Rosa Luxemburg). Vermutlich wäre das von der anderen Seite auch nicht gegangen. Zwar öffnete sich die Partei in den achtziger Jahren der Achtundsechziger-Generation, aber radikales Spontitum wurde eher vergeben als die verbissene Kritik, die von abgefallenen eigenen Genossen geübt wurde. So blieb Peter Beckmann nichts anderes übrig, als sich als politischer Individualist zu begreifen.

E: Die politische Perspektive war unklar, die war aber allgemein unklar, in Sekten konnte sie nicht liegen, die Anschlußbewegung, diese organische, die uns vorgeschwebt hat, war abgebrochen, ja, und dann warste plötzlich politischer Individualist.

I: Ja.

E: Ich habe dann irgendwie gewerkschaftsnah gearbeitet, habe zum Beispiel Betriebsräteberatung gemacht, also was wir früher als Reformismus verurteilt haben. Aber inzwischen, da das nun mal die Realität ist, habe ich mich dem zugewandt. Und nun hatte ich ja mit der Bewußtseinsanalyse immer einen Stoff, der nicht so weit weg war von diesen Realien, so daß die Gefahr des Unpolitischwerdens so gar nicht bestand.

I: Mhm.

E: Dann kam ich irgendwie in Kontakt mit den Grünen. Die habe ich lange nicht ernst nehmen können, weil mir das nicht entschieden genug war und zu verwaschen, teilweise mit Brauntönen vermischt und irgendwie zu mythologisch und irrational. Als alter Linker hatte ich da Probleme, wie so viele.

I: Mhm.

E: Und bin lange Zeit abseits geblieben. Erst seit zwei, drei Jahren bin ich ein bißchen mehr auf die zugegangen und habe ab und zu was für die gemacht. Eine Veranstaltung über neue Bewußtseinslagen zum Beispiel oder ein Papier über das Ende der Arbeitsgesellschaft. Aber ob das eine Zukunft ist, weiß ich nicht.

2. Der Weg nach Hause. Klaus Bregenz und die Kritische Theorie

Die Universität Osnabrück wurde 1973 von der sozialdemokratisch geführten niedersächsischen Landesregierung als Reformuniversität gegründet. Sie gehört so wie Oldenburg, Duisburg oder Kassel zur zweiten Gruppe von Neugründungen in der bundesdeutschen Universitätslandschaft. Obwohl damals die finanziellen Mittel für die Bildungspolitik schon knapper wurden, wollte man am Projekt einer Demokratisierung der deutschen Universität festhalten. Und wie bei allen Reformuniversitäten sind auch in Osnabrück die sozialwissenschaftlichen Fächer stark vertreten.

Klaus Bregenz ist Professor für Soziologie an der Universität Osnabrück. Er besitzt eine C-4 Stelle – in der alten Sprache der deutschen Universität würde man von einem Ordinariat sprechen. Er wohnt in der Nähe der unweit des Schlosses gelegenen Universität, mit dem Fahrrad vielleicht fünf Minuten, in einem zweistöckigen Einfamilienhaus. Mich wundert, daß es zwei separate Eingänge gibt. Den Klingelschildern zufolge führt der eine zu Klaus Bregenz, der andere zu Anita Bregenz. Später erfahre ich, das Ehepaar Bregenz lebt getrennt in einem Haus: der Vater mit dem Sohn und die Mutter mit der Tochter. Sie sind anscheinend nicht richtig getrennt, aber auch nicht mehr richtig zusammen. Zweifelsfrei ist nur, daß sie seit vierundzwanzig Jahren verheiratet sind.

Man kann nicht sagen, daß Klaus Bregenz viel Sorgfalt auf sein Äußeres verwenden würde. Ein besonderes modisches Empfinden verraten die braune Cordhose und der graue Pullover jedenfalls nicht. Die Einrichtung des Wohn- und Arbeitszimmers ist ohne allen dekorativen Sinn. Allein ein einzelner zerschlissener Ledersessel verbreitet eine gewisse Behaglichkeit. Fast ein wenig stürmisch schüttelt mir Klaus Bregenz die Hand. Ein abruptes Lachen läßt mich für einen Moment zurückschrecken. Ich beende das Gespräch nach zweieinhalb Stunden mit dem Gefühl, daß mein Gegenüber von sich aus kein Ende gefunden hätte.

Mein Gesprächspartner hat 1970 ein Buch veröffentlicht, das prägend war für eine bestimmte Marx-Lektüre und für eine sich daraus herleitende Kritik der bürgerlichen Gesellschaft. Nicht ohne Stolz erwähnt Klaus Bregenz die Begegnung mit einem kritischen Soziologen der älteren Generation, der ihn als Autor des Buchs identifizierte, das in den frühen siebziger Jahren seine Seminare geleert hatte. Die Arbeit ist erwachsen aus dem Kontext der Frankfurter Schule. Sie stellt eine auf Marx sich berufende Kritik der Kritischen Theorie dar. Kritisiert wird die historisch zwar verständliche, aber systematisch nicht befriedigende Loslösung der kritischen Dialektik von der Kritik der Politischen Ökonomie. So beeindruckend die windungsreichen Analysen der kulturellen Ausstattung der bürgerlichen Gesellschaft waren, so enttäuschend waren für die jungen kritischen Kader die aus der Frankfurter Schule kommenden Analysen ihrer ökonomischen Basis. Demgegenüber führte Klaus Bregenz eine Rekonstruktion der Marxschen Theorie vor, die den dialektischen Kern der Kritik der Politischen Ökonomie herausarbeitete. Indem Marx die verkehrte Welt des Kapitalismus beschrieb, in der das Subjekt sich selbst als Objekt seiner eigenen Vergegenständlichung hervorbringt, brachte er die dialektische Struktur der bürgerlichen Gesellschaft auf den Begriff. Davon muß, so die These des Buches, eine kritische Theorie, der es ums Ganze geht, ausgehen: Wer die dialektische Theorie nur als Programm zu formulieren vermag und sie so von der Kritik der Politischen Ökonomie abspaltet, verfällt einem sich selbst undurchsichtigen Positivismus, den Marx als Kern bürgerlichen Denkens entziffert hatte. Diese Überlegungen trafen in den frühen siebziger Jahren auf eine entsprechende Erwartungshaltung der studentischen Linken, die den Vertretern der Kritischen Theorie Praxisverweigerung vorwarf. Daher war das Buch in bestimmten Kreisen ein großer Erfolg. Es eröffnete die denkerische Möglichkeit, mit Marx über Adorno hinauszukommen.
Weder muß ich weitere Erklärungen abgeben noch letzte Bedenken beruhigen. Ohne Umschweife kommen wir gleich zur Sache. Widerstandslos scheint Klaus Bregenz bereit zu sein, seine Person zur Debatte zu stellen.
I: Darf ich Sie gleich zu Anfang mal fragen,

E: ja,
I: also um da irgendwie reinzukommen, wissen Sie noch, wie Sie die Nachricht gekriegt haben von dem Attentat auf Rudi Dutschke? Wie das war?
E: Also wie's, ob es aus der Zeitung war, das weiß ich nicht mehr genau zu sagen. Ich weiß nur, daß ich an dem Abend einen Riesenkrach hatte. Und zwar waren wir eingeladen bei Bekannten, also mich hat das schon irgendwie sehr, sehr angerührt.
I: Ja.
E: Die waren also relativ reaktionäre Leute. Diese, diese Äußerungen von dieser Frau damals, also die hat gesagt, so sinngemäß, ist ja nicht schade drum, aber dann bin ich hochgegangen. Ich habe gedacht, jetzt schlage ich sie tot.
I: Ja.
E: Also da kann ich mich noch genau dran erinnern. Ich weiß nicht, wann es war, aber das war der Abend dann, als das passierte. Das weiß ich.
I: Oh ja. Das ist allerdings, das ist schon eine böse Reaktion.
E: Jaja, das war wirklich, also was ich damals gar nicht so richtig bisher begriffen hatte, damals, wie tief eigentlich, so affektiv besetzt, so konservative Positionen, also wie die psychisch sozusagen festsitzen, und was dann an Haß und Widerständen und so was alles mobilisiert wird im Zusammenhang mit derartigen Ereignissen. Das ist mir da damals, weil man ja normalerweise so in diesen Studenten- oder sonst In-Groups, denkt man und fühlt man irgendwo ähnlich und stößt eigentlich auf das nicht so, immer nur so durch diese Forschungen, da steht dann alles in Büchern, hochsublimiert (lacht), der autoritätsgebundene Charakter und so, das wußten wir alles, was da drinsteht, und auf einmal,
I: mhm,
E: seh ich das wirklich leibhaftig und auch dann meine Reaktion drauf. Ich dachte, ich schlage die Frau jetzt tot.
I: Ja, ja.
E: War meine Reaktion.
I: Ja, ja.
E: Auf so was, nicht. Wie kann man so reagieren?

Die Frage drängt sich in der Tat auf: »Wie kann man so reagieren?« Das Ehepaar Bregenz trifft sich am Gründonnerstagabend des Jahres 1968 mit einem ihm bekannten Ehepaar, und sie kommen über die Nachricht des Tages miteinander ins Gespräch. Klaus Bregenz ist zu dieser Zeit schon Assistent an der Frankfurter Universität, und der andere Mann ist Rechtsanwalt von Beruf. Zwischen den beiden Paaren besteht ein Altersabstand von zehn Jahren. Das Ehepaar Bregenz ist Ende zwanzig, und das andere Ehepaar ist Ende dreißig. Es gab einen »Riesenkrach« zwischen Klaus Bregenz und der anderen Frau. Als »diese Frau« sagte, es sei nicht schade drum, um Rudi Dutschke, ist Klaus Bregenz hochgegangen. Er kann sich noch genau daran erinnern, nicht an das Datum, aber an den Vorfall: »Ich habe gedacht, jetzt schlage ich sie tot.« Auf den Ausdruck des kalten Hasses kann er nicht anders reagieren als mit einem mörderischen Angriff. Und zwar soll dieser Mord nicht mit einem Gegenstand oder einer Waffe geschehen, sondern mit den eigenen Händen. Plötzlich ist in diesem Wohnzimmer die Situation des Bürgerkriegs präsent. Klaus Bregenz fühlte sich selbst getroffen: Wenn es nicht schade um Rudi Dutschke ist, dann ist es auch nicht schade um ihn. Und bevor er sich von der anderen Seite vernichten läßt, geht er selbst zum Gegenangriff über. Daran stimmt sicherlich, daß in der damaligen Situation der Anschlag auf Rudi Dutschke die gesamte Bewegung traf. Man hatte das Gefühl, die bürgerliche Klasse schlägt zurück. Aber erklärt das alles diesen mörderischen Affekt? Klaus Bregenz selbst ist sich dessen nicht sicher. Die Frage am Schluß dieser Stelle: »Wie kann man so reagieren?«, bezieht sich, genau gelesen, auf sein eigenes Verhalten. Er hatte »wirklich« und »leibhaftig« den Impuls, die Frau tot zu schlagen. Er sah sich an diesem Abend mit einem psychischen Komplex konfrontiert, den er zwar aus den Büchern als autoritätsgebundenen Charakter kannte, den er aber noch gar nicht richtig begriffen hatte. Die sinnliche Erkenntnis fehlte ihm bisher. Mit einem Mal begriff er, welche Affekte im Zusammenhang mit solchen historischen Ereignissen mobilisiert werden können, und zwar sowohl auf der anderen als auch auf seiner Seite. Plötzlich entbindet sich ein Affekt, der auf den Tod des anderen gerichtet ist – in seinem Fall genauer:

auf den Tod der anderen. Es ist schon bemerkenswert, daß dieser Kampf auf Leben und Tod sich nicht zwischen den beiden Männern abspielt, sondern zwischen Klaus Bregenz und der anderen Frau. Unweigerlich erhebt sich die Frage, was er in dieser Frau erblickt hat. Ihre brutale Rührungslosigkeit weckt in ihm wiederum eine brutale Rührung. In dem Verhalten dieser Frau muß eine enorme Drohung für ihn stecken, gegen die er anders sich nicht wehren kann. Klaus Bregenz ist seinem Mordimpuls ohnmächtig ausgeliefert. Bis heute kann er sich nicht erklären, wie man so reagieren kann. Gewiß, in den Büchern steht alles über die entsprechenden Charakterstrukturen, aber das ist nicht die Erklärung, die er sucht. Lachend bemerkt er, in den Büchern sei alles »hochsublimiert« formuliert. Dieses Lachen bekundet ein Mißtrauen des Theoretikers gegenüber der Theorie: so als ginge es im Grunde um ganz andere Dinge, die nur wissenschaftlich verbrämt würden. Auch die Wissenschaft wird der Affekte nicht Herr. Im Gegenteil, unbewußt sitzt sie ihnen nur auf, indem sie den Eindruck vermittelt, sie erklären zu können. Hier deutet sich ein bestimmtes Dekonstruktionsprogramm an: Die Wissenschaft verdeckt den Wissenschaftler, der sich hinter ihr verbirgt. Der Objektivitätsanspruch, »hochsublimiert«, ist Ausdruck eines ganz bestimmten Subjekts, das mit seinen Affekten nicht zurechtkommt. Wenn man das kurze Lachen sozusagen wörtlich nimmt, dann lacht Klaus Bregenz über die Wissenschaft. Der Fortgang des Gesprächs wird uns möglicherweise Auskunft darüber geben, wie es dazu gekommen ist.

Man kann die Stelle aber noch anders lesen. Warum bloß, so kann man fragen, trifft sich das Ehepaar Bregenz an diesem Abend mit einem solchen Paar, dessen Einstellung als »relativ reaktionär« charakterisiert wird? Man kann sich vorstellen, daß es in dieser gespannten Situation mit Freunden oder gar Genossen viel zu diskutieren gab. Bis zum späten Abend wußte man nicht, ob Rudi Dutschke das Attentat überlebt hatte. Sicherlich fand in Frankfurt an diesem Abend eine spontane Demonstration statt. Derweil pflegte das Ehepaar Bregenz Konversation mit reaktionären Leuten. Klaus Bregenz bekennt, das Attentat habe ihn »schon irgendwie sehr, sehr angerührt«. Aber natürlich konnte er seine Rührung bei diesen

Leuten nicht zum Ausdruck bringen. Sie waren dahin gegangen, weil sie eingeladen waren. Die Einladung wegen des Ereignisses einfach abzusagen, auf diese Idee sind sie anscheinend nicht gekommen. Hier wird eine konventionelle Enge deutlich, die so gar nicht zum antiautoritären Lebensstil der Studentenbewegung paßt. Kaum zu glauben, daß Anita und Klaus Bregenz sich sonst in studentischen In-Groups bewegten, wo alle ähnlich dachten und fühlten. Die Frage stellt sich, in welcher Weise Klaus Bregenz an der Studentenbewegung beteiligt war. War das wirklich seine Sache? Die dargestellte Szene belegt andererseits seine innere Beteiligung. Vielleicht hat ihn die heruntergeschluckte Rührung zum Platzen gebracht, als diese Frau so rührungslos daherredete. Aber trotzdem bleibt die Frage, was die beiden an diesem Abend bei diesen Leuten zu schaffen hatten.

I: Hatten Sie eigentlich damals das Gefühl, irgendwie, daß die Revolution vor der Tür stehen würde oder daß jedenfalls etwas ziemlich anderes in der Luft lag?

E: Das ist schwierig. Also dazu muß ich sagen, ich weiche ja doch etwas ab von diesen Biographien. Also ich war ja wohl immer so dabei, bei den Demonstrationen, wenn man so eingekesselt wurde und so, dann kam die Polizei, berittene Polizei und dann noch Wasserwerfer und so in Frankfurt, na ja, aber so an vorderster Front, immer zusammen mit Krahl, gut, den kannte ich natürlich, Krahl damals. Das war die Zeit, als Krahl immer hochkam, ich saß damals mit Kottkamp oben im letzten Stock, und wir haben über Wert und Geld und alles mögliche, Frankfurter Theorie, diskutiert. Krahl kam immer so,

I: ja,

E: wieweit wir denn sind und so, und dann kamen seine Aufsätze, er machte Anleihen, »Konstitution und Klassenkampf«, Teile zur Wesenslogik und so. Wir waren da immer so im Hintergrund, Kottkamp und ich, wir machten so die theoretischen Arbeiten und haben eigentlich, also Kottkamp noch sehr viel weniger als ich, an Aktivitäten mitgemacht.

I: Ja.

E: Ich muß auch sagen, in manchen Dingen waren wir auch fremd in der Studentenbewegung, und zwar hängt es wohl möglicherweise damit zusammen, daß mein Vater Arbeiter ist. Ich war eigentlich so immer auf SPD-Kurs. Das war halt so, der Vater wählte SPD,

I: ja, ja,

E: irgendwo war mir das auch nicht so ganz geheuer, daß die also da den Professoren die Mikrophone aus der Hand rissen und so (spricht lachend), das konnte ich selber nicht.

I: Ja.

E: Das hängt mit der Biographie als Arbeiterkind zusammen. Das war mir nicht so geheuer. Also auch mit Revolution, ich konnte eigentlich nicht so richtig dran glauben, daß es 'ne Revolution geben sollte, nein, das nicht. So mehr so, es muß, es wird jetzt was geändert, das ist klar.

I: Mhm.

E: Und so unsere Aktivität war eigentlich die Auseinandersetzung mit der Kritischen Theorie. Da ging es ja darum, daß wir schon relativ früh auch den Adorno angegriffen haben und verlangt haben, politische Ökonomie.

I: Mhm.

E: Werner Hofmann sollte beispielsweise eine Gastprofessur kriegen, da war der noch gar nicht berufen. Und ich weiß noch ganz genau, wie mich damals der Adorno richtiggehend abgekanzelt hat, da so einen richtigen adornitischen Eiertanz gemacht hat, sagt mir, irgendwie so, hat ja alles versucht, es geht nicht und so, also das soll nicht sein sozusagen, es hätte so seine Bedeutung, aber das wollte er irgendwie nicht. Und das waren eigentlich so die Punkte, wo wir dann anfingen, da stimmt was nicht. Wir müssen es selber machen. So daß wir uns eigentlich so reingekniet haben in die politische Ökonomie. Ich habe dann mal mit dem Oskar Negt drüber diskutiert, und hatte dann so den Einfall, also das ist jetzt diese nachträgliche Interpretation,

I: mhm,

E: es war ja die Zeit, wo Ostermärsche und Vietnam und so, als sich so die ersten Krisen hier in der Bundesrepublik zeigten, ansatzweise ökonomische Rezession, das heißt also, daß sich die politische Ökonomie sozusagen realiter bemerkbar machte. Daß es vorher sozusagen die Ökonomie wegen der wirklich nun günstigen, also politisch gesetzten Akkumulationsbedingungen, daß es die sozusagen gar nicht gab.

I: Ja.

E: Und jetzt gab es die ja auf einmal, das heißt, daß wir gewissermaßen, also das ist auch Selbstinterpretation,

I: mhm,

E: daß so das, was die Kritische Theorie im Grunde immer ausgeklammert hat, das war ja immer nur so eine Art verbaler Bezug, Tauschprinzip, Totalität, das hatte ja immer so was Plakatives. Und daß wir damals die ersten waren, die jetzt die Ökonomie zur Geltung brachten, jetzt auch theoretisch und verbal in dem Augenblick, in dem sie tatsächlich sich in der Bundesrepublik regte.

I: Ja.

E: Das war etwas, was die Kritische Theorie irgendwie nicht ab haben konnte. Also gut, das haben wir dann nachher auch so uns zurecht gelegt. Aber das war die Situation, daß wir immer aufgelaufen sind. Es war wirklich ambivalent, nämlich daß der Horkheimer, mit dem wollten wir diskutieren, mit Habermas wollten wir diskutieren, und mit Pollock und Adorno, und alle konnten sie uns unsere Fragen nicht beantworten. Wir haben das x-mal versucht, und dann hat uns der eine zum anderen verwiesen, dann haben wir aber gehört, das sagte uns irgendwie der Pollock mal, ja also die hätten untereinander diskutiert und hätten gesagt, da kommen immer zwei, der Kottkamp und der Bregenz, und die löchern uns immer, wir können nicht antworten.

I: Ja.

E: Also das war denen auch nicht geheuer, was wir da machten. Das war eigentlich mehr unsere Stoßrichtung, wir wollten es eigentlich wissen. Das war auch so die Auseinandersetzung, da kam ja mehreres zusammen, aber es war auch so die Auseinandersetzung mit den Vätern, wie es ja bei anderen auch war, nur sah die bei uns so aus. Wir haben die gelöchert, die sollten es uns sagen, wo es eigentlich lang geht, das will man ja wissen.

I: Ja.

E: Und die haben gepaßt. Die konnten es nicht. Bei vielen von den Achtundsechzigern ist es ja so gewesen, daß doch im

Grunde genommen eine Enttäuschung mit da war, die dann dazu führte, daß sich amalgamierte Persönliches und Politisches. Und wäre nicht sozusagen die Persönlichkeitsstruktur der Katalysator, dann hätten die auch nicht reagiert auf irgendwelche politischen Ereignisse. Also wenn das nicht der Fall ist, wird das gar nicht wahrgenommen. Da kommt Subjektives und Objektives gewissermaßen auf der Ebene zusammen. Und das sah bei anderen anders aus als bei uns. Der Kottkamp hat eine ähnliche Herkunft.

I: Mhm.

E: Also wenn ich so vergleiche, gut, von Krahl wußte ich ganz wenig, der hat ja immer geflunkert. Also der erzählt, er stammt aus der Linie des Grafen von Hardenberg (lacht) und solche Geschichten, daß er mit Heidegger auf der Hütte ist und diskutiert mit ihm. Der hat ja auch das Blaue vom Himmel runtergelogen, man wußte nie, was da los ist, dann war er meistens besoffen auch.

I: Ja, ja.

E: Also das war schrecklich, also über diese Dinge haben wir uns wenig unterhalten, ich weiß nicht, was eigentlich so der persönliche Hintergrund ist, jedenfalls, das war kein Arbeiterkind (lacht), der Krahl, das ist ganz klar.

I: Ja.

E: Also bei mir äußerte sich das jedenfalls, das ging so in diese Richtung, das waren keine Aktionen, wo ich dann so stürmisch losrannte. Das war dann auch später so, daß ich dann eigentlich mehr so Politik machte, in institutionalisierter Form.

I: Mhm.

E: Daß man arbeiten müßte an der Öffnung der Bildungsinstitutionen. Denn so bin ich auch reingekommen. Also Verbreiterung der Eintrittschancen, daß Arbeiterkinder auf jeden Fall die Möglichkeiten haben zu studieren. Und dann so ein bißchen die Universität aber durcheinanderzuschütteln, was natürlich nicht klappte und torpediert wurde, das war ja schrecklich.

I: Ja.

E: Aber das war so die Ebene, wo ich's also versucht habe. Also nicht, was haben die andern gemacht, weiß ich nicht, ist ja egal. Aber jedenfalls das war so die Ebene, wo ich dann versucht habe, tätig zu werden und kontinuierlicher zu arbeiten, also auch in Osnabrück dann, eine Weile lang.

I: Ja.

E: Das war dann meine Revolution (lacht).

Klaus Bregenz markiert eine Differenz. Er weiche doch etwas ab von »diesen Biographien«. Gemeint sind die Bürgerkinder, die in der Studentenbewegung den Aufstand probten. Zwar war er bei den Demonstrationen dabei, wie zum Beweis führt er die berittene Polizei und die Wasserwerfer an, aber eigentlich gehörte er nicht dazu. »In vorderster Front« marschierten Krahl und seine Genossen. Während die anderen Revolution spielten, saß das Arbeiterkind mit einem anderen Arbeiterkind, Peter Kottkamp, »oben im letzten Stock« des berühmten Frankfurter Instituts für Sozialforschung und diskutierte über »Wert und Geld«. Das Bild enthält die typische Ambivalenz des Bildungsaufsteigers: hin und her schwankend zwischen dem Gefühl der Unterlegenheit, weil er nicht über das ererbte Bildungskapital der Bürgerkinder verfügt, und dem Gefühl der Überlegenheit, weil er den Dingen ernsthaft auf den Grund geht. Die beiden mußten sich zwar im »letzten Stock« ihr Eckchen suchen, aber dadurch nahmen sie eine Position »oben« ein, von der aus sie auf die anderen heruntersehen konnten. In diesem Bild liegt darüber hinaus etwas Konspiratives und Subversives: Während die anderen demonstrierten, bereiteten sie in aller Stille eine theoretische Revision der Kritischen Theorie vor. Krahl, die Führerfigur, kam deshalb auch »immer so« vorbei und fragte, wie weit sie denn seien. Klaus Bregenz läßt durchklingen, daß dieser Anleihen bei ihnen gemacht habe. In gewisser Weise, so könnte man diese Andeutung weiterspinnen, hat sich der berühmte Theoretiker der Bewegung bei ihnen bedient. Sie haben ihn gewähren lassen, denn so konnten sie sich in dem Bewußtsein wiegen, »immer so im Hintergrund« als graue Eminenz der Avantgarde zu fungieren. Aber letztlich war Klaus Bregenz die Studentenbewegung fremd. Das war ihm »nicht so ganz geheuer«, wie die Bürgerkinder mit den geistigen Autoritäten umsprangen. Einem hohen Repräsentanten des bürgerlichen Prestigesystems das Mikrophon aus der Hand zu reißen, das traute sich Klaus

Bregenz nicht. Das Arbeiterkind wollte doch dahin, wo die Bürgerkinder schon waren. Auch das Spielen mit der Revolutionsmetapher war ihm »nicht so geheuer«. Da hält er sich lieber an die lange gewordene Erfahrung seiner Herkunftsklasse: Wie ein traditionalistischer Arbeiter begründet er seine Präferenz für die Reformpartei der Arbeiterbewegung. Offenkundig hielt er schon damals die Erwartung, daß die Studenten die Gesellschaft kippen könnten, für ein Hirngespinst von Bürgerkindern. Zudem ist der hegemoniale Anspruch in dieser Vorstellung unübersehbar. Die Studenten gebärdeten sich in ihrer Phantasie als die neuen revolutionären Herren. Dagegen pochte Klaus Bregenz auf den langsamen Gang der Dinge. Gewiß, an einen reformerischen Schub glaubte er, aber er fürchtete den revolutionären Bruch.

Dies erklärt im übrigen, warum das Ehepaar Bregenz am Abend des Gründonnerstags von 1968 mit einem reaktionär eingestellten Ehepaar Konversation trieb. Mit den Lebensstilexperimenten der Studentenbewegung hatte Klaus Bregenz sicher nichts zu tun. Man kann sogar davon ausgehen, daß er die darin liegende Verabsolutierung des Unterschieds mit dem Ressentiment des Abseitsstehenden verfolgte. Das Bestehen auf einer gewissen kleinbürgerlichen Enge kann man als hilflosen und ungeschickten Versuch verstehen, die Authentizität der eigenen Herkunft als Arbeiterkind gegen den kulturellen Bluff einer antibürgerlichen Existenz zu behaupten. Es ist daher nicht verwunderlich, daß sich Anita und Klaus Bregenz an diesem Abend nicht im »Club Voltaire« aufhielten, sondern sich ihrem objektiven Unglück bei Salzstangen und Rheinwein mit einem etwas älteren Ehepaar hingaben.

Außerdem galt das eigentliche Interesse von Klaus Bregenz gar nicht der Gesellschaftsveränderung, sondern der Theorieveränderung. Seine Praxis war die theoretische Praxis der Auseinandersetzung mit der Kritischen Theorie. Hier tritt wieder der soziale Aufsteiger hervor. Er fragte nach der Reflexion der ökonomischen Basis in der Theorie. Sein Geschick bestand darin, daß er sich dabei auf die Konstruktion der Theorie berufen konnte. Er hatte einen Punkt entdeckt, wo etwas nicht stimmte. Und das bot die Möglichkeit, sozusagen auf dem Wege der immanenten Kritik die Theorie vom Sockel zu stoßen. Indem er an die vergessene ökonomische Basis erinnerte, holte er die feinsinnigen Kulturanalysen der Kritischen Theorie auf den Boden der Tatsachen. Diesen Angriff auf das Distinktionsgebäude der Kritischen Theorie versuchte Adorno zwar mit dem Mittel großbürgerlicher Herablassung abzuwehren, doch Klaus Bregenz ließ sich nicht beirren. In Peter Kottkamp hatte er einen Bündnispartner gefunden, mit dem er als Neuling auf dem akademischen Feld gegen die objektive Konspiration der Alteingesessenen vorgehen konnte. Klaus Bregenz stellte weiter bohrende Fragen, vorgeblich nur der Wahrheit und sonst nichts verpflichtet. Diese Fragen lassen einen bestimmten Ansatz des Wissenwollens erkennen. Das Ganze muß in einem Ableitungszusammenhang stehen, der vom Prinzip des Grundes regiert wird. Die Dinge dürfen nicht in der Schwebe bleiben, sie müssen durch Über- und Unterordnungen festgehalten werden. Die Frage nach der Basis wird im Rahmen eines bestimmten Systems des Wissens gestellt, das mehr nach der Ordnungsvorstellung der Pyramide als nach der des Mobiles aufgebaut ist. Das materialistische Motiv allein entscheidet noch nicht über die Alternative eines hypotaktischen oder eines parataktischen Denkens. Wenn Peter Kottkamp und Klaus Bregenz der Kritischen Theorie einen plakativen Bezug auf das Tauschprinzip vorwarfen, dann taten sie dies im Denkmodell eines systematischen Materialismus, dem die ungezwungene und großzügige Bewegung des Gedankens als theoretische Laxheit erscheinen mußte. Die Formulierung, »das war denen auch nicht geheuer, was wir da machten«, weist auf grundsätzliche Habitusdifferenzen. Unser Gesprächspartner beschreibt im Grunde eine Praxis alltäglicher Kämpfe auf dem akademischen Feld: zwischen dem Statusinhaber Adorno auf der einen und dem Statusherausforderer Klaus Bregenz auf der anderen Seite. Dabei zeigen die Formulierungen, mit welcher Ausdauer der Herausforderer agiert. Die beiden, die »oben im letzten Stock« zusammenhockten, stießen unermüdlich in den wunden Punkt, sie »knieten« sich sogar in die Sache hinein, bis sie die Kritische Theorie niedergerungen hatten.

Im nachhinein ist festzustellen, daß Klaus Bregenz mit seiner Kritik nicht auf verlorenem Posten stand. Im Gegenteil, der

Geist der Zeit war, wenn auch nur für eine kurze Spanne, auf seiner Seite. Insofern leuchtet seine nachträgliche Interpretation, daß seine Fragen ein Fundament im gesellschaftlichen Prozeß hatten, durchaus ein. Nur hing das weniger mit der damals auftretenden ökonomischen Rezession zusammen, sondern mehr mit den aufkommenden Protestbewegungen. »Es war ja die Zeit«, so unser Erzähler, »wo Ostermärsche und Vietnam und so« sich zeigten. Mit anderen Worten: Klaus Bregenz' Auseinandersetzung mit der Kritischen Theorie kann man als Ausdruck eines stillen kulturellen Klassenkampfs verstehen. Der Bildungsaufsteiger stellte mit seiner Kritik das etablierte System der legitimen Bildung in Frage. Und die Wirkungsgeschichte der Studentenbewegung beweist, daß dies ein zentrales Motiv des Protests war. Die Mehrheit der Studenten, die in den sechziger und siebziger Jahren die geistes- und sozialwissenschaftlichen Fakultäten bevölkerten, waren mit den unausgesprochenen Regeln des universitären Lebens nicht vertraut. Als soziale Aufsteiger waren sie spontan zur Wissenschaftskritik bereit. Denn sie verstanden nicht, wie dieses System funktionierte, sie spürten nur seine Wirkungen in Form der dauernden Fehlleistungen, die sie als Unwissende und Unkundige für sich und für andere zu erkennen gaben. Daher nahmen sie das Programm einer Kritik der bürgerlichen Wissenschaft dankbar an, wodurch diese undurchsichtige Macht des Wissens durchsichtig gemacht werden sollte.
Indessen scheint Klaus Bregenz seine Auseinandersetzung mit dem Bildungsadel der Kritischen Theorie psychodynamisch umzudeuten: Es sei wie bei anderen auch eine Auseinandersetzung mit den Vätern gewesen. Der Text entfaltet ein ödipales Szenarium: Die Söhne »löchern« die Väter mit Orientierungsfragen, und die Väter müssen »passen«. Klaus Bregenz spricht von der Wirkung einer Enttäuschung. Enttäuscht wurde ein statuarisches Identifikationsverlangen nach führenden Objekten, die sagen, »wo es eigentlich lang geht«. Aber war diese Enttäuschung nicht zu erwarten gewesen? Man kann sich Adorno nur schwer als Richtungsanzeiger für sinnhungrige junge Menschen vorstellen. Diese psychodynamische Selbstinterpretation klingt zu schematisch und zu glatt. Zumal wir später erfahren, daß die Identifikation mit Adorno ganz ande-

rer Natur war. Natürlich wirkt die Persönlichkeitsstruktur als »Katalysator« bei der Entfachung von Protest. Die Frage ist nur, welcher Logik dieser Prozeß gehorcht. Hier kam, wie unser Gesprächspartner bemerkt, »mehreres zusammen«. Könnte es nicht sein, daß die ödipale Dynamik nur die Oberfläche einer tiefsitzenden kulturellen Fremdheit war? Im Sinne der »Negativen Dialektik« zumindest war der geforderte Übergang von der Theorie zur Praxis prinzipiell ausgeschlossen.

Zudem war Klaus Bregenz sowieso auf eine reformerische Praxis festgelegt. Eine tiefe Skepsis hegte er gegenüber Aktionen, wo man »stürmisch losrannte«. Politik machte er, entgegen der antiinstitutionellen Stimmung in der Studentenbewegung, in »institutionalisierter Form«. An dieser Stelle meldet sich das schlechte Gewissen des Aufsteigers. »Man müßte«, sagt die innere Stimme, »für die Öffnung der Bildungsinstitutionen« arbeiten, denn »so bin ich auch reingekommen«. Daß es mißlang, die Universität als Ort der Klassenreproduktion durch Bildung »ein bißchen ... durcheinanderzuschütteln«, überrascht ihn nicht. Allein die Formulierung, »das war ja schrecklich«, läßt Erfahrungen der Ohnmacht anklingen. Es wird deutlich, wie Klaus Bregenz sich von allen Seiten abgestoßen fühlt. Das Arbeiterkind attackiert einerseits das bürgerliche Bildungsprivileg, mißtraut aber andererseits dem stürmischen Protest dagegen. Sein Klasseninstinkt sagt ihm, wenn Bürger gegen Bürger rebellieren, verschieben sich höchstens die Gewichte innerhalb der herrschenden Klasse, aber für den Arbeiter kommt dabei nichts heraus. Da setzte er lieber auf die langsame Umgestaltung der Institution, obwohl auch das »natürlich nicht klappte und torpediert wurde«. In der Art seines Engagements für die Öffnung der Bildungsinstitutionen bleibt er jedoch letztlich seiner Herkunftswelt verpflichtet. Daher kann er am Schluß dieser Passage lachend feststellen, die kontinuierliche Arbeit in den Gremien der Universität Osnabrück sei seine Revolution gewesen.

Klaus Bregenz kam 1961 völlig ahnungslos nach Frankfurt am Main. Weder der Name Adornos noch der der Frankfurter Schule sagten ihm etwas. Er hatte in Tübingen mit dem Jurastudium begonnen, verlor daran aber schon bald das Interesse. Er war damit auch mehr dem Wunsch eines Mentors gefolgt.

Das war ein ehemaliger Oberfinanzrat, mit dem die Flüchtlingsfamilie Anfang der fünfziger Jahre in Kontakt kam. Alleinstehend und nach überstandener Entnazifizierung mit guter Pension ausgestattet, kümmerte sich dieser um den Jungen. Klaus Bregenz wurde 1940 in Kattowitz, im heutigen Polen, geboren. Er hat noch eine ältere Schwester, von der wir nur erfahren, daß sie einen Tierarzt geheiratet hat. Beide Kinder haben die Welt ihrer Eltern verlassen. Der Vater war von Beruf Dreher, die Mutter Hausfrau. 1933 heirateten die Eltern. Der Erzählung zufolge war es mehr die Mutter, die die Kinder zum Weiterkommen anstachelte. Das hing wohl mit ihrer Herkunft zusammen. Ihre Eltern betrieben eine florierende Gaststätte in der Stadt, und dort lernte sie schon früh die Unterschiede der gesellschaftlichen Stände und Klassen kennen, was bei ihr den Hang zu Besserem und Höherem weckte. Die Mutter begrüßte es daher, daß der pensionierte Oberfinanzrat sich ihres Sohnes annahm. Der Vater, aus einem Clan von Stahlarbeitern stammend, verfolgte dieses soziale Fremdgehen seines Sohnes mit mißmutiger Unbeteiligtheit. Von bewußtem besseren Herrn wurde Klaus Bregenz in die höheren Kulturtechniken eingewiesen – zum Beispiel in das Schachspielen. Und auf dessen Betreiben hin wurde der aufgeweckte Junge auf die höhere Schule geschickt. Denn, so unser Erzähler, in so einer Arbeiterfamilie kommen die Eltern normalerweise nicht auf diese Idee. Aber sehr gemocht scheint Klaus Bregenz seinen Förderer nicht zu haben. Das hatte seinen Grund vielleicht darin, daß dieser den Jungen entgegen seinen Neigungen zum Juristen machen wollte. Als Oberschüler hatte Klaus Bregenz sehr gern und sehr viel gemalt. Dafür war eine weitere Bezugsperson verantwortlich, nämlich der Zeichenlehrer, der ihm, wie es heißt, eine Staffelei hingestellt hatte. Der Jugendliche liebte die psychologische Kunst des Porträts, bei der es um die Erfassung des inneren Wesens in der äußeren Erscheinung geht. Hier tritt uns ein empfindsamer Junge entgegen, der von Mentor zu Mentor nach oben geleitet wird. Gleichwohl hält Klaus Bregenz bis heute geradezu trotzig an dem Stigma fest, ein Arbeiterkind zu sein. Von sich aus, versichert er uns, wäre er auf die Kunstakademie gegangen; er sei jedoch von Hause aus nicht reich genug gewesen, um es sich leisten zu können,

arm zu bleiben. Deshalb sollte er auf Geheiß des Oberfinanzrats zuerst einen richtigen Beruf erlernen. Aber heimlich besuchte er schon während des Jurastudiums in Tübingen philosophische Vorlesungen und Seminare. Die philosophische Weltbetrachtung faszinierte ihn. Schließlich war das versteckte Verlangen nicht mehr zu unterdrücken, und er wollte mehr darüber wissen, was die Welt im Innersten zusammenhält. Deshalb wandte er sich den Sozialwissenschaften zu und wechselte von Tübingen nach Frankfurt. Diese Entscheidung muß man als lebensgeschichtliche Kompromißbildung interpretieren: als Kompromiß nämlich zwischen künstlerischer Empfindsamkeit und beruflicher Sicherheit. Die Sozialwissenschaften versprechen, weder brotlose Kunst noch seelenloser Beruf zu sein. Bemerkenswert ist, daß er nicht die Philosophie, zu der er sich doch zuerst hingezogen fühlte, sondern diese neue Disziplin wählte. Damit verschrieb sich Klaus Bregenz dieser einzigartigen Rolle der Sozialwissenschaften, die, einer Formulierung von Pierre Bourdieu[1] zufolge, ein Trojanisches Pferd innerhalb des Kampfes um Durchsetzung einer Neudefinition der legitimen Bildung darstellen.
Adorno war für Klaus Bregenz eine ziemlich ambivalente Bezugsfigur. Einerseits ärgerte ihn der großbürgerliche Habitus, diese reine Geste, was sich bisweilen zu wahren Haßgefühlen steigerte; andererseits verschmolz er geradezu mit ihm und seiner Rede. Teilweise hörte er in den Vorlesungen gar nicht mehr zu; trotzdem verstand er immer, worum es diesem endlos sprechenden kleinen Mann ging. Seine Beziehung stellte ein merkwürdiges Zusammenspiel von sozialer Distanz und existentieller Übereinstimmung dar: »Also das war eine merkwürdige Sache. Zum Teil war es so, ich konnte gar nicht zuhören. Weil mich das so aggressiv machte, dieses Imponiergehabe da. Einerseits konnte ich nicht zuhören, andererseits habe ich immer schon gewußt, wovon er redet, das ist eine ganz merkwürdige Sache.«
Unser Gesprächspartner erklärt jene »ganz merkwürdige Sache« überraschenderweise mit einer biographischen Besonderheit. Der Punkt, den er bei Adorno spürte, sei die Scheinanwe-

1 Pierre Bourdieu, Homo Academicus, Frankfurt a.M. 1988, S. 202.

senheit der Mutter gewesen. Klaus Bregenz führt die Wirkung seines Lehrers auf eine frühe lebensgeschichtliche Erfahrung zurück. Adornos Denken und sein intuitives Verstehen dieses Denkens trafen sich in einer seelischen Überlebensstrategie: stets zu wissen, was die Mutter will und denkt, ohne daß diese selber weiß, was sie will und denkt. Dinge wahrzunehmen, die andere nicht wahrnehmen, und Zusammenhänge zu erahnen, die dem normalen Verstand völlig unwahrscheinlich vorkommen, auf dieser primären Empathie beruhten Adornos Erkenntnisblitze. Dessen Sprach- und Gedankenfiguren folgend tauchte Klaus Bregenz immer tiefer in seine eigene Geschichte ein, worüber wir später noch mehr erfahren werden.

Klaus Bregenz hatte den sicheren Eindruck, daß vielen Nachbetern Adornos dieser Sinn für die Sache abging. Er verachtete diese devoten Jünglinge, die sich in adornitischer Schöngeisterei gefielen. Insofern war es ganz konsequent, daß er sich mit Peter Kottkamp zu einem Außenseiterbündnis zusammenschloß, um den Dingen auf den Grund zu gehen. Sie wollten dem Kult des Brillanten durch Ernsthaftigkeit entgegentreten. Möglicherweise spürte Adorno etwas von der Wahlverwandtschaft, denn er bot dem frisch Diplomierten an, bei ihm zu promovieren. So geschah es, daß das Arbeiter- und Flüchtlingskind in die kleine Schar der erwählten Schüler gelangte.

Es hat lange gedauert, bis das Buch fertig war. Klaus Bregenz hat sich »das wirklich allein so ausgetüftelt«. Der Tüftler gleicht dem Bastler darin, daß er verschiedene Dinge nach und nach zu einem Ganzen zusammenbaut. Aber es fehlt ihm im Gegensatz zum Bastler das freie Verhältnis zur Kontingenz. Der Tüftler erfindet keinen Zusammenhang, sondern er vertieft sich in ihn. Er insistiert auf einen ganz bestimmten Punkt und versucht von da aus, die Architektonik eines Denkgebäudes zu entschlüsseln. Der Bastler kann Lücken lassen, der Tüftler muß Lücken schließen. Zufrieden ist er erst, wenn das Systematische der Sache erwiesen ist. Die Fragen, die Klaus Bregenz bewegten, waren methodischer Art: Was ist eigentlich Bürgerlichkeit oder bürgerliche Theorie? Was heißt Kritik überhaupt? Mit anderen Worten: Wie kann man sich von einem »Verblendungszusammenhang« distanzieren, um ihn als solchen erkennen zu können? Ganz allein mit sich vergrub er sich in das Marxsche System und entwickelte seine Interpretation, die den Bildungsaristokraten Adorno vom Kopf auf die Füße stellen sollte.

Das Buch stellt den Beginn einer Arbeit dar, die der Autor nicht fortgesetzt hat. Zwar sind noch einige Aufsätze erschienen, die den Gedankengang weiterführen, aber im Grunde ist das Werk Anfang und Fragment geblieben. Das war im übrigen der Hintergrund für meine Wahl dieses »Falls«. Ich wollte wissen, was aus einem Achtundsechziger geworden ist, der Anfang der siebziger Jahre ein einflußreiches Buch vorgelegt hat und dann in der Versenkung verschwunden ist.

Der Erfolg des Buches in der akademischen Linken zahlte sich auch beruflich schnell aus. 1971, im Alter von einunddreißig Jahren, wurde Klaus Bregenz zum Professor für Soziologie unter besonderer Berücksichtigung der dialektischen Gesellschaftstheorie in Frankfurt am Main berufen. Er gehört so gesehen zu den Gewinnlern der Studentenbewegung. Er beschäftigte sich mit Marx und wurde dafür mit einer Beamtenstelle belohnt. Aber diesen Gewinn hat Klaus Bregenz offenbar nicht recht nutzen können. Er geriet gleich hinein »in diese Mühle«, der er sich bis heute nicht hat entwinden können. Die »Politik in institutionalisierter Form« rieb ihn auf, und er verlor den Kontakt zu seinen intellektuellen Interessen: »Dann bin ich eigentlich so aus dem Kurs geworfen worden, was die Wissenschaft anbetrifft. Ich hab dann versucht, so mehr oder minder Politik zu machen.« Dabei fühlte er sich für diese Art des Machtspiels überhaupt nicht geeignet. Der Aufbau informeller Alliancen, die Ausnutzung günstiger Gelegenheiten, die Durchsetzung institutioneller Kompromisse ist seine Sache offensichtlich nicht. Dafür fehlt ihm die repräsentative Statur. Sein Wille zur Macht äußert sich indirekter und sublimierter. Der theoretische Tüftler braucht seinen geschützten Ort, und sei es »oben im letzten Stock«, wo er die wunden Punkte eines theoretischen Angebots aufspürt und zum Anlaß für seine bohrenden Fragen nehmen kann. Darin kann er dann seine ganze Kraft und seinen ganzen Willen legen.

Klaus Bregenz machte zwei vergebliche Anläufe, um aus der fremdbestimmten institutionellen Einspannung in Frankfurt herauszukommen. In beiden Fällen waren die Aussichten, was die Arbeitsbedingungen betraf, verlockend. Aber er wurde beide Male aus politischen Gründen, weil er bestimmten linken Fraktionen nicht genehm war, am Ende »abgeschossen«. Das hat ihn, nach eigenem Bekunden, so schwer getroffen, daß er »lange Zeit nicht mehr den Dreh gekriegt (hat), an den Dingen zu arbeiten«. Man kann indessen nicht glauben, daß er so naiv war, davon auszugehen, daß auf dem akademischen Feld nur wissenschaftliche und keine politischen Kriterien gelten. Es ist gewiß eine herbe Enttäuschung, zweimal auf eine solche Weise zu scheitern; aber für das Schwinden der intellektuellen Kraft müssen noch andere Gründe verantwortlich gewesen sein. Zumal Klaus Bregenz bald nach diesen beiden Bewerbungen, im Jahre 1974, nach Osnabrück berufen wurde. Das bedeutete allerdings keine grundsätzliche Veränderung seiner beruflichen Situation. Die Reformuniversität Osnabrück befand sich im Aufbau, was wieder hieß »Dauerdiskussionen« über Studienpläne und Unterrichtsformen. Sein Fazit dieser Zeit lautet: »So daß ich eigentlich so über Jahre hinweg, das hat sich dann so etwas aufgestaut«. Gemeint ist die Weiterführung seiner wissenschaftlichen Anliegen. Die Frage erhebt sich, wie sich dieser Reflexionsstau gelöst hat.

E: Ich wollte es eigentlich weitermachen, wobei eigentlich dann die Frage, warum eigentlich.

I: Ja.

E: Und dann hatte ich schon die Möglichkeit, mit anderen darüber zu diskutieren, und da habe ich so ein bißchen Zugang gekriegt zu diesen Dingen, warum eigentlich diese Interpretation, warum diese spezifische Beschäftigung mit dem historischen Materialismus, weil mir aufgefallen ist, ich habe immer so von verkehrter Form der Einheit geredet und so. Und das ist ja so eine stehende Formulierung dann geworden.

I: Ja.

E: Und dann merkte ich, das hat sehr viel mit mir zu tun gehabt.

I: Ja.

E: Also das war eigentlich meine Biographie, die ich versucht habe, so zu verarbeiten.

I: Mhm.

E: Das ist die Familie gewesen, woher ich kam. Das stimmt ja alles hinten und vorne nicht. Das war, also gut, das war eine normale Arbeiterfamilie. Aber was da, also wenn man so die Studien kennt, über autoritätsgebundene Charaktere und so, das habe ich gelesen, aber daß das irgendwie bei mir auch so gewesen sein könnte oder so oder vielleicht auch anders, ja, auf die Idee bin ich damals gar nicht gekommen.

I: Mhm.

E: Und dann habe ich erst gesehen, Mensch, ich habe ja dauernd versucht, diese merkwürdige Einheit, die da immer eine sein sollte und keine war, diese Arbeiterfamilie, mit allen psychischen Problemen, an der habe ich ja dauernd rumgeknackst.

I: Ja, ja.

E: Das war es ja eigentlich. Ich hätte offensichtlich diese Interpretation nicht geliefert, wenn ich nicht diesen Hintergrund gehabt hätte.

Es muß Ende der siebziger Jahre gewesen sein, als sich diese Erkenntnis allmählich herausbildete. Klaus Bregenz wollte immer zu seinem ursprünglichen Projekt zurückkehren, doch mit einem Mal stellte sich die Frage, warum eigentlich. Es waren andere, die ihm die Möglichkeit eröffneten, darüber zu sprechen. Man denkt selbstverständlich an einen bestimmten anderen oder an eine bestimmte andere. War es eine Liebesgeschichte oder eine Psychotherapie, die ein anderes Sprechen ermöglichten? Später erfahren wir, daß sich unser Gesprächspartner tatsächlich einer Psychoanalyse unterzogen hat. Vermutlich ist ihm dabei aufgegangen, daß die Formel von der »verkehrten Form der Einheit« die Formel seiner Existenz ist. Es war nicht der Kapitalismus, sondern seine eigene Familie, die er in seinem Buch analysiert hatte. Hier finden wir, nebenbei gesagt, die Bestätigung unserer Interpretation der Eröffnungssequenz: Der »autoritäre Charakter«, der keine Verantwortung für seine destruktiven Triebe übernehmen kann und sie deshalb auf andere werfen muß, das ist er selbst. Auf den ersten Blick stammt er aus einer ganz normalen Arbeiterfamilie; diese täuschende Normalität erweist sich jedoch als das eigentliche Problem. Darin besteht die Strukturanalogie zwischen der kapitalistischen Gesellschaft und seiner Herkunftsfamilie: »diese merkwürdige Einheit, die da immer eine sein sollte und keine war«. In den Begriffen der systemischen Familientherapie würde man von einer Pseudo-Gemeinschaft sprechen. In sozialen Systemen dieser Art herrscht eine ungeheure Angst vor Differenz. Die aus der Äußerung eigener Interessen und Ansichten der Beteiligten sich ergebende Spannung in den Beziehungen wird als Gefahr der Zerstörung des gesamten Beziehungssystems erlebt. Die Gemeinschaft kann nur erhalten werden auf Kosten der Differenzierung der Individuen. Klaus Bregenz spricht an anderer Stelle von einer aggressiven Symbiose zwischen seinen Eltern: »da gab es keinen Konflikt, nichts, und wenn irgendwo ein Konflikt auftrat, der wurde sofort untern Teppich gekehrt, da durfte nie irgendwie was angetastet werden«. Ein solches Verhalten führt zwangsläufig zu einer totalen Abschottung gegenüber Veränderungen in der Außenwelt, weil sie das eingespielte System wechselseitiger Erwartungen zu gefährden drohen. Die fixierten Beziehungen werden daher zunehmend entleert, steril und erstickend. Kurzum, die Pseudo-Gemeinschaft enthält ein charakteristisches Dilemma: Differenz erscheint als Störung der Beziehung und muß deshalb vermieden werden; vermeidet man aber Differenzen, so ist ein Wachstum der Beziehung unmöglich.

Pseudo-Gemeinschaften bauen eine Reihe von Mechanismen auf, mit denen bedrohliche Abweichungen vom festgelegten System der wechselseitigen Erwartungen dem Erkennen ferngehalten oder wahnhaft umgedeutet werden. Es darf keine unerfaßten Bedeutungen geben, die die Mitglieder befähigen könnten, ihre Besonderheit innerhalb und außerhalb des Systems auszudrücken. Noch dunkle Wahrnehmungen und erste Kontakte, die zur Artikulation abweichender Wünsche und Erwartungen führen könnten, werden sofort aufgeweicht, umgekehrt, getrübt oder verzerrt. Einer dieser Mechanismen, die die diffuse Gefahr der Differenz bannen sollen, ist der »Gummizaun«. Es handelt sich um die milde, aber entschiedene Billigung eines Verhaltens, ohne daß wirklich gefragt wird, ob es mit den Werten des Systems zu vereinbaren ist. Durch diese Politik der Billigung soll vermieden werden, daß der einzelne lernt, zu unterscheiden und seinen eigenen Wahrnehmungen zu trauen. Ein anderer Mechanismus besteht in der Schaffung von Mythen und Legenden, mit denen die katastrophalen Auswirkungen einer offen ausgesprochenen Abweichung beschworen werden. Insbesondere Legenden über einen lauernden Gegner können wirksame Mahnungen über die angeblichen Folgen der Differenz darstellen. Außerdem sehen sich die Mitglieder einer Pseudo-Gemeinschaft der massiven Erwartung von Heimlichkeit ausgesetzt. Was nicht allgemein zu billigen ist, muß vom einzelnen geheim gehalten werden. Es ist die Pflicht eines jeden, die anderen nicht mit Differenzen zu überlasten, was sich vor allem in einer übertriebenen Rücksicht vor der sogenannten Privatsphäre äußert. Durch diese Mechanismen wird das Erleben und Handeln der Individuen in feste Formen gepreßt, so daß sich keine Räume der Differenz öffnen können, wo aus Ungezwungenheit das Unerwartete entstehen kann.

Diese Beschreibung der Pseudo-Gemeinschaft ist einem Klassiker aus der Bibliothek der siebziger Jahre entnommen, nämlich dem 1969 in deutscher Übersetzung bei Suhrkamp erschienenen Band »Schizophrenie und Familie«. Es geht in diesem Band nicht nur um die Pathologie einzelner Familien, sondern auch um die Pathologie einer Gesellschaft, die solche Familien produziert. So schreibt Ronald D. Laing unter der Überschrift »Mystifizierung, Konfusion und Konflikt«: »Marx benutzte den Begriff der Mystifizierung im Sinne einer nicht zu durchschauenden Verdrehung dessen, was vor sich geht (Prozeß) oder was getan wird (Praxis), im Dienste der Interessen einer sozio-ökonomischen Klasse (der Ausbeuter) über oder gegen eine andere Klasse (die Ausgebeuteten). Indem die Ausbeuter Formen der Ausbeutung als Formen der Wohltätigkeit darstellen, verwirren sie die von ihnen Ausgebeuteten so sehr, daß diese sich mit den Ausbeutern eins fühlen oder für ihre (nicht erkannte) Ausbeutung dankbar sind und sich nicht zuletzt schlecht und verrückt vorkommen, wenn sie auch nur an Rebellion denken.«[2] Mal abgesehen von den verschwö-

2 Gregory Bateson u.a., Schizophrenie und Familie, Frankfurt a.M. 1969, S. 274.

rungstheoretischen Untertönen kann man diesen Text als Kommentar zu der Formel von der »verkehrten Form der Einheit« lesen. Die Bücher von Laing über Schizophrenie und das Buch von Klaus Bregenz über den Kapitalismus rücken plötzlich zusammen. Sie umschreiben eine Erfahrungsfigur, die auf das unbewußte Verständnis eines bestimmten Publikums traf. Man fühlte sich offenbar in einer Pseudo-Gesellschaft, die von der Angst vor der Differenz der Klassen, der Generationen und der Geschlechter beherrscht war. »Scheißliberale« Gummizäune und Legenden des »kalten Krieges« stabilisierten eine Gesellschaft ohne seelische Zukunft, die zwanghaft darauf bedacht war, daß die fragilen Kompromisse der Nachkriegszeit nicht gefährdet wurden. Allein in den privaten Heimlichkeiten konnten sich Widerstände gegen diese »formierte Gesellschaft« regen. In diesen historischen Kontext gehört die Formel von der »verkehrten Form der Einheit«.
Auf eine merkwürdige Weise kommunizierten hier individuelles und kollektives Unbewußtes. Das gemeinsame Thema war das Entkommen aus einer Scheinnormalität. Unter dem Deckmantel der Marxschen Begriffe verarbeitete Klaus Bregenz seine ganz individuellen Erfahrungen zu einer Figur, die einem allgemeinen Erfahrungszusammenhang entsprach. Er hätte in der Tat diese Interpretation, wie es im Text heißt, nicht ohne diesen Hintergrund liefern können.
Aber damit haben wir uns völlig von Marx und vom »Kapital« gelöst. Die großen gesellschaftstheoretischen Begriffe sind relativ geworden zur Biographie des Autors und zur Geschichte seines Publikums. Wie sieht Klaus Bregenz heute die Geltung seiner damaligen wissenschaftlichen Arbeit? Ist er nach seinem hochschulpolitischen Engagement und nach der Einsicht in die biographische Bedingtheit seiner Beschäftigung mit Marx überhaupt wieder zur Wissenschaft zurückgekehrt?

E: Ja, also jetzt habe ich an diesen Dingen so ein bißchen weitergearbeitet. Und kehre jetzt eigentlich seit einigen Jahren zurück, mache da weiter, allerdings mit einem sehr viel weiter ausholenden Zugriff. Ich habe noch mal die Auseinandersetzung aufgenommen mit der Kritischen Theorie, die ganze Geschichte von Habermas und seiner Theorie des kommunikativen Handelns.

I: Ja.

E: Diskutiere auch mit einem Freund, der will das ganze »Kapital« umkrempeln, hat bestimmte Dimensionen reingebracht, bei denen ich zuerst gar nicht gesehen habe, was macht der eigentlich, bis ich gemerkt habe, der ist ja genau auf dem Trip, auf dem ich eigentlich früher war, und jetzt sehe ich, da bricht alles, da bleibt eigentlich kein Stein auf dem anderen. Bis hinein in die Ökonomie.

I: Mhm.

E: Also ich bin jetzt wieder dran, nach langen Jahren praktisch des Unterbrechens habe ich diese Arbeit wieder aufgenommen, so Schritt für Schritt.

I: Ja.

E: Und versuche, das wirklich fortzuführen, aber nicht mehr in der Weise, das geht nicht mehr.

I: Also das würden Sie doch sagen, so geht's nicht mehr.

E: Nein, so geht es nicht mehr. Also ich halte die Arbeit nach wie vor für gut, ja.

I: Ja.

E: Das ist eine ganz beschränkte und begrenzte Geschichte gewesen. Aber ich habe da Dinge gesehen, damals, zu denen ich heute auch noch stehe. Der Marx ist allemal noch besser, als was die bürgerliche Ökonomie sagt.

I: Mhm.

E: Auch unter methodischen Gesichtspunkten. Zirkuläre Argumentationen in der Ökonomie, Zusammenhang von Werttheorie und Geldtheorie, alles ungelöste Probleme. Also man weiß eigentlich nicht, woher die ihr Selbstbewußtsein nehmen, sagen, es ist eine Wissenschaft. Es ist wirklich Hokuspokus, das muß man wirklich sagen.

I: Mhm.

E: Insofern ist also das, was der Marx gemacht hat, also das Schärfste an Problembewußtsein. Nur ist es auch so, das ist für mich der entscheidende Punkt jetzt, daß selbst in die Kritik der politischen Ökonomie, und zwar bis in die zentralen Theoreme hinein, von denen man sagt, das ist jetzt aber die Ökonomie, es gibt zwar so Formulierungen wie Negation der Negation, das ist ja immer noch Geschichtsphilosophie.

I: Ja.
E: Nein. Die, wenn man so will, Geschichtsphilosophie, also historischer Materialismus, der reicht rein bis in die zentralen Probleme der Werttheorie selbst. Ohne jetzt so im einzelnen darauf einzugehen, was ich nur sagen will, ist, daß ich so den Faden eigentlich wieder aufgenommen habe. Versuche, daran weiter zu arbeiten, nur jetzt nicht mehr gewissermaßen in dieser unreflektierten Weise, wie ich das mal gemacht habe, als ich nicht wußte, warum ich das eigentlich mache.
I: Mhm.
E: Ja, was verfolge ich da eigentlich? Also dieses Amalgam, wenn man so will, diese unbewußt psychologische Motivation, was ist das für ein komischer Haufen, diese merkwürdige Familie, dann natürlich auch diese Auseinandersetzung mit der Kritischen Theorie, aber da kommen Dinge zustande, die man nicht so ohne weiteres über diesen politischen Leisten ziehen kann.
I: Mhm.
E: Das sind wirklich so individual-biographische Dinge, die in einer merkwürdigen Konstellation mit politischen Ereignissen, zeitgeschichtlichen Ereignissen, ganz bestimmten politischen Wendesituationen, wenn man so will, irgendwie zusammenkommen, so ein merkwürdiges Amalgam ergeben.
I: Mhm.
E: Und dann kommt auf einmal, ja, so ein Wurf zustande, wie dieses Buch.

Klaus Bregenz will den Faden nicht reißen lassen. Im Gegenteil, er verspinnt sich immer weiter in seine lebensgeschichtliche Reflexion. Nach langen Jahren des Unterbrechens, heißt es, habe er die Arbeit wieder aufgenommen, allerdings in einer reflektierteren Weise. Unser Gesprächspartner glaubt nun zu wissen, warum er das eigentlich macht. Die Erkenntnis, so will er uns sagen, daß seine Gesellschaftsanalyse im Grunde eine Familienanalyse war, habe seinen Zugriff auf den Gegenstand erweitert. Liest man den Text freilich genauer, dann zeigt sich, daß ihm der Gegenstand vor seinen Augen zerfällt. Von einem Freund ist die Rede, der dabei ist, genauso wie er damals, die

Marxsche Theorie auseinanderzunehmen und wieder zusammenzusetzen. Diesem Freund bei der Arbeit zusehend erkennt Klaus Bregenz, wie das System »bricht«. Kein Stein bleibt auf dem anderen, bis hinein in die Ökonomie. Die Basis, auf der die Gesellschaft der Theorie zufolge ruhen sollte, trägt nicht mehr. Zwischen den Zeilen ist das Bild eines grandiosen Zusammenbruchs zu erkennen, der alles mit sich reißt. Weder so, wie es früher ging, geht es, noch anders. Eigentlich geht nichts mehr.

Doch Klaus Bregenz bleibt bei der Sache. Er hat die Auseinandersetzung mit der Kritischen Theorie wieder aufgenommen – diesmal hat er die Variante von Jürgen Habermas im Visier. Er bleibt der Kritischen Theorie verhaftet, denn es ist nichts anderes in Sicht, wohin er sich wenden könnte. Eine Konversion zur »bürgerlichen Wissenschaft« ist ausgeschlossen. Da sei noch viel weniger als bei Marx ein Fundament zu finden: »alles ungelöste Probleme«, ein »Hokuspokus«, der sich als Wissenschaft ausgibt. Hier sieht man, wie stark unser Gesprächspartner an einem bestimmten Begründungsanspruch festhält. Der verzweifelte Hierarchist sucht nach einem festen Grund, auf dem man ein System bauen könnte, aber das Höchste, was er finden kann, ist ein scharfes Problembewußtsein. Alles, selbst die scheinbar so soliden Begriffe der Ökonomie, »und zwar bis in die zentralen Theoreme hinein«, so muß er jetzt zur Kenntnis nehmen, sind durchsetzt von Geschichtsphilosophie. Das heißt konkret: Man stößt immer auf einen historisch lokalisierbaren Erzeugungskontext, aus dem allein die Theorie zu verstehen ist. Genauer noch: Es gibt das Unbewußte der Theorie, »diese unbewußt psychologische Motivation«, einen bestimmten sozialen Ort, »diese Auseinandersetzung mit der Kritischen Theorie«, und bestimmte historische Gelegenheiten, die mit »politischen Ereignissen, zeitgeschichtlichen Ereignissen, ganz bestimmten politischen Wendesituationen« gegeben sind. Das kommt »irgendwie« zusammen und ergibt »so ein merkwürdiges Amalgam«, aus dem »so ein Wurf« zustande kommt. Der Wurf, so könnte man diese Stelle mit Heidegger wiedergeben, geht zurück auf eine historisch bestimmte Geworfenheit, aus der er sich »mit einem Mal« löst. »Was verfolge ich da eigentlich?« fragt sich Klaus Bregenz.

Wir können die Frage nunmehr so formulieren: Wie konnte er sich lösen aus den Fängen seiner Herkunft und »dieses Buch« schaffen? Dahinter verbirgt sich offenbar das quälende Gefühl der Unsicherheit, ob ihm die Entwirrung seines eigenen Ursprungs in diesem Werk wirklich gelungen ist.

E: Und wenn man dann in einem gewissen Alter ist, diese berühmte Midlife Crisis und was da so passiert, das ist unabdingbar, daß dann eine Wende passiert. Aber bei mir nicht in der Weise, also daß ich wirklich dem abschwöre, was ich gemacht habe, und was völlig anderes mache.

I: Mhm.

E: Sondern es ist mehr jetzt eigentlich so der Punkt, gut, also viele Sachen, die man sich vorgestellt hat, das waren auch Illusionen. Neulich habe ich mit Lefèvre in Berlin diskutiert und habe so die These vertreten, also viele Dinge sind ja nur möglich gewesen, SDS beispielsweise, nicht (lacht), weil die Theorie sozusagen nicht stimmte (lacht). Wobei man nie weiß, was ist das, Theorie, das ist auch so ein Phantasiegebilde, was man da entwirft, und man glaubt, das ist die Objektivität.

I: Ja, ja.

E: Also die Theorie, die hat dann eine Funktion gehabt, für den SDS, was den Leuten gar nicht klar war. Da hat man mitgestrickt an theoretischen Entwürfen und diskutiert und dachte immer, jetzt hat man die Realität im Griff. Was diese Theorien mit der Realität zu tun hatten damals, das ist eine ganz merkwürdige Geschichte.

I: Mhm.

E: Eines hatten sie aber, sie hatten den Charakter, das Selbstverständnis einer Bewegung und eine Einheit herzustellen, die wahrscheinlich nicht zustande gekommen wäre, wenn wir theoretisch in der Lage gewesen wären, zu sehen, was wir wirklich tun und welche Bedeutung diese Theorien haben.

I: Mhm.

E: Halte ich für (lacht), halte ich für völlig ausgeschlossen. Wenn uns das klar gewesen wäre, dann wäre nichts, nicht viel passiert, also was das theoretische Selbstverständnis anbetrifft.

I: Ja, ja.

E: Klar, es hätte Demonstrationen gegeben, aber diese Skepsis, also von der ich vorhin schon gesprochen habe, im Zusammenhang mit Revolution und so, das ist vielleicht jetzt so das späte Resultat, oder präzise artikuliert, man kann es ja dann auch belegen an den einzelnen Theorien und so, aber daß das früher wohl auch schon so war, und ich mehr oder minder intuitiv dachte, also Theorien haben eine andere Funktion.

I: Mhm.

E: Das ist nicht die Theorie dieser Gesellschaft.

I: Ja.

E: Es kommt hinzu, daß ich einen anderen Zugang habe allmählich auch. Wenn ich mir so angucke, was der Adorno schreibt, was der Habermas schreibt, also mir ist aufgefallen, also wir sind ja, der Adorno, der war ja eigentlich im Grunde genommen sprachlos im Hinblick auf das, was da wirklich passierte. Da konnte er ja nichts sagen. Und wenn man sich jetzt die Theorie mal anguckt, die Art und Weise, wie er sich auseinandersetzt mit Kant und Hegel, auch die »Dialektik der Aufklärung«, die frühen Geschichten mit Horkheimer zusammen, das ist ja eine ganz bestimmte Denkfigur.

I: Ja.

E: Die er da macht. Wenn man so psychoanalytisch das einordnet, könnte man die vorödipale Figur sehen, das ist im Grunde genommen, also diese ganze Odyssee-Interpretation, die er da macht, der listige Odysseus, das ist einer, der sich selbst sozusagen stabilisiert oder sein Selbst konstituiert in der Form der List, indem er gewissermaßen diesem allmächtigen Monstrum das ihre gibt und die aber zugleich täuscht, indem er es denen gibt, der sich selbst erhält und das meiste für sich ausschlägt.

I: Ja.

E: Also das ist so eine Art Betrugssituation, die er da beschreibt. Das ist im Grunde genommen immer wieder die Denkfigur von Adorno, durchgehend. Das hat was zu tun mit seinem Narzißmus. Das ist einer, der beständig darauf angewiesen war, das ist einem früher immer so aufgefallen, dieses ganze Auditorium zu haben, also beständig wahrgenommen zu werden, und nur wenn er wahrgenommen worden ist, dann konnte er produzieren. Das ist halt so eine Theorie, wo da immer nur die zwei Pole sind, da ist dieses Allmächtige, unter dieses Monster da fällt dann auch die Gesellschaft, und dann ist dieses listige Individuum, was immer Angst haben muß, daß es sozusagen aufgefressen, aufgesogen, aufgeschluckt wird.

I: Ja.

E: Und im Grunde genommen, also das ist jetzt sehr verkürzt gesagt, aber es ist die psychologische Situation von Adorno, sein Narzißmus, seine beständige Angst, er war ja ein ängstlicher Mensch, wirklich ganz ängstlicher Mensch, der immer dem Tode entronnen ist. Wenn er über die Senkenberganlage gekommen ist, da ist keine Ampel gewesen, und selbst wenn die Ampel da war, weiter unten, hat er es nicht geschafft, bei Grün über die, mußte er irgendwo nervös und auf der Flucht oder wie auch immer, wie ein aufgeregtes Huhn über die Straße da hetzen.

I: Mhm.

E: Der war ja wie so ein kleines Kind. Und er ist sozusagen immer dem Tod entronnen, war immer kurz davor, und das ist eigentlich so der Adorno. Und das schlägt sich nieder in diesen Schriften. Man muß mal, es gibt keine Interpretation in dieser Art von Adorno, aber man müßte es mal machen, den Adorno so zu interpretieren. Das ist diese, ich nenne es jetzt vorödipal, also er wird eigentlich immer von der Alten verschluckt, hat Angst, daß ihn die Mutter kascht oder aufsaugt, und dann ist er nicht mehr. Das heißt, solange er redet, ist er, wenn er nicht mehr redet, dann, darum redet er dauernd.

I: Mhm.

E: Das ist jetzt sehr despektierlich, aber das ist diese Figur. Was ist das Fazit? Daß die Theorien eigentlich zum großen Teil Selbstexplikationen dieser Theoretiker sind.

I: Mhm.

E: Die haben was mit ihrer Realität zu tun, aber nicht mit der anderen. Oder nur höchst vermittelt. Bei Habermas ähnlich.

Als hermeneutischen Ort seiner Selbstreflexion bestimmt unser Erzähler seine Lebensmitte. Von einer unabdingbaren Wende ist die Rede. An diesem Punkt wendet man sich zurück auf sein Leben und fragt nach der Linie, die man bisher verfolgt hat. Die Bilanz klingt negativ, besonders was den Bezug auf die Studentenbewegung betrifft. Gegenüber einem hervorgehobenen Generationsgenossen behauptet der Theoretiker heute, daß die Bewegung nur deshalb so erfolgreich war, weil die Theorie, auf die sie sich berief, nicht stimmte. Das zweimalige Lachen gibt dieser Stelle eine eigentümlich groteske Rahmung. Dieses Lachen ist uns schon am Anfang des Gesprächs begegnet, als Kommentar zu den wissenschaftlichen Texten, die »hochsublimiert« den »autoritären Charakter« beschreiben. Es ist, als blickte der Systematiker, dem das System zusammengebrochen ist, in einen Abgrund. Es ist nur noch zum Lachen, bedeutet die körperliche Geste, wenn man daran denkt. Die Bewegung war einer enormen Täuschung erlegen, als sie meinte, es gäbe eine Theorie für die Praxis. Dazu muß man sich Sätze wie die folgenden in Erinnerung rufen: »Als Hauptaufgabe einer politisch engagierten Fachzeitschrift (...) sehen wir Kritik im Sinne einer materialistischen Analyse der bestehenden gesellschaftlichen Verhältnisse als Grundlage für die politische Praxis, wie sie von Marx im System der politischen Ökonomie entwickelt worden ist. Diese Kritik zielt darauf ab, die wissenschaftlichen Grundlagen für eine politische Strategieentwicklung im Prozeß der in den gesellschaftlichen Verhältnissen selbst begründeten notwendigen Emanzipation der gesamten Gesellschaft zu legen.« Sätze dieser Art haben den kritischen Ton der siebziger Jahre ausgemacht[3]. Klaus Bregenz hat an solchen theoretischen Entwürfen »mitgestrickt« und hat geglaubt, die Realität »im Griff« zu haben. Jedenfalls muß man ihn zu dem »man«, diesem anonymen und allgemeinen Subjekt der Bewegung, rechnen. Aber allmählich stellte sich heraus, daß man nichts »im Griff« hatte. 1975 wird in der zitierten kritischen Fachzeitschrift vorsichtig festge-

3 Dieses Zitat ist dem Heft 20 des Architekturblatts »Arch +« aus dem Jahre 1973 entnommen und das folgende dem Heft 27 aus dem Jahre 1975.

stellt, daß »der revolutionäre Prozeß gegenwärtig nicht auf der Tagesordnung steht«. Für den Theoretiker mußte sich die Frage erheben, woran das lag. An der Realität, die nicht zu greifen ist, oder an der Theorie, die falsch griff? Bei Klaus Bregenz scheint mit der Erkenntnis des Irrtums der Theorie der theoretische Glaube überhaupt verloren gegangen zu sein. Offenkundig handelt es sich um eine radikale Form des Enttäuschungslernens. So wie früher alles abzuleiten war, ist jetzt nichts mehr abzuleiten. In gewisser Weise bleibt diese nihilistische Konsequenz dem ursprünglichen Glauben treu. Noch in der Abkehr von der Idee einer theoretisch begründeten Praxis wird am Prinzip des Grundes festgehalten. »Theorie, das ist auch so Phantasiegebilde, das man entwirft, und man glaubt, das ist Objektivität.«

Bezogen auf die Studentenbewegung erweist sich die Täuschung als Wahrheit der Theorie. Durch marxistische Begriffshypostasen wurde die Einheit der Bewegung hergestellt. Sonst hätte es zwar vereinzelte Demonstrationen gegeben, stellt unser Gesprächspartner fest, aber nie diese massive Protestbewegung. Die wesentliche Funktion der Theorie scheint nicht darin zu bestehen, eine Wahrheit zu begründen, sondern eine Praxis zu konstituieren. Das funktioniert freilich nur, wenn die Subjekte der Praxis an die Wahrheit der Theorie glauben.

Klaus Bregenz kann sich mit einer solch pragmatistischen Auffassung aus zwei Gründen nicht beruhigen: Zum einen, weil die Praxis seiner Theorie nicht seine Praxis war. Gleich zu Beginn des Gesprächs hatte uns Klaus Bregenz mitgeteilt, daß ihm die Studentenbewegung eigentlich fremd war. Das bedeutet: Er hat durch seine theoretische Arbeit an der Konstitution einer Praxis mitgewirkt, in der er sich nicht zu Hause fühlte. Schärfer ausgedrückt: Das Arbeiterkind ist dabei behilflich gewesen, eine Rebellion von Bürgerkindern zu entfachen. Das klingt nach Klassenverrat. Intuitiv, heißt es, dachte er schon damals, die Theorie der Studentenbewegung sei nicht die Theorie dieser Gesellschaft. Deshalb war das »späte Resultat« seiner Reflexionen früh angelegt. Zum anderen, und das ist viel wichtiger, kann er sich mit einer pragmatistischen Wahrheitstheorie deshalb nicht anfreunden, weil sein Glaube an die Theorie eine existentielle Verankerung hat. Die Theorie ist Ausdruck des eigenen Schicksals und stellt insofern den Versuch dar, der Macht dieses Schicksals zu entkommen. Das ist die Botschaft des zweiten Teils dieser Passage, die von Adorno handelt.

Adorno sei im Grunde sprachlos gewesen im Hinblick auf die reale gesellschaftliche Entwicklung. Seine Theorie drehe sich um etwas anderes: um die Darstellung der Geburt des Selbst in der Form eines listigen Betrugs. Die folgenden Erläuterungen beziehen sich auf den wohl von Adorno stammenden Exkurs über Odysseus in der von Horkheimer und Adorno verfaßten »Dialektik der Aufklärung« von 1944. »Die Irrfahrt von Troja nach Ithaka«, heißt es dort, »ist der Weg des leibhaft gegenüber der Naturgewalt unendlich schwachen und im Selbstbewußtsein erst sich bildenden Selbst durch die Mythen.«[4] Diese Naturgewalt, die das Selbst »durch gefahrvolle Lockungen« aus der Logik seiner Bahn herausziehen will, führt zum Bild der Mutter. Die Mutter ist, folgt man den Ausführungen von Klaus Bregenz, ein »allmächtiges Monstrum«, dem man nur durch Angleichung entfliehen kann. Es ist die List des Odysseus, daß er sich resigniert anschmiegt, »dieser das Ihre gibt und sie eben dadurch betrügt.«[5] Die Gefahr, sagt der Text des Interviews, besteht darin, »sozusagen aufgefressen, aufgesogen, aufgeschluckt zu werden«. Die Mutter erscheint hier als das wahre inzestuöse Objekt, und der Mutterleib als der Ursprungsort des Selbst. Die Frage, die Adornos Denkfigur zugrunde liegt, lautet, wie man an der primären Verschmelzung mit der Mutter teilhaben und ihr doch entkommen kann. Die Antwort gibt Klaus Bregenz nicht wirklich wieder. Odysseus findet nämlich eine Lücke im natürlichen Vertrag mit den mythischen Mächten. Er »versucht nicht, einen andern Weg zu fahren als den an der Sireneninsel vorbei. Er versucht auch nicht, etwa auf die Überlegenheit seines Wissens zu pochen und frei den Versucherinnen zuzuhören, wähnend, seine Freiheit genüge als Schutz. Er macht sich ganz klein, das Schiff nimmt seinen vorbestimmten, fatalen Kurs, und er realisiert,

4 Max Horkheimer/Theodor W. Adorno, Dialektik der Aufklärung. Philosophische Fragmente, Neuausgabe, Frankfurt a.M. 1986, S. 53.

5 A.a.O., S. 65.

daß er, wie sehr auch bewußt von Natur distanziert, als Hörender ihr verfallen bleibt. Er hält den Vertrag seiner Hörigkeit inne und zappelt noch am Mastbaum, um in die Arme der Verderberinnen zu stürzen. Aber er hat eine Lücke im Vertrag aufgespürt, durch die er bei der Erfüllung der Satzung dieser entschlüpft.«[6] Dies erinnert an die Tüftelei von Klaus Bregenz: die Lücke, die er in Adornos Denken ausgemacht hat, und der Versuch, von da aus die Hermetik dieser Form der Kritik zu brechen. Es ist die Lücke, durch die man aus dem endlosen Kreisen des Ursprungs herauskommt. Zappelnd am Mastbaum kann man der Mutter dann wirklich ins Gesicht sehen. Adorno unterschlägt nicht die Kosten, die die betrügerische Rettung des Selbst aus den Fängen seiner Verfallenheit mit sich bringt: Der Listige überlebt nur um den Preis seines eigenen Traums. Seinen Drang zu einem ungeschmälerten Glück muß er demütigen. Es ist, als beharrte Adorno darauf, daß die Strafe auf dem Fuß folgt. Das Selbst muß für seine Rettung zahlen, und zwar mit Einsamkeit und Isoliertheit. Dem listigen Einzelgänger wird bescheinigt, daß er schon der homo oeconomicus ist. Er betrügt nicht nur die ihn bedrängenden Mächte, sondern auch sich selbst. Man hat »auf der homerischen Stufe der Identität des Selbst«[7] nur die Wahl, zu betrügen oder unterzugehen. Daß die Odysee eigentlich die Geschichte von getrennten und wiedervereinten Gatten ist, kommt bei dieser Interpretation bezeichnenderweise nicht in den Blick.
In den Worten Adornos spricht Klaus Bregenz über sich selbst. Man denkt an den Beginn des Interviews, wo der mörderische Affekt gegenüber der Frau geschildert wird, die so teilnahmslos über den mit dem Tode ringenden Rudi Dutschke daherredete. Und davon ausgehend bekommt die Herkunftsfamilie unseres Erzählers eine differentiellere Gestalt. Der Systembegriff, auf dem die Formel von der »verkehrten Form der Einheit« beruht, verdeckt eine archaische Differenz: nämlich die Differenz zwischen Mutter und Vater. Indem man von der Familie als einem System spricht, kann man vermeiden, von der besonderen Beziehung zur Mutter

6 A. a. O., S. 66.
7 A. a. O., S. 55.

und, in spezifischer Widersprüchlichkeit dazu, von der besonderen Beziehung zum Vater zu sprechen. Durch die vorschnelle Systematisierung des Heterogenen erspart sich Klaus Bregenz den mühsamen Übergang vom Homogenen zum Heterogenen. Denn die verschiedenen Beziehungen zwischen Mutter, Vater und Kind bleiben im Ganzen undurchdringlich verschlungen. So verewigt die Rede vom »System« die mütterliche Ursprungsmacht. Vom Vater wird an anderer Stelle mit verhaltener Zuneigung gesprochen: ein »absonderlicher Mensch«, der nach wochenlangem Fußmarsch aus der Kriegsgefangenschaft nach Hause zurückkehrte, ein »barscher Kerl«, der alles mögliche auf sich genommen, aber nie geredet habe, er wird sogar entschuldigt, was sollte er auch machen, am Wochenende habe er gesoffen wie ein Loch, aber nur am Wochenende. Von der Mutter jedoch erfahren wir, außer daß sie von Hause aus bestrebt war, nichts. Sie bleibt, mit Adorno gesprochen, eine Rätselfigur, von der ein dämonischer Sog ausgeht, woher das Vergessen und das Aufgeben des Willens droht.

Der Gescheite ist Adorno zufolge immer in Versuchung, zuviel zu reden. Ihn bestimmt die Angst, daß ihm der hinfällige Vorteil des Worts gegen die Gewalt plötzlich wieder entzogen werde. Außerdem kann das aufgeklärte Wort Unheil gegen sich selbst heraufbeschwören. Mit Bezug auf die Episode, in der Odysseus, gerade dem Polyphem entronnen, dennoch, Poseidon reizend, seinen Namen preisgibt, heißt es weiter: »Udeis, der zwanghaft sich als Odysseus einbekennt, trägt bereits die Züge des Juden, der noch in der Todesangst auf die Überlegenheit pocht, die aus der Todesangst stammt.«[8] Klaus Bregenz weist auf den eigentümlichen Sprechzwang Adornos hin: Nur solange er redete, war er; darum redete er dauernd. Dahinter stehe die Angst vor der Mutter, die ihn vereinnahmen und aufsaugen könnte. Aber hat diese furchtbare Mutter nicht noch ein anderes Gesicht? Es ist sicher nicht zufällig, daß im Zusammenhang mit dem Sprechen-Müssen des Listigen auf die Züge des Juden hingewiesen wird. In der »Negativen Dialektik« von 1970 ist zu lesen: »Das perennierende Leiden hat

8 A.a.O., S. 76.

soviel Recht auf Ausdruck wie der Gemarterte zu brüllen; darum mag falsch gewesen sein, nach Auschwitz ließe kein Gedicht mehr sich schreiben. Nicht falsch aber ist die minder kulturelle Frage, ob nach Auschwitz noch sich leben lasse, ob vollends es dürfe, wer zufällig entrann und rechtens hätte umgebracht werden müssen. Sein Weiterleben bedarf schon der Kälte, des Grundprinzips der bürgerlichen Subjektivität, ohne das Auschwitz nicht möglich gewesen wäre: drastische Schuld des Verschonten. Zur Vergeltung suchen ihn Träume heim wie der, daß er gar nicht mehr lebte, sondern 1944 vergast worden wäre, und seine ganze Existenz danach lediglich in der Einbildung führte, Emanation des irren Wunsches eines vor zwanzig Jahren Umgebrachten.«[9] Natürlich weiß Klaus Bregenz um diesen Zusammenhang, und von daher scheint es »sehr despektierlich« zu sein, Adorno als Frühgestörten zu interpretieren. Aber sein Gefühl sagt ihm, daß das vorödipale Erleben der lebensgeschichtliche Ursprungsort von dessen zentraler Gedankenfigur darstellt. Das Bild der falschen Gesellschaft ist in Analogie zum Bild der monströsen Mutter gebildet. In ihr, sagt Adorno, ist jeder zuviel und wird betrogen. Zumindest ist das die Art und Weise, wie Klaus Bregenz ihn versteht, und so wurde Adornos Theorie zur stellvertretenden Deutung seiner eigenen Situation.

Klaus Bregenz will Adorno das Geheimnis des Überlebens entreißen. Wie ist zu leben, wenn man seelisch noch gar nicht geboren ist? Der Fusion mit der Mutter zu entkommen, wäre der erste Schritt der Individuation. Aber gegen die Macht des Ursprungs nützt die bloße Behauptung der Identität nichts. Im Gegenteil, von Adorno war zu lernen, daß der Zwang zur Identifizierung nur ein leeres Ich hervorbringt, das gewaltsam gegen sich selbst wie gegen die anderen verfährt. Was Adorno hingegen vorführte, war eine Form des Überlebens jenseits von Verdinglichung und Gestaltlosigkeit. Es war der endlose Fluß der Rede, wodurch dieser kleine, ängstliche Mann standhielt, ohne sich selbst erhalten zu müssen. Deshalb »löcherte« ihn Klaus Bregenz zusammen mit Klaus Kottkamp. Es ging nicht um politische Anweisungen, sondern um das Geheimnis

9 Theodor W. Adorno, Negative Dialektik, Frankfurt a.M. 1970, S. 353f.

dieser standhaltenden Identifikation. Der »wunde Punkt« war in der Tat die Ökonomie, nicht die Ökonomie der kapitalistischen Gesellschaft, sondern die Ökonomie der narzißtischen Gefühle. Wie ist der Schmerz der Trennung ohne Aussicht auf die nachträgliche Vereinigung auszuhalten? Für Klaus Bregenz verfügte Adorno offenbar über ein Wissen, das er jedoch nicht preisgab. Der war wie ein kleines Kind, heißt es im Interview, das immer dem Tod entronnen ist.

»Was ist das Fazit? Daß die Theorien eigentlich zum großen Teil Selbstexplikationen dieser Theoretiker sind. (...) Die haben was mit ihrer Realität zu tun, aber nicht mit der anderen. Oder nur höchst vermittelt.« Unüberhörbar ist der fatalistische Grundton. Die Schlußfolgerung, daß alle Theorien in erster Linie Ausdrucksgestalten der Theoretiker sind, macht aus Klaus Bregenz keinen Anhänger einer »fröhlichen Wissenschaft«. Denn, wenn das so ist, wenn es aus der Selbstbezüglichkeit unserer Erfahrung keinen Ausweg gibt, dann gibt es auch keine Möglichkeit, dem eigenen Schicksal zu entrinnen. Man muß ohne Kriterien für die Richtigkeit der eigenen Praxis leben, es sei denn, man findet sie in sich selbst. Aber genau dieses Problem verfolgt Klaus Bregenz: Etwas in sich zu finden, was ihn von der Verwirrung mit seinen primären Bezugsobjekten befreien könnte. Sein Buch über die »verkehrte Form der Einheit« stellte den Versuch dar, seinen eigenen Ursprung zu objektivieren. Daher berührt der allmähliche Verlust des theoretischen Glaubens den Kern seiner Existenz.

Wie ein enttäuschter Liebhaber wendet sich Klaus Bregenz ab von der Wissenschaft. Die Kritik gerät zur Abrechnung.

E: Man sagt, das ist völlig objektiv, das hat wirklich nichts mit mir zu tun. Das ist doch wirklich eine institutionalisierte Abwehrmethode.

I: Mhm.

E: Und wenn man sich die Wissenschaft anguckt und viele Wissenschaftler, was schreiben die doch für großen Mist zusammen. Man kann doch wirklich sagen, ein großer Teil gehört eigentlich gleich in den Schutt, von dem was da in der Wissenschaft so produziert wird. Also ich denke mir dann, im Grunde genommen muß man die Konsequenz ziehen, singuläre Theorien für andere singuläre Individuen, und dann kann man sagen, gut, was kannst du damit machen, sagt dir das irgend etwas.

I: Ja, ja.

E: Das wäre ehrlich. Aber dieser Objektivitätsanspruch, Wissenschaftlichkeit hat überhaupt nichts mit uns zu tun, das halte ich für Verdrängungsformen, Abwehrrituale, die aber jetzt den institutionalisierten Wissenschaftsbetrieb wirklich charakterisieren. Das heißt, wenn man diese Forderung aufstellt, das trifft den Nerv dieser Leute, denn das sind ja die Wissenschaftler, die das machen.

I: Mhm.

E: Das sind ja bestimmte psychische Dispositionen, die hier wirksam sind (lacht). Und wenn ich jetzt da auf diesen Punkt stochere, dann gehen die ja hoch.

I: Ja, ja.

E: Also das heißt, darin sieht man doch, ich habe einen Widerstand getroffen, und da fangen sie an zu mosern (lacht).

Klaus Bregenz hält den Wissenschaftlern vor, daß sie ihre Subjektivität hinter der »institutionalisierten Abwehrmethode« der Wissenschaft verstecken. Dies geschieht nicht ohne ein Pathos der Ehrlichkeit. Der Objektivitätsanspruch diene nur der Rationalisierung unausgesprochener Subjektivitätsansprüche. Die Gründe, die sie für die Wahrheit ihrer Präferenzen vorbringen, haben mehr mit ihrer eigenen als mit der anderen Realität zu tun. Daraus folgt, daß jedem Objektivitätsanspruch von vornherein zu mißtrauen ist. Das gilt anscheinend weniger für die eigenen Urteile. Denn im gleichen Atemzug schwingt sich Klaus Bregenz zu einer vernichtenden Kritik des Wissenschaftsbetriebs auf: Es sei »ein großer Mist«, was viele Wissenschaftler zusammenschreiben, ein großer Teil gehöre »gleich in den Schutt«. Der Empörte ist sich seiner Sache sicher. Er glaubt, zwischen berechtigten und unberechtigten Objektivitätsansprüchen unterscheiden zu können. Unser Gesprächspartner scheint den Widerspruch nicht zu bemerken: Er kritisiert den Objektivitätsanspruch der Wissenschaft und behauptet ihn doch zugleich. Einerseits will er nur als singuläres Individuum im wissenschaftlichen Diskurs auftreten, andererseits gebärdet er sich wie das Gewissen der Wissenschaft.

Dieser Widerspruch charakterisiert sein Verhältnis zur Wissenschaft von Anfang an. Der Bildungsaufsteiger schwankt zwischen Wissenschaftsglaube und Wissenschaftsskepsis hin und her. Der Glaube an die Wissenschaft hat seinen Aufstieg ermöglicht. In die Kritische Theorie konnte er eindringen, weil er sich nicht mit Versicherungen zufriedengab, sondern Beweise verlangte. Den Autoritäten der Kritischen Theorie war das, wie wir gehört haben, nicht geheuer; aber sie konnten diese Wissenschaftlichkeit vorgebende Kritik nicht abweisen. Hinter dem Verhalten des aufstrebenden Wissenschaftlers verbarg sich indessen eine tiefe Skepsis der Wissenschaft gegenüber. An dem Bildungsaristokraten Adorno konnte Klaus Bregenz studieren, daß die akademische Wissenschaft ein System von Herrschaftswissen darstellt, das dazu dient, einen hegemonialen Habitus aufrechtzuerhalten. Das Arbeiterkind haßte dieses Imponiergehabe. Darum kniete es sich immer tiefer in die »wunden Punkte« der Theorie. Es handelt sich insgesamt um einen paradoxen Zusammenhang: Durch die äußere Bejahung der Wissenschaft konnte der Bildungsaufsteiger seiner inneren Verneinung der Wissenschaft Ausdruck verschaffen. Das funktioniert nun nicht mehr. Er ist selbst zu einem Repräsentanten der Wissenschaft geworden, aber er hat alles verloren, worauf er sich stützen konnte. Das System, an dem er mitgebaut hat, ist zusammengestürzt. Außerdem findet er keinen ihm gemäßen Ort im universitären System. Weder an universitärer Organisationsmacht noch an intellektueller Repräsentationsmacht scheint er interessiert zu sein. Das Mitmischen im akademischen Beziehungsfeld, die vielen kleinen Gefälligkeiten und unterwürfigen Komplizenschaften, die dazu nötig sind, ist seine Sache nicht; aber er beherrscht auch nicht die Kunst des Charmierens und Düpierens, mit der man bei den Kulturredakteuren Aufmerksamkeit erregt. Mit anderen Worten: Klaus Bregenz verfügt weder über das Talent zum telegenen Feuilletonisten noch zum provinziellen Wissenschaftsfürsten. Seiner Herkunft und seinem Charakter nach ist er »ernsthafter Wissenschaftler«, der sich in Einsamkeit und Freiheit fleißig und penibel um die Wahrheit kümmert. Doch dafür hat er eine entscheidende Voraussetzung eingebüßt: die devote Haltung zur Wissenschaft. Das einzige, was ihm übrig bleibt, ist, dem Wissenschaftsbetrieb auf die Nerven zu gehen: an bestimmten Punkten zu stochern und die Kollegen hochgehen zu lassen. In dieser Rolle eines selbsternannten Psychoanalytikers der Wissenschaft wirkt Klaus Bregenz freilich nicht sehr glücklich und nicht sehr sympathisch.

Nach diesen Ausführungen würde man gerne wissen, wie dieser älter gewordene Theoretiker der Studentenbewegung die heutige Lage einschätzt. Bezogen auf das, was in der Gesellschaft vor sich geht, operiert Klaus Bregenz immer noch mit den alten Begriffen. Auch wenn bestimmte Personen aufgrund ihrer besonderen Disposition nur bestimmte Dinge sehen, so sei der Kapitalismus doch nicht auflösbar in ein Korrelat von Beobachtungen. Hier taucht unser Gesprächspartner auf aus der Endlosschleife seiner Selbstreflexion und setzt einen Punkt. Es gebe diese Struktur, die Frage sei nur, was man darüber sagen könne. Ich hake nach und frage, was er darüber zu sagen habe. Es zeigen sich zwar Alternativen, das seien aber keine Alternativen zum Kapitalismus, sondern allenfalls im Kapitalismus. Man müsse die »neue Unübersichtlichkeit« als Ausdruck einer Reorganisation des Kapitalismus begreifen. Die Ökonomie nehme eine andere Form an, und die Gesellschaft spalte sich neu: Auf der einen Seite der Markt für die Sozialhilfeempfänger, auf der anderen Seite die Märkte für die »Boutiquen-Bourgeoisie« und für die »Software-Aristokratie«. Nach diesem kurzen Aufflakkern einer objektiven Rede zieht es Klaus Bregenz indes wieder zurück zu seiner subjektiven Rede.

E: Wo das endet? Ja, da kann man tatsächlich nur mit Adorno sagen, die Welt wird erst verändert, wenn jeder Einzelne wirklich zur Vernunft kommt. Das ist die Sache jedes Einzelnen zu sagen, jetzt, das muß umgekrempelt werden. Also naturgesetzlich oder objektivistisch kommt es natürlich nicht.

I: Ja.

E: Und die SPD, die hat auch kein Heilmittel gegenwärtig. Und bei den Grünen sehe ich das auch nicht. Also es klingt jetzt nun wirklich sehr fatalistisch, ich muß sagen, ich möchte jetzt nicht an der Stelle meines Sohnes sein.

I: Wie alt ist Ihr Sohn?

E: Der ist jetzt einundzwanzig.

I: Ja.
E: Gut, in dem Alter, jetzt, da wendet man sich, das ist irgendwo der Punkt, da kommt auch der Tod näher, da denkt man darüber nach, und da weiß man, man hat nur noch begrenzt zu leben. Das ist vor fünf Jahren anders gewesen.
I: Mhm.
E: Das ist unabdingbar, das ist offensichtlich die Midlife-Geschichte, wobei niemand weiß, was ist Midlife-Crisis. Meines Erachtens hat das was zu tun mit dem Tod der Eltern. Das ist die Zeit, in der die Eltern sterben.
I: Mhm.
E: In unserer Kultur. Das heißt, du trittst an die Stelle der Eltern eigentlich jetzt.
I: Ja.
E: Jetzt erst. Das muß es irgendwo sein. Also jedenfalls vor fünf Jahren hätte ich vielleicht noch anders geredet. Jetzt ist der Punkt, wo man, ich seh es auch an den Kollegen, und wir unterhalten uns, es wird schon ab und zu mal von Pensionierung geredet, ja, was machst du dann eigentlich. Und daß man sieht, man hat nur noch begrenzt Zeit. Da will man bestimmte Sachen weiterführen, auch zu Papier bringen.
I: Mhm.
E: Aber das hat einen anderen Charakter. Das ist eine ganz merkwürdige Geschichte, also ich bin da sehr pessimistisch, muß ich sagen.
I: Mhm.
E: Ich glaube, irgendwann ist die Geschichte aus. Atombomben gibt es immer noch, das will nur keiner mehr wissen. Heute reden alle von Klimakatastrophe, aber das ist doch nur die Spitze. Die ganzen Disproportionalitäten, wenn man so will, so in der Bevölkerungsexplosion, Dritte Welt. Und die Politiker verdrängen, je brisanter das wird, um so mehr wird verdrängt, und ich denke, irgendwann geht das hoch. Ich kann nicht dran glauben, daß die Menschen irgendwie zur Vernunft kommen.
I: Mhm.
E: Also irgendwie denke ich, was weiß ich, wie sieht es aus, ich kann es nicht sagen, das wird sich zuspitzen. Das ist

klar. Aber wie das aussieht, wenn es sich zuspitzt, das kann ich auch nicht sagen. Jedenfalls die Ökonomie tobt sich weiter aus. Egal, ob CDU oder SPD.

I: Ja.

E: Insofern hat der Marx, der war noch naiv, kann man sagen, aber was er versuchte zu fassen, mit dem tendenziellen Fall der Profitrate, das ist eigentlich der Punkt, daß hier eine Dynamik drin ist, die sich immer weiter austobt, wie dieses Schneeballsystem, was immer auf erweiterten Stufen kollabiert, breitet sich weiter aus, reißt alles in sich rein.

I: Ja.

E: Also das ist dieser Fleischwolf, wo immer mehr da reingezogen wird und so. Das klingt jetzt sehr pessimistisch, aber ich sehe auch keinen Grund zum Optimismus, wenn man sich das anguckt.

I: Ja.

E: Prognosen kann ich keine machen. Aber ich verstehe die Leute, die auf einmal denken, jetzt pack ich mein Zeug und zieh irgendwo in die Berge oder so, also ich denke es ja dann auch. Daß ich sage, da kannst du nichts mehr ausrichten. Das ist wirklich derartig verhärtet, wenn man diese Leute sieht, die Politdarsteller im Fernsehen, man kann es nicht glauben.

I: Mhm.

E: Ich kann diese feisten Gestalten teilweise einfach nicht mehr sehen, allein der fette Kohl, und denke, wenn es nicht möglich ist, die zur Strecke zu bringen sozusagen (spricht lachend), dann, die jagen einen in den Tod, diese Leute. Ich will jetzt nicht über Terrorismus sprechen, das nicht, aber (lacht) da geht mir schon das Messer in der Tasche auf, bei solchen Leuten, mit welchem Zynismus, mit welcher Heuchelei da Politik gemacht wird.

I: Mhm.

E: Dann denke ich eben auch, gut, ich habe schon so den Impuls möglicherweise, daß ich doch noch mal bei den Grünen mitmache in der Politik. Weil das die einzige Möglichkeit ist, jetzt überhaupt was zu machen. Möglicherweise ändert sich was. Also daß so Leute wie Schröder oder Lafontaine doch zielsicheren Schrittes kommen und daß tatsächlich andere Koalitionen dann möglich werden.

I: Ja.

E: Da sollte man doch denken, daß was anderes so zustande kommt. Manchmal bin ich da optimistisch, wenn ich so sehe, sozialdemokratische Juristen zum Beispiel, die sich so langsam formieren und so die Stimme der Vernunft allmählich in der Justiz vertreten, dann denke ich, es sind wirklich die kleinen Schritte. Da sollte man auch mitmachen. Da bin ich auch sehr, sehr gespalten.

Unser Gesprächspartner spricht davon, daß er sich an einem Punkt des Lebenslaufs befindet, wo der Tod näherkommt, und zwar in doppelter Gestalt: als Tod der Eltern und als der eigene Tod. Diese Erfahrung des Sterbens bildet für ihn den eigentlichen Kern dieser eigentümlichen Krise in der Lebensmitte. Der Alternde erkennt den Tod mit einem Mal als wirkliche Möglichkeit seines Daseins, und diese Erkenntnis wirft ihn in gewisser Weise auf sich selbst zurück. Spätestens im Blick darauf, daß »man nur noch begrenzt zu leben hat«, wird das Selbst sich seiner eigenen Unvertretbarkeit bewußt, denn das Sterben kann einem niemand abnehmen. Dazu kommt der Tod der Eltern. Die primären Liebes- und Haßobjekte, die einen ständig begleitet haben, sind plötzlich nicht mehr da. »Erst jetzt«, sagt Klaus Bregenz, tritt man an die Stelle der Eltern. Mit anderen Worten: Erst jetzt muß das Selbst ganz allein für sich sorgen; es kann nicht mehr auf die unkündbare Beziehung zu seinen ersten Bezugspersonen zurückgreifen. Diese doppelt bestimmte Erfahrung des Alleinseins ist das Unabdingbare dieser Lebensphase, von dem Klaus Bregenz spricht. Die entsprechende Stimmung eines existentiellen Alleinseins kann das Selbst in Panik versetzen. Die Folgen davon sind als Ausdruck der Krise in der Lebensmitte bekannt: ein unverhofft ausbrechender Objekthunger, der rastlose Ausverkauf von Schöpferkraft oder das sich einstellende Gefühl der Nichtigkeit der Lebensanstrengung. Im Fall von Klaus Bregenz ist zu erkennen, wie sich das Selbst in ein fiebriges apokalyptisches Phantasma flüchtet. In der atomaren Vernichtung ist die ganze Menschheit in einem ursprünglichen Sinne vereint, und das Selbst ist von seinem Alleinsein erlöst. Die Vorstellung ist reflexiv geschlossen: Wenn nicht die atomare, so wird uns die demographische Katastrophe ereilen. Vorher werden die Menschen nicht zur Vernunft kommen.

Für einen Moment blitzt ein terroristischer Impuls auf. Die »feisten Gestalten« der im Fernsehen sich präsentierenden Politiker, so heißt es, müssen zur Strecke gebracht werden. Hier sind offensichtlich Affekte im Spiel, die nicht allein auf die Verzweiflung angesichts der Weltlage zurückgehen. Folgt man dem Text weiter, so stellt sich heraus, daß die politischen Figuren nur die Charaktermasken einer apokalyptischen Konstruktion darstellen. Dahinter steckt eine furchteinflößende Ursprungsmacht. Als eigentlicher Motor der katastrophischen Entwicklung erscheint dieser »Fleischwolf«, der sich immer weiter ausbreitet und alles in sich hinein reißt. In der kapitalistischen Ökonomie tobt sich eine unaufhaltsame Dynamik aus, die die Welt in den Abgrund stürzt. Der Gesellschaftstheoretiker kann keine spezifischen Aussagen machen, er weiß lediglich, daß die Dinge sich notwendigerweise zuspitzen. Hilflos starrt Klaus Bregenz auf dieses selbstbewegliche Destruktionsgeschehen. Sich selbst ansprechend bemerkt er: »Da kannst du nichts mehr ausrichten«. Er versteht die Aussteiger, die es in die Berge zieht: Dieses »Irgendwo« in der Welt ist ein »Nirgendwo« in der Welt. Retten kann man sich nur, indem man aus der Welt verschwindet und sein Selbst aufgibt.

Der Lebenstrieb meldet sich als »Stimme der Vernunft«, die eine andere Form der Rettung anbietet: eine Strategie der »kleinen Schritte«, wodurch sich langsam eine strukturierende Gegenmacht zu der entstrukturierenden Macht des »Fleischwolfs« formieren kann. Manchmal ist er optimistisch, wenn er die erfolgversprechenden Versuche anderer betrachtet, das heißt, er glaubt, daß die destruktiven Kräfte des Ursprungs durch die konstruktiven Kräfte einer spezifischen Solidarität gebannt werden können. Aber von einer Integration der beiden widerstrebenden Kräfte ist Klaus Bregenz offenkundig weit entfernt. Man muß seine Worte ernst nehmen: Er ist in dieser Frage wirklich »sehr, sehr gespalten«.

Die allmähliche familiendynamische Umdeutung seines gesellschaftstheoretischen Werks hat ihn in Kontakt gebracht mit dem Schicksal seines Selbst. Er fühlt sich innerlich verstrickt in eine »verkehrte Form der Einheit«, die ihm keinen Raum für sich läßt. Die Systemperspektive ist jedoch geeignet, den Ursprung der Katastrophe zu verdecken. Hinter der Fassade der normalen Arbeiterfamilie lauert eine destruktive Macht, die »verschlingt« und »zerreißt«. Und das Modell Odysseus beweist, daß das Selbst allein durch Angleichung diesem Sog der Vernichtung entraten kann. Andere Modelle sind für ihn ausgeschlossen.

Undeutlich bleibt, wie die frühen Verfolgungsängste mit frühen Objektbeziehungen verbunden sind. Die Rede von Klaus Bregenz balanciert auf einem schmalen Grat zwischen der Beschwörung einer Auflösungsgefahr auf der einen Seite und dem Ausdruck eigener Auflösungswut auf der anderen Seite. Immer wieder schießen ihm Bilder eigener Vernichtungswünsche in seinen Text, oft begleitet von diesem eigentümlich abrupten Lachen. Und zum Schluß rettet er sich in eine apokalyptische Vorstellung, die im Grunde besagt, daß er die ganze Welt mit sich in den Abgrund reißen möchte. Die Furcht vor der Gier des bösen Objekts erweist sich hier als Ausdruck der eigenen Objektgier. Das Alleinsein, das dem Selbst im Vorlauf auf seinen eigenen Tod vor Augen steht, ist nicht auszuhalten.

Wo endet das? Adorno könnte für Klaus Bregenz einen Hoffnungsschimmer darstellen. Hier tritt ein fast existentialistisches Motiv zutage, demzufolge nur der Einzelne die Welt und damit sich selbst retten kann. Adorno hat die dafür notwendige Haltung beschrieben. Nur in der Abkehr von omnipotenten Methoden der Kontrolle, nur in der Hinwendung auf das unteilbare Einzelne kann das Selbst ein Gefühl des Sinns und der Bedeutung wiedererlangen. In der apokalyptischen Verlokkung dagegen liefert es sich jenem Gefühl der Nichtigkeit aus, wo alle Lösung aus unentwirrbaren Bindungen eine Endlösung bedeutet.

Selbst vor seinem eigenen Sohn scheint unser Gesprächspartner nicht haltzumachen. Die doch empathisch gemeinte Äußerung, jetzt nicht an der Stelle seines Sohnes sein zu wollen, womit zum Ausdruck gebracht werden soll, daß er dessen schwierige Lage versteht, hat noch eine andere Seite: nämlich die Weigerung, sich in dessen Lage zu versetzen. Der Vater drängt dem Sohn den eigenen Fatalismus auf. In dem Moment, da der Jugendliche in die Welt der Erwachsenen treten will, wird ihm vermittelt, daß das Ganze dem Untergang geweiht ist. Mit dem Einstimmen in die apokalyptische Vorstellung entzieht sich Klaus Bregenz seiner elterlichen Tradierungsaufgabe, die doch darin besteht, den eigenen Nachkommen Zukunft zu eröffnen und nicht Zukunft zu schließen. »Das klingt jetzt sehr pessimistisch«, sagt der Vater, »aber ich sehe auch keinen Grund zum Optimismus«. Am Ende des Interviews fällt die Formel für seine gegenwärtige Gemütsverfassung: Klaus Bregenz will seine Ruhe haben. Er hat sich, wie eingangs erwähnt, in der Weise von seiner Frau getrennt, daß diese mit der Tochter in einem Teil des Hauses und er mit dem Sohn im anderen Teil wohnt. Er mache so sein eigenes Leben. Klaus Bregenz befindet sich auf dem Weg eines depressiv gestimmten Rückzugs von der Welt. Vielleicht habe jeder nur ein bestimmtes Kraftquantum im Leben zur Verfügung; er zumindest habe manchmal das Gefühl, das seine schon verausgabt zu haben. Es ist, als hätte er sich sein ganzes bisheriges Leben darum bemüht, sich von seiner Herkunft zu entfernen, um für sich sein zu können, und müßte nun, im Gefühl seines Seins zum Tode, feststellen, daß alle seine Anstrengungen vergeblich waren. Als er zur Zeit der Studentenbewegung sein Buch schrieb, schien die Objektivierung und Entwirrung seiner eigenen Herkunft möglich. Doch mit dem Verfall der Bewegung wurde Klaus Bregenz von seiner Geschichte wieder eingeholt, die ihn seitdem nicht mehr losgelassen hat. Am Ende, im Einverständnis mit seinem Scheitern, fällt er in die Arme seiner Herkunftsfamilie zurück.

E: Aber das hängt auch mit meiner eigenen Familie, also von Hause aus, zusammen, da sind die Schäden offensichtlich so groß, daß man, wenn man nicht wirklich ein gutes Vorbild gehabt hat, schafft man es selbst nicht.

I: Mhm.

E: Das glaube ich. Dann ist man wirklich verdonnert sozusagen, objektiv verdonnert, zu scheitern. Also ich habe es so oft erlebt bei anderen, habe immer auch nachgefragt, wie war es denn, dann haben die diskutiert, wenn man das große Glück hatte, in dieser berühmten intakten Familie, die es ja nicht gibt, aber wenn es dann mal eine einigermaßen gelungene Konstellation ist, bei den Eltern, wo die miteinander können und laden nicht alles auf den Kindern ab und instrumentalisieren die als Puffer oder wie auch immer,

I: mhm,

E: dann könnte es klappen. Sonst nicht. Sonst sind die Kinder derartig zu Schaden gekommen, daß die keine eigene Familie gründen können. Die tun es natürlich, aber das läuft immer schief.

3. Die Suche nach dem Unmöglichen. Paul Arnheim und die Bücher

Man hatte mir gesagt, er würde es bestimmt nicht machen. Wir hatten uns nie getroffen, und mein Name war sicherlich noch nicht in seinem Umfeld gefallen. Doch seine Antwort auf meinen Brief kam umgehend. Er rief mich an, und wir verabredeten uns für drei Tage später. Paul Arnheim residiert immer noch in einer Fabriketage in Berlin-Kreuzberg. Dort lebt und arbeitet er. Ein Lastenaufzug befördert mich in die vierte Etage. In einer hinteren Ecke des großen Raums hat er sich eine Wohnecke mit Bett, Kühlschrank, Fernseher, und was man sonst noch zum Leben braucht, eingerichtet. Entlang der Fensterfront läuft eine Schreibtischplatte, und an einer Wand stehen mit Bücherstapeln gefüllte Lagerregale, wovor sich ein Verpackungstisch befindet. Auf einem fahrbaren Gestell ist ein Computer montiert. Insgesamt jedoch dominiert der freie Raum. Schon am Telefon war mir seine ungewöhnlich voluminöse Stimme aufgefallen. Diesem Eindruck einer gewissen Erdigkeit widerspricht die Scheu seines Auftretens. Fast etwas zögerlich begrüßt er mich. Er beobachtet mich ganz genau, vermeidet aber jeden direkten Blickkontakt. Mein Gegenüber ist durchaus formbewußt angezogen, mit feiner Stoffhose und großzügig geschnittenem Jackett, freilich ohne den Anspruch des Ausgewählten oder gar Modischen. Wir finden Platz in einer Sitzecke, bestehend aus einer grau gestrichenen hölzernen Sitzbank und einem entsprechenden Tisch, deren Gestaltung an das harte Ambiente bestimmter Orte der Berliner Nachtszene erinnert. Ich bekomme einen eigenwilligen Sessel angeboten, ein Einkaufswagen, in den man sich auf eine mit dickem durchsichtigem Plastik ausgeschlagene Sitzfläche setzt, bevorzuge aber die Sitzbank. Später erfahre ich, daß es sich bei dem Sessel um ein markantes Objekt einer Berliner Designer-Gruppe handelt. An dem Geruch bemerke ich, daß hier kurz vorher noch schnell gekocht und gegessen wurde. Es ist acht Uhr abends, und um vier Uhr morgens werden wir uns verabschieden.

Paul Arnheim ist Verleger. Man hört, daß sein Verlag seit der Fusion mit einem österreichischen Partner vor zwei Jahren finanziell gesundet sei. Jedenfalls haben sich die Honorare für die Übersetzer mittlerweile dem Durchschnitt westdeutscher Großverlage angenähert. Außerdem ist aus dem Zwei-Personen-Unternehmen ein Betrieb mit zwölf Beschäftigten geworden, und der Büchermacher Paul Arnheim hat einen Kaufmann an die Seite bekommen. Ob diese betriebliche Umstrukturierung mit dem intellektuellen Profil des Verlags zu vereinbaren ist, bleibt noch abzuwarten.
Der Verlag existiert seit 1970. Die Gründung war ein Projekt der Studentenbewegung. Am Anfang stand ein Kollektiv, das sich das Ziel gesetzt hatte, den mit der Studentenbewegung erreichten Diskussionsstand der Theoriebildung in der Neuen Linken zu erhalten und durch die Publikation französischer, italienischer und amerikanischer Ansätze weiterzuentwickeln. Dem lag der Gedanke zugrunde, daß die Totalität des Wissens nicht mehr von einzelnen Theoretikern zu bekommen ist, sondern nur durch die Zirkulation spezifischer, an bestimmte Orte und Kämpfe gebundener Erfahrungen zu rekonstruieren ist. So brachte man eine Reihe aktueller Beiträge zum »westlichen Marxismus« heraus, die innerhalb der westdeutschen Diskussion einen erheblichen Einfluß entfaltet haben. Signifikant war die Form dieser Publikationen: Es waren vorwortlose Broschüren, die wegen ihres beschränkten Umfangs und ihres handlichen Formats eine spontane und schnelle Lektüre erlaubten. Dieses arme Design war durchaus Programm: Gegen die ornamentale Bibliophilie wurde das funktionsgerechte Buch gesetzt. Als Zielgruppe kamen die Anhänger der Neuen Linken in Frage, die nach dem Verfall der antiautoritären Phase der Studentenbewegung heimatlos geworden waren. Das war ein großer, aber sehr verstreuter Markt. In der Blütezeit des Verlags in der zweiten Hälfte der siebziger Jahre wurden seine Veröffentlichungen sowohl in Stammheim als auch in Starnberg zur Kenntnis genommen.
Man wollte ursprünglich ganz im Sinne der Studentenbewegung Arbeiten, Erkennen und Leben nicht voneinander trennen. Der Verlag sollte die Keimzelle einer ganz anderen Existenz bilden oder doch ein »Asyl für Obdachlose« (Theodor W. Adorno). Es

ging um die Aufhebung der Spaltung zwischen privater Gemütlichkeit und öffentlicher Selbstbehauptung. Die Parole hieß »Changer la vie«. Faktisch lief das, wie in den meisten dieser Projekte, darauf hinaus, daß rastlos gearbeitet wurde. Die volle Subjektivierung war zunächst allein als Opferung möglich. Die Bedingung für den Aufbau des Verlags war, wie man später erkannte, die hohe Selbstausbeutung der anfänglich Beteiligten. Sie bildeten eine Gruppe von fünf Amateuren – drei Männer und zwei Frauen. Eine Qualifikation für die Verlagsarbeit war nicht vorhanden. Keiner war Lektor, Redakteur, Graphiker oder Vertriebsagent, geschweige denn Drucker, Binder oder Packer. Allein Paul Arnheim hatte sich einmal als Herausgeber betätigt. Sein Talent erwies sich in der Fähigkeit, signifikante Texte zu entdecken, die die Provinzialisierung des linken Denkens sprengten. Die Buchproduktion verstanden alle als eine Art intellektueller Recherche im Dienste des Projekts der Befreiung. Dabei stieß man in den siebziger Jahren in ein Neuland vor. Der Verlag wurde zum Wegbereiter einer bestimmten französischen Diskussion, die die intellektuelle Landschaft in Westdeutschland durcheinanderbrachte. Es waren Texte von Foucault, Deleuze, Derrida, Baudrillard, von Julia Kristeva und Luce Irigaray, die, obwohl zum Teil schon länger greifbar, jetzt erst wirkten. Sie repräsentierten ein neues und fremdes Denken, das sich jenseits der klassischen Schematismen von kapitalistisch und antikapitalistisch, bürgerlich und unbürgerlich, rational und irrational, demokratisch und antidemokratisch artikulierte. Allerdings dünnte mit dem Erfolg des Verlags das Personal im Laufe der siebziger Jahre aus. Am Anfang der achtziger Jahre waren nur noch zwei Leute übrig geblieben: Paul Arnheim und seine Freundin Christa Schadewaldt, die den Verlag bis zur Fusion mit dem österreichischen Partner mehr oder minder allein betrieben.

Im November 1986 hatte in Frankfurt am Main ein Kongreß unter dem langen Titel »Prima Klima! Wider den Zeitgeist – Erste gnadenlose Generaldebatte zur endgültigen Klärung aller unzeitgemäßen Fragen« stattgefunden. Eingeladen hatten ehemalige Mitglieder des SDS mit der Absicht, ihre früheren »Genossinnen und Genossen« zu einer öffentlichen Darstellung ihrer intellektuellen Potenz und ihres politischen Willens zu bewegen. Die publizistische Begleitung war erheblich. Mit einer darauf bezogenen Frage eröffne ich das Gespräch, nachdem uns Paul Arnheim mit der Bemerkung, er habe gerade nichts anderes im Hause, eine Flasche deutschen Sekts der besseren Sorte geöffnet hatte.

I: Warum sind Sie da eigentlich nicht hingegangen?

E: Ich hatte eigentlich die Diskussion und das Treffen, was in Berlin stattgefunden hat vor einiger Zeit und dem ich beigewohnt habe, ohne was zu sagen, es war so enttäuschend und so hohl und langweilig,

I: ja,

E: daß ich eigentlich, also in Frankfurt haben sozusagen noch ein paar Leute, die ich auch schon sehr lange kenne und von denen ich auch eigentlich nichts erfassen kann, eingeladen.

I: Ja.

E: Und ich habe so das Gefühl, das sind Leute, die haben irgendwie seit 68, oder sagen wir seit 70, 72, überhaupt nichts mehr zur Kenntnis genommen, die haben überhaupt nicht mehr gelesen, nicht mehr diskutiert, die haben sich eigentlich irgendwie noch eine Weile bestätigt gefühlt, auch in ihrer Kenntnis, und haben sich dann in Verteidigungspositionen eingeigelt, irgendwie gegen Zeitgeist und gegen Faschismus und gegen Wende und wie sie das auch immer nennen.

I: Ja.

E: Und ich habe jetzt ein paar Berichte darüber gelesen, in der Frankfurter Allgemeinen, ich habe so das Gefühl, daß vielleicht der einzige der Ulrich Preuß, der was Vernünftiges gesagt hat.

I: Ja, ja. Mit dem Dissens oder was.

E: Ja. Mit dem Experimentieren hat er vor allem, glaube ich, irgendwie.

I: Ja.

E: Also Dissens und Experimentieren, glaube ich. Experimentieren ist so ein Stichwort, also was mir sehr lieb ist für mein eigenes Tun.

Es ist, als hätte er auf ein entsprechendes Stichwort nur gewartet. Sofort geht Paul Arnheim auf Distanz zu seiner eigenen

Generation. Was die Verwalter des Erbes von 1968 zu sagen haben, klingt hohl und langweilig. Er hat sogar versucht, bei einem vorhergehenden Treffen etwas zu erfassen, aber das Ergebnis war völlig enttäuschend. Von den Protagonisten der Bewegung ist heute nichts mehr zu erwarten. Die linke Intelligenz hat den Kontakt zur intellektuellen Diskussion verloren. Und das begann schon nach dem Ende der Bewegung als Bewegung. Eine Zeitlang hat man sich nach dem Erfolg des Aufruhrs in seiner hegemonialen Deutungsposition wechselseitig bestätigt, doch als sich die gesellschaftliche Realität veränderte und andere Begriffe verlangte, hat man sich in Verteidigungspositionen eingeigelt. Die Bewegten wollen sich nicht mehr bewegen, sondern nur noch ihre erworbene kulturelle Macht sichern, indem sie sich unter Verwendung flächendeckender Formeln gegen den »Zeitgeist«, gegen den »Faschismus« oder gar gegen die »Wende« stellen. Mit einigen wenigen Strichen zeichnet Paul Arnheim das Bild eines verbreiteten Diskurses, der sich als kritisch geriert, aber im Grunde nur noch sich selbst bewahrt und erfahrungslos geworden ist. Das »Denken von 1968« wird schon in den ersten Äußerungen dieses Gesprächs als intellektuelle Schließungsprozedur beschrieben, die dem Erhalt einer sozialen Position dient.

Doch schauen wir etwas genauer hin. Was Paul Arnheim seinen Leuten vorwirft, ist, daß sie nichts mehr rezipiert haben. Die Formulierung lautet: »die haben seit 68, oder sagen wir seit 70, 72, überhaupt nichts mehr zur Kenntnis genommen, die haben überhaupt nicht mehr gelesen, nicht mehr diskutiert.« Die Praxis, die hier angesprochen wird, ist eine intellektuelle Praxis. Dabei kommt es nicht darauf an, die Welt zu verändern, sondern nur, sie verschieden zu interpretieren. Man muß zur Kenntnis nehmen, was passiert, und darüber diskutieren, wie die Dinge zu verstehen sind; und man tut dies in erster Linie, indem man liest. Wohlgemerkt: Nicht, daß sie keine Bücher produzieren, wirft Paul Arnheim den Veranstaltern der Selbstverständigungskongresse vor, vielmehr, daß sie keine mehr rezipieren. Erstaunlicherweise hält unser Gesprächspartner in diesem Punkt am exemplarischen Anspruch von 1968 fest: Offenbar bedeutete die Studentenbewegung für ihn vor allem eine Revolution von Lektüren. Die Neue Linke war eine Bewegung neuer Texte. Das politische Engagement, so die stille Annahme, folgt auf Texte und befolgt Texte. Bemerkenswerterweise waren es 1968 nicht eigene Texte, sondern die Texte anderer, die die Studenten bewegten. Man entdeckte die verschollenen Texte der Kritischen Theorie, der Sexpol-Bewegung oder des westlichen Marxismus und wandte sich damit gegen das ganze System der legitimen Kultur. An dieser Erfahrung einer revolutionären Lektüre will Paul Arnheim als dem Kern von 1968 festhalten. Daher die Anklage an die eigene Generation, die sich einer solchen Erfahrung nicht mehr aussetzen will. Somit präsentiert sich Paul Arnheim am Beginn unseres Gesprächs als ein heroischer Achtundsechziger, der immer noch auf der Suche nach einer umstoßenden Lektüre ist. In einer von Texten beherrschten Gesellschaft wird das Bekenntnis zu einer solchen Lektüre für ihn zur politischen Geste. Indem er sein eigenes Tun derart in den Kontext von 1968 stellt, will uns Paul Arnheim den Eindruck vermitteln, daß er nicht einfach nur ein Verleger ist, der die allgemeine Textinflation um weitere Texte vermehrt, sondern einer, der Texte machen will, die uns in die Lage versetzen, die Welt anders zu interpretieren.

Am Ende dieser Eröffnungspassage charakterisiert Paul Arnheim sich selbst. Das Experimentieren ist sein existentielles Stichwort. Den Ausdruck Dissens, der ihm vom Interviewer angeboten wird, nimmt er nicht auf. Darin steckt wohl noch zuviel von einem konventionellen Oppositionsschema. Der Experimentalist will sich nicht gegen etwas stellen, sondern mit etwas gehen. Es geht ihm weniger um die Selbstbewahrung im Gegensatz als um eine Selbstaufgabe im anderen. Für die hermeneutische Philosophie ist dies die Grunderfahrung des Verstehens. Der emphatische Leser wird zu einem wandelnden Widerspruch: ein gespaltenes Subjekt, das im Text sowohl die Beständigkeit seines Ich als auch seines Sturzes sucht.

Ich habe Paul Arnheim ausgewählt, weil er einen bestimmten intellektuellen Weg in den siebziger Jahren repräsentiert: den Weg von den kritischen Klassikern der Studentenbewegung zu den französischen Denkern einer neuen Kritik. Darauf komme ich sogleich zu sprechen. Wann, frage ich, sei das Verlagsprogramm von »Diskussion« auf »Diskurs« umgestellt worden.

E: Es gab sozusagen in unserer intellektuellen Entwicklung einen ziemlichen Bruch, der sozusagen herbeigeführt wurde durch die Diskussion und durch die sehr intensive Tätigkeit mit anderen zusammen in diesem Verlagsprojekt.

I: Ja.

E: Das hat dazu geführt, daß doch eine ganze Menge individuelle Entwicklungen gelaufen sind. Psychische Entwicklungen und aus der Kommunikation, aus der Beziehung, so daß sich eigentlich für alle diese Phase, die ersten vier Jahre, wo wir uns als Kollektiv verstanden haben damals, im Zuge der Hauptverwaltung der Studentenbewegung, also als kollektives Projekt,

I: ja, ja,

E: interpretiert haben, und das hat eigentlich bei allen Beteiligten doch zu einschneidenden biographischen Veränderungen geführt und dazu, daß sehr viele aus dem Verlag einerseits rausgegangen sind, weil sie gemerkt haben, daß das eigentlich nicht ihre eigene Sache sein kann, aber sie sind sozusagen zu sich selber gekommen und haben dann entweder im Buchladen, Rundfunk oder in der Lyrik sozusagen ihre, oder im Druckereigewerbe auch, ihre eigene Arbeit, die sie vorher im Verlag gemacht haben, als einzelne fortgeführt.

I: Ja.

E: Haben dann sozusagen allein weitergearbeitet. Das hat sich so immer im Verlaufe des Verlags ergeben, und es hat eben auch dazu geführt, daß sozusagen die Beziehungen sich aufgelöst haben. Und dieses Auflösen der Beziehung, das war verbunden, also irgendwie auch mit so Liebesgeschichten und mit sehr, also mit sehr großen Verwirrungen.

I: Mhm.

E: Großen Verwirrungen, und da hat sich eben mit diesen Verwirrungen, und sagen wir auch diesen sehr extremen Erfahrungen, dem haben wir uns, die Beteiligten, haben sich dem nicht versperrt, und dadurch sind natürlich so Wahrnehmungen und intellektuelle Prozesse in Gang gekommen, die auch zu neuen Lektüren geführt haben. Also Laing und Cooper und Foucault, also die ganzen Beziehungs-, Wahnsinnsprobleme haben wir ganz intensiv diskutiert, und daraus hat sich dann eben ergeben, so auch Sexualität, daraus hat sich dann eben eine andere Beziehung ergeben. Eine Zweierbeziehung, wo ich sozusagen als einziger von der alten Truppe weitergemacht habe.

I: Ja.

E: Und das hat dann sozusagen dazu geführt, daß dieser vorgegebene Sinnhorizont und auch die teleologische Perspektive von Geschichtsphilosophie und befreiter Gesellschaft etc., daß das auf einmal ziemlich inhaltsleer geworden ist. Und das ist parallel gelaufen zu der Entstehung dieser ganzen Punkmusik 76, die ist bei uns voll zum Zuge gekommen, daß wir also 75, 76 sozusagen den Marxismus aufgegeben haben, war für uns einfach eine Dezision, wir haben gesagt, also Hegel, Marx, Freud, 19. Jahrhundert, interessieren wir uns nicht, uns interessiert jetzt die Gegenwart, ja.

I: Ja.

E: Und vorher haben wir gearbeitet im Horizont so einer kritischen Theorie, aber kritisch, Kritik an der kritischen Theorie.

I: Ja.

E: Also wir hatten den Adorno kritisiert, so in dem Sinne wie Krahl, Krahl war sozusagen unsere theoretische Orientierung so aus der Achtundsechziger-Zeit, und haben versucht, so an diesen Punkten Technologie, Arbeitsteilung, Organisationsfrage, Spontaneität und Bewußtsein, Emanzipation, also in diesen Ecken weiter zu machen und von 70 bis 74, und das hat sich so durch persönliche Entwicklung irgendwie als, das war dann ein Scheitern.

Paul Arnheim bezeichnet die Hinwendung zum neuen französischen Denken als einen »ziemlichen Bruch« in seiner intellektuellen Entwicklung. Die Verwendung der ersten Person Plural deutet den kollektiven Erfahrungszusammenhang an. Die Rede ist von Trennungen nicht nur von Theorien, sondern auch von Personen und Selbstverständnissen. Dabei ging gleichzeitig die Ehe von Paul Arnheim auseinander. Marianne Arnheim, die von Anfang an dabei war, verließ in dieser Zeit den Verlag. Das Verlagsprojekt einer Synthese von kritischer Theorie und kollektiver Praxis war Mitte der siebziger Jahre nicht mehr aufrechtzuerhalten. Für Paul Arnheim war das eine

Erfahrung des Scheiterns. Gescheitert war nicht nur ein intellektuelles, sondern mehr noch ein lebenspraktisches Projekt. Die Modelle der Kritischen Theorie paßten nicht mehr. Im übrigen fehlte seit Adornos Tod im Jahre 1969 eine personale Verkörperung dieser Modelle. Und diese Erfahrungen des Scheiterns führten zum Bruch. Es begann mit »großen Verwirrungen« und damit verbundenen »extremen Erfahrungen«. Aber die Beteiligten reagierten nicht mit Abwehr oder gar Flucht auf diese Irritationen, sie ließen sich vielmehr voll und ganz darauf ein. Es ging um die Themen der siebziger Jahre: die »Beziehungen«, die »Sexualität«, der »Wahnsinn«. Angereizt wurden diese Themen durch bestimmte Texte. Als Hinweis werden die Autoren Laing, Cooper, Foucault genannt. Der historische Leser weiß Bescheid. Hier zeigt sich die für den Intellektuellen Paul Arnheim konstitutive Einheit von Leben und Lektüre. Allerdings ist eine bestimmte Lektüre gemeint: nicht die qualifizierende Lektüre des Kleinbürgers und nicht die bildende des Großbürgers, sondern eine existentielle Lektüre, deren besonderes Merkmal die Intensität ist. Nicht Selbstbewahrung und Selbstbereicherung, vielmehr Selbstexperimentierung und Selbstverlust ist das Ziel dieser rigorosen Hermeneutik. Man kann dahinter durchaus einen blutigen Ernst vermuten. Aber wie jede Lektüreerfahrung beruht sie auf der Prämisse der Schriftgläubigkeit. Paul Arnheim glaubt letztlich dem Text mehr als dem Leben.

Ein Resultat dieser Prozesse war eine Zweierbeziehung, die fortan den Verlag getragen hat. Christa Schadewaldt stieß in dieser Zeit der großen Wirrungen zum Verlagskollektiv. Sie ist fünfzehn Jahre jünger als Paul Arnheim und besitzt, wie wir später erfahren, eine ganz andere intellektuelle Sozialisation. Sie kannte die Kritische Theorie samt ihrer Herkunfts- und Nachgeschichte überhaupt nicht, sie hatte gleich mit den »Franzosen« angefangen. Natürlich war es ein glücklicher Zufall, daß die beiden sich trafen, freilich zugleich verdichtete sich in dieser persönlichen Begegnung eine historische Konstellation: der Anschluß des französischen Dekonstruktivismus an die deutsche Kritische Theorie.

Man kann darüber spekulieren, was das für eine Zweierbeziehung ist, die sich aus der intensiven Diskussion der »ganzen

Beziehungs- und Wahnsinnsprobleme« ergeben hat. Es ist sicher nicht das »große Paar«, das dem kathartischen Mythos eines Durchgangs durch das Chaos huldigt. Es heißt, daß sich die Beziehung »ergeben« und die beiden »weitergemacht« haben. Das hört sich eher nach einer geschwisterlichen Komplizenschaft im Dienste der Sache an. Die erotische Bindung von Christa Schadewaldt und Paul Arnheim ist durch ein Drittes vermittelt: Das sind die Texte, die einen zum anderen eines anderen machen.

Das intellektuelle Resultat der »großen Verwirrungen« war eine theoretische Dezision. Und bekanntlich ist die Entscheidung, normativ betrachtet, aus dem Nichts geboren. Man löst sich aus den Fängen abgesicherter Begründungen und springt ins Leere. Die Emanzipation von der Emanzipation, mit Nietzsche gesprochen, verlangte den Bruch mit der bisherigen Lerngeschichte. Das gesellschaftstheoretische Curriculum mit Hegel, Marx und Freud war »inhaltsleer« geworden, und zwar bezogen auf eine bestimmte Erfahrung der Gegenwart. Diese brachte der Punk auf den Punkt. Etwa gegenüber der feinen Musikalität der Beatles stellt die Musik der Clash (»Zertrümmerer«), der Damned (»Verdammten«), der Strangler (»Würger«) und der Sex Pistols eine barbarische Regression dar. So kündigten die Damned eine Platte mit den Worten an: »Wir können schon drei Akkorde«, und die Adverts stellten sich in einem Titel als »One Chord Wonder« vor. Der Punk machte Schluß mit dem kunstvollen suspense utopischer Erfüllung und diktierte pure Gegenwärtigkeit. Die Szene bilden Körper, die aufeinander stoßen, sich vermengen oder trennen. Und die Texte sprechen immer wieder vom Tod, nicht jedoch von einem persönlichen heroischen Tod, sondern von irgendeinem anonymen Tod. Dazu wiederholen sich endlos einfache Akkorde, die sich nie auflösen. Die Erfahrung des Punk lehrt, daß das Gegenwärtige ohne Fülle und ohne Ende ist. Diese Erfahrung war mit einer »teleologischen Perspektive von Geschichtsphilosophie und befreiter Gesellschaft« offenbar nicht mehr auf den Begriff zu bringen. Die Dialektik, nach der immer und überall der Widerspruch insgeheim für das Heil des Identischen arbeitet, erschien mit einem Mal als eine Neurose des Geistes. Michel Foucault schrieb 1969 im »Nouvel Observateur«: »Der berühmte und so fest gedachte Faden ist zerrissen; Ariadne ist verlassen worden, ehe man es glauben mochte. Die ganze Geschichte des abendländischen Denkens ist neu zu schreiben.« Und er forderte ein Denken ohne Widerspruch, ohne Dialektik, ohne Verneinung.

Ich frage nach, wie Paul Arnheim das Scheitern des ursprünglichen Verlagsprojekts erlebt habe.

E: Ich habe das Scheitern als eine große Befreiung erfahren, sozusagen, ich,

I: ah ja,

E: habe ganze Welten entdeckt, das war ein, ein, ein, wie soll ich sagen, eine Reise, oder es war geradezu eine Offenbarung, ja, also ich könnte das fast so mit dieser Nietzsche-Wendung, so wie der diesen Stein am See von Silvaplana beschreibt, ja, die Entdeckung der ewigen Wiederkehr. Also ich könnte das sozusagen in solcher, also ich würde es nicht so als Offenbarung, aber es war für mich dann doch, mir haben sich Welten aufgetan. Ich habe gemerkt, daß ich vorher doch sehr sehr, also in dem Maße, wo das Sinnapriori weggefallen ist, habe ich irgendwie Spaß gehabt am Denken und habe auch am Lesen viel mehr Spaß gehabt, ja. Ich stand nicht mehr unter diesen Zwängen, nicht mehr unter dieser Schuld von diesen ewigen Selbstlegitimationen und so weiter und so fort.

I: Ja, ja.

E: Also dieser Bruch darin war sozusagen der Sinn, daß es keinen Sinn gibt und keine Teleologie.

I: Mhm.

E: Und sozusagen auch dieses Subjekt als emanzipatorisches bei uns nicht mehr in Anspruch genommen werden konnte in dieser Weise, also Subjekt als Träger von Geschichte. Mehr schon als Träger, aber nicht mehr als Agens oder Agent oder so in dieser, also wir konnten sowieso mit solchen Begriffen wie Subjekt – Objekt konnten wir überhaupt nichts anfangen. Das war natürlich auf der einen Seite, sagen wir biographisch, ein Bruch, aber theoretisch war das natürlich eine etwas andere Geschichte. Es war einfach so, daß man in einer gewissen Sprachlosigkeit war und daß man die Lektüre von Foucault meinetwegen, die ist so

74, 75 gelaufen, und die hat uns irgendwie so ziemlich auf Grund gesetzt.

I: Mhm.

E: Wir haben dann auch ein ganz anderes Politikverständnis entwickelt am Ende. Also eines, was sich gar nicht mit irgendwelchen Parteien, traditionellen Gruppierungen und so weiter zusammenbringen läßt, aber diese Prozesse, die haben sich natürlich nicht so ganz, also im Augenblick dessen, wo sie sich entwickelt hatten, waren die nicht so ganz klar zu durchschauen. Das haben wir zum Teil auch erst hinterher gemerkt, was da eigentlich mit einem passiert ist.

I: Mhm, mhm.

E: Wir haben also in der Zeit sehr intensiv Gruppendiskussionen gehabt, haben auch so eigene Arbeitsgruppen aufgezogen, haben Anti-Ödipus gelesen, diese ganzen Geschichten.

I: Können Sie da irgendwie, nein, das kann man eigentlich nicht, also Sie haben das eben schon gesagt, das sind ja auch immer nachträgliche Stilisierungen von einem Erlebnis, wo man sagt, das haut nicht mehr hin, wie man sich das bisher gedacht hat.

E: Doch ich meine, es sind einfach Texte gewesen, die,

I: ah ja,

E: bei mir absolut was umgepolt haben, ja, einfach die Situation getroffen haben. Das war meinetwegen der eine Derrida-Text über den Bataille und über den Hegelianismus, ich weiß nicht mehr, aus »Schrift und Differenz«.

I: Mhm.

E: Wo er auf der einen Seite über den Tod und über das Lachen bei Hegel spricht, diese Todeserfahrung, daß er davor zurückschreckt. Und diese Erfahrung war bei uns sozusagen irgendwo gegeben, es waren so Selbstmordspielereien, es war so ein ziemliches Durchdrehen und eine ziemliche Verwirrung bei uns, so daß man zu solchen Todeserfahrungen irgendwo ein sehr positives Verhältnis kriegen konnte.

I: Mhm.

E: Und gleichzeitig war es auch eine Situation, in der wir sehr frei waren und sehr viel gelacht haben. Und diese beiden

Geschichten als Argumente eigentlich gegen Hegel und gegen den Ernst und eine ganz bestimmte Hegel-Rezeption, das war für uns so der Punkt, wo man es dann auch wieder zusammengekriegt hat. Also ich fühlte mich zum Teil auch wie ein Analphabet, ich mußte sozusagen wieder eine neue Grammatik, eine neue Sprache lernen, neue Begrifflichkeit mir selbst konstruieren, um das, was eigentlich passiert, irgendwie zu verstehen, und war natürlich dann über so Geschichten wie »No Future« von der Punkbewegung, das war natürlich dann unsere Parole auch, die war sozusagen bei uns auch schon 76 da.

I: Mhm.

E: In irgendeiner Weise.

I: Aber jetzt nicht negativ?

E: Nein, nein, nicht negativ.

I: Sozusagen, das Lachen im Angesicht des Todes oder irgend so was, also wenn man es irgendwie formulieren will. Haben Sie denn keine Angst?

E: Nein, Angst habe ich nicht, nein, Angst ist ja ein ganz schlechter Politiker, ein ganz schlechter.

I: Ja, gut, o.k.

E: Ein ganz schlechter.

I: Ja, glaube ich auch. Aber nur vor dem Tod, ich meine irgendwie. Also jetzt mal ganz, ganz persönlich sozusagen, haben Sie keine Angst vor dem Tod?

E: Nein, habe ich nicht. Im Gegenteil (sehr leise) der Tod ist mir irgendwie ganz vertraut, würde ich sagen, ich habe keine Angst.

I: Haben Sie auch keine Angst, daß Sie vielleicht irgendeine Krankheit kriegen oder so, wo Sie dahinsiechen?

E: Nein.

I: Haben Sie nicht?

E: Überhaupt nicht. Im Gegenteil, ich habe manchmal Sehnsucht, manchmal möchte ich tot sein, je nachdem, also für mich ist das Leben immer auch gleichzeitig Sterben, ist immer auch gleichzeitig Tod, ist eine Verausgabung und ist ein Nach-Außen-Gehen und so. Also es ist, das ist ja der Punkt, wenn man sozusagen diese ganzen, was ich auch nicht akzeptiere und zutiefst kritisiere, also sozusagen, an der ganzen deutschen intellektuellen Situation, ist das Beamtentum.

I: Mhm.

E: Also daß diese Intellektualität von Berufsbeamten verwaltet wird, auch die Politik eigentlich nur von Beamten gemacht wird. Und dieses Sicherheitsdenken, was dort nach wie vor eine Rolle spielt, was natürlich auch die Angst, und die Grünen sind auch voll in dieser Beamten- und Sicherheitsideologie befangen. Und deshalb kann ich mit denen überhaupt nichts anfangen.

I: Mhm.

E: Ich finde im Gegenteil, man muß dem Tod gegenüber irgendwie und der Endlichkeit des Lebens irgendwie ein freies Verhältnis gewinnen, weil man dann auch den Terror, den die Sicherheit produziert, vermeiden kann.

Daß der Faden Mitte der siebziger Jahre plötzlich gerissen ist, hat Paul Arnheim als eine »große Befreiung« erfahren. Seine Rede erreicht die erste Person Singular. Die Schilderung dieses biographischen Wendepunktes variiert eine bestimmte Legende vom Künstler, dem die Gnade einer göttlichen Eingebung widerfährt. Die Metapher der Reise taucht auf, die man von Bernward Vespers anamnetischen Trips[1] oder von David Coopers Reisen durch den Wahnsinn[2] kennt. Diese Reisen führen durch einen Abgrund der Selbsterfahrung, woraus man ganz anders wieder aufsteigt. Das ist es, was die Metapher der Reise in den siebziger Jahren verspricht: eine Berührung des Extremen, wodurch sich das Leben ändert. Vielleicht lohnt es sich, dem Hinweis auf Nietzsche an dieser Stelle nachzugehen. Nietzsche schreibt über sein Erlebnis am See von Silvaplana: »Der Begriff Offenbarung, in dem Sinn, daß plötzlich, mit unsäglicher Sicherheit und Feinheit, Etwas *sichtbar*, hörbar wird, Etwas, das Einen im Tiefsten erschüttert und umwirft, beschreibt einfach den Thatbestand. Man hört, man sucht nicht; man nimmt, man fragt nicht, wer da giebt; wie ein Blitz leuchtet ein Gedanke auf, mit Nothwendigkeit, in der Form ohne

1 Bernward Vesper, Die Reise. Romanessay, Berlin und Schlechtenwegen 1977.

2 David Cooper, Reisen durch den Wahnsinn, Berlin 1978.

Zögern, – ich habe nie eine Wahl gehabt.«[3] Die Metamorphose des Selbst durchläuft einen Zustand des Außer-sich-seins, welcher die Gesetze der Selbstbewahrung außer Kraft setzt. Man sucht nicht, man fragt nicht, man wählt nicht, sondern man hört und nimmt und wird dadurch Medium eines anderen. Es ist, als nehme Paul Arnheim Nietzsche als Sprachrohr, um seinen eigenen biographischen Wandlungsprozeß zu beschreiben. An einem bestimmten lebensgeschichtlichen Punkt, will er uns sagen, liegt die Wahrheit des Selbst darin, sich nicht mehr zu erhalten, sondern sich hinzugeben. Diese Selbststilisierung erinnert an das romantische Motiv des Selbstseins als Selbstverlust, aber auch an die Phänomenologie des Desperados, der seine Erfüllung in der sinnlosen Tat sucht. Möglicherweise führt uns der Hinweis auf Nietzsche aber noch weiter. Was Nietzsche im August des Jahres 1881 entdeckte, war, wie er selbst sich ausdrückt, die »höchste Formel der Bejahung«: der Gedanke der ewigen Wiederkunft. Damit wird der teleologische Zwang der Geschichtsphilosophie durchbrochen, welcher die Gegenwart einspannt zwischen Zukunft und Vergangenheit. Aus dieser Einspannung folgt eine negative Bestimmung der Gegenwart, die nur als einstige Zukunft oder als kommende Vergangenheit gedacht werden kann. Der Gedanke der ewigen Wiederkunft dagegen emanzipiert die Gegenwart von der Geschichte. Wenn jedes Vorher ein Nachher und jedes Nachher ein Vorher ist, dann ist jeder Augenblick ein Anfang. Nietzsches Philosophie kommentiert die Erfahrung des Punk. Es geht um eine Erfahrungsweise der Gegenwart, die ihre Bestimmung weder in einer Vergangenheit noch in einer Zukunft, sondern ganz und gar in sich selbst hat. Die Sehnsucht nach der wahren Präsenz scheint für tonangebende Gruppen das untergründige Thema der siebziger Jahre gewesen zu sein. Nachdem die Zeit vorbei war, in der man sich in dem Gefühl bestätigen konnte, Geschichte zu machen, richtete sich die Suche auf einen magischen Moment jenseits der Geschichte. Paul Arnheims Offenbarung bestand im Weg-

3 Friedrich Nietzsche, Also sprach Zarathustra, in: Sämtliche Werke, herausgegeben von Giorgio Colli und Mazzino Montinari, Band 6, München/Berlin/New York, S. 335-349, hier S. 339.

fall des Sinnaprioris. Wer erkennt, daß die Wörter keinen klaren Sinn haben und die Ereignisse ohne tiefere Bedeutung sind, der kann selbstverloren im Augenblick aufgehen. Es eröffnet sich ihm eine Welt des Scheins, welche weder etwas verhüllt noch etwas offenbart, weder Erscheinung noch Wesen ist, sondern nichts als Oberfläche. Die Leichtigkeit des Scheins trug über die Schwere des Sinns den Sieg davon, und es machte plötzlich wieder Spaß zu denken und zu lesen. Das Selbst, das sich vom Sinn befreit, muß sich nicht mehr ewig selbst legitimieren, sondern kann auf einmal ganz anders selbst sein. Offenbar hatte das Denken der Studentenbewegung Mitte der siebziger Jahre eigene Kohärenzzwänge ausgebildet, die, zumindest für Paul Arnheim, keine Erkenntnisse, sondern nur noch Schuldgefühle und schlechtes Gewissen produzierten. Es kommen einem zuerst die endlosen Ableitungsdiskussionen in den Sinn, die vor aller Erfahrung und Aktion die Mühen der kategoriellen Klärung gesetzt hatten, und dann die Selbstverständlichkeiten des psychoanalytischen Aufklärungsprogramms, demzufolge die verdrängte Wahrheit nichts anderes wolle, als an den Tag zu kommen. Von solchem knechtischen Bewußtsein wollte sich Paul Arnheim befreien, indem er mit sich selbst brach und seine Wahrheit in seiner Verwirrung suchte.

Die Voraussetzung für die Öffnung seiner Augen war das Gefühl einer gewissen Sprachlosigkeit. Paul Arnheim fällt wieder in die Sprachform des kollektiven »Wir«. Mit dem Begriffsgebäude der Dialektik war nichts mehr anzufangen. In dieser Situation, berichtet unser Gesprächspartner, setzte einen die Lektüre der Texte von Michel Foucault »auf Grund«. Dieser Grund war jedoch ein Abgrund. Den Lesenden und Diskutierenden wurde der Boden unter den Füßen weggezogen, auf dem sie sich bisher selbstverständlich bewegt hatten. Der Verlust der natürlichen Selbstverständlichkeit kann, wie die Phänomenologie der Erfahrung lehrt, zur völligen Entgleisung, zur reaktiven Versteinerung oder zur fundamentalen Revision des subjektiven Seins führen. Wer in einer solchen Situation psychisch überleben will, muß entweder alles oder darf nichts in Frage stellen. Paul Arnheim will uns meinen machen, daß er durch die Lektüre von Foucault eine ganz neue Weltsicht gewonnen habe: »neue Rezeptionsebenen von Theorie und neue Wahrnehmungen«, aber auch ein »ganz anderes Politikverständnis«. So hat Foucault die Macht zu einem Rätsel gemacht: eine Sache, die zugleich sichtbar und unsichtbar, gegenwärtig und verborgen ist und auf diese Weise überall und nirgends mitspielt. Daraus folgt eine Form der Politik, die sich der Macht nicht in Gestalt eines großen Akteurs entgegenstellt, sondern mit der Macht gegen die Macht operiert. Es ist freilich zu vermuten, daß für die Möglichkeit solchen Bruchs strukturelle Voraussetzungen bestanden. Paul Arnheim wurde nicht erst Mitte der siebziger Jahre zum Experimentalisten, er war immer schon einer. Er war konstitutionell zum Sturz bereit. Der Experimentalist ist immer auf der Suche nach dem Ausnahmezustand. Denn das Normale beweist für ihn nichts, die Ausnahme aber alles. Es ist dies die Situation, wo das Denken und Handeln nicht mehr aus bestimmten Prämissen abgeleitet werden kann, sondern etwas riskieren muß. Man läßt sich auf Dinge ein, die man, wie Paul Arnheim sagt, nicht so ganz klar durchschaut. Erst hinterher merkt man, was mit einem passiert ist.

Ein Text, der in den Augen von Paul Arnheim die Situation Mitte der siebziger Jahre traf, war Jacques Derridas Aufsatz über George Batailles Auseinandersetzung mit der Philosophie Hegels, der in dem 1972 auf deutsch erschienenen Band »Die Schrift und die Differenz« enthalten ist[4]. Für Bataille ist die Unterwerfung unter die Evidenz des Sinns lächerlich: daß es Sinn gibt, daß nichts endgültig durch den Tod vorloren geht, daß dieser sogar die Bedeutung einer Negation erhält, welche die Position des Lebens stärkt, all dies erweist sich als ein erbärmlicher Trick der Dialektik. Im Gelächter über diese Art des Denkens erwacht eine Figur der Erfahrung, die sich dem schlichten und einfachen Tod stellt und somit den Verlust des Sinns wagt. Bataille unterscheidet zwischen dem mündigen und dem unmündigen Lachen. Unmündig ist das Lachen, das der Angst folgt und in dem Augenblick hervorsprudelt, wo

4 Jacques Derrida, Von der beschränkten zur allgemeinen Ökonomie. Ein rückhaltloser Hegelianismus, in: ders., Die Schrift und die Differenz, Frankfurt a.M. 1972, S. 380-421.

man noch mal davongekommen ist. Das mündige Lachen dagegen lacht über fast nichts. Nichts ist ihm ernst, schon gar nicht der Schmerz oder der Tod, und dadurch gewinnt es seine Souveränität gegenüber der Herrschaft des Sinns. Derridas Text umkreist eine Lebensform, die ohne die Reserve des Sinns auskommt. Sie peilt einen Punkt der Vorbehaltslosigkeit an, von dem aus die unbegrenzten Ränder des Nicht-Sinns gewahr werden können. Dieser Text, so Paul Arnheim, polte bei ihm etwas um. Die Sozialisation in das neue Denken ging einher mit »Selbstmordspielereien«, in deren Folge das verwirrte Kollektiv zu solchen Todeserfahrungen »ein sehr positives Verhältnis« bekam. Sie bewegten sich am Rande des Todes und fühlten sich dabei sehr frei und haben sehr viel gelacht.
Klingt das nicht alles etwas übertrieben? Der Interviewer wird persönlich. »Haben Sie denn keine Angst?« »Nein, Angst habe ich nicht, nein, Angst ist ein ganz schlechter Politiker, ein ganz schlechter.« Unser Gesprächspartner setzt sich ab von einer verbreiteten Politik der Angst, die mit der Angst vor einem Atomkrieg, mit der Angst vor einer ökologischen Katastrophe oder mit der Angst vor der Angst arbeitet. Dies führt nur dazu, so muß man im Sinne des Gesprächsbeginns weiterdenken, daß der einzelne sich zurückzieht auf das schon Erkannte und sich davor scheut, in das noch Erkennbare vorzustoßen. Mit anderen Worten: Angst lähmt das Denken und infolgedessen das Handeln. Der Interviewer läßt aber nicht locker. »Also jetzt mal ganz, ganz persönlich sozusagen, haben Sie keine Angst vor dem Tod?« »Nein, habe ich nicht. Im Gegenteil, (sehr leise) der Tod ist mir irgendwie ganz vertraut, würde ich sagen, ich habe keine Angst.« Manchmal verspüre er sogar eine Todessehnsucht. Leben, erklärt Paul Arnheim, sei immer auch gleichzeitig Sterben. Das hänge damit zusammen, daß das Leben sich ständig verausgabe. Nach dieser dezidiert undialektischen Auffassung ist das Leben ein einsinniger und unumkehrbarer Prozeß, in dem ständig etwas nach außen geht, ohne daß etwas anderes nach innen zurückkäme. Hier scheint wieder das Programm des Experimentalisten durch, dessen Ziel nicht Selbstbewahrung, sondern Selbstverausgabung ist. Man spürt indes zugleich die Gefährdungen, die mit dieser Lebensform verbunden sind: daß man dem Tod nicht widerstehen

kann und sich ihm plötzlich in die Arme wirft. Der Todessehnsucht ist der Tod ein Nirwana, in dem sich Sein und Nichts gleichgültig werden.

Paul Arnheim vertritt ein heroisches Modell des Intellektuellen, der das Unmögliche wollen muß. Darin unterscheidet er sich vom Beamten, der die Sicherheit will. Diesem starken Kriterium genügen seiner Meinung nach die meisten der bundesdeutschen Intellektuellen nicht: das sind eigentlich Beamte und keine Intellektuellen. Das gilt auch für die »Grünen«, die die politische Organisation der vielbesprochenen »neuen sozialen Bewegungen« nach der Studentenbewegung darstellen. Die bewegen so lange nichts, solange sie der Sicherheitsideologie verfallen sind. Wer Wege schaffen will, wo die meisten nur auf Mauern oder Berge stoßen, muß ein freies Verhältnis zur Endlichkeit seines eigenen Lebens haben. Sonst fällt er dem Terror anheim, den das Sicherheitsbedürfnis hervorbringt. Man mag an den letzten Satz von Walter Benjamins Traktat über den »destruktiven Charakter« denken: »Der destruktive Charakter lebt nicht aus dem Gefühl, daß das Leben lohnenswert sei, sondern daß der Selbstmord die Mühe nicht lohnt.«[5]

Paul Arnheim ist Jahrgang 1938 und stammt aus Halberstadt. Als Siebenjähriger erlebt er am 8. April 1945 die weitgehende Zerstörung der Stadt durch einen Bombenangriff der Royal Air Force. Halberstadt liegt auf einer Linie zwischen London und Berlin und war deshalb schon vorher ständigen Bombardements ausgesetzt. Fast jede Nacht, erzählt Paul Arnheim, sei Alarm gewesen. Sein fünf Jahre älterer Bruder und er mußten dann der Mutter helfen, die gelähmte Großmutter in den Luftschutzkeller zu schaffen. Schon einige Male war in der Nähe eine Sprengbombe eingeschlagen. Aber an diesem Sonntagvormittag wollte der Angriff nicht aufhören. Das seien Bilder seiner Kindheit: Alle liegen auf der Erde und horchen, es rieselt der Kalk und die Kellerfenster fallen aus dem Rahmen. Man kann sich vorstellen, wie die beiden Kinder bei der Mutter unterkriechen, der Siebenjährige, indem er seinen Kopf unter den Leib der Mutter schiebt. Als alles vorbei war, sind sie mit

5 Walter Benjamin, Der destruktive Charakter, in: ders., Illuminationen. Ausgewählte Schriften, Frankfurt a.M. 1961, S. 310-312, hier S. 312.

dem Handwagen durch die brennende Stadt gezogen und wußten nicht, ob sie noch was zu essen bekommen oder überhaupt noch leben konnten, weil ringsherum alles zerstört war. Nur das Haus der Familie blieb wie durch ein Wunder erhalten. Am Ende stand die Erleichterung, selber irgendwie davongekommen zu sein. Paul Arnheim erinnert an die Darstellung von Alexander Kluge, die unter der Überschrift »Der Luftangriff auf Halberstadt am 8. April 1945« als Heft 2 von dessen »Neuen Geschichten« erschienen ist[6]. Diese Geschichten tragen den Untertitel »Unheimlichkeit der Zeit«. Dort heißt es an einer Stelle:
»Bleibt hier liegen, sagte Gerda zu den Kindern. Sie überquerte den Hof: kein Himmel, schwarzer Rauch, Dröhnen, das sich entfernte. Da war vorhin Sonne und Bläue gewesen.

›Und schöne, weiße Wolken ziehn dahin,
mir ist, als ob ich längst gestorben bin...‹

Jetzt Qualmwolken. Sie gelangte über Trümmerblöcke, Handwagen, stand in umgekehrtem Zustand da, zur Toreinfahrt des Vorderhauses, wo eine Gruppe Männer, die Äxte trugen, Armbinde des Luftschutzes, eine Erörterung begannen. Sie stellte sich dazu, um einen Rat zu ergattern. Sie alle hatten so genug von diesem Geschehen, daß sie keine weiteren Bomberwellen erwarteten (auf diese harmlose Stadt!). Also benahmen sie sich, als käme jetzt nichts mehr. Es ist nichts zu retten, sagten sie. Alles muß nach Westen hin rausrennen. Sie rannten aber selber nicht, sondern blickten festgebannt aus der Toreinfahrt auf die einstürzende Fassade von Nr. 60, dahinter brannte ein kolossaler Speicher.«[7]
Der Vater wurde 1939 eingezogen. Der Sohn hat den Vater erst 1951 nach dessen Rückkehr aus russischer Kriegsgefangenschaft kennengelernt. Wie das geschah, darüber erfahren wir nichts. Auf jeden Fall war der Sohn dreizehn Jahre alt, als er seinen Vater zum ersten Mal sah. Dieser war im zivilen Le-

6 Alexander Kluge, Der Luftangriff auf Halberstadt am 8. April 1945, in: ders., Neue Geschichten. Heft 1-18. ›Unheimlichkeit der Zeit‹, Frankfurt a.M. 1977, S. 33-106.

7 a.a.O., S. 58.

ben Jurist und im Krieg Oberleutnant gewesen. Paul Arnheim stammt anscheinend aus einer relativ reichen Familie, eher untere Oberklasse als obere Mittelklasse. Der Vater war Parteimitglied, aber nicht sehr prominent und nicht sehr aktiv. Augenscheinlich ein Mitläufer, der mehr aus Karrieregründen als aus Überzeugung der Nationalsozialistischen Partei beigetreten war. Nach dem Krieg bekam er jedoch aus diesem Grunde in der DDR keine Anstellung und hat deshalb nach Darstellung des Sohnes mit dem amerikanischen Geheimdienst zusammengearbeitet. Aber auch dies nicht in spektakulärer Weise, sondern um sich über Wasser zu halten. 1953, kurz vor Stalins Tod, hat sich die Familie bei Nacht und Nebel in den Westen abgesetzt, und seitdem lebt Paul Arnheim in Berlin.

I: Darf ich Sie was fragen zu Ihrem Verhältnis zu Ihrem Vater? Hat der noch lange gelebt?

E: Ja, der hat. Also wann er gestorben ist, weiß ich nicht.

I: Mhm.

E: Aber es ist noch nicht sehr lange her (lacht).

I: Ah ja.

E: Ich weiß nicht, also er ist vielleicht vor fünf Jahren gestorben. Er war Richter nach dem Krieg hier in Berlin, alle möglichen Sachen gemacht, also Scheidungen, Wiedergutmachungen, Verkehrssachen, Strafsachen.

I: Ja.

E: Hat sich dann relativ früh pensionieren lassen, ich nehme an so mit sechzig, und ist dann nach Bayern gezogen, hat sich da ein Haus gekauft oder eine Wohnung und hat dort sein Lebensende verbracht.

I: Ja.

E: Ich hatte zu ihm ein sehr schlechtes Verhältnis,

I: mhm,

E: da ich mich mit Philosophie, Literatur und Soziologie beschäftigt habe, und er wollte, daß ich Jurist werde. Und das hat er nie akzeptiert, dann haben sich im Studium auch so Verzögerungen, Schwierigkeiten ergeben, ich hatte keine relativ ganz klaren Perspektiven, ich wollte eigentlich immer schon irgendwie Bücher machen, Verlag oder irgendwie so im Verlag arbeiten oder Rundfunk oder irgendwie was im ganzen Kultur machen.

I: Ja.

E: Und das hat eben eine Weile gedauert, bis ich da auch Zutrauen gefaßt habe und irgendwie da ein bißchen klarer sah.

I: Ja, ja.

E: Ich war so ein bißchen so Spätentwickler, könnte man das nennen. Ich war da sehr unzufrieden, irgendwie so das schwarze Schaf in der Familie. Habe dann relativ früh geheiratet und hatte dann zeitweilig, so fünf oder zehn Jahre, keinen Kontakt.

I: Ah ja.

E: Überhaupt nicht gesehen, auch kaum mit Familienmitgliedern, nur immer so am Rande, aber fast gar nicht.

I: Hm.

E: Das hing auch schon damit zusammen, also als ich angefangen habe, so 1959 oder 60, sehr viel Adorno zu lesen.

I: Ah ja.

E: Und als ich das, sozusagen meine Lesefrüchte, da zu Hause in bestimmten Diskussionen, obwohl schon damals relativ sprachlos die Beziehung zwischen uns war, also davon auch noch redete, da kam sofort jüdische Zersetzung, da kamen also so richtig alte, antisemitische Affekte, so aus verschiedenen Ecken rüber, ja, daß ich eigentlich gar keine Lust hatte, ja so, ich meine, so handfest war der Antisemitismus eigentlich nur bei meiner Mutter, die aus einer sehr antisemitischen Familie kommt und die sofort irgendwie den Juden da bei dem Adorno erkannte und das sagte.

I: Mhm.

E: Andererseits ist es auch so, daß ich eigentlich Adorno, Benjamin, Lukács, Bloch, Szondi, das sind alles irgendwelche jüdischen Emigranten, die ich gelesen habe.

I: Ja, ja.

E: Irgendwie auch haben die das schon richtig (lachend) gesehen, ja. Aber ich meine, von daher war ganz klar, also eine ganz große Spannung auch zwischen uns, nicht.

I: Ja, ja. Also das hört sich an wie, daß Sie sozusagen einfach abgelassen haben, anstatt ihn irgendwie, mein Gott, gehaßt zu haben oder irgendwas.

E: Nee, gehaßt hab ich ihn, also ich habe irgendwie, das war mehr so Desaffektion, würde man so sagen, ja.

I: Mhm.

E: Eigentlich so, ich war nicht so, nicht so ein Vaterprotest, so ein Ödipus und solche Geschichten waren es nicht.

I: Ja, ja.

E: Es war nicht so eine direkte Auseinandersetzung, mit Schuldgesprächen und schuldig und so, ich meine, es war mir klar irgendwie, daß das also irgendwie eine ziemliche Pflaume ist und ein ziemlicher Mitläufer, und ich konnte mit dem kein intellektuelles Gespräch führen. Das hat sich erst ganz spät, als er so pensioniert war, hat sich dann irgendwie so eine Großzügigkeit gegenseitig ergeben, daß man wieder miteinander verkehren konnte. Dann haben wir uns ab und zu mal besucht.

I: Mhm.

E: Er war mal in Berlin bei uns, und ich war mal bei ihm, so zwei Tage oder mal über Nacht oder irgendwie so.

I: Ja, ja.

E: Geburtstage, dann habe ich dann mal irgendwie so ein bißchen (hustet), hatten sich die Wege so getrennt, dann brauchte man sich nicht mehr rechtfertigen, was man macht oder so, da habe ich meine Verlagssache gemacht, und dann war das irgendwie klar, ja, akzeptiert.

Ja, dieser Vater habe noch lange gelebt. Wann er gestorben sei, wisse er nicht mehr. Lachend fügt Paul Arnheim hinzu, es sei aber noch nicht lange her. Was ist das für ein Lachen? Es könnte ein Ausdruck der Scham sein, weil er eingestehen muß, das Todesdatum seines Vaters vergessen zu haben. Dagegen jedoch spricht die Klarheit und Unmißverständlichkeit der ersten Feststellung. Er hätte sich dieser Scham durch eine unbestimmte Formulierung, »vor einiger Zeit«, oder durch eine ungefähre Angabe, »vor etwa fünf Jahren«, leicht entziehen können. Das kann es nicht sein. Unser Gesprächspartner wollte in der Tat deutlich machen, daß er nicht weiß, wann sein Vater gestorben ist. Deshalb kann dieses Lachen auch nicht als ein Verständnis suchendes Lachen wegen der Fehlleistung des Vergessens gedeutet werden. Es ist vielmehr ein leise triumphierendes Lachen, welches die innere Distanz zu diesem Vater zum Ausdruck bringt. Diese Vater-Sohn-Beziehung, scheint uns Paul Arnheim sagen zu wollen, ist nicht nach dem eingefahrenen psychoanalytischen Schema von Liebe und Haß oder Bindung und Befreiung zu verstehen. Überhaupt ist für das Begreifen seiner Existenz das Herumstochern in der Frühgeschichte nicht sonderlich erhellend. Ein freies und offenes Bewußtsein muß sich gerade von solcher psychoanalytischen Fixierung lösen. Diese Art der lebensgeschichtlichen Erinnerung sperrt den einzelnen nur in seine Seele ein, indem er unablässig nach dem Ursprung seines Seins gräbt, den es, vorbehaltslos gedacht, aber gar nicht gibt. Gleichwohl bleibt es nicht bei der Distanznahme. Nach dem »Ah ja« des Interviewers sieht sich unser Gesprächspartner doch genötigt, eine genauere Zeitangabe zu machen. »Ich weiß nicht, also er ist vielleicht vor fünf Jahren gestorben«. Ist ihm sein innerer Triumph ungeheuer geworden? Will er doch noch ein Stück Loyalität dem Vater gegenüber andeuten? Oder reagiert er damit nur auf den ungläubigen Ton der Ratifizierung durch sein Gegenüber? Das können wir nicht entscheiden. An dieser Stelle ist lediglich erkennbar, daß er seine zur Schau gestellte Unbeteiligtheit am Tod seines Vaters und am damit verknüpften frühgeschichtlichen Komplex nicht durchhält.

Hinweise für die Interpretation dieses Schwankens bietet der folgende Text. Paul Arnheim hatte ein »sehr schlechtes Verhältnis« zu seinem Vater. Dieser wollte ihn in seine Nachfolge zwingen und hat sein Interesse für das große Denken in Form der Philosophie, Literatur und Soziologie nie akzeptiert. Der Sohn wußte auch selbst nicht, worauf seine Neigungen hinauslaufen sollten, nur, daß er sich an der Produktion von Kultur beteiligen wollte. Außerdem werden Verzögerungen und Schwierigkeiten im Studium erwähnt. Man muß wissen, daß Paul Arnheim immerhin zweiunddreißig Jahre alt war, als er mit den anderen das Verlagsprojekt startete. Das alles ist sicher nicht ungewöhnlich für den Werdegang eines Intellektuellen. Das Spezifische an der Biographie von Paul Arnheim ist die Ungleichzeitigkeit seiner Entwicklung. Was seine intellektuellen und beruflichen Interessen betrifft, bezeichnet er sich als »Spätentwickler«; hingegen was die Familiengründung anbelangt, stellt er sich als Frühentwickler dar. Die entsprechenden Kommentare der Eltern kann man sich leicht ausmalen: Schlimm genug, daß unser Sohn nicht weiß, was er will, aber schlimmer noch ist, daß er sich von der ersten besten Frau einfangen läßt. So oder ähnlich entsteht das Bild eines schwarzen Schafs der Familie. Aber genau besehen passen diese beiden Seiten zusammen: Seine Herkunftsfamilie bot ihm keinen Halt bei seiner persönlichen Entwicklung. Auch für einen heimlichen Beistand der Mutter finden sich keine Hinweise. Von der innigen Beziehung im Luftschutzkeller ist nichts mehr zu spüren. Der nach dem Krieg plötzlich auftauchende Vater errichtete ein neues Regime und verlangte vom Sohn die Unterwerfung unter seine Gesetze. Als dieser sich sträubte und von seinen schweifenden geistigen Wünschen nicht lassen wollte, wurde er von der gesamten Familie stigmatisiert. Ziemlich alleingelassen mußte er seinen eigenen Weg finden. Allerdings schuf er sich selber einen Halt, indem er früh heiratete. Seine Frau lernte Paul Arnheim bald nach der Übersiedlung nach Berlin kennen. Marianne und Paul Arnheim heirateten 1960, und 1962 wurde ihr Sohn geboren. Möglicherweise liegt in dieser Erfahrung früher Haltlosigkeit der Grund für seinen rigorosen Experimentalismus. Paul Arnheim hat aus dieser frühen sozialen Schwächung eine späte individuelle Stärke gemacht. Er mißtraut kommunikativen Sicherheiten, weil er erfahren hat, daß man sich darauf nicht verlassen kann. Zuletzt steht man in dem Bemühen, etwas Eigenes und Einzigartiges zu machen, immer allein. Deshalb bleibt nur die Chance, das Sein im Werden zu finden, indem man sich immer wieder der Anerkennung durch die anderen entzieht. Der Experimentalist sucht das existentielle Paradox zu verwirklichen, Selbstbindung durch soziale Bindungslosigkeit herzustellen. Das kann jedoch nur unter einer Voraussetzung gelingen: daß eine innige Beziehung zu einem einzigen Menschen besteht, der als führendes Objekt in diesen dauernden Abstoßungen fungiert. Das ist der Grund für die frühe Heirat und später für die enge Zweierbeziehung mit Christa Schadewaldt.

Beim Bruch mit den Eltern spielte die Lektüre von Adorno eine entscheidende Rolle. Zwar war die Beziehung schon vorher von Sprachlosigkeit beherrscht, aber erst die Reaktion auf diese Lesefrüchte führten zur Abkehr. Dabei tritt besonders die Mutter als Agentin antisemitischer Affekte hervor. Sie witterte sofort den jüdischen Geist der Zersetzung, richtig ah-

nend, daß damit ihr Junge für den deutschen Geist der Erbauung verloren war. In den Augen von Paul Arnheim ist das ödipale Drama weniger eine Tragödie als eine Farce, bei der man die Dinge nicht zu ernst nehmen sollte. Für den Sohn war der Vater lange Zeit eine »ziemliche Pflaume« und ein »ziemlicher Mitläufer«. Wie sollte dieser Vater die gesellschaftlichen Mächte repräsentieren, denen man sich notwendigerweise unterwerfen muß? Die ödipale Rebellion gegen einen, der genauso schuldig wie unschuldig erscheint, lohnt sich nicht. Jedenfalls fiel nach seiner späten Rückkehr aus der Kriegsgefangenschaft dieser Vater als Bezugspunkt einer Identifikation durch bestimmte Negation offenbar aus.
Andererseits deutet die Bemerkung, daß er mit seinem Vater »kein intellektuelles Gespräch« führen konnte, doch darauf hin, daß der Jugendliche etwas wollte. Was sollte das Thema dieser Gespräche sein? Wir wissen, daß der Vater zwar ranghoher Jurist und Soldat, aber eine »ziemliche Pflaume« und ein »ziemlicher Mitläufer« war. Die Frage, die sich aufgrund dieses Zwiespalts stellt, lautet: Woher kommt die Kraft des Gesetzes? Was ist der Grund der Autorität? Wie kann ein solcher Mann Recht sprechen? Wenn einem die Person darüber keine Auskunft geben kann, ist man auf den Text des Gesetzes verwiesen. Dann erhebt sich jedoch die Frage, wie die anonymen Schriftzeichen ohne die Bekundung durch einen persönlichen Wortlaut zu verstehen sind. Man könnte glauben, daß hier die Textergebenheit des späteren Verlegers einen Grund hat. Es geht um das Geheimnis der Texte, die Gesetz werden können, weil sie so und nicht anders formuliert sind. Es ist dieses gewaltsame Moment der Setzung, das die Ehrfurcht des Lesers gebietet. Die Tatsache, daß es die Gesetzestexte überhaupt gibt, erscheint als der mythische Grund ihrer Autorität. Es steht einfach geschrieben, was wahr und was gerecht ist. Scheinbar führt die Metapher der Pflaume auf eine andere Spur. Eine Pflaume ist außen weich und gefügig, besitzt aber einen ovalen Kern. Insofern wird der Vater mit dieser Metapher verweiblicht und gleicht sich der Mutter an, wodurch das Familiendreieck in einer diffusen Ureinheit mit einem harten Zentrum zusammenfällt. Aber der Wunsch nach einem »intellektuellen Gespräch« schafft Abstand und beweist den Drang

zu einer Generalisierung der Verhältnisse. Das heranwachsende Kriegskind sucht das Gesetz, das hinter dem Vater, in der Mutter und bei ihm selbst wirkt. Wo ist es formuliert und wie kann man es lesen?

Erst ganz spät, so heißt es, stellte sich eine gewisse gegenseitige Großzügigkeit zwischen Vater und Sohn ein, so daß man wenigstens wieder miteinander verkehren konnte. Man brauchte die eigene Tätigkeit nicht mehr zu rechtfertigen. Was den Umgang mit Texten betrifft, sind der Richter und der Verleger gar nicht so weit voneinander entfernt. Der Richter legt gegebene Texte aus und verleiht ihnen durch die Anwendung auf einen einzelnen Fall die Autorität von Gesetzen; der Verleger sucht neue Texte, die einen Leser »auf Grund setzen« und ihm dadurch zum Schicksal werden können. Beide haben sie mit Texten zu tun, die zu allen und zu jedem einzelnen auf eine ganz besondere Weise sprechen können und ihre Macht dadurch gewinnen, daß sie einfach da sind. Die Mutter kommt merkwürdigerweise gar nicht mehr vor. Vielleicht ist diese späte friedliche Koexistenz der Grund dafür, daß Paul Arnheim sich doch noch zu einer ungefähren Zeitangabe über den Tod des Vaters veranlaßt sieht. Er bringt damit zum Ausdruck, daß er ihn und seine Geschichte mit ihm nicht völlig aus seiner Erinnerung tilgen will.

Bis zu seinem fünfzehnten Lebensjahr lebte Paul Arnheim in der DDR. Der Familie ging es nach dem Krieg miserabel. Die Mutter mußte mit der kärglichen Miete, die das Haus einbrachte, auskommen. Und der Vater bekam nach der Rückkehr aus der Gefangenschaft keine seinem vorher erworbenen Status gemäße Anstellung. So gesehen bedeutete die Befreiung vom Faschismus für die Familie eine soziale Deklassierung. Paul Arnheim war in dieser Zeit, wie er selbst sagt, nicht besonders aufgeweckt und ziemlich verklemmt. Er beschäftigte sich lieber mit Briefmarken als mit dem Geschehen in ihm und um ihn herum. Insofern hat er die unmittelbare Nachkriegszeit nicht wie andere seines Alters als eine Zeit der Unkontrolliertheit und Wildheit, sondern als eine Zeit der Bedrücktheit und Verschlossenheit erlebt. Aufgewacht ist er erst im Westen. Der Jugendliche entdeckte zuerst das Kino, dann Theater, Ballett, Oper und Konzerte – die ganze Palette des kulturellen Angebots. Er warf sich »volle Pulle« darein. In jener Aufgewühltheit entdeckte er schließlich mit siebzehn, achtzehn Jahren, wie er heute meint, »ganz spät«, das Lesen. Wahllos las er, was ihm in die Hände fiel, und zwar stets den ganzen Autor: Shaw, Galsworthy oder John Steinbeck, daneben schon bald einige Feuilletonisten der fünfziger Jahre wie Friedrich Sieburg.

E: Und dann durch irgendeinen Zufall bin ich mal an den Adorno geraten, und dann habe ich den nicht mehr losgelassen, ja, dann habe ich den Adorno, also jedes Wort, zehn Jahre bald, unheimlich viel gelesen, im Grunde genommen alles, was er so gemacht hat. Also von 59 an vielleicht.

I: Ja, das ist wirklich früh.

E: Die ganzen Sachen so, also wir hatten sozusagen das Informationskartell, haben wir immer gesagt, der hat jetzt wieder im »Neuen Forum« was geschrieben, also bin ich zu Schöller geflitzt, habe mir das gekauft oder so. Wir haben uns eigentlich sämtliche Schriften sofort nach Publikation, auch die ganzen kleinen Zeitungsaufsätze und so besorgt. Das waren so ein paar Leute, mit denen man da in Übereinstimmung war. Es war eine Situation, die sehr ähnlich der war, die nachher so 74 war, daß ich auch ziemlich unvorbereitet, ohne Hegel, Marx, von Tuten und Blasen keine Ahnung, auf den Adorno gestoßen bin. Das war so ähnlich, wie ich nachher auf den Foucault oder den Deleuze gestoßen bin. Wo ich auch überhaupt nicht wußte, wo das eigentlich herkommt und was das eigentlich ist. Es hat mich eben nur in ganz bestimmten Sachen interessiert, auch bestätigt in Erfahrungen, und ich habe mich darauf eingelassen, aber es war so, daß man erst mal sich von allem losgekoppelt hat, indem man sich drauf eingelassen hat. Ja, man stand erst mal ziemlich alleine in der Wüste mit irgend so einer ganz tollen Theorie oder mit irgendeinem Autor, den man nicht verstand, ja.

I: Mhm.

E: Und überall, wo man hinkam, lachten die Leute und hielten einen für einen Idioten und einen Spinner. Also die Situation, die war 59, 60 ähnlich so wie 74, 75, ja.

I: Das hört sich auch so an wie eine kleine Verschwörung. Und da hat man, haben sich irgendwelche Leute,

E: jaja, ein ganz paar Leute waren das,
I: immer getroffen. Könnten Sie sagen, warum nun grade Adorno? Ich meine, die Frage stellt sich natürlich.
E: Adorno war der, der sozusagen den umfassendsten intellektuellen Horizont hatte. Der war sowohl Philosoph als auch Kunsttheoretiker.
I: Ja.
E: Also der war der einzige, der sowohl was die Erfahrung des ganzen Faschismus, die man selber mitgemacht hatte, angeht, Antisemitismus, diese ganzen Geschichten, die habe ich ja in Halberstadt auch erlebt, da gab es ja auch ein KZ in der Nähe, Höhlen gab es, in denen Flugzeuge gebaut wurden. Und ich habe Häftlinge im Krieg so Schutt abräumen sehen, ich wußte also ein bißchen schon, was da für Sachen so passiert sind, ja, das wußte ich aus eigener Anschauung, ohne daß ich mit irgend jemand darüber reden konnte, nicht.
I: Ja.
E: Und von daher fiel natürlich der Adorno mit seiner Kritik und seinem Pathos irgendwie auf sehr fruchtbaren Boden. Und außerdem war an der Uni, Germanistik, Philosophie, Soziologie, das sind relativ unerfreuliche Fächer damals gewesen, eher so ein bißchen schwülstig,
I: mhm,
E: und auch ein bißchen fachidiotisch, da war natürlich der Adorno, so schwierig er auch war, das war sozusagen, ich meine, mein Thema bei dem Adorno war natürlich eigentlich die »Minima Moralia«, und dadurch auch so eine Art von Lebenskunst, die eigentlich immer noch mein Thema ist oder jetzt wieder mein Thema geworden ist.
I: Mhm.
E: Aber das war natürlich für mich sozusagen,
I: mhm,
E: da war der Adorno eigentlich schon der Anfang. Und ich habe die »Minima Moralia« also gute fünf Jahre mit mir rumgeschleppt. Jeden Tag, immer bei mir, so ein richtiges Vademekum oder irgend so ein, ein traditionelles Taschenbuch, ich hatte immer das Ding irgendwie bei mir, ich habe die ganze Zeit darauf geguckt, so drei, vier, fünf Seiten, ich hatte immer irgendwie drin gelesen, ja.

I: Mhm.

E: Und dann hat man natürlich sehr bald auch den SDS entdeckt. Den habe ich so 59, 60, da habe ich dann sozusagen die ersten getroffen, die auch in der Richtung so ein bißchen unterwegs waren. Das waren in Berlin dann, weiß ich, fünfzig Leute oder, aber richtig als Gesprächspartner vielleicht fünf oder so was. Die waren alle so am SDS dran.

I: Ja.

E: Es waren so ein paar Figuren, die jetzt eigentlich so Professoren sind, und dann war sozusagen im SDS, da gab es noch so eine ganz alte traditionalistische Fraktion, die so von Rosa Luxemburg kam, aber dann gab es gleichzeitig eigentlich auch die Kritische Theorie oder sagen wir ruhig mal, Adorno und die Frankfurter. Das waren dann die, die kannten sich und die haben miteinander auch geredet und die haben sich dann auch diese Informationen und sind auch in einzelne Seminare gegangen und so weiter.

Adorno war sein Augenöffner. Lange hatte er wahllos herumgelesen, bis er Ende der fünfziger Jahre auf diesen Autor stieß, von dem er fortan jedes Wort aufnahm. Das war eine ähnliche Erschließungssituation wie Mitte der siebziger Jahre. Ohne Kenntnis der Prämissen überließ er sich diesem Denken, was bedeutete, daß er sich erst einmal von allem loskoppelte, was er bisher für wahr und wichtig gehalten hatte. Dieses Verhalten bezeichnet die existentielle Grundsituation, die Paul Arnheim sucht: ziemlich alleine in der Wüste zu stehen mit etwas ganz Tollem, das niemand versteht, nicht einmal er selbst. Zum Glück existierte eine verschworene Gemeinschaft von Lesern, die ihm versicherte, daß er nicht völlig verrückt war.

Der Bericht enthält alle Bestandteile einer exemplarischen Erweckungsgeschichte: die zufällige Schicksalsfügung, die anfängliche soziale Ablehnung und die Verbindung zu einer geheimen Gesellschaft. Aber am Ende bleibt unser Held allein mit seinem Autor. Er hat einen Text gefunden, in dem ein Geheimnis verborgen ist: keine bestimmte Botschaft, sondern ein vielfältig auslegbarer Sinn, der für alle möglichen Situationen paßt. Jeder einzelne, so scheint es, muß auf die von ihm selbst gewählte Weise den Text zu seinem Schicksal machen. Dann

findet man Zugang zu dem geheimen Sinn, der einen an den Rand des Nichtsinns bringt.
Was machte diesen Autor so anziehend? Welche Sachen sprachen seine Texte an und welche Erfahrungen bestätigten sie? Adorno, lautet die Antwort, verfügte über den umfassendsten intellektuellen Horizont: er war sowohl Philosoph als auch Kunsttheoretiker. Und in dieser intellektuellen Umfassung von Sein und Schein machte er die Erfahrung des Faschismus sprachfähig. Paul Arnheim berichtet, daß er aus eigener Anschauung wußte, was faschistische Gewalt war. Von Antisemitismus, von einem KZ in der Nähe, von schuttabräumenden Häftlingen ist die Rede. Nur konnte er darüber mit niemandem reden. Von dieser Sprachlosigkeit befreiten ihn die Texte Adornos. Der sei der einzige gewesen, der »die Erfahrung des ganzen Faschismus, die man selber mitgemacht hatte«, zur Sprache brachte. Die Formulierung, Adornos Kritik und Pathos fiel natürlich »irgendwie auf sehr fruchtbaren Boden«, läßt im nachhinein eine gewisse Distanz anklingen, was, wenn man an den Anfang des Interviews denkt, als Absetzung von dem antifaschistischen Gesinnungspathos seiner Generation zu verstehen ist, und doch will er diesen Punkt nicht unterschlagen, wenn es um die Erklärung von Adornos Wirkung geht. Dem folgt der Hinweis auf den Denkstil des Autors. Diese eigentümliche Art und Weise, das Ganze zu denken, zugleich spezifisch und generell, bildete eine wirkliche Alternative zum universitären Denken der fünfziger Jahre. Paul Arnheim spricht von einer unerfreulichen Mischung aus Schwulst und Fachidiotie. Einerseits wurde der »Verlust der Mitte« und die »Unbehaustheit« des modernen Menschen beklagt und andererseits wurde ein Semester lang die Frage traktiert, warum die Goten das t hauchten. Vor diesem Hintergrund stellte die Schwierigkeit Adornos eine lohnende intellektuelle Herausforderung dar. Aber der eigentliche Grund für Adornos Wirkung war ein ganz bestimmtes Buch: die »Minima Moralia«. Paul Arnheim behandelt es wie einen heiligen Text, der Wort für Wort wahr ist und der einen immer begleitet. Ein urbanes Brevier, in dem man jeden Tag lesen muß, um Anleitungen für ein richtiges Leben zu erhalten. Es ging, erläutert unser Erzähler, um eine Art von Lebenskunst. Dazu muß man sich den

ersten Satz der »Minima Moralia« in Erinnerung rufen: »Die traurige Wissenschaft, aus der ich meinem Freunde einiges darbiete, bezieht sich auf einen Bereich, der für undenkliche Zeiten als der eigentlichste der Philosophie galt, seit deren Verwandlung in Methode aber der intellektuellen Nichtachtung, der sententiösen Willkür und am Ende der Vergessenheit verfiel: die Lehre vom richtigen Leben.«[8]
In dieser Hinsicht erweist sich Paul Arnheims ganz individuelle Lektüre als ein generationstypisches Phänomen. Die »Minima Moralia« war das Stundenbuch für eine bestimmte Form der Kulturkritik. Die sozialisierende Wirkung dieser Texte beruhte darauf, daß sie ein Identifikationsangebot bereit hielten. Für die im System der fünziger Jahre eingesperrte Generation der Kriegskinder war in diesen »Reflexionen aus dem beschädigten Leben« das Modell einer intellektuellen Existenz formuliert. Die umschriebene intellektuelle Figur hat drei Merkmale: sie lebt in der Emigration, sie sieht sich ausweglos in die Verhältnisse verstrickt und sie glaubt, nur in der Einsamkeit sich retten zu können. Dies entsprach der inneren Verfassung der Kriegskinder. Hatte nicht auch sie der »Triebwagen der objektiven Tendenz«, der den enormen Wiederaufbau beförderte, ins Abseits geschleudert? Wenn hier die Situation des Intellektuellen in der Emigration beschrieben wurde, so fanden sie darin ihre eigene Situation getroffen. Dahinter standen, wie Paul Arnheim bezeugt, die im Inneren versteckten Erfahrungen des Faschismus und des Kriegs. Gleichwohl spürten sie die »Schwerkraft des Bürgerlichen« in sich selbst. Der stillen Einigkeit der Davongekommenen konnte sich niemand entwinden. Voller Sympathie lasen sie daher, daß der Distanzierte ebenso verstrickt bleibe wie der Betriebsame. Vor diesem habe er nichts voraus als die Einsicht in seine Verstricktheit und das Glück der winzigen Freiheit, die im Erkennen als solchem liegt. Auch darin fühlten sie sich verstanden: daß es aus der Verstricktheit keinen Ausweg gibt und daß nur die Einsamkeit als Rettung bleibt. Und wiederum fand sich in der »Minima Moralia« dafür eine stell-

8 Theodor W. Adorno, Minima Moralia. Reflexionen aus dem beschädigten Leben, Frankfurt a.M. 1970, S. 7.

vertretende Deutung: Für den Intellektuellen sei Einsamkeit die einzige Gestalt, in der er noch Solidarität beweisen könne. Alles Mitmachen, alle Menschlichkeit von Umgang und Teilhabe sei bloße Maske fürs stillschweigende Akzeptieren des Unmenschlichen. Einig solle man sein mit den Leiden der Menschen. Der kleine Schritt zu ihren Freuden hin sei einer zur Verhärtung des Leidens.
Zu diesem Modell der intellektuellen Existenz gehört eine bestimmte Methode der intellektuellen Recherche. Deren erste Bedingung ist der betont unspezialisierte Blick. Paul Arnheim nennt das den umfassenden intellektuellen Horizont. Man muß psychologisch, ästhetisch, ökonomisch und philosophisch gebildet sein, um das Gesellschaftliche als Substanz des Individuellen entschlüsseln zu können. Dabei ist Mißtrauen gegenüber allem, was sich als unbefangen und unscheinbar gibt, geraten. Der Grundsatz der Methode nach Auschwitz heißt: Es gibt nichts Harmloses mehr. In einer Geste, in einem Zeichen, in einem Wort scheint das Ganze auf. Etwa, was es über unsere Situation sagt, daß man verlernt hat, behutsam und doch fest eine Tür zu schließen. Begleitet wird diese Methode von dem Bewußtsein der Negativität: daß der Geist sich nur bewahrheitet, wenn er der Idylle widersteht, und, wie Adorno mit Hegel sagt, dem Negativen ins Angesicht schaut und bei ihm verweilt. Der Gestus der Kritik besteht in einer Sabotage des Ganzen, das sich durch die Ausmerzung der Differenz verwirklicht, und ihr Bezugspunkt ist die Erfahrung eines Individuellen, das sich nicht sagen läßt.
Die literarische Form für Modell und Methode ist der Aphorismus. Die »Minima Moralia« umfaßt eine Sammlung von Miniaturen, die sich nicht als abgeschlossene darstellen und nicht als definitive behaupten. Sie wollen vielmehr Fingerzeige sein, die Blicke freimachen für zusätzliche eigene Gedanken. Dadurch wird eine bestimmte Rezeptionsweise angeregt, die offenkundig auf eine entsprechende Bereitschaft traf. Paul Arnheim benutzte das Buch als Vademekum, das man immer und überall zur Hand nehmen kann. Das erinnert natürlich an die Form der Bücher, die er später selbst produzieren wird. Die aphoristische Form steht für ein agiles und mobiles Denken, das bereit ist, jede Gelegenheit für neue Einsichten zu

nutzen. Von dem jungen Leser wurde das aufgenommen als Abkehr von einer gravitätisch daherkommenden deutschen Wissenschaft. Wie Marcel Duchamps Schachtel-im-Koffer enthält die »Minima Moralia« den ganzen Adorno.

Von Adorno führte ein Weg in den SDS und in die Studentenbewegung. Um genauer in Erfahrung zu bringen, wie Paul Arnheim an der Studentenbewegung beteiligt war, ob sie von außen verfolgend oder sie von innen mittragend, frage ich ihn danach, wie er von dem Attentat auf Rudi Dutschke Ostern 1968 erfahren habe.

I: Wissen Sie eigentlich noch, wie Sie erfahren haben von dem Attentat auf Rudi Dutschke? Die Situation, wie Sie sich gefühlt haben? Aus dem Radio, oder hat es Ihnen jemand gesagt oder wie?

E: Telefon.

I: Telefon?

E: Ja, ja, fünf Minuten hinterher hat einer angerufen, Attentat, wir sind sofort dahin geflitzt.

I: Und wie haben Sie das aufgenommen?

E: Ich war empört, empört, also wir haben ja dann gleich da ad hoc eine Demonstration hingelegt und haben auf dem Wege mit Steinen geschmissen und so weiter.

I: Empört, heißt das irgendwie, so ist es nun, soweit ist es nun, war das irgend so was, daß Sie sich gar nicht vorstellen konnten, daß so was passiert?

E: Ja, ja.

I: Ach, ehrlich?

E: Das war ja damals so eine ganz, ganz merkwürdige, wie soll ich sagen, das war so eine Art sehr starke Revolutionseuphorie, ja.

I: Ja.

E: Das war fast so eine Art Revolutionserwartung, also so eine millenaristische Bewegung, so kam mir das vor. Das war irgendwie, man hatte das Gefühl, das geht immer weiter, und irgendwie, jetzt kommt es, also eine Revolution. Wir haben vorher mit dem Adorno uns sehr schwer getan, theoretisch,

I: ja,

E: und jetzt auf einmal so diese Theorie über die Massenergreifung und dann ging das los. Dann waren wir doch ziemlich in so einer Wahnsinnseuphorie alle drin. Und bei mir war das so, ich hatte von anderen auch ein bißchen meine Einschätzung unterschieden. Wir hatten noch eine sehr positive und sehr euphorische Einstellung, wo man wirklich dachte, daß irgendwas Tolles passiert jetzt.

I: Mhm.

E: Das war sozusagen die Situation, und da war natürlich erst der Tod von dem Che Guevara, das war schon so ein Hammerschlag, wo man dann dem Heulen nah war, und dann diese Dutschke-Geschichte, da hat man natürlich auch geglaubt, daß der noch gerettet wird, daß das irgendwo weiter geht, dann wurde das ja auch sofort in so Aktionen umgesetzt und so, und dann kam ja relativ anschließend der Mai, der war ja dann vier Wochen danach, da war ich vorher noch in Paris, habe dann auch so um den Cohn-Bendit so ein paar Leute kennengelernt, das war im März, und ich bin Anfang April zurückgefahren nach Deutschland, und dann diese Paris-Geschichte, und dann fand ich, als die Russen in der CSSR einmarschiert waren,

I: ja, ja,

E: wußte ich, das ist jetzt vorbei, da war mir das klar, das ist irgendwie,

I: ja,

E: da kriegt sozusagen jetzt der Gegner Wasser auf die Mühlen, und jetzt ist die Sache gelaufen. Das, was irgendwie versucht wurde, das ist jetzt nicht mehr möglich. Das war also durch den Einmarsch der Russen,

I: ja,

E: daß der Antikommunismus, und auch das, was überhaupt so die Meinung zugunsten der Studenten anbetraf, die schlägt jetzt um, das war also für mich zu dem Zeitpunkt eigentlich irgendwie schon gelaufen.

I: Mhm, aber Sie haben, Sie jetzt, Sie haben auch gesagt, eine Revolution wäre vielleicht möglich?

E: Also zu diesem Zeitpunkt, ich meine, sozusagen als Adornit habe ich natürlich auf der einen Seite, so was der Adorno mit dem Bilderverbot meinte,

I: ja,

E: also das Utopieverbot, das galt für mich auch, das konnte man sich nicht vorstellen, wie das alles aussieht, was dann ist. Ich hatte sozusagen nur ein, sagen wir mal, sehr konkretistisches Aktionsprogramm für mich selber anzubieten.

I: Mhm.

E: Das schien mir irgendwie plausibel zu sein. Ich hatte mit Proletariat, mit dem ganzen Kram überhaupt nichts am Hut.

I: Ah ja.

E: Das war noch die Zeit, wo die Leute, wenn einer von Marx redete, darüber lachten. Also der Berliner SDS hatte mit Marx überhaupt nichts am Hut. Das war alles so ein bißchen so eine utopistische, so Marcuse-Verschnitt, eigentlich,

I: mhm,

E: so eine radikaldemokratische Bewegung, aber mit sehr, im Grunde genommen im nachhinein, irgendwie sehr blinden Vorstellungen. Ich bin auch ganz froh, daß das nix geworden ist. Also wenn ich mir vorstellen sollte, Semler und diese ganzen Figuren, Horlemann und so als Minister und so, dann wäre ich als, dann wären wir als erste ins Gefängnis gewandert.

I: Ja.

E: So ist es ja dann auch gelaufen, die haben ja alle die Parteien gegründet und so. Das habe ich ja nie gemacht, ich habe nie in irgendeiner Partei oder. Da war man eben durch den Adorno, waren wir gegen den Marxismus-Leninismus total immunisiert.

I: Ach ja, aber doch irgendwie, daß irgendwas anderes in der Luft lag?

E: Nein, es war so, daß der Adorno mit seiner ganzen Kulturkritik uns sozusagen mit dem, wie sagt man, mit dem Verdikt überfrachtet hat, das sagte, Praxis heißt nur, daß man den latenten Faschismus zum manifesten macht und daß es alles noch schlimmer wird. Bei Horkheimer war das noch schopenhauerianischer so in seiner Orientierung. Und daß wir so im Argument-Club und im SDS diese ganze Faschismus-Theorie diskutiert haben und dann irgendwie den Objektivismus Adornos kritisiert haben und da so einen ganz kleinen, also eher eben über den Marcuse, einen ganz kleinen Punkt gefunden haben, wo man doch was machen kann, und das auch sozusagen theoretisch begründen und rechtfertigen kann.

I: Mhm.

E: Das war dann unsere Kritik an Adorno, daß der eben negative Theologie betreibt, und daß man den Faschismus, wenn man den zum objektiven Verhängnis macht, daß man sozusagen den noch rechtfertigt.

I: Mhm.

E: Das war damals so. Gerade im Berliner SDS kam die Adorno-Kritik auf, ich meine, in Frankfurt waren die ganzen Schriften der Kritischen Theorie im Giftschrank, die konnte man gar nicht lesen, während in Berlin der Nachlaß von dem Franz Neumann war, und wir also schon in den frühen sechziger Jahren diese ganze Zeitschrift für Sozialforschung, das ganze Zeugs gelesen haben, ja.

I: Mhm.

E: Also wir waren bestens informiert und konnten auch die Punkte ausfindig machen, wo man ansetzen konnte. Dann kam der Habermas noch mit seinem Öffentlichkeitsbegriff, dann kam der SDS mit seiner Hochschuldenkschrift, und dann ging es so ganz allmählich los.

I: Ja, ja.

E: Und das hat sich dann sehr beschleunigt, so daß kurzfristig so das Gefühl doch da war, also irgendwas, ich meine, ob das irgendwie nun eine Revolution, ich meine, ich war nie so mit der dritten Welt, aber Vietnam, das ist mir schon so nahe gegangen, und der Funke war schon übergesprungen.

I: Mhm.

E: Auch Südamerika und Che Guevara und Mao-Tse-Tung, die Sachen, das war irgendwie schon sehr in unserem Blickfeld als aktuelles Problem, aber wie das in Deutschland und was da so, ganz im Gegenteil, also wir hatten überhaupt keine präzisen Vorstellungen, sondern das war eben einfach so, daß wir eigentlich den Leuten, die irgendwie was wissen wollten, wie es nun weitergeht, daß wir denen eigentlich gar nichts sagen konnten. Ich war damals von der Evangelischen Kirche mal eingeladen, so Katecheten, die haben sich für diese Achtundsechziger-Sache interessiert,

I: mhm,

E: da habe ich mit denen geredet, und die fanden das unheimlich interessant auf einmal, aber die sagten, na ja, was Sie sagen, ist toll, aber, Mensch, das sagen die anderen ja nicht,

I: mhm,

E: also das war dann auch so. Ich hatte auch mehr so eine, sagen wir mal, es gab auch sehr verschiedene Interpretationen, ich war ja auch ein bißchen älter als die anderen. Das war durch diese DDR-Geschichte bin ich also relativ spät, dann habe ich erst Jura studiert, bin irgendwie erst spät irgendwie so ein bißchen zu mir gekommen, zu meinen eigenen Sachen.

Paul Arnheim gehörte zweifellos zum Kern der Bewegung. Vom Attentat hat er nicht aus dem Radio oder aus dem Fernsehen erfahren, sondern durch einen Anruf. Er war also an ein intaktes Informationssystem angeschlossen. »Wir sind sofort dahin losgeflitzt.« Mit diesem »Wir«, auf das hier so ungeteilt und selbstverständlich Bezug genommen wird, sind wohl zuerst Marianne und Paul Arnheim gemeint, aber darüber hinaus das »Wir« der Bewegung. Denn im Anschluß daran heißt es: »Wir haben ja dann gleich ad hoc eine Demonstration hingelegt und haben auf dem Wege mit Steinen geschmissen und so weiter.« Was so weiter kam, versteht sich von selbst, darüber braucht man keine großen Worte zu machen.

Paul Arnheim erläutert, wie dieses Ereignis in eine kollektive Hochstimmung einbrach, die ihm heute »ganz merkwürdig« vorkommt. Obwohl er von Adornos melancholischer Theorie durchtränkt war, und man deshalb denken würde, daß er gegenüber solchen Aufwallungen resistent gewesen wäre, wurde er von dieser »Wahnsinnseuphorie« mitgerissen. Zwar artikuliert sich an einer Stelle ein gewisses Schwanken im Text, welches Differenzen in der Einschätzung anspricht, doch am Ende siegt die Euphorie des »Wir«: »Man hatte das Gefühl, das geht immer weiter, und irgendwie, jetzt kommt es, also eine Revolution.« Vietnam, Südamerika, China sprechen ein welthistorisches Panorama an. Das Leuchten der großen Erwartungen war zwar nur kurz, dafür aber überall zu sehen. Im Pariser Mai 1968 erfüllte und vollendete sich die kollektive Euphorie. Für Paul Arnheim war dann der Einmarsch der Warschauer-Pakt-Staaten in die

CSSR das Zeichen dafür, daß der Gang der Geschichte wieder umschlug. Man glaubt ihm, daß er sich sein Urteil nicht im nachhinein so zurechtgelegt hat: »Das ist jetzt vorbei, da war mir das klar«. Vielleicht waren es die Panzer, die ihm vor Augen führten, wie das Alte das Neue niedermachte. Im Ernstfall regiert das Gesetz der Waffen.

Eigentlich ist der Weg von der »Minima Moralia« zur Euphorie der Studentenbewegung alles andere als wahrscheinlich. Man kann sich kaum vorstellen, daß die Aufnahme dieses Buches, das eine tiefe Mutlosigkeit ausstrahlt, dazu beitragen konnte, eine soziale Bewegung zu entzünden. Daß die Veränderung der Welt mißlang, ist bekanntlich der Ausgangspunkt der »Negativen Dialektik«. Paul Arnheim zeichnet die Stationen nach, auf denen sich die politische Öffnung der ästhetischen Hermetik Adornos vollzog: zuerst die immanente Kritik von Adornos Angst vor der Praxis als negative Theologie, dann die Denkschrift des SDS »Hochschule in der Demokratie« (1961) und die Untersuchung über den »Strukturwandel der Öffentlichkeit« von Jürgen Habermas (1962) und schließlich die Rezeption des existentialphilosophischen Marxismus von Herbert Marcuse, der im Sommer 1967 die Berliner Szene als gefeierter Lehrer einer Neuen Linken betrat. Daran sieht man, der Aktion ging eine komplizierte Begründungsarbeit voraus – immer auf der Suche nach dem »ganz kleinen Punkt«, »wo man doch was machen kann«. Dabei wird deutlich, Marx stellte für die Generationseinheit, der Paul Arnheim angehört, keine Alternative dar. So ging es ganz allmählich durch die sechziger Jahre, resümiert unser Gesprächspartner, bis es dann wirklich losging. Diese plötzliche Beschleunigung wird durch die geschilderte Vorgeschichte jedoch nicht wirklich erklärt. Mit einem Mal war das Gefühl einer großen Veränderung da. Auch der Hinweis auf den Funken aus der dritten Welt verfängt nicht. Paul Arnheim muß einräumen, daß man überhaupt keine präzisen Vorstellungen über den weiteren Gang der Dinge im eigenen Land hatte. Man hatte dem nachfragenden gesellschaftlichen Publikum im Grunde nichts zu sagen. Hier tritt der präsentistische Charakter der Bewegung hervor. Den Akteuren schwebte kein Bild vor, aber sie hatten plötzlich das untrügliche Gefühl, daß »irgendwas Tolles« pas-

sieren könnte. Paul Arnheim verfolgte eine Art Doppelstrategie: einerseits unterwarf er sich dem Utopieverbot Adornos, andererseits legte er sich sehr konkretistische Aktionsprogramme zurecht – sozusagen: die Verfernung des Fernhorizonts und die Vernahung des Nahhorizonts. Somit erzielte er einen doppelten Autonomiegewinn: Er war in einem ganz praktischen Sinne in der Bewegung politisch handlungsfähig, ohne jedoch in ideologische Abhängigkeiten zu geraten. In ideologischer Abhängigkeit befand sich dagegen die Garde der Parteiaufbauorganisationen. Diese Hierarchisten des politischen Bewußtseins sind bis heute seine Gegner. Im Text hallt noch der damalige Haß nach: Die hätten, wären sie an die Macht gekommen, mit bester Gesinnung eine humanistisch formierte Gesellschaft geschaffen. Experimentalisten wie Paul Arnheim und seine Freunde wären damals als erste ins Gefängnis gewandert. Dahinter verbirgt sich sicherlich die resignative Ahnung, in Auseinandersetzungen um die Macht solchen überzeugten Hierarchisten von vorneherein unterlegen zu sein. Der Experimentalist ist auf eine eigentümliche Weise schutzbedürftig: Er öffnet sich vorbehaltslos den Möglichkeiten, den Wirklichkeiten indessen ist er hilflos ausgeliefert. Deshalb ist unser Gesprächspartner am Ende froh, daß aus der Studentenbewegung, was die politische Umgestaltung von Staat und Gesellschaft betrifft, nichts geworden ist.
Am Schluß dieser Passage betont Paul Arnheim, daß innerhalb der Bewegung sehr verschiedene Interpretationen koexistierten. Das war offenbar von Anfang an so. Es gab Typen, die resistent gegen den Marxismus-Leninismus waren, und Typen, die dafür anfällig waren. Dazu kamen noch die Bedingungen des unterschiedlichen Alters und Herkommens. Manche waren »Frühentwickler« wie Daniel Cohn-Bendit, andere »Spätentwickler« wie Paul Arnheim. Im ganzen stellte die Studentenbewegung ein äußerst heterogenes Gemisch von Vertretern ganz verschiedener Alters- und Sozialklassen und ganz verschiedener existentieller Programme dar, geeinigt für eine kurze Spanne in dem großen Gefühl, daß hier und jetzt das Neue erscheint.
Nachdem wir uns über den erheblichen Einfluß der Anhänger Adornos in der westdeutschen Kulturindustrie verständigt ha-

ben, kommen wir auf die Wirkungsgeschichte der Studentenbewegung zu sprechen.

E: Das ist natürlich diese ganze SDS-Generation. Ich meine, wir kamen damals über, sagen wir, sehr stark ästhetische Erfahrungen, haben die politisiert und haben sozusagen in der Studentenbewegung versucht, diese ästhetischen Ansprüche politisch umzusetzen, Abschaffung der Kunst, diese ganzen Sachen, im Kursbuch. Das war auch mal mein Doktor-Thema. Da wollte ich drüber schreiben. Habe mich aber nicht so richtig getraut, bis dann das Kursbuch das rausgebracht hat.

I: Ja, ja.

E: Mein eigener Ansatz war mir auch zu grob und zu windig, und die Gesprächspartner, der Szondi, der hat das nicht so richtig verstanden, was ich eigentlich wollte, und ich konnte ihm das nicht richtig erzählen und so.

I: Mhm.

E: Also, das waren sozusagen unsere Zusammenhänge. Daß wir Adorno, diese ästhetischen Zusammenhänge, Erfahrungen, einfach politisch umsetzen wollten. Und das ist natürlich, das würde ich sagen, ist gescheitert. Jetzt sind wir wieder bei dem Ästhetiker Adorno angelangt. Und auch bei den politischen Perspektiven, die er abzeichnet, und bei dieser Art Destruktion, ohne daß ich heute, sagen wir, die ideologiekritischen Wertungen nachvollziehen kann.

I: Mhm.

E: Also die, wie soll ich sagen, die Entdeckung einer anderen Welt, die bei mir mit Foucault, Deleuze eingesetzt hat, die hieß eben einfach, daß man, sagen wir, wertfrei Adorno genauso gut wie Carl Schmitt und Burckhardt und so Figuren lesen kann.

I: Mhm.

E: Mich interessieren nicht ihre eigenen politischen Prämissen, sondern ich gucke an, was für Systeme baut er, was beschreibt er, was sieht er, wie komplett ist das Ganze und so weiter. Es geht mir also um den Sachgehalt, um das Material, was in diesen Theorien sich bewegt, und ich frage mich, inwieweit ist das der Wirklichkeit, in der wir leben, in irgendeiner Weise adäquat. Und diese philosophische Systematik oder diese politische Theorie, die muß ich mir selber basteln. Das ist meiner Ansicht nach eine ganz singuläre und individuelle Geschichte.

I: Mhm.

E: Die ist nicht mehr vorgegeben. Es gibt auch keine Schulen mehr, es gibt keine Systeme mehr und es gibt auch für mich keine politischen Parteien, sondern Politik ist eine Sache, die von einzelnen Gruppen oder auch von Einzelnen gemacht wird, aber nicht von Klassen oder so.

I: Ja, ja. Das hört sich so ein bißchen an wie ein liberalistisches Credo.

E: Man könnte auch sagen anarchistisches Credo, nicht.

I: Mhm.

E: Nur daß eben diese Begriffe wie Anarchismus und Liberalismus verbraucht sind. Denn dahinter stehen ja ganz bestimmte ökonomische Theorien, dahinter stehen Traditionen. Ich weiß nicht, man kann heute nicht von Liberalismus reden, ohne das einzubeziehen. Da ist man sofort wieder in einem Zusammenhang drin. Und genauso wie Anarchismus, dann ist man auch sofort wieder bei Bakunin und Kropotkin. Und das ist bis hin zu Feyerabend irgendwie immer noch virulent.

I: Ja, mhm, ja.

E: Das ist irgendwie ein oller, irgendwie verstaubter Jargon des 19. Jahrhunderts. Und ich finde, man muß neue Begriffe finden. Am besten Begriffe, die, wie soll ich sagen, nicht solche Globalbegriffe. Ich glaube, die decken das im Augenblick nicht mehr ab.

I: Mhm, mhm.

E: Man kann auch nicht mehr, man muß auch die Wirklichkeit und das Arbeiten und das Tun und diese intellektuellen Perspektiven, glaube ich, immer wieder neu erfinden. Ich glaube, wir können uns da nicht auf irgendwelche Traditionen beziehen. Oder wenn, dann gehen sie bis in die Antike und ins Mittelalter. Und das ist dann doch sozusagen ein sehr, sehr Umfassendes, Basteleien, die dabei zustande kommen.

I: Aber hat nicht jeder so eine Wirklichkeit, die für ihn besonders wichtig ist, an der er was erkennt?

E: Ja, also ich meine, ich mache ja meine Arbeit, ich meine, ich mache seit einiger Zeit einen Verlag und komme darüber mit sehr viel Leuten zusammen, mache den Verlag auf eine Art und Weise, daß ich die Autoren persönlich gut kenne, mit denen auch in Korrespondenz und mit regelmäßigen Besuchen konfrontiert bin. Und mir geht es schon um ein lebendiges intellektuelles Leben, wenn man so will. Also mir geht es darum, irgendwelche Coups zu landen, spielerisch so Sachen einzufädeln,

I: ja,

E: ganz bestimmte, also im intellektuellen Spiel sozusagen sein eigenes Ding zu machen, ohne daß ich mich selber jetzt mit dem Weltgeist verwechsle. Aber ich möchte einfach so eine eigene kleine Geschichte machen, wenn man so will. Die sozusagen in meinen Möglichkeiten und in den Grenzen, in denen ich arbeite, und die Grenzen waren lange relativ eng gesteckt, weil sich das finanziell nicht sehr lohnt, ich auch kein Kaufmann bin, eigentlich nur passionierter Büchermacher.

I: Mhm.

E: Und ich mache die Bücher im Grunde auch für mich selber. Weil ich auch das Gefühl habe, daß die anderen das gar nicht so sehr interessiert.

I: Mhm.

E: Aber ich selber nehme mir da für mich sehr viel Freiheit und was Spielerisches in Kauf, ohne daß die Leute merken, daß es irgendwie was ganz Interessantes ist und irgendwie da auch eine relative Freiheit ist. Aber ich meine, ich weiß für mich selber eigentlich, daß ich da an einer Sache bastle, die ich eigentlich gar nicht mitteilen kann oder die anderen gar nicht so sehr interessiert.

I: Mhm.

E: Irgendwie eine Art Kunst, der Verlag kann auch eine Kunst sein. Man muß sozusagen seine eigenen Prämissen, unter denen man arbeitet, immer wieder erfinden, erproben und versuchen, da zu forschen und irgendwie versuchen, was Eigenes zu machen. Das ist für mich im Augenblick eine Geschichte. Aber das ist immer von sehr individuellen und einzelnen Bedingungen abhängig.

I: Mhm.

E: Aber ich glaube, daß darin sozusagen eine gewisse Chance besteht, sozusagen ein eigenes Tun zu entwickeln. Das gilt auch für eine Kneipe, das gilt auch für ein Professorenamt, das gilt für alles mögliche. Daß eigentlich für mich die Institutionen aufgebraucht sind. Also da bin ich sozusagen auf so einer achtundsechziger kulturrevolutionären Linie dann noch in irgendeiner Weise, indem ich nicht diesen Weg zurück in die bestehenden Institutionen gehe, sei es Parlament, sei es noch etwas.

I: Und Adorno ist auch noch da.

E: Ja sicher, ja absolut. Das Inkommensurable, diese ganzen Dinger, das sind natürlich so Sachen, die mir jetzt wieder einfallen, und wo ich wieder anknüpfen kann. Aber ich kann nicht mehr an so eine messianische Hoffnung oder so, ich finde eher so dieses, was der Adorno sagt, Kunst ist Anweisung zum richtigen Tun oder solche Sachen, die finde ich gut, das ist genau das. Aber der hat natürlich dann doch sehr theologisch oder negativ theologisch befrachtet sein Ganzes, und das würde ich nicht machen.

I: Das hört sich ein bißchen nach so einer ästhetischen Ethik an.

E: Ja, nun hängt Ästhetik und Ethik immer zusammen, das ist schon mal klar. Nicht Moral, eine Moral ist ja was der Allgemeinheit Vorgegebenes, während eine Ethik eigentlich eine Arbeit nach ganz bestimmten Prämissen ist.

Unser Gesprächspartner betrachtet die Studentenbewegung im Rückblick als ein ästhetisches Projekt. Genauer: Es ging um die Politisierung bestimmter ästhetischer Erfahrungen. Die Kunst bestand darin, die Kunst abzuschaffen. Das Modell für diese ästhetische Reflexion hatte der Surrealismus geliefert. Das surrealistische Kunstwerk benutzt die gesellschaftlich zugestandene Autonomie der Kunst, um die Differenz zwischen Kunst und Leben aufzuheben. Paul Arnheim bezieht sich auf entsprechende Diskussionen im »Kursbuch«, dessen erste Nummer im Juni 1965 erschien. So beschwor Karl Markus Michel im »Kursbuch« Nr. 15 vom November 1968 »den ästhetischen Mehrwert der neuen Protest- und Demonstrationsformen, der ihre psychische und soziale Motivierung ebenso transzendiert wie ihre (zumeist naive) rationale Begründung«. Tatsächlich, erklärte Michel, können politische Aktionen und selbst Straßenkämpfe »schön« sein, nicht nur für die Beteiligten, sondern auch für manche Unbeteiligte. Und wenn den Studenten von Paris »ästhetischer Anarchismus« vorgeworfen werde, wenn von den Ereignissen des Mai 1968 abschätzig gesagt werde, sie seien »revolutionärer Karneval« gewesen, so würde das die Sache nicht treffen, höchstens die Selbstbewertung des derart Urteilenden. »Autoritäre Lustfeindschaft«, so der »Kursbuch«-Autor des Jahres 1968 weiter, »kann es nicht dulden, daß die Revolution ein Fest, daß die Auflehnung gegen Autoritäten schön sein oder so erlebt werden sollte; also wird das Erlebnis, das verpönte Emotionale strafend hervorgekehrt, damit sich der Rest desto leichter abtun lasse und keine Unordnung komme in die sauber getrennten Gehege des bürgerlichen Lebens – Arbeit/Intimsphäre/Politik/Religion/Kunst/Volksbelustigung/Wissenschaft/etc. –, Bereiche, zwischen denen es nur Vermittlungen, keine Vermischungen geben darf, wenn das Ganze nicht zusammenstürzen soll. Unter diesem Aspekt war das, was die antiautoritäre Bewegung der jüngsten Zeit heraufbeschworen hat, tatsächlich ein anarchistischer, weil unlizensierter Karneval, umso mehr, als durch die Solidarisierung von Arbeitern und Studenten auch noch die kunstvolle soziale Schichtung der spätkapitalistischen Gesellschaft zu kollabieren drohte.«[9] Die Bewegung wurde also zur Bewegung, indem sie sich ästhetisch verhielt: das heißt die Departementalisierungen des schlechten Bestehenden durcheinanderbrachte. Das war nicht der arbeitsteilige Protest gegen einzelne Mißstände oder die schichtspezifische Unruhe einzelner Gruppen, sondern eine surrealistische Aktion, die aufs Ganze ging. Die Bewegung sprengte überkommene Abgrenzungen und Einzäunungen weniger durch vorgefaßte Absicht als durch spontane Aktionen. Durch ihr plötzliches und unvermittelbares Dasein antizipierte sie für einen historischen Augenblick ganz andere Inhalte und Formen des gesellschaftlichen Zusammenlebens. Die SDS-Generation,

9 Karl Markus Michel, Ein Kranz für die Literatur. Fünf Variationen über eine These, in: Kursbuch 15, 1968, S. 169-186, hier S. 181 und 180.

die Paul Arnheim im Sinn hat, hatte zwar von Adorno gelernt, daß die Geschichte keine schöne Aussicht mehr läßt, aber diese unerwartete kollektive Euphorie schien einen Moment lang eine Tür zu öffnen, durch die man aus der Geschichte austreten konnte.

Unübersehbar ist die Analogie zur Beschreibung der großen Leseerlebnisse. So wie Ende der fünfziger Jahre Adorno und Mitte der siebziger Jahre Foucault, Deleuze und andere, so erlaubte die Studentenbewegung eine Erfahrung der Überschreitung und Druchbrechung. Doch am Ende bleibt für den Schriftgelehrten Paul Arnheim 1968 nur eine Episode zwischen den Lektüren von Adorno und Foucault.

Dieser Versuch einer Ästhetisierung der Politik, stellt unser Gesprächspartner fest, ist gescheitert. Die Hinzufügung des »natürlich« weist auf eine Logik dieses Scheiterns hin. Die scheinbar aufgeschlagene Tür ist wieder fest verschlossen. Was bleibt, ist die Rückkehr zum hermetischen Denken Adornos, womit eine bestimmte Art der Destruktion der Allgemeinbegriffe gemeint ist. Allerdings muß der Ansatz befreit werden von der Last der historisch bedingten ideologiekritischen Wertungen und politischen Prämissen. Wertfrei mustert Paul Arnheim die einst tabuisierten Autoren nach ihrem klassifikatorischen und materialen Gehalt durch. Das entscheidende Kriterium dieser »antihumanistischen« und »antipolitischen« Lektüre ist die Sachlichkeit der Theorien. So rettet er sich vor dem Diktat einer »political correctness«, die nur der Verteidigung einer hegemonialen Deutungsposition dient.

Paul Arnheims heutiges Denken kreist um die Vorstellung einer hermetischen Existenz: ein ganz und gar singuläres Basteln am Gesamtkunstwerk des eigenen Lebens. »Der Bastler«, schreibt Claude Lévi-Strauss, »ist in der Lage, eine große Anzahl verschiedenartigster Arbeiten auszuführen; doch im Unterschied zum Ingenieur macht er seine Arbeiten nicht davon abhängig, ob ihm die Rohstoffe oder Werkzeuge erreichbar sind, die je nach Projekt geplant und beschafft werden müßten: die Welt seiner Mittel ist begrenzt, und die Regel seines Spiels besteht immer darin, jederzeit mit dem, was ihm zur Hand ist, auszukommen, d.h. mit einer stets begrenzten Auswahl an Werkzeugen und Materialien, die überdies noch heterogen sind, weil ihre Zusammensetzung in keinem Zusammenhang zu dem augenblicklichen Projekt steht, wie überhaupt zu keinem besonderen Projekt, sondern das zufällige Ergebnis aller sich bietenden Gelegenheiten ist, den Vorrat zu erneuern oder zu bereichern oder ihn mit den Überbleibseln von früheren Konstruktionen oder Destruktionen zu versorgen. Die Mittel des Bastlers sind also nicht im Hinblick auf ein Projekt bestimmbar (...); sie lassen sich nur durch ihren Werkzeugcharakter bestimmen (...)«[10]. Der Bastler unterhält folglich ein freundliches Verhältnis zur Kontingenz. Er macht seine Tätigkeit nicht von einem festen Plan abhängig, sondern reagiert beweglich und geschickt auf sich bietende Gelegenheiten. Er stellt sich nicht über die Dinge, sondern bleibt, freiwillig oder gezwungen, unter den Dingen. Er sucht das Ganze nicht auf den Begriff zu bringen, sondern läßt sich von den Verweisungen zwischen den Zeichen leiten. Er denkt mithin weniger essentialistisch als operativ und verhält sich weniger strategisch als taktisch. Das scheint Paul Arnheims Lebensmodell zu charakterisieren: Es geht ihm darum, irgendwelche Coups zu landen, spielerisch Sachen einzufädeln, um so im intellektuellen Spiel sein eigenes Ding zu machen. Dabei darf man sich nicht auf herrschende Traditionen und eingefahrene Systeme verlassen. Man muß vielmehr den Bezugsumfang für das eigene Denken und Handeln je nach Situation verengen und erweitern: das heißt einerseits in der Aktualität bleiben und andererseits bis in die Antike zurückgehen. Das ist in der Tat eine Kunst, die verlangt, daß man permanent probiert und experimentiert, Ideen in diesem Moment aufnimmt und im nächsten wieder fallen läßt, Bezüge in einer Hinsicht herstellt und in einer anderen kappt. Auf diese Weise entsteht mit der Zeit ein selbstbezügliches Gebilde aus völlig heterogenen Bestandteilen. Das Kriterium seiner Stimmigkeit ist ein ästhetisches. Die Existenz hat ihre Ordnung in sich, nicht außerhalb ihrer selbst. Nicht kognitive Widerspruchslosigkeit oder normative Angemessenheit, sondern allein die spezifische, von ganz einzigartigen Bedingungen abhängige Unabweisbarkeit des Selbstbezugs rechtfertigt das eigene Tun. Nur

10 Claude Lévi-Strauss, Das wilde Denken, Frankfurt a.M. 1968, S. 30.

in diesem ästhetischen Bewußtsein sieht Paul Arnheim eine Chance, etwas Eigenes zu entwickeln. Allerdings muß man sich dann darauf gefaßt machen, daß die anderen das gar nicht interessiert. Die Voraussetzung für die Verwirklichung eines solchen Modells einer hermetischen Existenz ist die Bereitschaft, auf die Anerkennung der anderen bis zu einem gewissen Maß verzichten zu können. Man muß die Freiheit und das Spiel, wie es im Text heißt, »in Kauf« nehmen. Da sind also existentielle Kosten zu ertragen. Paul Arnheim behauptet, daß er für sich selbst an einer Sache bastelt, wovon er den anderen gar nichts mitteilen kann, was diese indes auch überhaupt nicht berührt. Man spürt die wesentliche Einsamkeit, die eine solch hermetische Existenz mit sich bringt. Und natürlich denkt man an den Jugendlichen, der sich ganz auf sich gestellt auf seinen Weg machte. Das ist der Hintergrund für die Feststellung, daß der Verleger seine Bücher im Grunde für sich selbst mache.

An dieser Stelle kehrt unser Gesprächspartner zur Studentenbewegung zurück. Indem er sich den bestehenden Anerkennungssystemen verweigere, befinde er sich immer noch, wie er von sich selbst überrascht feststellt, auf einer achtundsechziger kulturrevolutionären Linie. Es ist der ästhetische Impuls einer Vermischung von Kunst und Leben, der Paul Arnheim geradezu wider Willen zu einem authentischen Vertreter der Achtundsechziger-Generation macht. Die Logik ist eine der Kontinuität in der Diskontinuität. Indem er Mitte der siebziger Jahre mit dem Erbe von 1968 brach, blieb er ihm bis heute verpflichtet. Die Lehre der Studentenbewegung lautete, daß unsere Welt sich nicht mehr poetisieren, sondern nur noch verändern läßt. Damit schien die Verhältnisbestimmung von Theorie und Poesie in ein neues Stadium getreten zu sein, das seine Sprache erst noch finden mußte. An diesem Problem arbeitet Paul Arnheim immer noch. Deshalb ist die Postulierung eines inneren Zusammenhangs von Ethik und Ästhetik nicht als Ausdruck eines blinden Ästhetizismus zu verstehen, sondern als Formulierung eines existentiellen Forschungsprogramms, für das Adorno den Weg gewiesen hatte, indem er die Erfahrung der hermetischen Kunst als eine legitime Quelle kritischer Erkenntnis der kritischen Theorie ebenbürtig zur

Seite stellte und als Leitgesichtspunkt allen Fragens die Frage nach dem richtigen Leben setzte.

Paul Arnheim rechnet freilich mit der Möglichkeit des Scheitern seines Lebens.

E: Also ich habe irgendwie sowieso ein Scheitern als Lebensprogramm oder so, ohne daß ich mich jetzt zum Tragiker stilisiere oder irgendwie was, aber ich habe das Gefühl, also ich bin sozusagen à la longue Pessimist und kurzfristig Optimist.

I: Mhm. Und das ist vielleicht die Bedingung dafür, daß man was über die Wirklichkeit rauskriegt.

E: Vielleicht, ja, also ich weiß nicht, ob ich was rauskriege, also für mich selber. Es hat sich irgendwie so ergeben, daß ich langfristig, sowohl was mich anbetrifft als auch was die Perspektive so generell, was ich davon wahrnehmen kann, sehe ich keine sehr positiven Entwicklungen, aber ich sehe andererseits, daß ich aktuell sehr viele Handlungsmöglichkeiten habe, und daß man daran auch arbeiten kann, und dadurch kann sich dies Verhältnis immer wieder verschieben und vielleicht auch neu definieren.

I: Mhm.

E: Aber irgendwie keine Sicherheiten, ich habe auch für mich selber irgendwie so ein Gefühl, daß irgendwie so ein Scheitern da drin ist. Aber andererseits bin ich auch mit dem, was ich gemacht habe, irgendwie ganz zufrieden, oder nicht zufrieden, aber man hat interessante Leute kennengelernt, ja,

I: mhm,

E: und das sind Sachen, die habe ich gar nicht erwartet, daß das so läuft, ja, sagen wir es so.

Im Bewußtsein des Scheiterns verliert das Scheitern seinen Sinn. Paul Arnheim will sich einen Punkt der Souveränität dem Ganzen seines Lebens gegenüber bewahren. Wer immer auf das Ganze schaut, dem geht der Blick für das Einzelne verloren. Daher ist er langfristig Pessimist und kurzfristig Optimist. Im Aktuellen, betont unser Gesprächspartner, liegen die Handlungsmöglichkeiten. Da kann man die Dinge drehen und wenden, so daß sich weitere Handlungsmöglichkeiten zeigen. Aber in diesem Spiel gibt es keine Sicherheiten. Das absolute Spiel und die absolute Gefahr gehören nach diesem Lebensmodell zusammen. Es kommt allein darauf an, »sein eigenes Ding zu machen«, unabhängig von Erfolg oder Mißerfolg. Daran entscheidet sich, ob eine Existenz geglückt oder verfehlt ist. So gesehen kann der Erfolg durchaus eine Form des Scheiterns annehmen. Paul Arnheim verwendet dafür an anderer Stelle die Formulierung, daß die Gefahr bestehe, »abgefeiert« zu werden. Hier tritt wieder die grundsätzliche Skepsis den anderen gegenüber zutage. Man muß sich immer und überall davor in acht nehmen, für etwas anderes vereinnahmt zu werden. Vor der Versuchung, dem vernichtenden Einverständnis der anderen zu erliegen, schützt das Lebensprogramm des Scheiterns.

Gleichwohl bricht sich am Ende eine gewisse Milde sich selbst gegenüber Bahn. Gemessen an den Anfangsbedingungen ist Paul Arnheim eigentlich über sich selbst überrascht. Er hat es immerhin geschafft, einen Part im intellektuellen Spiel zu besetzen. Manchmal fühlt er sich zwar als der »nützliche Idiot« für die großen Verlage, aber darüber ist er nicht verbittert. Das ist die Regel des Katz-und-Maus-Spiels, das sich der Außenseiter mit der etablierten Verlegerszene liefert. So lautet die Bilanz seines glücklichen Scheiterns: »irgendwie ganz zufrieden oder nicht zufrieden«.

Aber das läßt ihn nicht ruhen. Paul Arnheim spricht von dem Gefühl, daß ein neuer Bruch in seiner intellektuellen Entwicklung bevorstehe. Aber er weiß offensichtlich noch nicht, wie und wohin. Faktum jedenfalls ist, daß das »französische Denken«, dem sich der Verlag verschrieben hatte, mittlerweile voll und ganz akzeptiert ist. Aus der Ausnahme ist eine Regel geworden. In diesem Zusammenhang fällt abermals der Name Adornos, der im Blick auf den Stalinismus gesagt hatte, daß die Kritik an der Macht reaktionär werde. Paul Arnheim sucht nach neuen Leseerlebnissen. Vorerst hat er die Wende zur Kunst anzubieten. Seit seiner Fusion mit dem österreichischen Partner hat der Verlag damit begonnen, Texte von Malern und Musikern herauszubringen, und zwar versehen mit viel bildlichem Material. Die Bücher sind dadurch ornamental und teuer geworden. Aber es melden sich Zweifel, ob dies der richtige Weg ist. Das Medium selbst wird fraglich.

E: Ich gehe eigentlich eher sozusagen zu Analphabeten mit meinen Büchern. Ich gehe eher so in Discos und Kneipen, wo Musiker und Maler, so Kunstmacher sind, also Leute, die relativ wenig lesen und wenn, dann ganz anders, als wir selbst lesen und als ich das gewohnt bin zu lesen. Und ich interessiere mich natürlich gleichzeitig, je länger ich Verlag mache, auch immer mehr für das Medium Buch. Ich möchte eben doch an die aktuellen Wahrnehmungen auch von Lektüre anknüpfen.

I: Ja.

E: Ich will einfach gucken, wie gehen heute Musiker und Maler, wie gehen die mit Texten um, wie lesen die sie, die lesen ja auch Film und die lesen ja die ganze Welt den ganzen Tag. Und ich kann sozusagen nicht mehr das Buch als ein Medium umstandslos voraussetzen.

I: Nee, nee.

E: Also ich, ich muß gucken, was ist eigentlich Text und was ist ein Buch, und ich muß sozusagen immer wieder auch danach fragen, was ein Verlag ist.

4. Das Scheitern eines Flüchtlingskinds. Katharina von Gransow und der Glaube ans Höhere

Auf Katharina von Gransow war ich durch Berichte in der Presse gekommen. Sie war zuletzt noch mit ihrer Bewerbung für die Position einer Vorstandssprecherin der Grünen gescheitert, obwohl sie nach allgemeiner Ansicht als sichere Kandidatin ins Rennen gegangen war. Sie war durch ihre wissenschaftliche Arbeit besonders für den immer wichtiger werdenden Bereich der Außenpolitik qualifiziert, mußte sich aber dann einer Vertreterin des radikal-feministischen Flügels geschlagen geben.
Ich treffe meine Gesprächspartnerin in Stuttgart, wo sie seit Mitte der achtziger Jahre lebt. Das Haus befindet sich im Umbau. In Katharina von Gransows Wohnung sind die meisten Möbelstücke mit Plastikplanen zum Schutz gegen den Baustaub bedeckt. Nur der Schreibtisch ist als Arbeitsplatz erhalten. In einer Ecke des großen Zimmers lassen wir uns zwischen Kisten und Stapeln auf zwei rot überzogenen Cocktailsesseln nieder. Auf dem Tischchen vor uns steht ein riesiger Aschenbecher, in dem meine Gesprächspartnerin die vielen Zigaretten, die sie im Laufe unseres Gesprächs rauchen wird, mit der Geübtheit einer langjährigen Raucherin ausdrückt. Diese Geste erinnert mehr an harte Arbeit als an leichtes Leben. Katharina von Gransow bevorzugt die praktische Mode für die vielbeschäftigte Frau. Allein die halbhohen Schuhe und die Perlenkette deuten auf eine versteckte Damenhaftigkeit hin. Katharina von Gransow redet schnell, versteht sofort und formuliert griffig, was allerdings nicht über den Ausdruck einer gewissen Ermattung hinwegtäuschen kann. In einem parteiinternen Vorstellungspapier hatte sie unter persönlichen Angaben angegeben: Jahrgang 1944, unverheiratet, kinderlos und politisch.
Ich beginne das Gespräch mit der Frage, die sich als Erzählaufforderung für die Angehörigen der Achtundsechziger-Generation bewährt hat.

I: Wissen Sie noch, wie Sie die Nachricht gekriegt haben von dem Attentat auf Rudi Dutschke, wissen Sie noch, wie das war oder wie Sie das erfahren haben? Wissen Sie das nicht mehr?
E: Das war Ostern 1968, nicht?
I: Ja.

Wir müssen bereits an dieser Stelle innehalten. Denn die Antwort unserer Interviewpartnerin ist überraschend. Weiß sie wirklich nicht mehr, wann ein gewisser Josef Bachmann auf Rudi Dutschke schoß, wodurch die Osterunruhen des Jahres 1968 ausgelöst wurden? Schon während des Stellens der Eröffnungsfrage muß sie ein entsprechendes Zeichen gegeben haben, auf das der Interviewer mit der verwunderten Nachfrage »Wissen Sie das nicht mehr?« reagiert. Natürlich weiß Katharina von Gransow, daß das Attentat Ostern 1968 passiert ist. Schließlich gehört der 11. April 1968 zu den signifikanten zeitgeschichtlichen Daten der alten Bundesrepublik. Aber warum dann die fragende Aufforderung an den Interviewer, das Datum zu bestätigen? Sie ist doch die Zeitzeugin, die Auskunft geben soll über die Wirkungsgeschichte von 1968. Und sie hatte sich durch das Einverständnis zu dem Interview als Angehörige der Achtundsechziger-Generation identifizieren lassen. Es muß etwas zu bedeuten haben, daß sie sich mit diesem »nicht?« an den Interviewer wendet, der sich offensichtlich nicht zur Bezugsgruppe ihrer Generation rechnet. Vielleicht will sie deutlich machen, daß sie an den in Frage stehenden Ereignissen nicht unmittelbar beteiligt war, weil sie sich zu diesem Zeitpunkt im Ausland, in der Provinz oder an sonst einem entfernten Ort aufgehalten hat. Doch gerade wegen einer solchen Trennung vom zentralen Geschehen müßten ihr die Umstände der Nachricht von dem Attentat eigentlich um so deutlicher vor Augen stehen. Wir müssen wohl in einer anderen Richtung suchen. Es handelt sich nicht um einen Verweis auf die Umstände des Gesagten, sondern um einen auf das Subjekt der Aussage. Katharina von Gransow präsentiert sich gleich zu Beginn unseres Gesprächs als eine nicht authentische Achtundsechzigerin. Durch die hilfesuchende Aufforderung zur Ratifizierung des Datums durch einen unbeteiligten anderen stigmatisiert sie sich selbst als Unwissende. Sie akzeptiert die Zumutung der Befragung, aber sie macht sofort ihr Ungenügen als Zeugin deutlich. Daraus ergibt sich ein Hinweis für den weiteren Gang der Deutung: Wie sollen wir diesen Mangel verstehen? Was stimmt mit ihr nicht? Woran krankt ihr Selbstbild?

Nach diesem Auftakt geht das Interview folgendermaßen weiter:

E: Ich habe das damals, also ich kann mich dunkel erinnern, ich war damals ganz konservativ.

I: Ja.

E: Mich hat das überhaupt nicht interessiert.

I: 68 waren Sie ganz konservativ?

E: War ich eine richtige Streikbrecherin, das war ganz übel.

I: Ehrlich?

E: Ich glaube, das war um diese Zeit. Also sehr gespalten. Ich war mit einem Monarchisten verlobt. Damals waren doch diese ganzen Auseinandersetzungen um Diepgen, nicht?

I: Waren sie damals in Berlin?

E: Ja, ich habe in Berlin studiert.

I: Ach so, ich dachte, Sie wären mehr so aus dem Bremer Zirkel.

E: Jein, ich habe in Berlin studiert, 63 bis 68, und bin dann nach Bremen gegangen.

I: Ja.

E: Und da hat es mich sozusagen dann um so nachhaltiger erwischt, aber in Berlin war es noch ein bißchen anders. Das fand ich irgendwie ein bißchen merkwürdig, mit dem Diepgen und der Krippendorff-Affaire und was so alles war. Und dann war da der OSI-Streik und die konservativen Profs wie der Kotowski, bei dem wir Geschichte gehört haben, die haben wir auch alle gelesen, und irgendwie konnten so diese aufrechten Studierer, die durften dann noch ins OSI. Und ich kam mir so bescheuert vor, bin aber immer brav mit meinem Verlobten dahin gedackelt. Und dachte immer irgendwie, das ist überhaupt der letzte Abschuß, was wir hier machen, hatte überhaupt nicht die Kraft, mich abzuseilen.

Die Sache scheint nicht so kompliziert zu sein. Katharina von Gransow hat ein Rechtfertigungsproblem in Bezug auf 1968.

Während an der Universität der Aufstand geprobt wurde, besuchte sie davon völlig unbekümmert die Veranstaltungen konservativer Professoren, die sich bekanntermaßen mit aller Macht gegen die Demokratisierung der Hochschule stemmten. Die Streikbrecher wurden von den Streikposten am Otto-Suhr-Institut der Freien Universität Berlin vermutlich deshalb zu den Herren Professoren durchgelassen, weil sie sowieso niemand ernst nehmen konnte. Die Formulierung »bei dem wir Geschichte gehört haben« beweist noch heute das traditionelle akademische Selbstverständnis dieser »aufrechten Studierer«. Katharina von Gransow führt zur Erklärung ihres abweichenden Verhaltens einen monarchistischen Verlobten ins Feld. Wir schreiben, wohlgemerkt, das Jahr 1968. Das brave Mädchen »dackelte« einem Verlobten hinterher, dessen politische Gesinnung aus einer Welt von gestern stammte. Außerdem darf man nicht vergessen, daß sich die angesprochene Affaire um Diepgen an dessen Mitgliedschaft in einer schlagenden Verbindung entzündete, was den liberalen Statuten der Freien Universität widersprach. Der Text enthält Anzeichen für einen Zugzwang, wo sie »überhaupt nicht die Kraft« hatte, sich »abzuseilen«. Wir können dahinter eine standesgemäße Eheanbahnungsgeschichte vermuten, bei der die gefügige Tochter dem Gebot ihrer Familie gehorcht. Eine monarchistische Einstellung paßt zur adeligen Herkunft. Trotz der bewegten Zeiten mangelte es ihr anscheinend noch an der Fähigkeit, nein zu sagen.

Andererseits erfahren wir, daß es sie nachher »um so nachhaltiger« erwischte. In Bremen schlug dann wohl das zu, was man mit der Studentenbewegung in Verbindung bringt: Marxismus, Psychoanalyse und der Versuch der Befreiung. Wenn dem so war, dann bedeutete 1968 schließlich doch einen Einschnitt in ihrem persönlichen und privaten Leben. Was wie der »letzte Abschuß« begann, endete mit einer folgenreichen Verwandlung. Nur fragt sich dann, warum uns das nicht in Form einer wohlerprobten Geschichte mit einem ersten Kapitel in Berlin und einem zweiten in Bremen erzählt wird. Stattdessen kann sich Katharina von Gransow im ersten Moment nur »dunkel« erinnern, als ob sie etwas Beschämendes zu verbergen hätte. Der »monarchistische Verlobte« und das damit zusammenhängende »ganz üble« Verhalten stellen nur auf den ersten Blick einen Makel dar. Im nachhinein ließe sich daraus eine klassische Konversionsgeschichte nach dem Schema: »ganz konservativ« eingestelltes Mädchen wandelt sich zur linksalternativen Rebellin, machen. Nur geschieht das nicht. Warum, so ist zu fragen, greift Katharina von Gransow dieses entwicklungspsychologische Muster nicht auf, um sich auf diese Weise als zwar verspätete, aber um so überzeugtere Achtundsechzigerin zu profilieren? Im Prinzip sind zwei Antworten möglich: Entweder sie hat sich gar nicht verwandelt und ist in der Tiefe ihrer Seele die hörige Tochter geblieben oder sie hat das Gefühl, der Wandel ihrer Identität habe ihr kein Glück gebracht, und wünscht sich heimlich die Ausgangssituation zurück. Um hier eine Entscheidung treffen zu können, müssen wir wohl weiter nachforschen, in welchem Bedeutungszusammenhang 1968 für unsere Gesprächspartnerin steht.

Katharina von Gransow kam auf ziemlichen Umwegen nach Bremen. Zunächst folgte sie ihrem Verlobten nach Freiburg, wo dieser bei einem noch konservativeren Professor eine Dissertation über die Anatomie der »konservativen Revolution« in Deutschland machen wollte. Das war die andere Seite im intellektuellen Bürgerkrieg der zwanziger Jahre. Nicht Walter Benjamin oder Karl Korsch, sondern Carl Schmitt oder Ernst Jünger. Wie es sich für eine folgsame Verlobte gehört, half sie ihm bei den Interviews mit den noch lebenden Vertretern dieses deutschen Geistes. Das seien die »bemerkenswertesten Begegnungen« gewesen mit diesen »linken Leuten von rechts«. Jene älteren Herren, die nach der deutschen Niederlage im Ersten Weltkrieg den Mythos der »satisfaktionsfähigen Gesellschaft« (Norbert Elias) existentialistisch gesteigert hatten, scheinen sie beeindruckt zu haben. Die brachten ein Pathos innerer Freiheit mit einem ständischen Ordnungsbewußtsein zusammen. Indes das Gefühl der Gespaltenheit, von dem schon in Bezug auf die Aktionen am Otto-Suhr-Institut die Rede war, vergrößerte sich dadurch noch. Warum sollte sie links von rechts und nicht gleich richtig links sein? »Jedenfalls«, resümiert unsere Erzählerin, »waren das alles so Sachen, wo ich dachte, irgendwie diese Leute da, der SDS, und die auf der Straße haben recht, aber ich hatte überhaupt nicht die

Kraft, diesen biographischen Sprung zu machen. Und so in der Richtung habe ich auch Rudi Dutschke mitgekriegt.«

Die Phase der Irritation dauerte ungefähr drei Monate, dann ging die Verlobung in die Brüche. Am Ende sei die Geschichte sehr filmisch an ihr vorbei gelaufen. Während schon die Vorbereitungen für die Hochzeit getroffen wurden, suchte sie nach einer Gelegenheit für den Absprung. Vierzehn Tage vor dem Hochzeitstermin sei sie dann abgehauen. Es bedurfte also einer gewissen dramatischen Zuspitzung, bis sie sich von den Zukunftsvorstellungen der Familie befreien und das Weite suchen konnte.

So ganz allein auf sich gestellt war Katharina von Gransow danach allerdings nicht. Aufgrund nicht näher bezeichneter Verbindungen erhielt die junge Frau das Angebot einer Forschungsassistentin für das Auslandsjournal des Zweiten Deutschen Fernsehens. Die Bedingungen hörten sich für eine Berufsanfängerin phantastisch an: selbständige Recherche, ein üppiger Reiseetat für sieben Länder und die Möglichkeit weiterer Auswertung des Materials im eigenen Interesse. Sie ließ sich darauf jedoch nicht ein, weil man in den Medien, so ihre Begründung, als Frau sich die Posten und Aufträge erschlafen müsse. Katharina von Gransow wollte sich in diesem Dschungel nicht durchschlagen, sie hatte mehr mit sich vor.

Zum Glück kam bald das zweite Angebot. Obwohl sie ihre Diplomprüfung noch nicht abgeschlossen hatte, wurde ihr eine Assistentenstelle am neugeschaffenen Sonderforschungsbereich für Entwicklungspolitik an der Universität Bremen angetragen. Die Bedingungen, was die Autonomie der Tätigkeit betraf, waren genauso verlockend wie beim Zweiten Deutschen Fernsehen, freilich kam dazu, daß hier die Chance einer wissenschaftlichen Karriere winkte. Natürlich hatte einer der konservativen Professoren aus Berlin dabei seine Hand im Spiel. Sie willigte ein, und alle Tore standen ihr offen.

Aber, wie wir bereits wissen, »erwischte« es sie in Bremen »um so nachhaltiger«. Als sie im Wintersemester 1968/69 ihre Stelle antrat, wurde ihr eröffnet, daß sie nun Grundkurse über Kritische Theorie abzuhalten habe. Sie war vierundzwanzig Jahre alt und kannte nichts von der Frankfurter Schule. Es blieb ihr nichts anderes übrig, als diese schwierigen Texte für sich durchzudeklinieren. Zeile für Zeile habe sie versucht, sich diese hochabstrakten Gedanken ins wirkliche Leben zu übersetzen. Man sieht hier eine ehrgeizige junge Frau am Werk, die sich keine Blöße geben will. Wer in der Wissenschaft was werden will, muß in der Lage sein, sich fremde Dinge schnell anzueignen. Die Gegenüberstellung von »hochabstrakten Gedanken« und »wirklichem Leben« läßt durchaus eine gewisse skeptische Distanz durchschimmern: Im konkreten Sein beweist sich, was die abstrakten Ideen wert sind. Dieser schnelle Lernprozeß unter dem Druck der Verhältnisse sei für sie eine »wahnsinnige Geschichte« gewesen», die »unheimlich tief« gegangen sei. Was das Unheimliche und Tiefe an dieser Geschichte war, wird uns folgendermaßen erkärt:

E: Die Lektüre der Frankfurter Schule, die hat für mich auf so eine Frage, die mich seit der Anne-Frank-Lektüre mit dreizehn beschäftigte, wie sind die in dieser Gesellschaft auf den Faschismus verfallen, wie haben sie mitmachen können, und ich bin in einem persönlich sehr rabiaten und repressiven Elternhaus aufgewachsen, wie können, wie kommt das überhaupt, daß Leute unter dem Deckmantel von engster Beziehung und Liebe und so Menschen so fix und foxi machen. Also so diese Parallelität im intimsten Bereich und im gesellschaftlichen Bereich, Leute kaputt machen. Und da war für mich die Frankfurter Schule der Schlüssel. Und die haben ja nun auch wirklich beides mit ihrer Freud-Marx-Integration, haben sie ja erst mal für beides sehr, wie ich finde, diskussionswerte Ansätze, und, ja gut, dann bin ich da in Bremen auch erst mal in die Hochschulreform eingestiegen. Und das hat mich dann nie verlassen, und da habe ich auch heute überhaupt, mit den größten Passagen davon, kein Problem.

Wofür war die Frankfurter Schule nun wirklich der Schlüssel? Ins Auge springen soll uns die generationspezifische Frage, wie der Faschismus in Deutschland möglich war. Schaut man jedoch genauer hin, so stellt sich heraus, daß von einem bestimmten familiendynamischen Problem die Rede ist: nämlich wie »unter dem Deckmantel von engster Beziehung und Liebe und so Menschen so fix und foxi« gemacht werden können. Welche Menschen sind gemeint, die durch ein rabiates und repressives System der Intimität fertiggemacht werden? Offenbar spricht Katharina von Gransow an dieser Stelle in erster Linie von sich selbst. Die Kritische Theorie bot einen Schlüssel zur Deutung ihrer eigenen Ablösungsproblematik. Sie war ihrer Familie entflohen, bevor sie selbst »kaputt« gegangen wäre. Und von Adorno und den anderen war zu lernen, daß es nicht Personen, sondern Strukturen waren, unter denen sie litt. Möglicherweise lag das Geheimnis des Unglücks in dieser Parallelität von »intimstem« und »gesellschaftlichem« Bereich. Jedenfalls, so läßt sie sich plötzlich wieder ganz distanziert vernehmen, sieht sie in den Versuchen einer »Freud-Marx-Integration« »sehr diskussionswerte Ansätze«. Am Schluß dieser Stelle gibt es einen gleitenden Übergang von der Frankfurter Schule zur Hochschulreform. In Bremen hat sie die Studentenbewegung also nicht nur in Gestalt einer bestimmten Theorie, sondern zugleich in Gestalt einer bestimmten Praxis »erwischt«. Und für einen Moment weiß man nicht so genau, was sie »dann nie verlassen« hat: die Frankfurter Schule oder die Hochschulreform?

Bis hierher haben wir Katharina von Gransow als strebsame junge Frau kennengelernt, für die 1968 zunächst die Trennung von einem Verlobten bedeutete, was wiederum als Bruch mit den elterlichen Erwartungen zu deuten ist. Mit dem beruflich notwendig gewordenen Wechsel des universitären Milieus fiel sie unter den Einfluß der Studentenbewegung. Es hat den Anschein, als ob die Gelegenheit zur Lektüre kritischer Theorie und zum Engagement in der Hochschulpolitik aus einer gefügigen Tochter eine selbstbewußte Aktivistin der Studentenbewegung gemacht hätte. Nur stört in diesem Bild die merkwürdige Unsicherheit in der Wir-Schicht ihres Selbstverständnisses. Woher rührt Katharina von Gransows unbeabsichtigter Hinweis auf einen grundlegenden Mangel in ihrer Identifikation als einer Achtundsechzigerin?

I: Können Sie mir ein paar Sätze über Ihre Familie sagen?

E: Hmm – meine Eltern kommen aus Schlesien, haben in Schlesien gewohnt, und das spielte im Lebensentwurf meiner Eltern, insbesondere meiner relativ dominierenden Mutter eine große Rolle, daß mein Vater adelig war. Der war irgendwie der letzte Sproß einer nicht sehr, aber vergleichsweise betuchten Familie. Auf jeden Fall war es für ihn nicht wichtig, irgendwas zu lernen. Er hatte Auftrittsformen und so. Und dann war er, was mich später sehr beschäftigt hat, Vertreter bei der Allianz-Versicherung, weil meine, wenn man so, wie gesagt, nach Anne Frank, als ich dreizehn, das ist überhaupt Wahnsinn, und dann kommen so, also mit oder ohne Anne Frank haben wir sicherlich alle gefragt, wo wart ihr denn damals.

I: Ja, ja.

E: Um dann zu erfahren, von ihm, daß er Riesenversicherungsabschlüsse gemacht hat mit emigrierenden Juden, denen versprochen worden war, daß sie ihr Zeug hier lassen müssen, aber möglicherweise dann in den USA oder sonstwo einen Versicherungsschaden reklamieren können, und dann wenigstens Prozente zurückkriegen. Und ich dachte, irgendwie verdammt noch mal, das war aber alles irgendwie sehr offen. Das war die eine Seite, die andere Seite war, was so unsere Lebensführung ausgemacht hat, daß meine Eltern irgendwann im Frühjahr 38 heirateten und ein ganzer Traum von Sozialstatus war perdu, dieser Mann ist wenige Monate später in den Krieg, und meine Mutter ist in einem extrem repressiven großbürgerlichen Elternhaus aufgewachsen, also wirklich 19. Jahrhundert, das gibt es eigentlich gar nicht mehr.

I: Was war das für ein Hintergrund, für ein Familienhintergrund bei Ihrer Mutter, was war denn der Vater von Beruf?

E: Ihr Vater war Vertreter, Handelsvertreter, aber Handelsvertreter war was damals. Das waren so diese Hansemenschen, nicht, so.

E: Ja.

I: Besaßen mehrere Häuser und so, war eben so extrem repressiv, sie durfte nicht studieren, weil sie Frau war, sie durfte nicht heiraten, weil ihre ältere Schwester erst heiraten mußte und irgendwann, so mit 23, 25 oder so, war sie dann dran. Und das war auch ganz stark eine Befreiung einerseits und ein Reinheiraten in einen Namen und seinen Glamour andererseits. Und nichts davon war dann. Der Mann war weg, und sie ist wieder zu ihren Eltern, und dann kam er irgendwie ab und zu auf Urlaub, und dabei entstanden zwei Kinder, und dann war der Krieg verloren, Zusammenbruch, wie es dann immer so naturkatastrophenähnlich heißt, und die sind in den Westen gekommen, nach Kassel, wo ich aufgewachsen bin, und mein Vater hatte damals nicht die Courage, in seinem Alter nochmal zu studieren. Und dann sind sie Schnapsvertreter geworden.

I: Mhm.

E: Und das war eine Deklassierung, die ist nie verarbeitet worden. Und die hat zu extrem, nun nicht grad Vertriebenenverbänden, aber eigentlich also individuell und familiär extrem chauvinistischen Rückzügen geführt.

I: Mhm.

E: Also auch Rückzügen aus der Gesellschaft, in der wir lebten da in der Umgebung, die waren alle evangelisch, wir wurden auf einmal unglaublich katholisch. Als eine Diaspora, nicht, Gegenbewegung, nicht. Die haben wir nie sein wollen, die sind alle Ketzer, durften nicht mal Bach hören, weil das ein Ketzer war und so. Und dann haben sie einen Adelsverein da gegründet und diesen ganzen Glamour nochmal wieder, irgendwie wieder geschaffen. Und sind über diese ganze Vergangenheit, in dem bundesrepublikanischen Schaffe-schaffe-Wirtschaftswunder-Schweigen, hinweggegangen. Zu niemandes Guten. Meinem Vater war verboten, über seine Kriegserfahrungen zu reden, was er dringend gern getan hätte.

I: Von Ihrer Mutter verboten?

E: Ja, ja, war nicht, war einfach nicht. Und sie hat niemals geredet über das Leid, was sie gehabt hat in diesen Jahren des Überlebens, zurückgestoßen in diese Familie, sondern das hat sich dann alles in Wirtschaftswunder, Aufbauen und so.

I: Mhm.

E: Und die ganzen Demütigungen dabei. Diese Frau hatte sich nie vorgestellt, mit Schnapsflaschen in der Hand, und nach dem Krieg als Frau mit Schnapsflaschen rumzulaufen, war auch nicht witzig. Gut, und dann wurde das langsam was. Und dann wurde er immer kränker, und dann ging es wieder bergab. So sind sie nach dem Krieg nie wirklich in der Realität eigentlich angekommen, das war, glaube ich, sehr schwer für sie.

I: Aber war das für Ihren Vater nicht möglicherweise auch was, wie soll ich sagen, Lockerndes. Also Gedankenexperiment, ich bin jetzt vielleicht etwas überdeutlich, er hätte Ihre Mutter nicht gehabt, dann hätte er diesen Herkunftsballast vielleicht losgekriegt und wäre 45 Schnapsvertreter geworden, kann ja auch eine ganz schöne Sache sein, kann einem doch ein lockeres Leben machen.

E: Jaja, er hat auch in gewisser Weise eine doppelte Existenz geführt, also er hat diese Schnapsvertreterexistenz und die Kohlküchen und so der Restaurantbesitzer, die hat er geliebt. Das war andererseits ganz deutlich. Und auf der anderen Seite die glanzvollen Auftritte bei den Bällen im Adelsverein, die waren ihm auch recht. Dazwischen die ganzen Aspirationen, die da auch noch liefen, und die heftigen Auseinandersetzungen in der Familie, daß wir nun alle was werden müssen, daß mein Bruder keine Frau heiraten durfte, die kein Abitur hat, und so, das war ihm alles eine unglaubliche Last. Denn das mußte ja alles mit Kampf und Verweigerung neu inszeniert werden, was als gesellschaftliche Existenz eben nicht mehr da war. Und das ist vollkommen richtig, mit dieser Abwesenheit dieser vorherigen gesellschaftlichen Herrschaftslage hätte der ganz gut gelebt. War aber irgendwie so friedlich nicht drin. Er ist dann auch relativ früh gestorben.

I: Aber Ihre Mutter hätte nicht so leben können?

E: Nein, nein, niemals.

I: Mhm.

E: Der war ein ganzer Lebenstraum geklaut worden. Und irgendwie mußte dafür auch ein Feind her. Und der war teilweise sehr diffus. Also es war kein klares konservatives Bild, weil sie war auch gegen Adenauer, weil der hat nicht genug für den Mittelstand getan. Also irgendwie gab es lauter Schuldige an dem nicht erneut Zustandekommen dieser gesellschaftlichen Träume. Und das hat ihr auch nun wirklich nicht gut getan.

Der Herkunftskomplex, mit dem Katharina von Gransow befrachtet ist, scheint klar erkennbar zu sein. Die strebsame Tochter soll die verlorengegangene Ehre der Adelsfamilie wiederherstellen. Die von Gransows entlarven die politische For-

mel von der gelungenen Integration der Flüchtlinge als Mythos. Sie gehören nicht zu den Flüchtlingsfamilien, die sich nach 1945 zäh und verbissen wieder nach oben gearbeitet haben. Sie beharren vielmehr darauf, daß für sie die Flucht einer Verstoßung ins Nichts gleichkam, worüber kein Lastenausgleich hinwegtrösten konnte. Und sie denken daher auch gar nicht daran, in der »nivellierten Mittelstandsgesellschaft« die bisherigen Standesprinzipien ihres sozialen Verhaltens preiszugeben. Zwar muß man sich zur Fristung der Existenz erniedrigen, aber deshalb verzichtet man doch nicht auf die großen Auftritte im örtlichen Adelsverein. Mit »Kampf und Verweigerung«, so lesen wir, wurde neu inszeniert, was nicht mehr vorhanden war. Und in diesem Zusammenhang stehen die »heftigen Auseinandersetzungen in der Familie« darüber, daß die Kinder unbedingt den eingebüßten sozialen Status unter den neuen Verhältnissen wiedergewinnen müssen. Sie sind Teil der imaginären Reinszenierung der vorherigen »gesellschaftlichen Herrschaftslage«. Sie sollen durch eine hervorragende gesellschaftliche Karriere den Beweis für den inneren Rang des äußerlich deklassierten adeligen Geschlechts antreten.
Es ist vor allem die Mutter, die diese Geste trotziger Selbstbehauptung fordert. Für sie, erklärt uns die Tochter, bedeutete der Krieg und die anschließende Flucht vor der Roten Armee den Raub eines »ganzen Lebenstraums«. Die gesamte biographische Investition der Bürgerstochter war auf den Eintritt in die adelige Familie ihres späteren Mannes gerichtet. Lange mußte sie warten, bis sie ihrem als extrem repressiv bezeichneten Elternhaus entfliehen konnte. Es hört sich so an, als sei die Heirat die Erfüllung einer romantischen Sehnsucht gewesen: Befreiung von der gehaßten Familie und Annahme eines wohlklingenden Namens mit all seinem Glamour. Den Vater muß man sich als typischen Vertreter der ostelbischen »leisure class« vorstellen: nichts gelernt, aber gewandtes Auftreten. Feine Leute eines solchen Schlags, so mag es der Tochter aus dem Haushalt eines Hansemenschen erschienen sein, verrichten keine nützliche Arbeit, sondern schätzen teure Güter. Der Traum einer glamourösen Existenz währte jedoch nur ein paar Monate. Mit der Einberufung ihres Mannes war alles verloren. Katharina von Gransow schildert uns das Leben ihrer Mutter

als das Schicksal einer großen Enttäuschung. Fortan dominierte sie ihre Familie mit der steten Energie der Verbitterung. Offenbar trieb sie ihre Kinder zum Wiederaufstieg an und ihren Mann in die Kohlküchen, wo er vielleicht ein paar von den Kriegserlebnissen loswerden konnte, von denen seine Frau nichts wissen wollte. Natürlich läuft die Geschichte der Mutter auf die Tochter zu, die wiedergutzumachen hat, was jener wiederfahren ist. Die Tochter weiß von dem Leid, über das die Mutter niemals geredet hat. Während des Kriegs »zurückgestoßen« in die Familie, der sie so sehnlich zu entkommen trachtete, und dann die »ganzen Demütigungen« in der Nachkriegszeit. Wie konnte »diese Frau«, die sich nie vorgestellt hatte, mit Schnapsflaschen herumlaufen zu müssen, ihr Schicksal anders ertragen als in dem Glauben an eine strahlende Karriere ihrer Tochter?
Der Vater erscheint in der Darstellung der Tochter zunächst als eine wenig erhebende Gestalt. Der adelige Herr hatte keine Skrupel, mit emigrierenden Juden mehr als dubiose Versicherungsgeschäfte zu tätigen. Man weiß nicht, ob die Tochter ihn wegen dieses »Wahnsinns« wirklich zur Rede gestellt hat, es gab ihr allerdings zu denken, was mit entsprechenden Auftrittsformen »sehr offen« alles möglich war. Dann wird die Deklassierung der Familie nach dem Krieg bis zum gewissen Grade diesem Vater angelastet, der nicht über die »Courage« verfügte, zum Beispiel auf dem Wege eines Studiums einen neuen Anfang zu wagen. So sind »sie« Schnapsvertreter geworden. Die Verwendung der dritten Person Plural könnte man so lesen, daß der Vater selbst dafür auf die Mithilfe seiner Frau angewiesen war. Aber der mangelnde Wagemut des Vaters durfte in der Familie augenscheinlich nicht als persönliches Versagen thematisiert werden. Zur Deutung der eigenen Situation griff man lieber auf die religiösen Motive von Heimsuchung und Begnadung zurück. Der Rückzug in den katholischen Glauben ist als Einwilligung in ein unabänderliches Schicksal zu verstehen. Während die protestantische Mehrheit um sie herum der »innerweltlichen Askese« nachjagte, überließen sich die von Gransows dem weisen Ratschluß des Herrn. Andererseits tritt uns der Vater als eine Art Überlebenskünstler entgegen, der sowohl die dunstige Wärme der Kohl-

küchen als auch die großen Auftritte beim Adelsverein zu genießen wußte. Nicht zu vergessen, daß er ausgerechtet Schnaps vertreiben mußte. Nicht Champagner oder Rheinwein, sondern groben und womöglich noch billigen Schnaps. Diese dumpfe Droge des Vergessens verweist auf die Schattenseite des deutschen Wirtschaftswunders. Was alles weggeschluckt werden mußte, damit man so wunderbar wiederaufsteigen konnte. Auf die Intervention des Interviewers hin, der das Lebensbejahende des väterlichen Durchkommens herausstellen will, räumt Katharina von Gransow sogar ein, daß der Vater mit dem erlittenen Statusverlust vielleicht »ganz gut« gelebt hätte. »War aber irgendwie so friedlich nicht drin«. Genauso wie die Mutter ihm verboten hat, über seine Kriegserfahrungen zu reden, was, wie die mitfühlende Tochter bemerkt, er dringend nötig gehabt hätte, so hat sie ihm ein friedliches Arrangement mit den schlechten Verhältnissen verwehrt. »Niemals«, heißt es gleich darauf, hätte die Mutter so leben können. Damit wird ihr, wenn man den Text genau liest, von der Tochter in einer bestimmten Hinsicht die Schuld am relativ frühen Tod des Vaters gegeben. Ist das die tödliche Rache der Mutter an dem Vater, der ihr diese »ganzen Demütigungen« zugemutet hat?

Im Blick auf ihre Herkunft steckt Katharina von Gransow in einem heillosen Identifikationsdilemma. Folgte sie der mütterlichen Mission eines glänzenden Wiederaufstiegs, so würde sie einen Lebenstraum erfüllen, der sich in Wirklichkeit als gefährliche Illusion erwiesen hatte. Die Mutter konnte nach dem Verlust der vormaligen gesellschaftlichen Herrschaftslage nur weiterleben, indem sie sich von der Gesellschaft in die Familie zurückzog. Diesen von der Außenwelt abgeschlossenen Raum füllte sie mit ihren Wünschen und Sehnsüchten und untersagte den Ausdruck störender Erfahrungen. Die Tochter, aufgewachsen in diesem Milieu höchster Erwartungen, kann den mütterlichen Auftrag jedoch nicht übernehmen, weil sie die Kosten dieser imaginären Selbstabschließung spürt. Die Mutter, die im Gefühl ihres eigenen Unglücks niemanden in Frieden lassen kann, erweist sich am Ende als schuldig am frühen Tod des Vaters. Diesem kann die Tochter allerdings nur um den Preis des Scheiterns folgen. Das Lebensbejahende und Erfahrungsoffene ist zugleich das Windige und Schwache des väterlichen Identifikationsmodells. Der geborene Adelige kennt weder moralische Skrupel noch soziale Ängste. Überall macht er seine kleinen Geschäfte, und jede Gelegenheit für die große Geste nimmt er wahr. Seine Verantwortung für andere scheint allerdings nicht sehr ausgeprägt gewesen zu sein, und zuletzt stirbt er einfach weg und überläßt seine Familie ihrem Schicksal.

Wem von beiden soll sich unser Flüchtlingskind innerlich überantworten? Welchen Kompromiß aus beiden Linien kann es bilden? Wie wird es ihm gelingen, sich seinem Herkunftskomplex zu entwinden?

Eine Formulierung in dieser Stelle haben wir noch ganz unkommentiert gelassen. Beide, der Vater wie die Mutter, heißt es nach der kurzen Schilderung des geschäftlichen Auf und Ab der Schnapsvertreterexistenz, seien nach dem Krieg nie wirklich in der Realität angekommen. Liegt hier womöglich der Grund für Katharina von Gransows Unsicherheit in ihrer Selbstidentifikation als Achtundsechzigerin? 1968 gehört zur Mythologie der Bundesrepublik. Mit der Studentenbewegung, sagt man, habe sich die Verwestlichung des Landes vollendet und damit sei die Bundesrepublik erst richtig bei sich selbst angekommen. Vielleicht kann Katharina von Gransow diese Identifikation mit der westdeutschen Gesellschaft nicht aufbringen. Mit der Markierung dieses Stigmas der Unwissenden, was die zentralen Ereignisse von 1968 anbelangt, bleibt sie das Flüchtlingskind aus dem Osten, das mit ihren Eltern nach 1945 nie wirklich in der Realität angekommen ist.

Nach Krieg und Flucht war Amerika das gelobte Land. Das Flüchtlingskind ist zum ersten Mal durch Quäkerspeise satt geworden. Der Vater arbeitete bei der amerikanischen Besatzung in Kassel als Dolmetscher, und in dieser Zeit ging es der Familie besser als den meisten anderen. Das seien noch mal zwei illusionäre Jahre auf der Seite der Sieger gewesen. Der soziale Abstieg begann für die Familie erst nach der Währungsreform. Unsere Erzählerin kann sich an die Einquartierung bei Leuten erinnern, die darüber alles andere als erfreut waren. Und in der Schule waren die Flüchtlingskinder daran zu erkennen, daß sie von der Schulspeisung das Übriggebliebene mit nach Hause bekamen. Der einzige Lichtblick blieb in dieser dunklen Zeit das Land der unbegrenzten Möglichkeiten, das schon die Schülerin unbedingt kennenlernen wollte. Katharina von Gransow war selbstverständlich die Klassenbeste und dann auf dem Gymnasium sogar die Schulbeste. Sie habe einfach immer alles gekonnt und damit für die anderen sicherlich Standards gesetzt. Der Rechtfertigung bedürftig findet unsere Gesprächspartnerin heute, daß sie nicht die Stärke gehabt habe, mal ein bißchen weniger gut zu sein. Diese Solidarität habe sie nicht aufbringen können. Zu erkennen ist hier das aufstrebende Flüchtlingskind, das sich gegenüber den Einheimischen durchsetzt, wobei das schlechte Gewissen darauf hindeutet, daß die Konkurrenzsituation nicht so ganz unproblematisch gewesen sein kann.

1960 kam Katharina von Gransow als Austauschschülerin in die USA, und zwar nach Texas zu einer, wie man es nicht anders erwartet, reichen, konservativen, katholischen Familie. Schon bald bekam für die moralisch hoch sensibilisierte Heranwachsende das Bild des gelobten Landes einen ungeheuren Riß. Dazu muß man wissen, daß damals unter dem Eindruck der aufkommenden Bürgerrechtsbewegung besonders in Texas der alltägliche Rassismus loderte. Es sei für sie nicht verständlich gewesen, warum die Familie mit ihrer Austauschschülerin in die eine weiße katholische Kirche und die schwarze Hausangestellte in eine andere schwarze katholische Kirche gehen mußte. Ebensowenig habe ihr eingeleuchtet, warum sie nicht die Schwarzen in ihrer Klasse besuchen durfte. Darüber habe es heftige Auseinandersetzungen in der Gastfamilie gegeben. Anscheinend entwickelte sich Katharina von Gransow in Konfrontation mit solchen moralischen Problemen zum Musterfall einer an Prinzipien orientierten postkonventionellen Moral[1]. Allerdings seien sich alle Austauschschüler aus den verschiedenen europäischen Ländern, die sich anläßlich bestimmter Meetings des Austauschprogramms trafen, darüber einig gewesen, daß Europa Kultur und Amerika Zivilisation bedeutete. Die hätten nicht mal eine Oper oder eine Konzert-

1 Vgl. Lawrence Kohlberg, Zur kognitiven Entwicklung des Kindes, Frankfurt a.M. 1974.

halle gehabt, würden aber dauernd zum Football rasen und ein Musical für eine tolle Sache halten. So war das hohe Niveau des in den USA erworbenen moralischen Urteils nicht frei von alteuropäischem kulturellem Dünkel.

Für das Flüchtlingskind aus Deutschland war jedoch die Welt gründlich in Unordnung geraten. Amerika war der imaginäre Fluchtpunkt bei der schwierigen Selbstbehauptung in einer Gesellschaft gewesen, die der Flüchtlinge aus dem Osten nicht bedurfte und in der sie zunächst draußen standen. Nun stellte sich heraus, daß in dem fernen Land der Gerechtigkeit und der Freiheit Unrecht und Unterdrückung herrschten.

E: Für mich, so religiös wie ich damals war, hat das ziemlich reingehauen. Ich hätte ja alles noch irgendwie vielleicht zusammengekriegt, aber dieser ganze christliche Krempel und dann getrennte Kirchen, das ist mir steckengeblieben. Das war nicht korrekt.

Es ist deutlich, welche Probleme sich daraus für das Weltbild der Adoleszenten ergaben. Der himmelschreiende Widerspruch zwischen Sollen und Sein führte bei ihr freilich weniger zu einer Relativierung, sondern mehr zu einer Radikalisierung der moralischen Prinzipien. Wenn schon nicht in Amerika, dann sollten Freiheit und Gerechtigkeit im Gewissen jedes einzelnen triumphieren. Außerdem lernte Katharina von Gransow in der Schule eine gewisse Miss Nussbaum kennen. Das war ihre Sozialkundelehrerin. Ledig, jüdisch und stockkonservativ sei sie gewesen, Anhängerin von Goldwater, aber eine Frau, die über sich und die Gesellschaft nachdachte und die das Instrumentarium ihres Nachdenkens über ein sozialwissenschaftliches Studium erworben hatte. Dieses Modell intellektueller Autonomie hinterließ bei der Heranwachsenden offenbar einen nachhaltigen Eindruck. Denn als sie im Alter von neunzehn Jahren nach Deutschland zurückkehrte, stand für sie fest, daß sie Politikwissenschaft studieren wollte.

Dem Wunsch der Eltern zufolge sollte sie naturgemäß einen adeligen Offizier heiraten. Nicht zuletzt zur Schaffung eines entsprechenden Heiratsmarkts war der Adelsverein gegründet worden.

E: Da gab es total getrennte Standards, weil ich mit irgend jemand, den ich mochte, auf keinen Fall nach zehn nach Hause kommen durfte, aber mit den Leuten aus dem Adelsverein gab es Zoff, wenn ich vor zwölf nach Hause kam. Das war überhaupt ein gespenstischer Verein. Da gab es dann so relevante Kongresse etwa zum Thema: die Stellung der jungen adeligen Frau in der modernen Industriegesellschaft von heute und so. Und dann wurde man da immer in diesen Clubs da, wo hauptsächlich osteuropäische Emigranten waren, weil die alle versuchten, Anschluß an den West-Adel zu kriegen, und der West-Adel suchte den Anschluß an den britischen Adel, weil da noch frisches Blut herkam. Also das war das Bild, und darüber gab es auch erheblichen Zoff, weil ich diesen, also diese adeligen Menschen, die sahen ja alle wie Landadel aus, mit schütteren Haaren und solchen Adamsäpfeln, und waren immer so beleidigend, also die haben zu meiner feministischen Politisierung ungemein beigetragen. Ich fand das wirklich absolut beleidigend auf diesen Bällen, ich kam aus den USA zurück und wollte und wußte, ich würde Politikwissenschaft studieren.

Der Aufenthalt in den USA half Katharina von Gransow also, Abschied von den Gespensteridealen ihrer Eltern zu nehmen. Angesteckt vom moralischen Elan der amerikanischen Bürgerrechtsbewegung, fehlte ihr ganz und gar der Sinn dafür, sich mit den Absonderlichkeiten des degenerierten Landadels herumzuschlagen. In der doppelten Betonung von deren beleidigendem Umgang mit Frauen verbirgt sich zudem die Abwehr eines jungen weiblichen Körpers vor den Zugriffen morbider Jungherren.

Als sie dann schließlich noch im fernen Berlin studieren wollte, stellten die Eltern sie vor die Alternative: Aussteuer oder Studium. Sie ahnten wohl schon, daß ihre Tochter für den Kreislauf des adeligen Bluts verloren war.

Schon nach kurzem Einleben in Berlin trat Katharina von Gransow zu allem Unglück ihrer Eltern auch noch zum evangelischen Glauben über. Sie habe, so unsere Erzählerin, einen mächtigen Nachholbedarf an Bach gehabt und sei deshalb jeden Samstagabend um sechs Uhr in die Gedächtniskirche gegangen, um die Motette zu hören. So habe es sich ganz von selbst ergeben, daß sie sich eines Tages an den Pfarrer gewandt habe, um ihre Bereitschaft zur Konversion zu erklären. Sie wollte mithin von der Religion des Schicksals und der Gottergebenheit zu der der Selbstverantwortung und der Gottesferne wechseln. So schwer wog das Senkblei ihrer Herkunft, daß sie den Schritt in die Einsamkeit und Freiheit wagen mußte. Die Eltern reagierten, wie es sich damals gehörte, mit der völligen Streichung der Unterstützung. Katharina von Gransow, der es widerstrebte, gegen ihre Eltern vor Gericht zu ziehen, blieb daher nichts anderes übrig, als sich durch Jobs den Lebensunterhalt selbst zu verdienen. Das sei für sie wahnsinnig anstrengend gewesen, gesteht uns unsere Gesprächspartnerin heute, aber es habe ihr auf der anderen Seite einigen Einblick in die gesellschaftliche Wirklichkeit verschafft, wovon sie sonst vielleicht nichts erfahren hätte.

Katharina von Gransows Aufstieg in der Wissenschaft begann mit einer Diplomarbeit über die forschungspolitischen Konzeptionen der drei im deutschen Bundestag vertretenen Parteien bzw. Parteikonstellationen. Die Arbeit stand im Kontext einer politischen Debatte über den technologischen Rückstand der westdeutschen Industrie. Einer der Berliner Professoren veranlaßte die Nachwuchswissenschaftlerin die Ergebnisse ihrer Untersuchung in einem Aufsatz niederzulegen, der dann in einer renommierten wissenschaftlichen Zeitschrift erschien. Die Veröffentlichung wurde vielfach zitiert und brachte der Diplomierten einen gewissen Namen in der wissenschaftlichen Gemeinschaft ein. In Bremen nahm Katharina von Gransow auf Betreiben eines als Mentor sich anbietenden Professors bald ihre Dissertation in Angriff. Es ging um den Zusammenhang von Entwicklungspolitik und Rüstungsindustrie im Vergleich von den Vereinigten Staaten, Frankreich und der Bundesrepublik Deutschland. Hatte ihr der auf der Diplomarbeit basierende Aufsatz Anerkennung im engeren Kreis des etablierten Fachs eingebracht, so machte das aus der Dissertation hervorgegangene Buch regelrecht Furore in der sich nunmehr kritisch verstehenden Politikwissenschaft. Es kam in einem der großen Frankfurter Verlage heraus, und gleich nach der Veröffentlichung richtete der Politologenverband auf seiner nächsten Jahrestagung eine Arbeitsgruppe zum Thema ein, und Katharina von Gransow wurde eingeladen, das einleitende Referat zu halten.

Dabei war die Arbeit in großer Eile entstanden. Die Schilderung unserer Gesprächspartnerin führt uns noch einmal vor Augen, wie der Geist der Zeit damals arbeitete:

E: Ich habe die Arbeit relativ schnell fertig gemacht. Wir waren damals so eine Gruppe von Leuten, die sich in der Hochschulpolitik engagiert haben, und unser Leben sozusagen drittelparitätisch eingerichtet haben. Tagsüber haben wir Veranstaltungen gemacht und Hochschulpolitik, abends haben wir zusammen gegessen und rumpolitisiert, um zehn Uhr sind wir an unsere Schreibtische, haben bis zwei Uhr nachts gearbeitet, also ein paar Leute, die auch promovierten, haben uns gegenseitig angerufen, bis dahin mußte man immer warten mit dem Einschlafen, und dann gesagt, so jetzt dürfen wir, und am nächsten Morgen kurz vor zehn geweckt und wieder rumgerast. Das ist eine wahnsinnig intensive und konzentrierte Zeit gewesen, und ich habe dann wie eine Dampfwalze meine Arbeit fertig gemacht, und dann war sie fertig und weg.

Katharina von Gransow schwärmt von der Zeit eines klösterlichen Gruppenlebens. Wir erkennen eine verschworene Gemeinschaft, die sich an einen genauen Tagesplan hält. Man arbeitet, redet und ißt zusammen, und am Abend zieht sich jeder einzelne in die Klause zum Studium zurück. Von Übermut, Lust und Sex findet sich keine Spur. Eher fallen Zeichen einer gewissen Überaktivität ins Auge: Es wird »rumpolitisiert«, »rumgerast«, und die Dinge werden »relativ schnell fertig gemacht«. Man könnte an eine Art Kompensation für das verdrängte Andere denken. Jedenfalls ist die Vermutung nicht abwegig, daß Katharina von Gransow die einzige Frau in dieser Gruppe war.

Für unsere Erzählerin ist dies eine »wahnsinnig intensive und konzentrierte Zeit« gewesen. Sie hat sich wohl gefühlt in dieser geregelten Existenz, wo alle störenden Einflüsse von außen wie von innen gebannt schienen, und sie hat sich voll und ganz verausgaben können. Katharina von Gransow ist keine Einsame und Freie, die den erhabenen Ausdruck liebt oder mit dem bösen Blick kokettiert, aber auch keine Empathische und Anschmiegsame, die sich mit einem sensiblen Radarsystem an den wechselnden Erwartungen der anderen entlang bewegt, sie entspricht eher dem Typ der Begeisterten und Opferbereiten. Sie braucht das haltende Milieu einer Gruppe und den richtungsweisenden Entwurf einer höheren Aufgabe. Dann kann sie etwas »wie eine Dampfwalze« zu Ende bringen.

Katharina von Gransow war Ende der sechziger Jahre auf dem Weg zu einer glänzenden wissenschaftlichen Karriere. Sie genoß die Förderung einiger konservativer, aber im Fach einflußreicher Professoren. Andererseits hatte sie noch früh genug die Zeichen der Zeit erkannt und durch ihr hochschulpolitisches Engagement die nötige kritische Haltung unter Beweis gestellt. Schließlich hatte sie sich mit einer Aufsehen erregenden Dissertation an einer Debatte mit Zukunftsaussichten beteiligt. Wir müssen erkären, warum sie scheiterte und heute zu den Verlierern von 1968 zu zählen ist.

Der Abstieg des Flüchtlingskinds begann, als es unter den Einfluß eines bestimmten Marxismus geriet, der in Bremen in erster Linie von Alfred Sohn-Rethel vorgedacht wurde.

E: Zur gleichen Zeit, als ich mit der Promotion beschäftigt war, war ich in Bremen mit einem Mann zusammen, der diese ganze Entwicklung früher für sich durchgemacht hatte. Der hatte sich die MEW gekauft und sagte, dann kannst du mein »Kapital« haben, jetzt muß ich das ganze haben. So und legte mir dann dieses »Kapital« hin, die drei Bände, und das weiß ich noch ganz genau, wie diese drei Bände ein Jahr lang ungeöffnet bei mir gelegen haben, und ich meine Arbeit fertig gemacht habe und dachte, ich mache jetzt erst einmal das fertig mit dem mir zur Verfügung stehenden Instrumentarium, und ich wußte ganz genau, wenn ich diese, also es war ganz merkwürdig, wie ich immer dieses Bewußtsein hatte, wenn ich die erste Seite davon öffne, dann gibt es eine Zäsur in meinem Leben, auf die muß ich erst mal vorbereitet sein. Das hieß für mich zweierlei. Wenn ich das gleich täte, könnte ich die Arbeit so nicht weiterschreiben, und dann, ich müßte fähig sein, außer der Beziehung zu diesem Mann, einen ziemlich grundsätzlichen Wandel in meiner privaten Bezugswelt, weil die alle noch, abzüglich des Monarchisten, den es nicht mehr gab in meinem Leben, aber hatte ich noch viele Beziehungen zu konservativ-liberalen Freunden und Freundinnen. Das mußte ja nun nicht alles kaputt gehen, aber es, ich würde mich sehr verändern.

Der erste Blick in die heiligen Texte von Marx, das spürte sie, würde ihr Leben verändern. Sie müßte Abschied nehmen von den Prinzipien ihres bisherigen Denkens und von vielen ihrer bisherigen Freunde. Sie ließ die von ihrem damaligen Lebensgefährten schon durchgeabeiteten drei blauen Bände deshalb ungeöffnet wie eine geheimnisvolle Büchse liegen. Hier bestätigt sich das Bild eines zur Treue und Hingabe bereiten Wesens, das auf den Übertritt in ein neues Reich der Wahrheit wartet. Wir erinnern uns an die moralische Empörung der Austauschschülerin und an ihren Wunsch, in der Nachfolge dieser Miss Nussbaum ein Studium zu ergreifen, das einen lehren würde, was die Welt im Innersten zusammenhält. Sie ist realistisch genug, bis zur Fertigstellung ihrer Arbeit die mysteriösen Bände unangetastet zu lassen, doch dann würde sie mit aller Macht darangehen, sich die Wahrheit einzuverleiben. Daneben dokumentiert diese Stelle das schlechte Gewissen, das sich unsere Gesprächspartnerin wegen des abzusehenden Verlusts sozialer Beziehungen machte. Natürlich müßte nicht gleich alles in die Brüche gehen, aber das neue Denken würde schon einen Schlußstrich unter der Freundschaft mit bestimmten als »konservativ-liberal« charakterisierten Bezugspersonen verlangen. Damit würde ihr das Beziehungsnetz verlorengehen, das ihr bisher den nötigen sozialen Zuspruch gewährt hatte. Aber als Ersatz existierte ja der Mann, der diese »ganze Entwicklung« bereits »durchgemacht« hatte. In der retrospektiven Erzählung werden wir auf eine biographische Zäsur vorbereitet, durch die Katharina von Gransow den Anschluß an ihre Generation suchte.

E: Ich kann mich noch genau an den Politologentag erinnern, wo ich das einleitende Referat zu der Arbeitsgruppe gehalten habe. Ich habe gesagt, jetzt müßte man eigentlich mit Imperialismuskritik anfangen. Ideologiekritik, so wie ich sie in der Arbeit gemacht habe, ist ganz gut und schön, aber man muß nun fragen, was die Entwicklungspolitik mit dem Weltmarkt zu tun hat. Kapitalvernichtung durch Rüstungsausgaben brauchte das Kapital zu dem Zeitpunkt, und in diesem Zusammenhang ist das entwicklungspolitische Engagement zu sehen. Ich weiß noch, die Leute waren stinkesauer, als sie das hörten. Ich hatte da schon angefangen mit meinen blauen Bänden und habe denen von einer Position aus, die sie nicht erwartet hatten, das Wasser abgegraben. Was euch so aufregt an dieser Arbeit, daß sie so kritisch und so progressiv sei, forget it, das ist alles gar nicht progressiv, das ist und so weiter. Das war irgendwie eine heiße Tagung.

1970 hatte sich Katharina von Gransow einem Forschungsprojekt über materialistische Staats- und Technologiekritik angeschlossen. Bestimmend für diese Gruppe war eine bestimmte Version des akademischen Ableitungsmarxismus, wie er für die dritte mit dem Aufbau proletarischer Parteien und der Konstruktion materialistischer Theorien befaßte Phase der Studentenbewegung in Deutschland kennzeichnend war. Katharina von Gransow eignete sich offenbar schnell die triumphöse Geste des absoluten Wissens an. »Forget it«, beschied sie der erstaunten Kollegenschaft, die über den ideologiekritischen Ansatz ihrer gerade publizierten Dissertation diskutieren wollte. Die junge Frau hatte Spaß daran, die Zuhörer ob ihres begrenzten Horizonts vorzuführen. Während diese sich noch mit dem objektiven Schein der Politik herumschlugen, hatte sie bereits den Überblick über den Weltmarkt. In einer bestimmten Metaphysik des Wesens fanden die Deutungsbedürfnisse des Flüchtlingskinds ihre Erfüllung. Wesentlich, so wurde damals in Bremen gelehrt, seien die objektiven Wesensgesetze der Gesellschaft, die über das Schicksal der Menschen entscheiden und die zugleich die Möglichkeit enthalten, daß es anders wird, was heißt, daß diese Gesellschaft aufhört ein Zwangsverband zu sein, in den man nun einmal hineingeraten ist.

Das Merkwürdige an dieser Stelle ist das völlige Fehlen nachträglicher Kontextualisierungen. Müßte es unserer Erzählerin nicht unwohl werden bei der Erinnerung an ihren damaligen Hochmut? Und wäre daher nicht eine ironische Bemerkung über solche marxistische Gläubigkeit zu erwarten gewesen? Faktum jedenfalls ist, daß sie uns an einer »heißen Tagung« teilnehmen läßt, bei der sie als überlegene Siegerin den Platz verließ. Es erhebt sich die Frage, wo Katharina von Gransow eigentlich ist, wenn sie uns diese Dinge erzählt. Man könnte glauben, sie habe gar keinen Sitz im Leben, von wo aus sie zwischen dem damaligen Hochgefühl und der heutigen Ernüchterung unterscheiden könnte.

Es wundert uns nicht, daß Katharina von Gransow in der Bremer Projektgruppe die einzige Frau war und daß sie ihren Rückstand in der Marx-Lektüre im Nu aufholte. Die diversen Schulungen, die damals angeboten wurden, behagten ihr nicht. Lieber wollte sie gleich in der Projektarbeit ihre Kompetenz zum Schnellerlesen unter Beweis stellen. Sie habe sich sofort in die ganze Sohn-Rethel-Debatte eingeklinkt und dadurch schnell eine Position in der wissenschaftskritischen Diskussion markiert. Wieder erkennen wir die eifrige junge Frau, die sich in der Gruppe der jungen Männer bei ihrem Engagement für die Sache keine Blöße geben will. Unklar indessen bleibt, was ihr über das kompetitive Motiv hinaus an diesem Projekt wichtig war.

E: Ich habe immer gefunden, daß in der Frankfurter Kulturkritik ein Element von autoritärer Beliebigkeit war, also ein Adorno oder Habermas haben aus der Größe ihres Geistes Kritik formuliert, die sie aber, wie es dann immer marxistisch hieß, nicht abgeleitet haben.

I: Mhm.

E: Sie haben ihre Stufen nicht deutlich gemacht. Sie kamen da mit imposanten Sentenzen heraus, die im einzelnen sehr sensibel und nicht falsch waren, aber die haben das nicht deutlich gemacht, und dieses Stück Ableitung, dieses In-die-Werkstatt-dieser-Gedanken-Schauen, das hatte ich mir von den blauen Bänden versprochen.

I: Ja.

E: Und insofern lag das einfach nahe. Das andere waren Enttäuschungen. Ich erinnere mich, wir haben öfter mit dem Projekt probiert, in Frankfurt zu diskutieren, mit Habermas vor allem. Das ging überhaupt nicht, politisch nicht. Den ganzen Umkreis habe ich als menschlich unendlich klein erlebt. Und das war auch etwas, wo ich dachte, da muß man in die Werkstatt der Gedanken dieser Menschen noch mal reingucken, vielleicht kann man da, um das Schöne und Gute zu retten, Trennlinien finden. Zwar ist das, was sie uns da bieten, von einer ungeheuren Schärfe und Sensibilität, aber wenn es dann doch möglich ist, daß sie als Menschen so enttäuschend andere Wege gehen, dann kann man ihnen auch nicht hundertprozentig vertrauen.

I: Mhm.

E: Und von daher war es für mich auch wichtig, dann noch mal genauer nachzugucken.

Bei den theoretischen Bemühungen der Studentenbewegung war die Kritische Theorie das Zentrum, um das sich alles drehte. Da suchte man Bestätigung, davon stieß man sich ab, dagegen richtete sich die Hinwendung zu Marx. Auch das Motiv einer Demokratisierung des Frankfurter Geistesadels ist typisch für die 1968 geübte Kritik der Kritischen Theorie. Das Besondere an der Einstellung von Katharina von Gransow hingegen besteht in dieser eifernden Gutgläubigkeit, die das »Schöne und Gute« der Theorie angesichts der menschlichen Kleinheit der Theoretiker retten will. Daraus spricht ein naiver Glaube ans Höhere, den die großen Geister aus Frankfurt offenbar verraten haben. Damit hängt womöglich auch der Vorwurf zusammen, daß in deren Kulturkritik ein »Element von autoritärer Beliebigkeit« enthalten sei. Wenn der kritische Gedanke, so die geforderte Moral des Denkens, nicht Stufe für Stufe abgeleitet wird, dann verfällt er dem willkürlichen Eigenwillen, der nur »imposante Sentenzen«, aber keine nachvollziehbaren Schlußfolgerungen hervorzubringen vermag. Man ahnt schon, daß der in solcher Enttäuschungsbereitschaft zum Ausdruck kommende Glaube ans Höhere für Katharina von Gransow noch zum Hinderungsgrund für das eigene Fortkommen werden könnte.

E: Dann hatte ich also promoviert, und damals war ja noch die Studi-Schwemme, und ich war aus dem ganzen Clan die einzige, die das so wortwörtlich genommen hat, daß man eigentlich, wir hatten alle Stellen innerhalb dieser Expansion, die nannten sich anfangs Verwaltung einer wissenschaftlichen Assistentenstelle, das war ein Sonderstatus, der geschaffen worden war, damit man promovieren konnte, wir hatten aber eigentlich die Auflage, innerhalb von zwei Jahren zu promovieren, und das einzige Hühnlein, was das ernst genommen hat, war ich. Die anderen haben das alle später gemacht. Aber ich war die erste, und dann wurden zwei Punkte wichtig, rein ins Prüfungsamt, wir brauchen unbedingt Marxisten im Prüfungsamt, und dann kam auch langsam der andere Punkt, wir brauchen Frauen im Prüfungsamt, da kam beides zusammen. Und das Prüfungsamt seinerseits brauchte Leute im Prüfungsamt, so daß ich dann sehr, als ich in diesem Prüfungsamt saß, heillos rumgeprüft habe, was auf einer wissenschaftlichen Ebene ähnliche Funktionen hatte wie meine Ackerei jetzt, es war fürchterlich anstrengend, aber es hält auch wahnsinnig fit.

I: Mhm.

E: Weil ich mit lauter Bereichen, ich habe das dann auch mal wieder ernst genommen und habe mich da immer ein bißchen eingelesen und die Arbeiten auch korrekt betreut, und dadurch habe ich einen viel weiteren Blick und auch einen Zugriff zu Problemen bekommen, als das sonst der Fall gewesen wäre. Aber ich habe geprüft, und Prüfen ist eigentlich eine professorale Kompetenz.

Schon der Sprachduktus verrät, wie Katharina von Gransow in eine institutionelle Maschine hineingeriet, die sie nicht mehr beherrschen konnte. Die Sätze verschachteln sich immer weiter, die Erzählperspektiven wechseln von Schritt zu Schritt und dazwischen wird ein einzelnes »Hühnlein« vorangetrieben. Was Katharina von Gransow zum Verhängnis wird, ist, daß sie immer wieder ernst nimmt, was andere unbekümmert läßt. Weil sie als einzige aus der Bezugsgruppe des linken Mittelbaus die vorgeschriebene Frist für den Abschluß der Promotion ernst nahm, wurde sie ins Prüfungsamt delegiert. Weil sie dort im Gegensatz zu manchen anderen ihre Pflichten ernst nahm, hat sie »heillos« rumgeprüft. Man gewinnt den Eindruck, daß Katharina von Gransow aufgrund ihrer Einsatzbereitschaft in einer institutionellen Tätigkeit, die zwar im Augenblick eine gewisse Macht mit sich bringt, aber auf lange Sicht für die wissenschaftliche Karriere wenig gilt, verschlissen wurde. Merkte sie eigentlich nicht, daß sie sich für andere aufopferte? Das Gefühl des Durchhaltens überdeckte alle Zweifel: »Es war fürchterlich anstrengend, aber es hält auch wahnsinnig fit.« Man strengt sich an, um fit zu bleiben für weitere Anstrengungen. Katharina von Gransow ist einem inneren Diktat der Selbstaufopferung unterworfen. »Wir« brauchen Marxisten und »wir« brauchen Frauen im Prüfungsamt. Wer ist diese imaginäre erste Person Plural, die solche Forderungen stellen kann, denen man »unbedingt« Folge zu leisten hat? Im ersten Fall kann man dahinter noch die konkrete Gruppe der linken Assistenten vermuten, im zweiten Fall ist es schon die anonyme Gruppe der Linken, der Frauen, der fortschrittlichen gesellschaftlichen Kräfte. Durch Überblendung dieser beiden Referenzen des »Wir« entsteht eine kollektive Macht, der sich Katharina von Gransow ohne Wenn und Aber ausliefert. »Heillos«, so heißt es, setzte sie sich ein für eine verschwommene höhere Aufgabe.

Die geplante Habilitation mit dem ambitiösen Thema einer Rekonstruktion des kapitalistischen Staats im europäischen Vergleich hat Katharina von Gransow nie geschrieben. Sie führt das in unserem Gespräch auf zeittypische Umstände zurück, weil man eine solche Arbeit als formale Einstiegsvoraussetzung für eine angepaßte Universitätskarriere abgelehnt habe; das ist freilich nicht so ganz glaubhaft, denn es müßten dann doch zumindest Aufsätze oder »graue Papiere« zu dem von ihr für wichtig erachteten Thema vorliegen. Es gibt jedoch über die Dissertation hinaus nur ein paar programmatische Artikel, die ganz im Stil der Zeit Überschriften mit Wendungen wie »Vorbereitende Bemerkungen zu«, »Zur Kritik von« oder »Einleitende Bemerkungen über« tragen und für die als Autor die Bremer Projektgruppe angegeben wird. So verliert sich Katharina von Gransows Name nach einem kurzen Aufflackern in den Archiven der Wissenschaft.

Katharina von Gransow kam zu spät dazu und blieb zu lange dabei. Mit ihrem maßlosen Idealismus arbeitete sie nicht nur gegen sich selbst, sondern genauso gegen andere. Daran knüpfen sich heute peinliche Erinnerungen.

E: In den Formen der Hochschulpolitik waren wir unheimlich brutal. Diese Selbstgerechtigkeit und Selbstgewißheit, das war schon hart. Da waren so Situationen, wo ich so neben mir stand und dachte, es hat seine Richtigkeit, aber es ist nicht menschlich. Da gab es zum Beispiel einen Kollegen, ein lieber, weicher Mensch, der ist übrigens vor zwei Jahren aus dem Fenster gesprungen, den haben wir so alle gemacht, der hat immer eine integre, liberale Position, linksliberale Position versucht zu retten, und wir haben ihn immer entlarvt, weil er nicht Marxist ist.

I: Mhm.

E: Und das fand ich schon, also wie wir aus diesem Esprit de Corps, der häßlich war, aus dem bin ich nicht früh genug ausgestiegen. Das werfe ich mir vor.

I: Mhm.

E: Und das hat auch, also nachdem es mir klar geworden ist, hat das mein weiteres politisches Handeln also sehr als Mahnmal bestimmt.

I: Mhm, mhm.

E: Das, würde ich eigentlich sagen, war der Hauptfehler.

Vor ihrem inneren Gerichtshof wirft sie sich vor, mit welcher ideologischen Härte sie damals gegen ihnen im Grunde wohlgesonnene Menschen vorgegangen sind. Sie hatte durchaus ein Gespür dafür, daß das in der Situation nicht menschlich war, aber im Prinzip war es doch richtig. Die Entlarvungswut richtete sich gegen alle, die dem marxistischen Ableitungswahn nicht gehorchen wollten. Aber es ist nicht sicher, ob Katharina von Gransow heute wirklich zu einem menschlichen Maß im Urteil gegenüber anderen zurückgefunden hat. Daß die Selbstbeschuldigung nun ausgerechnet als »Mahnmal« ihr weiteres politisches Handeln bestimmen sollte, hört sich merkwürdig übertrieben und überzogen an. Schon wieder wird hier etwas aufgerichtet, dem sich der einzelne zu unterwerfen hat. Von einer weiblichen »Moral der Fürsorge« im Unterschied zu einer männlichen »Moral der Gerechtigkeit«[2] kann keine Rede sein. In den Begriffen der »anthropologischen Proportion«[3] ausgedrückt: Es herrscht eine krasse Disproportion zwischen der Höhe der moralischen Überzeugungen und der Weite des zwischenmenschlichen Verständnisses.

Was ihre Zukunft im Wissenschaftsbereich betraf, war es in der Tat der »Hauptfehler«, daß sie aus diesem »Esprit de Corps« der Bremer Projektgruppe »nicht früh genug ausgestiegen« ist. Die Formulierung unterschlägt freilich ihren eigenen Anteil an der »häßlichen« Gruppenstimmung. Wie dem auch sei, irgendwann Ende der siebziger Jahre schlug das Imperium zurück. Katharina von Gransows Versuch, eine von der linken Fraktion im gesellschaftswissenschaftlichen Fachbereich eigens für sie ausgeschriebene Professorenstelle zu bekommen, wurde von der

2 Vgl. Carol Gilligan, Die andere Stimme. Lebenskonflikte und Moral der Frau, München 1984.

3 Vgl. Ludwig Binswanger, Drei Formen mißglückten Daseins, in: ders., Ausgewählte Werke. Band 1, Heidelberg 1992, S. 233-418, hier S. 242 und weitere.

»anderen Seite« mit allen Mitteln verhindert. Es rächte sich, daß sie sich unter den liberalen Kollegen durch ihren marxistischen Glauben so viele Feinde gemacht hatte. Aus den Auseinandersetzungen um die Stellenbesetzung entwickelte sich eine große Affaire im westdeutschen Universitätsbetrieb. Rechts gegen links, staatlicher Eingriff gegen universitäre Selbstverwaltung, Männer gegen Frauen hießen die Schlagworte der Konflikteskalation. Trotz einer bundesweiten Unterstützungskampagne stand Katharina von Gransow am Ende als die Verliererin da. Sie bekam weder eine Stelle in Bremen noch sonstwo an einer westdeutschen Universität. Die Publizität ihres Falls schadete ihr in der Folge nur, weil sich niemand eine moralisch hochgestochene Marxistin ins Haus holen wollte. Die Wissenschaftskarriere, die so glänzend begann, endete für sie damit, daß sie als eine Art Ausgestoßene mit viel gutem Willen, aber wenig konkreter Hilfe von Adresse zu Adresse geschickt wurde.
Wir stehen wieder vor dem Problem der Erklärung dieses Mißlingens. Man könnte es auf eine unglückliche Ereignisverkettung zurückführen, bei der periodenbestimmte Bedingungen, generationsspezifische Auswüchse und zufällige Umstände zusammenspielten. Das Besondere am Fall von Katharina von Gransow bestünde dann allein in einer Verlaufskurve der Verspätetheit, die sich aus einer Kumulation von Anschlußverzögerungen ergeben hätte. Damit gingen wir allerdings an der verborgenen Botschaft unserer Erzählerin vorbei. Sucht Katharina von Gransow nicht selbst in immer neuen Wendungen die Linie eines Schicksals, das sie selbst vorangetrieben hat?
Die Aufstiegsorientierung des Flüchtlingskinds geht zurück auf seine Eltern. Von der Mutter, so hatten wir gesagt, stammt die Delegation zum bedingungslosen Fortkommen und vom Vater die zum entlastenden Niedergang. Angesichts des gescheiterten Aufstiegs fragt sich nun, wem die Tochter warum gefolgt ist. Dazu müssen wir noch mal zu der familiendynamischen Konstellation von Katharina von Gransows Herkunft zurückkehren. Die Mutter spielt die trotzige Aufrechte, die sich durch die soziale Deklassierung ihren Stolz nicht nehmen läßt; der Vater dagegen versucht, unter den neuen Verhältnissen als windiger Spieler über die Runden zu kommen. Sie ver-

tritt das Prinzip des verhärteten Durchstehens und des männlichen Forderns, er das des geschmeidigen Zurechtkommens und des weiblichen Gewährens. Wir müssen dem in den Erzählungen unserer Gesprächspartnerin zutage tretenden Bild der erhobenen Mutter und des gesenkten Vaters noch weiter nachgehen.

Genau genommen enthält nämlich das Identifikationsmodell der Mutter eine doppelte Botschaft: Einerseits soll die Tochter durch eine glänzende Karriere die Schmach des gesellschaftlichen Abstiegs der Familie tilgen; andererseits darf sie nicht dadurch über ihre Mutter triumphieren, daß sie durch ein glückliches Leben deren bitteres Schicksal vergessen macht. Die einfache Formel für diese verwirrende Doppelbotschaft lautet: äußerer Erfolg und inneres Unglück. Dann würde die Tochter das Schicksal der Mutter zugleich wiedergutmachen und vollenden. In dieser von Sehnsüchten und Erwartungen aufgeladenen Mutter-Tochter-Beziehung kann der Vater offenbar nicht intervenieren. Indem er sich der familiären Erfahrungskontrolle der Mutter unterwirft und es unterläßt, über seine Kriegserfahrungen zu sprechen, bekräftigt der Vater das mütterliche Gebot, auch unter den schlimmsten Bedingungen nicht zu protestieren und den eigenen Schmerz nicht zu zeigen. So machte sich der galante adelige Junker zum Anhängsel seiner verbitterten bürgerlichen Frau, was der Tochter nur die Chance ließ, sich den verworfenen Vater dadurch einzuverleiben, daß sie sich einem anderen Mann versagte und zum adeligen Fräulein wurde.

Die vollständige Konstellation sieht demnach folgendermaßen aus: Katharina von Gransow folgte der mütterlichen Mission, indem sie in unbekümmertem Stolz auf ihre außergewöhnlichen Fähigkeiten eine strahlende Bildungskarriere begann. Gleichzeitig verhinderte das hochgestochene mütterliche Identifikationsmodell den endgültigen Wiederaufstieg. Vor lauter aufrechter Gesinnung verlor Katharina von Gransow den Blick für die Gunst der Stunde. Sie verharrte im Hochmut des marxistischen Glaubens, als die Zeit für die Rhetorik der radikalen Gesellschaftsveränderung längst vorbei war. So vollendete sie das Schicksal ihrer Mutter. Die junge Frau mit der großen Zukunft mußte die Schmach erleben, als bemitleidetes

Opfer eines Rückschlags der Etablierten angesehen zu werden. Aber natürlich gilt nach wie vor, daß klaglos hinzunehmen ist, was einem wegen aufrechter Gesinnung verweigert wurde. Das Modell des Vaters, der sich mit dem Schnaps ein warmes Eckchen und mit den großen Auftritten ein bißchen Glanz verschafft hatte, konnte gegen die Übermacht des mütterlichen Zugriffs nichts ausrichten. Den einzigen Protest, den der Vater seiner Tochter erlaubte, war die Rückbesinnung auf das hergebrachte Individualitätsmuster des adeligen Fräuleins, das sich in »splendid isolation« dem Untergang ihres Geschlechts überantwortet. Doch die Mutter bleibt das dominierende Objekt einer extremen Abhängigkeitsbeziehung. Katharina von Gransow ist die »hörige Tochter« deklassierter Flüchtlinge, die nach dem Krieg nie wirklich in der Realität der neuen Bundesrepublik angekommen sind. Die verpaßte Chance in der Studentenbewegung stellt sich als Ausdruck der gescheiterten Beheimatung einer entwurzelten Familie dar.
Die materielle Existenz sicherten ihr die Grünen und die Frauen. Ende der siebziger Jahre bekam Katharina von Gransow Kontakt zur Anti-Atomkraft-Bewegung. Im Rahmen eines von einer hessischen Stiftung geförderten Projekts untersuchte sie in Begriffen einer als fortgeschritten angesehenen Kapitalfraktionsanalyse die Entwicklung der internationalen Atomindustrie. Das brachte ihr eine Reihe von Auftritten vor den Foren der im Entstehen begriffenen »neuen sozialen Bewegungen« ein, und von daher ergab sich der Übergang zu den Grünen. Zwar habe sie sich immer als Teil der nicht-revisionistischen Linken gefühlt und deshalb eine gewisse Distanz zum Aufbau einer Partei verspürt, aber schließlich habe sie sich doch voll dareingeschmissen. Als es im Oktober 1979 bei der Bürgerschaftswahl in Bremen den Grünen erstmals in der Bundesrepublik gelang, die Fünf-Prozent-Sperrklausel zu überwinden, war Katharina von Gransow unter den ersten grünen Abgeordneten. Als sie dann nach Ende der Legislaturperiode ausrotiert wurde, stand sie vor dem beruflichen Nichts. Sich als politisch und ökonomisch Bedürftige um ein Mandat der Grünen im Europaparlament zu bewerben, fand sie nun doch unter ihrer Würde. Zum Glück kamen gerade die von ihr so genannten »Frauensachen« in Gang. Der erste

Schub der Institutionalisierung der Frauenbewegung schuf eine Reihe von nicht schlecht dotierten Stellen für Frauenbeauftragte. Wieder einmal leistete Katharina von Gransow Pionierarbeit in der Nachhut der Bewegung. Zum Zeitpunkt unseres Gesprächs hatte sie die Position der Frauenbeauftragten eines großen kommunalen Arbeitgebers in Baden-Württemberg inne. Die Wirkung ihrer Arbeit vergleicht sie mit einem Gummiband.

E: Ein bißchen ausweiten und dann irgendwann kloppt es zurück, vielleicht zwei Millimeter weniger, als es vorher gelegen hat, aber während der Ausweiterei, wo wir auch noch Hoffnung haben, es kloppt vielleicht aber doch nicht ganz so stark zurück und überhaupt bleibt es vielleicht da. Aber ist nicht nur dieses illusionäre Gummibanding, es hat auch eine Ebene von Möglichkeiten, von unausgeschöpften Möglichkeiten.

Das Bild ist wenig ermutigend. Es gibt zwar keine festen Widerstände, aber deshalb auch keinen meßbaren Fortschritt. Man weitet Spielräume aus und hat Hoffnung, und dann schnellt das Gummiband zurück, und man weiß nicht, wo es stehenbleibt. Katharina von Gransow schwankt zwischen der restmarxistischen Einschätzung der Reformpolitik als »illusionärem Gummibanding« und der Bewegungsphilosophie von den »unausgeschöpften Möglichkeiten«. Sie fühlt sich offenbar in einem Parallelogramm der Kräfte mit unklaren Linien und offenen Rändern gefangen. Tragisch daran ist, daß sie unablässig die Befreiung sucht und die Verstrickung findet.

I: Vielleicht zum Schluß noch, also Ihr Lebensmodell, jetzt mal auf Herz gefragt, können Sie sagen, das kann ich Jüngeren, Nachfolgenden anbieten?

E: Nein. Ich kann es deswegen nicht anbieten, weil ich finde, daß in vielen Punkten die Preise zu hoch waren. Ich kann dann sagen, da waren Fehler drin, da war Unausgewogenheit, das kann man objektiv erklären, da wurde alle Power gebraucht, aber es war Unausgewogenheit. Das zweite, würde ich sagen, das ist auch ein Punkt, warum ich auf soziale Bewegung, auf die Frauenbewegung ein Stück weit setze, weil es sozusagen historische Preise gab, von denen ich denke und hoffe, daß die so nicht mehr gezahlt werden müssen. Und es gibt auch Hinweise, zumindest was Frauenbiographien betrifft, daß das auch so ist. Und das finde ich dann ganz toll. Also jetzt zum Beispiel, wenn ich mal einfach nehme, die Frauen, die bisher hier Beauftragte waren. Die erste ist alle, hat sich selbst alle gemacht nach kurzer Zeit, ist alle gemacht worden, war unglücklich in dem Job und schlecht. Das muß man einfach sagen. Diese ganze Erblast habe ich als zweite mitgekriegt. Ich bin hier in der Vorbereitung gedemütigt worden bis zum Geht-nicht-Mehr, und ich empfinde Diskriminierung, ewig wieder gefragt zu werden, ob das Mädchen das denn kann und so, eine ungeheure Demütigung. Und diese Fragen dürfen ja vom Hausmeister bis oben, dürfen die alle noch mal stellen, nur weil man Frau ist. Gut, dann habe ich es gemacht, sie haben mich glanzvoll rehabilitiert, das fand ich auch wieder toll von ihnen, es gab eine große Diskussion, warum waren wir so, von den Männern, alles schön, und die nächste wird es wieder besser machen. Und das alles, eines wäre vor dem anderen nicht gegangen. Und insofern kann ich nicht sagen, daß so wie es gelaufen ist, war die beste und leichteste Form oder auch nur eine, die ich noch mal anbieten möchte.

5. Wunderbare Wandlungen. Adelheid Guttmann und das esoterische Gefühl

Adelheid Guttmann ist die verantwortliche Redakteurin eines populären Frauenmagazins im deutschen Fernsehen. Die Sendung, gerühmt wegen der besonderen Mischung von Information und Unterhaltung, behauptet trotz des vielbeschworenen roll-backs die Errungenschaften der Frauenbewegung. Nur bringen die Beiträge zum Ausdruck, daß zur »Politik der Subjektivität« heute Dessous genauso wie die Quotenregelung gehören. Hätte sie nicht zufällig meinen Anruf in ihrem Büro mitbekommen, hätte ich wohl kaum die Hürde ihrer im Umgang mit Journalisten und anderen aufdringlichen Fragern erfahrenen Sekretärin überwunden. Das Altern von Achtundsechzigern, hatte sie gerufen, das sei doch ein interessantes Projekt. Wie alt ich denn sei, hatte sie mich sofort gefragt, und dann ohne langes Zögern ihr Einverständnis erklärt.

Ich treffe Adelheid Guttmann am späten Nachmittag in ihrer Kölner Wohnung. Wir hatten eine Stunde für das Interview vereinbart. Sie führt mich in ein kleines Bibliothekszimmer, in dem zwei tiefliegende Korbstühlchen stehen. In der Reichweite des einen befindet sich ein Ghetto-Bluster der mittleren Größe, vor dem einige CDs liegen. Eine wilde Mischung: Der Obertonmeister Vetter, Arien der Callas und die Pet Shop Boys. Ich setze mich in den anderen. Adelheid Guttmann hatte mich sofort an Meryl Streep erinnert, die einen bestimmten Typ der moralisch korrekten, aber existentiell ausgehungerten Frau aus den vierziger und fünfziger Jahren wiederbelebt hat. Trotz der Schicksalsschläge, die sie hinnehmen mußten, können diese Frauen ihre Sehnsucht nicht verdecken. Ihre Unfähigkeit zu resignieren ist aus einem mädchenhaften Glauben ans Glück geboren.

Ich schalte das Aufnahmegerät ein und beginne mit dem Interview.

I: Also ich habe irgendwie noch mal so rumgelesen.
E: Ja, wodrin?
I: Ja, also in Zeitungen und Büchern,

E: mhm,

I: und so was, ein bißchen rumgelesen, mhm, war das eigentlich eine Geschichte damals mit diesem Tomatenwurf da?

E: Das ist eine richtige Geschichte, da gibt es auch eine Geschichte drüber, da gibt es auch eine Rede dazu.

Die erste Intervention unserer Gesprächspartnerin zeigt, daß sie sich nicht an der Nase herumführen lassen will. Was soll das heißen, »irgendwie noch mal so rumgelesen«? Offenbar geht es in der Eröffnungssequenz dieses Gesprächs um die Aushandlung der Gesprächsrollen. Gleich zu Beginn legt Adelheid Guttmann dem als Ethnologen von ihresgleichen auftretenden Mann aus Berlin gegenüber die Position einer aufmerksamen und fordernden Gesprächspartnerin fest. So einfach will sie sich nicht den provokanten Nachfragen über die Wirkungsgeschichte der Frauenbewegung unterwerfen. Die Aufforderung zur Spezifikation des Lektürehintergrunds kommt fast einer Konfrontation gleich. »Also in Zeitungen und Büchern«, lautet die unbestimmte Entgegnung. Das ist eigentlich keine Antwort auf die nachfragende Aufforderung, sich etwas genauer zu erklären. In einer anderen Wendung wird die anstößige Rede vom »rumgelesen« nur wiederholt. Unversehens scheinen wir uns in einer kommunikativen Kampfsituation zu befinden, bei der die Interviewte dem Interviewer die Rolle des Fragens und Nachfragens aus der Hand genommen hat und dieser nun versuchen muß, die Normalform des Interviews wiederherzustellen. Durch das nachfolgende »mhm« beruhigt Adelheid Guttmann die Lage freilich wieder. Sie drängt nicht auf die genaue Beantwortung ihrer Nachfrage, sondern gibt durch das Rezeptionssignal ihre Einwilligung in den Fortgang des Gesprächs zu verstehen. Die Inszenierung der Konfrontation ist also in die Bekundung von Kooperation übergegangen. Dazwischen haben die beiden Gesprächspartner ihre Plätze eingenommen: Der Interviewer hat sich als autonomer, das heißt von seinen eigenen Relevanzen ausgehender Frager und die Interviewte als gleichermaßen autonome Erzählerin in Szene gesetzt. Jetzt kann das Gespräch beginnen.

Bei dem Tomatenwurf, den der Interviewer sodann anspricht, handelt es sich nach einer weitverbreiteten Geschichtsschreibung um den Gründungsakt der neuen Frauenbewegung in der Bundesrepublik[1]. Am 13. September 1968, auf der 23. Delegiertenkonferenz des Sozialistischen Deutschen Studentenbundes (SDS) in Frankfurt am Main, warf die Genossin Sigrid Rüger drei Tomaten gegen den ausschließlich mit Männern besetzten Vorstandstisch. Vorausgegangen war eine Rede, die die Filmemacherin Helke Sander stellvertretend für den Berliner »Aktionsrat zur Befreiung der Frauen« gehalten hatte. Die führenden Genossen hatten über diese Rede, in der dargestellt wurde, daß Frauen in sozialistischen Organisationen genauso wie im normalen gesellschaftlichen Leben allein durch Anpassung anerkannt werden, mit Schweigen hinweggehen wollen. Da flogen die drei Tomaten. Erneut reagiert Adelheid Guttmann hier auf eine merkwürdige Formulierung des Interviewers. Was soll die Frage, ob das eigentlich damals eine Geschichte gewesen sei? In Antwort auf die insinuierte Verkleinerung oder doch Verschiebung der Bedeutungszumessung für diese Geschichte beharrt sie auf dem historischen Faktum des Tomatenwurfs. Die zusätzliche Bemerkung, daß es darüber auch eine Geschichte und dazu eine Rede gebe, weist auf die genau rekonstruierbaren Kontextbedingungen hin. Die Frauenbewegung, das soll damit festgestellt werden, ist keine Legende, sondern stellt das historische Resultat einer Serie von Aktionen dar, die auf jener Konferenz im September 1968 ihren Anfang nahm. Adelheid Guttmann will keinen Zweifel daran lassen, daß die Frauen Geschichte gemacht haben.

Wir sehen, daß zwischen den Gesprächspartnern noch immer ein Kampf um Interpretationen stattfindet. Umstritten sind die Voraussetzungen für das folgende Gespräch: was als selbstverständlich gegeben gelten muß und worüber man sich hin und her verständigen kann. Dieses anfängliche Spiel des kommunikativen Abtastens und Zurechtweisens läßt zugleich den Beziehungsaspekt einer »battle of sexes« aufscheinen. Der relativ gesehen »jüngere Mann« und die »ältere Frau« müssen zunächst eine Basis finden, von der aus sie über ein so delikates Thema

1 Siehe etwa Ann Anders (Hrsg.), Autonome Frauen. Schlüsseltexte der Neuen Frauenbewegung seit 1968, Frankfurt a. M. 1988, S. 10.

wie das Älterwerden miteinander sprechen können. Bekanntlich spricht man mit einer Frau über dreißig nicht über ihr Alter und schon gar nicht mit einer Frau um die Fünfzig über ihr Altern. Die in einem offenen Interview zu erwartenden Fragen nach dem subjektiven Erleben und der individuellen Bedeutung bekommen dadurch noch einen besonderen Unterton und verlangen daher einen gewissen Respekt.

Der Fortgang des Gesprächs belegt, wie der Interviewer durch die Anerkennung des historischen Faktums und durch die Andeutung seiner Kenntnis der näheren Umstände des Tomatenwurfs sich auf eine gemeinsame Grundlage des Selbstverständlichen einläßt. Erst danach kann er sich erlauben, die subjektive Perspektive seiner Interviewpartnerin als eine eigene Wirklichkeit ins Gespräch zu bringen.

I: Ja, aber ich meine jetzt, für Sie, war das wirklich irgendwas? Also hat man mal darüber geredet, erinnern Sie sich noch daran, an diesen Tomatenwurf auf dieser SDS-Delegiertenkonferenz?

E: Nein, leider überhaupt nicht, weil ich damals ja nicht mehr an der Uni war, und den SDS, den kannte ich nur aus, also bis 66 und war ich fertig, hatte Magister und bin zum SWF gegangen.

I: 66 schon?

E: Ja, und dann war ich praktisch im Sender.

I: Ja.

E: Und habe als Redakteurin, erst als Reporterin, dann als Redakteurin vom Jugendfunk, damals haben wir den Popshop erfunden.

I: Ja?

E: Was wirklich eine Sensation war.

I: Das war eine Sensation?

E: Ja natürlich. Und hat ganz viel Ärger nachher gegeben. Es war richtig eine revolutionäre Sendung im Sinne von was anderem, Umstürzlerischem, Schnellem.

I: Ja.

E: Und es war was anderes als Politik in der traditionellen Art. Wir waren ja damals die, die versucht haben, die eigenen Interessen so zum Thema zu machen.

I: Ja.

E: Die eigene Sehnsucht nach Welt. Das darf man überhaupt nicht unterschätzen, was ein Beatles-Schlager damals für eine Wirkung hatte oder die Stones. Die kamen ja auch alle, Jimmi Hendrix zum Beispiel.

I: Ach.

E: Ja, nach Stuttgart, der wollte komischerweise immer Laugenbrezel essen.

I: Ehrlich!

E: Ja. Und das sind einfach Sachen. Das war noch eins mit so einer Kultur, die gerade wuchs, ohne Spaltung, und das wurde auch gesendet, und es gab immer Ärger mit den Parteien im Rundfunkrat.

Nach der in der Eröffnungspassage erfolgten Klärung des Interviewbündnisses nimmt Adelheid Guttmann sogleich den Faden ihrer biographischen Erzählung auf. 1968 war sie, »leider«, nicht mehr an der Hochschule, sondern schon im Funkhaus. Dadurch waren bei ihr weniger die APO und der Sozialismus, vielmehr der Beat und die Popkultur Bezugspunkte der Rebellion. Als Redakteurin des »Jugendfunks« war sie beteiligt an der Erfindung einer neuen Kategorie der Jugend. Der Name »Popshop« bezeichnet eine Kombination aus Kommerzialität, Vergnügen, Autonomie und Aufruhr. Wärend die APO-Linie über Leitfiguren wie Herbert Marcuse oder Ernst Bloch an den antimodernistischen Idealismus der Jugendbewegung Anschluß hatte, stand die popkulturelle Linie für den populären Modernismus einer durch Musik und Mode sich definierenden internationalen Lebensstilrevolution. Das Sensationelle des »Popshops«, erläutert unsere Erzählerin, lag in der Entwicklung eines rasanten Stils »im Sinn von was ganz anderem, Umstürzlerischem, Schnellem«. Das war keine auf das politische System zielende Aufklärung, sondern primär Ausdruck eigener Interessen und Themen. Die in Anspruch genommene Wir-Perspektive ist die einer klassenumspannenden selbständigen Jugendkultur, die, wie es heißt, gerade wuchs und ohne Spaltung wiedergegeben wurde. Ein wenig stolpern läßt einen die Formulierung von den Beatles-Schlagern, die gewissermaßen ein Kompositum aus dem deutschen Schlager und dem internationalen Popsong darstellt. Möglicherweise lag darin das Geheimnis des

Erfolgs dieser neuen Kultur: daß das Amerikanische und Westliche des Pops sich mit den aus der Tiefe der deutschen Nachkriegsseele kommenden Sehnsuchtsmelodien verband – oder anders ausgedrückt: daß in einem bestimmten populären Gestus Gerhard Wendland und Alexandra mit den Beatles und Janis Joplin versöhnt wurden.

Die erste Erzählsequenz gibt uns also Aufschluß über die spezifische Position, die Adelheid Guttmann innerhalb der sozialen Bewegungen der späten sechziger Jahre einnahm: Sie war keine überpolitisierte Seminarmarxistin, sondern spontane Protagonistin eines jugendspezifischen Lebensstils. Aber vielleicht können wir noch mehr über das Besondere ihrer Lebenskonstruktion sagen. Nehmen wir dazu die Formel in den Blick, mit der unsere Erzählerin den Beweggrund für das ungeheure kulturelle Wachstum jener sechziger Jahre bezeichnet: Es sei darum gegangen, die »eigene Sehnsucht nach Welt« zum Thema zu machen. Dahinter verbirgt sich zunächst die ganze Geschichte des Ausbruchs der Kriegskinder aus dem kleinräumigen System der fünfziger Jahre: aus den engen Familienwelten, aus den dürftigen Anstalten der Bildung, aus den kleinbürgerlichen Freuden der Unterhaltung. Zugleich läßt der retrospektive Enthusiasmus dieser Formel ein Verlangen nach einer enormen Erweiterung des Selbst anklingen. Eine Sehnsucht nach Welt im Sinne einer äußersten Weite des Erlebens. Es scheint verfrüht, dies als Exposition eines persönlichen Leitthemas zu betrachten. Der Wortlaut der Stelle enthält allerdings einen weiteren Hinweis auf die Bereitschaft, »eins« zu sein mit einer »Kultur, die gerade wuchs«. Kein stellungsnehmender Akt stört die organismische Verbundenheit. Sollte hier bereits der untergründige Beweggrund dieser Biographie zum Vorschein kommen? Es ist womöglich eine aus einem tiefen Erfahrungshunger kommende innere Widerstandslosigkeit gegenüber den Wandlungen des Zeitgeistes, die Adelheid Guttmann in die Lage versetzt, immer auf der Höhe der Zeit zu sein. Daher, so wäre zu folgern, war sie zuerst von der Popkultur, dann von der Frauenbewegung und schließlich von einem populären Frauenmagazin begeistert.

I: Das war also die Zeit 66 bis 68 oder 69.

E: Das war 66 und 67. Ende 67 wurde mein Zeitvertrag schon nicht verlängert, wie ich heute sage, aufgrund unserer Berichterstattung, als Benno Ohnesorg erschossen wurde und die ganzen Schah-Demonstrationen.

I: Ja.

E: Das kann man aber nicht beweisen, weil mein Vertrag sowieso ein Zeitvertrag war, und ein anderer Kollege, der auch einen Zeitvertrag hatte, wurde versetzt.

I: Mhm.

E: Ich wollte damals aber sowieso nur heiraten und Kinder kriegen, eigentlich, ich wollte ja keine Karriere beim Radio machen.

I: Ehrlich?

E: Also für mich war das überhaupt nicht so eine Niederlage, habe ich mir eingebildet, da rauszufliegen.

I: Ja.

E: Weil ich irgendwie damals, komischerweise, immer noch diesen Traum von Ehe, Mutter, Kinder und Beruf im Kopf hatte, daß sich das völlig ausschließt, das habe ich damals überhaupt nicht begriffen, daß das nicht nur so ein persönliches Scheitern ist, sondern wirklich so ein vorhergegebenes.

I: Mhm.

E: Ich habe dann auch geheiratet (lacht leise), ging ganz flott, war dann auch schnell wieder geschieden und habe 1969 ein Kind gekriegt und habe dann allerdings mit meinem blutenden Herzen beim Abwaschen meine Kollegen angehört, die inzwischen schon alle ganz andere Sachen machten, also zum Beispiel Korrespondenten in Madrid waren, aber sonst so, ich hatte praktisch nichts weiter zu tun, als ein Kind und ein Haushalt.

I: Mhm.

E: Wobei ich damals eigentlich noch nicht so unglücklich war. Ich habe das gar nicht so als Sackgasse empfunden, weil dieses Kind mich auch sehr interessiert hat, ich fand es auch ganz toll.

I: Mhm.

E: Das war so eine Arbeit, die mir Spaß gemacht hat, eigentlich so wie der Popshop. Das war so was, was mit mir zu tun hatte.

Die Darstellung ihres, von heute aus betrachtet, Rauswurfs beim Südwestfunk zeugt von einem geradezu träumerischen Adaptionsvermögen. Als der Vertrag der kecken Jugendfunk-redakteurin nicht verlängert wurde, war das auch kein Unglück, denn sie wollte sowieso keine Karriere beim Radio machen. Wir kennen dieses unbewußte Setzen auf das Prinzip der begrenzten Rationalität lebenspraktischer Entscheidungen als erfolgreiche Strategie des psychischen Überlebens: Was einem gerade passiert ist, lautet die Botschaft der Selbstimmunisierung, hat man im Grunde immer schon erreichen wollen. Adelheid Guttmann war mittlerweile siebenundzwanzig Jahre alt und bildete sich ein, so unsere Erzählerin im Rückblick, daß sie jetzt eigentlich nur heiraten und Kinder kriegen wollte. Das ging dann alles »ganz flott«. In dieser Bezeichnung des zwanglosen Übergangs vom Berufs- zum Familienleben schwingt der Rhythmus der damaligen Zeit mit. Zwar trauerte sie, als sie die Karriere der Kollegen beim Abwaschen verfolgte, ihren verpaßten Chancen nach, aber dieses Kind, das sie nun hatte, war ein interessantes Objekt, und die Arbeit als Mutter machte ihr genauso viel Spaß wie die Arbeit als Redakteurin beim Popshop. Noch glich das Leben dem Blättern in einer Illustrierten, wir werden jedoch schon auf das Scheitern der Vereinbarkeit von Ehe, Mutter und Beruf und auf das Unglück in der Liebe vorbereitet. Das sei ein vorhergegebenes, kein persönliches Scheitern. Da meldet sich zwischen den Zeilen schon die Frauenbewegung, die offenbar einen anderen Begriff des persönlichen Glücks hervorgebracht hat.
Doch bevor wir dazu kommen, müssen wir noch die soziale Herkunft und die damit zusammenhängende historische Erfahrung unserer Gesprächspartnerin erkunden.

I: Wissen Sie noch, wann Sie die ersten Rocksachen gehört haben?

E: Na ja, die Beatles und die Stones, weiß ich nicht, das muß um 66 gewesen sein. An einzelne Titel kann ich mich aber jetzt nicht erinnern.

I: Nicht früher Elvis Presley?

E: Nein, ich kenne Frauen, die so alt sind wie ich, vielleicht ein bißchen älter, für die Elvis Presley die Revolution gewesen ist.

I: Ja.
E: Das war es auch sicher.
I: Mhm.
E: Das war für mich nicht so, weil ich so was zu Hause gar nicht hören durfte, und wir in einer sehr kleinen Wohnung gewohnt haben, und ich da auch immer dachte, das ist irgendwie was arbeitermäßiges oder so. Also ich habe mit sechzehn angefangen, Sartre zu lesen und ganz viel und darüber zu diskutieren.
I: Mhm.
E: Aber nicht über Elvis Presley. Ich war auch eigentlich selten irgendwo, so mit Rock oder Dixie.
I: Was ist Ihr Vater von Beruf gewesen und Ihre Mutter?
E: Der war Jurist und ist, aber von Beruf gebe ich immer an, er ist Kriegsvermißter und später für tot erklärt worden.
I: Mhm.
E: Und meine Mutter war bei einem Chemieunternehmen, nach dem Krieg war sie das, was sie früher war, bevor sie meinen Vater heiratete, nämlich Stenotypistin, nannte man das, und dann Sachbearbeiterin, und dann wurde sie pensioniert.
I: Mhm.
E: Aber die hatte schon ein hartes Leben, weil sie ja eigentlich so hoch geheiratet hatte in eine andere Klasse,
I: ja,
E: und dann wieder unten war nach dem Krieg, mit vielen Kindern.
I: Wie viele?
E: Drei Kinder und dann noch, also mit drei Mädchen, vier Mädchen, eins ist gestorben bei der Geburt, aber sie hatte vier Kinder, das jüngste ist 45 geboren. Da stand sie da alleine mit diesen drei Kindern und hatte eigentlich auch keinen guten Beruf dafür.
I: Was war sie denn für ein Jahrgang?
E: Jahrgang 10, wird heute 80.
I: Heute?
E: Ja, ich gehe nachher noch zum Geburtstag, na ja, ist auch eine interessante Frau.
I: Und Sie waren die Älteste?

E: Nein, ich bin ein typisches Mittelkind.

I: Warum typisch?

E: Naja, weil meine Verhaltensweisen schon auch typisch sind, also ich unterscheide mich schon von meinen Schwestern.

I: Die Mittelkinder haben es immer am schwersten.

E: Haben immer Schwierigkeiten, sagt die Psychologie, ich bin da nicht so versiert drin, aber, was ich so höre, denke ich immer, stimmt eigentlich (lacht).

I: Im ganzen, so was Ihre Familie betrifft, hört sich das so ein bißchen an wie eine bestrebte Familie, daß man so ein bißchen auch traurig war, weil der Vater nicht mehr da war und so ein bestimmter Status sich zumindest materiell nicht halten ließ, aber das wenigstens kulturell nachzuholen ist. Höre ich das irgendwie richtig?

E: Naja, ich habe mir da auch oft Gedanken drüber gemacht, wie es gewesen sein mag. Also fest steht, daß meine Mutter und mein Vater sich überhaupt nur kennengelernt haben, weil beide Nazis waren. Was ja, wenn man dies als Jugendliche begreift, auch nicht so toll ist. Und dann, daß mein Vater eine sehr hohe Stellung hatte als Prokurist und dann eben seine Sekretärin geheiratet hat, also richtig so ein Märchenschicksal, nicht.

I: Ja, ja, ja.

E: Für meine Mutter wiederum, die sicher auch eine kluge Frau war, aber doch eben eine weibliche Angestellte, wie viele auch heute noch,

I: mhm,

E: und daß sie beide, das weiß ich jetzt nur aus Erzählungen meiner Mutter, die waren beide so Nazifaschisten, so würde sie es nicht sagen, sie hat immer gesagt, sie haben so geglaubt an Hitler oder so, so würde sie sich ausdrücken,

I: mhm,

E: daß mein Vater, der nicht nur Prokurist war bei der Preußen-Elektra in Königsberg, was ja was sehr Hohes ist und auch viel Geld einbringt, sondern auch Reichsredner, was das genau ist, weiß ich nicht, aber wahrscheinlich hat er immer so Reden gehalten, um die Leute anzufeuern für den Endsieg oder so, und deswegen war der auch nicht eingezogen, obwohl der ja mit 04 geboren 1938 in bestem Alter war.

I: Ja.

E: Ist aber dann, 45 wohl noch, auf jeden Fall ganz spät, freiwillig in den Krieg gezogen, um das Vaterland zu retten, so erzählt mir das meine Mutter. Mit meiner Mutter kann ich mich nicht streiten, weil irgendwann habe ich schon gemerkt, daß die mir nur Sachen erzählt, die ich gar nicht hören will und die mir unangenehm sind zu hören, so wie sie das erzählt, aber sie hat den schon lange Zeit auch als Held betrachtet, auch lange nach Kriegsende noch.

I: Mhm.

E: Und sie war auch immer diejenige, die gesagt hat, sie weiß nur von zwei Leuten, die in der Partei waren, nämlich der Führer, wirklich der Führer, und sie. Also das zeigt ja auch schon die Haltung, die sie lange Zeit gehabt hat noch. Meine Mutter hat zum Beispiel, obwohl sie hochschwanger war, ist sie erst Mitte, ja, im Februar aus Königsberg rausgegangen, das muß man sich mal vorstellen, und hat erst auf Drängen der Freunde, die ja auch Faschisten, also Nationalsozialisten gewesen sind wahrscheinlich, uns Kinder, also mein Vater hat aus seiner ersten Ehe noch zwei Jungs, die älter waren als ich,

I: mhm,

E: also die hat sie auf den Weg geschickt, von Königsberg nach Berlin, mit dem Zug, alleine, weil sie nicht den Führer verraten wollte, und sie kam sich auch vor wie eine Verräterin, daß sie uns Kinder da schon rausgeschickt hat im Januar oder Februar.

I: Ja.

E: Und das erwies sich als der letzte Zug überhaupt, der fuhr. Ich weiß es also nur aus Erzählungen, ich habe daran überhaupt keine Erinnerung mehr, an diese Fahrt, obwohl ich ja schon fünf gewesen oder schon fast fünf gewesen sein muß.

I: Ja.

E: Nur daß ich eine Puppenwiege um den Hals hatte mit Handschuhen und Sachen, aber sonst weiß ich da überhaupt nichts mehr von. Da muß dann irgend jemand sich um uns gekümmert haben, ist ja ein weiter Weg von Königsberg nach Berlin mit dem Zug.

I: Ja.

E: Ich kann mich nur noch daran erinnern, daß wir dann in Berlin angekommen sind und daß meine Tante, die jüngere Schwester meiner Mutter, die genau die gleiche Stimme hat wie meine Mutter, so daß ich immer dachte, meine Mutter ist da, weil ich die Stimme hörte, und daß ich ziemlich enttäuscht war, daß sie es nicht war. Und daß dann sie immer gesagt hat, wenn eure Mutter nicht mehr wiederkommt oder nicht mehr kommt, dann bin ich eben eure Mutter. Das war ein Angebot, was ich überhaupt nicht wahrgenommen habe, dachte, wieso soll die nicht wiederkommen, ich will die gar nicht als Mutter oder so.

I: Ja.

E: Es war alles so, ich glaube gar nicht, daß es mit Schmerzen oder so verbunden war, sind nur so Sachen, an die ich mich versucht habe zu erinnern und auch erinnere so persönlich. Und meine Mutter ist dann gekommen, und das andere weiß ich dann nur noch wieder aus Erzählungen, daß sie dann erzählt hat, also daß sie in Königsberg noch so Flüchtlinge gesehen hat, mit abfaulenden Füßen und toten Kindern im Arm, und daß sie immer gesagt hat, dies wär Propaganda, und das kann ich mir überhaupt nicht vorstellen, das will mir irgendwie nicht, nicht in meinen Kopf rein, also auch heute noch nicht, obwohl ich sie auch heute noch nicht danach fragen würde, weil letzten Endes ist für mich viel interessanter, ob ich es damals auch so gesehen hätte, wenn ich erwachsen gewesen wäre, und darauf gibt es ja auch keine Antwort.

I: Mhm.

E: Naja, und dann ist meine Schwester geboren worden, und damit waren wir drei Schwestern.

I: Mhm.

E: Und 49 sind wir nach Heidelberg gekommen, und meine Mutter hat bei diesem Chemieunternehmen angefangen zu arbeiten.

Die Geschichte ihrer Familie ist zuerst die Geschichte ihrer Mutter. Und die erzählt Adelheid Guttmann in Form einer

Rechtfertigungsgeschichte. Wir sollen, so wird uns gleich am Anfang eingeschärft, bei allem, was wir noch hören, berücksichtigen, daß die Mutter ein »hartes Leben« hatte. Mit drei Kindern stand sie nach dem Krieg alleine da – ohne Mann und ohne einen guten Beruf. Die Korrektur, daß sie eigentlich vier Kinder hatte, wovon eins bei der Geburt gestorben sei, unterstreicht noch einmal die Härte des weiblichen Schicksals. Adelheid Guttmann kann sich hier auf eine umfangreiche Literatur beziehen, die an das verschüttete, vergessene oder mißachtete Handeln und Erleben gerade der alleinstehenden Frauen in der Kriegs- und Nachkriegszeit erinnern will[2]. Es überrascht nur etwas die Erklärung, die unsere Erzählerin dafür anführt, daß ihre Mutter ein »hartes Leben« hatte. Nicht der furchtbare Krieg, nicht der vermißte Ehemann, nicht das mühevolle Leben in der Nachkriegszeit begründen die Härte, sondern der jähe soziale Abstieg nach 1945. Sie hatte doch so hoch geheiratet, »in eine andere Klasse«, und war nach dem Krieg wieder nach unten gefallen. Und dann noch belastet, wie die mitfühlende Tochter hinzufügt, mit vielen Kindern. Adelheid Guttmanns Mutter kann wohl kaum als eine dieser legendären Frauen beschrieben werden, die nach 1945 mit einem eigenen Stolz die Trümmer zur Seite räumten und den Platz der Männer einnahmen. Sie haderte vielmehr mit ihrem Schicksal, weil alles zerronnen war, worauf sie gesetzt hatte. Die Mutter, so erfahren wir, war mit den Nazis nach oben gekommen. Die »weibliche Angestellte« hatte die Chance, die sich ihr durch die nationalsozialistische Bewegung bot, genutzt. Für die Tochter steht zumindest fest, daß sich ihre Eltern überhaupt nur kennengelernt haben, weil beide überzeugte Nazis waren. Von der Mutter aus gesehen bedeutet das, daß sie ihrem Glauben an den Führer den ihrer Tochter märchenhaft anmutenden Aufstieg von der Sekretärin zur Prokuristengattin verdankte. Außerdem genoß ihr Mann als Reichsredner in Königsberg sicherlich eine gewisse Prominenz. Man kann sich leicht ausmalen, wie die beiden Eltern sich in ihrem

2 Siehe nur Sibylle Meyer/Eva Schulze, Wie wir das alles geschafft haben. Alleinstehende Frauen berichten über ihr Leben nach 1945, München 1984.

Siegeswillen gegenseitig anfeuerten. Von daher wird die Verstocktheit verständlich, mit der die Mutter nach 1945 an ihrem »Märchenschicksal« festhielt.
Was will die Tochter mit dieser Geschichte über ihre Mutter rechtfertigen? Zunächst zweifellos deren nationalsozialistische Gesinnung. Die Mutter hat doch nur ihr Glück gesucht. Sie war eben eine »weibliche Angestellte«, und unsere Erzählerin vergißt nicht hinzuzufügen, »wie viele auch heute noch«, die sich mit den entsprechenden Lebensaussichten nicht zufrieden geben wollten. Wer will den Stab darüber brechen, daß sie der Aufstiegsbewegung der Nazis verfiel? Probleme erwachsen der Tochter bloß aus ihrer heutigen Unbeirrbarkeit. Sie kann mit ihrer Mutter nicht streiten, weil diese nur Sachen erzählt, die die Tochter gar nicht hören will. Da stößt die Nachfragende auf etwas Peinliches und Unangenehmes, das sie lieber nicht zur Kenntnis nehmen will. Man kann sich nicht vorstellen, daß die Mutter eine schwärmerische Idealistin der Bewegung gewesen ist, die in der germanischen Demokratie eine klassenlose Gesellschaft erblickte; man fühlt sich eher an den fanatischen Glauben einer Aufsteigerin erinnert, die mit ihrem geliebten Führer Gefühle von Stärke, Leidenschaft, Entschlossenheit, Tatkraft und Stolz verband. Der Fanatismus duldet keine Schwäche und keine Fragezeichen. Und am Ende ist die Lage, wie Goebbels im November 1944 schrieb, »nur durch einen wilden Fanatismus« zu retten. So äußert sich eine bis zum Äußersten angespannte, in jeder Lebenslage auf Selbstbehauptung durch Abwehr und Angriff gerichtete und zu keinem Verzicht bereite Haltung des Willens. Nur ein Held verdient daher Liebe und Anerkennung.
An solcher Härte der Existenz müssen alle Rechtfertigungsversuche scheitern. Adelheid Guttmann erzählt uns die Geschichte eines Kriegskinds, das erst auf Drängen anderer zusammen mit den Geschwistern von seiner Mutter noch in den letzten Zug aus der umkämpften Stadt gesetzt wird. Die Mutter schickt ihre Kinder allein auf den gefährlichen Weg, nicht um das Kind zu retten, das sie gerade in sich trägt, sondern weil sie den Führer nicht verraten will. Das Kind muß schon fast fünf Jahre alt gewesen sein, aber es hat die Erinnerung an diese Reise ins Ungewisse aus seinem Gedächtnis getilgt. Es

kann sich nur an das Bild einer traumhaften Wunscherfüllung erinnern, wie es sich sozusagen selbst in einer Puppenwiege wiegt, und an die Stimme ihrer Mutter, die jedoch von einer Tante stammt. Doch obwohl die Mutter das Kind allein gelassen und der Gefahr ausgesetzt hat, will dieses vom Glauben an seine Mutter nicht lassen. Trotz des Angebots der Tante, die Mutter zu ersetzen, läßt es sich in der Hoffnung auf die Wiederkehr seiner wahren und wirklichen Mutter nicht beirren.

Die Geschichte des Kriegskinds enthält die Frage, die Adelheid Guttmann in Erwartung einer Antwort, die sie nicht hören will, an ihre Mutter gar nicht erst stellt: Es geht um den kalten Kern dieser »interessanten Frau«. Wo war sie eigentlich, wenn sie innerlich beim Führer war? Gewiß, der fanatische Glaube ermöglichte den sozialen Aufstieg der Sekretärin, aber das erklärt nicht, warum sie sich noch an den Führer klammerte, als schon alles verloren war. Mit einer Art narzißtischer Wut wollte sie standhalten und zögerte nicht, das Leben ihrer Kinder aufs Spiel zu setzen. Selbst der Anblick von Flüchtlingen mit abgefaulten Füßen und toten Kindern im Arm konnte sie nicht rühren, und sie erklärte, was sie selbst gesehen hatte, zur Propaganda der Feinde. Man muß zu dem Schluß kommen, daß es in diesem Gefühl der fanatischen Selbstbehauptung um nichts anderes als um sie selbst ging. Niemand sonst hatte bei ihr Platz, wenn sie in Gedanken bei ihrem Führer war.

An der wütenden Weigerung der Mutter, die Wirklichkeit zur Kenntnis zu nehmen, scheitern die Rechtfertigungsbemühungen der Tochter. Adelheid Guttmann will es bis heute nicht in den Kopf, wie man so sein kann. Sie müßte die Wahrheit ihrer Mutter erkennen, der die Treue zu ihrem Führer schließlich wichtiger erschien als das Überleben ihrer Kinder und die in genau diesem Gefühl sich selbst am nächsten war. Noch im Alter von fünfzig Jahren wagt es die Tochter nicht, danach zu fragen, weil sie es, so ihre Rede, letzten Endes viel interessanter findet, wie sie sich selbst in der Lage der Mutter verhalten hätte. Anstatt die Mutter zu fragen, fragt sich die Tochter selbst und kehrt damit die Beweislast im Verhältnis der Generationen um. Aber wie soll das Kriegskind wissen, wie es sich

an der Stelle seiner Mutter verhalten hätte? So endet die Geschichte damit, daß es keine Antwort gibt.
Die ganze Passage über die Kriegskindheit dient somit der Entlastung der Mutter. Die Tochter nimmt auf sich, was die Mutter nicht tragen kann. Das »harte Leben«, das die Mutter als Frau und »weibliche Angestellte« zu ertragen hatte, rechtfertigt den kalten Kern dieser »klugen« und »interessanten« Frau. Man kann diesen Entlastungsversuch allerdings auch anders sehen: Adelheid Guttmann weicht der Wahrheit ihrer Mutter durch vorauseilende Empathie aus. Sie will nichts wissen von deren harter Entschlossenheit und deren falschem Heldentum. Denn hinter der um sich selbst kämpfenden Frau würde die »böse Mutter« auftauchen, die den Anspruch auf »gute Bemutterung« mit schroffem Liebesentzug bestrafen würde. Indem sie die Mutter vor belastenden Fragen schützt, schützt sich die Tochter im Grunde selbst.
Es erhebt sich natürlich die Frage, welche Rolle der für tot erklärte Vater in diesem Beziehungssystem einnimmt.

I: Und wie ist Ihr Vater umgekommen? Wissen Sie das?

E: Ja, das habe ich schon gefragt, und meine Mutter erzählt, daß er sofort verwundet gewesen sei, wobei das Wort verwundet ja schon was Heldenhaftes an sich hat, was mir schon wieder widerstrebt.

I: Mhm.

E: Und das war ja damals auch sehr kalt, wahrscheinlich ist er dann erfroren, sicher auch gefangen genommen worden und sicher erfroren oder so, also gestorben, also ist dann für tot erklärt worden, obwohl man jetzt keine Beweise hat, wie er und daß er umgekommen ist. Man kann es sich halt nur so vorstellen, daß ein Mann, der da plötzlich von seinem Bürojob und seinem Reichsrednerjob in den Krieg an die Ostfront zieht und verletzt wird, also da verwundet wird, und dann in Gefangenschaft gerät, daß der nicht lange durchhält, kann man sich eigentlich vorstellen, obwohl es ja auch Wunder gibt. Und der ist dann 54 für tot erklärt worden, das war für meine Mutter auch wichtig, um an die ganzen Renten ranzukommen, die die Firma für meinen Vater bezahlt hat und der Staat und so weiter.

I: Ich habe das Gefühl irgendwie,

E: mhm,
I: so Schuldgefühle, mit Haß durchsetzte Schuldgefühle, hatten Sie Ihren Eltern nicht andichten wollen, also nach dem Motto, o Gott, was hab ich bloß für Eltern.
E: Ich weiß nicht, ich glaube, ich weiß das nicht so genau. Sie haben ja zunächst mal gefragt nach diesem Höheren, ob wir versucht haben, so einen anderen Stil anzustreben, meine Mutter, den sie eigentlich für uns wollte.
I: Mhm.
E: Ich glaube, das hat sie. Daß wir auch immer so das Gefühl hatten, wir sind so was Besseres und wir müßten uns anstrengen.
I: Mhm.
E: Aber das war nicht so eine protestantische Ethik, auf keinen Fall, denn meine Mutter ist ein Arbeiterkind, mein Großvater war Polier, irgendwie ein stolzer Mann, also von daher war meine Mutter sicher sehr strebsam und so aufsteigend orientiert, und das hat sie ja auch mit meinem Vater geschafft, und sie wollte uns auch diesen Standard erhalten.
I: Mhm.
E: Ganz klar für sie war, daß wir alle Abitur machen müßten, und das war ja auch eine Zeit, wo dies möglich war, und das haben wir auch alle gemacht.
I: Alle?
E: Alle Mädchen, ja, auch in der vorgeschriebenen Zeit, bis auf meine jüngste Schwester, die ist die Nachkriegsgeneration, meine Schwester ist ja eben nach dem Krieg geboren. Aber diese Haßgefühle oder Schuldgefühle, nein, das kann ich nicht sagen, weil, wenn ich so höre wie, ich hatte früher die Kinder beneidet, die einen Vater hatten, es gab ja ein paar in der Klasse, die Väter hatten, und ich mit keinem, und ich hatte daher auch immer ein etwas nicht ganz reales Verhältnis zu Männern, weil ich keine kannte.
I: Mhm.
E: Es gab ein Mädchen in der Klasse, die immer irgendwelche doofen Sachen machte wie Füller klauen oder so, und wenn sie dann erwischt wurde dabei, hat sie gesagt, das sagste nur, weil ich keinen Vater habe, also auf diese Tour. So war

ich überhaupt nicht, ich fand immer nur Väter interessant und Lehrer, weil ich auf eine Mädchenschule ging.

I: Auch das noch.

E: Na ja, damals gab es das noch, war die letzte Klasse, wo ausschließlich Mädchen waren. Nein, Auseinandersetzungen mit meiner Mutter waren ganz anderer Art, die war einfach fertig, würde ich heute sagen, mit drei Kindern, hat viel rumgetobt, dabei hatte sie im Grunde ja noch Glück, weil wir hatten eine Haushälterin, die nach dem Krieg noch nach Heidelberg gekommen ist, und die wohnte auch mit uns dann, bis sie ins Altersheim kam. Also da hatte meine Mutter eigentlich noch Glück, aber die hat immer gräßlich rumgetobt, und streng und Ordnung und kleine Wohnung und so, war ziemlich schaurig, und von daher kamen die Konflikte, etwa mit meiner älteren Schwester, als die ihren ersten Freund hatte, einfach furchtbar.

I: Es war also nicht so die Stunde der Frauen, wie man heute so gern sagt, in der Zeit von 44 bis 48.

E: Nein, gar nicht.

I: Wo die irgendwie so eine Stärke und Souveränität bewiesen haben.

E: Stark waren sie, Stärke haben sie bewiesen, aber nicht Souveränität. Zumindest meine Mutter nicht. Ich kann ja nur von der sprechen. Und sie sagte wirklich, also mir hat sie zumindest immer das Gefühl gegeben, daß Männer das Größte sind.

Der Vater ist für Adelheid Guttmann eine vernebelte Gestalt. Von der Mutter stammt das phantasmagorische Bild des Helden. Wie sehr sich die Tochter dagegen zur Wehr setzen muß, sieht man daran, daß sie allein schon dem von der Mutter verwendeten Wort »verwundet« mißtraut. Wie nur soll sie sich ein eigenes Bild von ihm jenseits der mütterlichen Einflößungen machen? Ihre Vorstellungen darüber, wie der Vater umgekommen ist, bewegen sich im Unsicheren und Ungefähren. Nicht einmal sein Tod scheint sicher. Es fehlen die endgültigen Beweise, weshalb ein Wunder nicht ausgeschlossen ist. Dabei operiert unsere Erzählerin genau besehen selbst mit den Versatzstücken einer Heldengeschichte: Da zieht zuletzt noch einer in den Krieg an die legendäre Ostfront, wird verwundet

und gerät in Gefangenschaft. Möglicherweise ist er jedoch ganz erbärmlich erfroren, oder er hat als Büromensch die Gefangenschaft nicht lange durchgehalten. So sucht Adelheid Guttmann nach Anhaltspunkten für ein eigenes Bild des Vaters. Doch es gibt keinen Weg zum Vater, der nicht über diese Mutter führt. Zuletzt nimmt sich diese sogar die Macht, den Vater für tot erklären zu lassen.
Andererseits treibt die Mutter das Vorstellungsverlangen ihrer Tochter an. Heute noch dreht sich Adelheid Guttmanns Rede um die Frage, was das für ein Mann war, der ihrer Mutter ein solch märchenhaftes Schicksal bereitet hat, und mehr noch, was dieser Mann mit dem anderen großen Mann zu tun hat, mit dem ihre Mutter vorgibt, ganz allein in der Partei gewesen zu sein. Denn das erste und einzige, was wirklich feststeht, wenn Adelheid Guttmann sich Gedanken über die Beziehung ihrer Eltern macht, ist, daß sie sich überhaupt nur kennengelernt haben, weil beide Nazis waren. Nur durch den Führer konnte die Mutter die Klassenschranke überwinden und den Vater für sich gewinnen. Insofern verweist die Frage nach dem Vater auf die Frage nach dem Führer. Dahinter verbirgt sich die unerhörte Frage, wen die Mutter wohl mehr geliebt hat: den Vater oder den Führer.
Was passiert mit der Hinwendung der Tochter zu ihrem Vater unter diesen verwirrten Verhältnissen von Abwesenheit und Anwesenheit? Adelheid Guttmanns Vater war im Familiensystem real abwesend als »Kriegsvermißter« und gleichzeitig ideal anwesend als gutverdienender Prokurist, zündender Reichsredner und heldenhafter Soldat. Die von der Mutter suggerierte phantastische Größe des Vaters konnte von der Tochter an nichts gemessen werden. »Ich hatte daher«, resümiert unsere Gesprächspartnerin, »auch immer ein etwas nicht ganz reales Verhältnis zu Männern, weil ich keine kannte«. Die Tour der Klassenkameradin, die ihre Vaterlosigkeit als Vorwurf an die Welt vor sich her trug, stellt unsere Erzählerin in diesem Zusammenhang als abschreckendes Beispiel für den Umgang mit dem Mangel hin. So, das wußte sie anscheinend schon früh, kommt ein Mädchen nicht an das heran, was es »immer nur interessant« findet: Väter, Lehrer, Männer. Die Formulierung läßt eine prinzipielle Bewunderungsbereitschaft

dem anderen Geschlecht gegenüber erkennen. Was ist bloß dran an dem Geschlecht des Vaters, das einen so hoch und so weit bringen kann? Es hat den Anschein, als ob die ständige Gegenwart des Vaters als Phantom der Familie das Verlangen des Mädchens in der Falle einer leeren Vorstellung gefangen gehalten hätte. Die Logik dieser symbolischen Falle ergibt sich daraus, daß die Mutter, die das väterliche Prinzip als Rettung und Erlösung anpries, zugleich die alleinige Kontrolle darüber beanspruchte. Zumindest spielen die Erinnerungen, die Adelheid Guttmann aus ihren ersten vier Lebensjahren an den Vater haben könnte, keine Rolle. Bei ihren Fragen nach dem Vater unterwirft sich die Tochter völlig den Antworten der Mutter. Weil sie weiß, daß die Mutter nur Sachen sagt, die sie nicht hören will, fragt sie nicht weiter nach und läßt die Wahrheit ihrer Eltern auf sich beruhen.

Adelheid Guttmann kapituliert schließlich vor der bloßen Energie dieser Frau. Die Mutter widersetzte sich nach dem Krieg mit aller Macht der drohenden seelischen und sozialen Erniedrigung. Unbeirrt hielt sie fest sowohl an ihrer nationalsozialistischen Weltanschauung als auch am großbürgerlichen Lebensstil. Sie vermittelte ihren Töchtern das Gefühl, daß sie was Besseres seien und daß sie sich anstrengen müßten. Und selbst in der Zweieinhalb-Zimmer-Wohnung wurde auf die Haushälterin nicht verzichtet. Gewiß, sie hat in der kleinen Wohnung »immer gräßlich rumgetobt«, und selbstverständlich waren die Konflikte »furchtbar«, als es um das sexuelle Kapital ihrer ältesten Tochter ging, aber, so urteilt Adelheid Guttmann heute, »die war einfach fertig«. Die Aufrechterhaltung des mit dem Vater erreichten Standards ging an den Rand ihrer Kräfte. Doch sie schaffte es. Die beiden Kriegskinder machten sogar, wie unsere Erzählerin nicht ohne Stolz betont, in der vorgeschriebenen Zeit das Abitur, nur die als Angehörige der Nachkriegsgeneration eingeordnete jüngere Schwester brauchte etwas länger. Adelheid Guttmann will ihrer Mutter deshalb nichts nachwerfen. Allerdings nicht ohne eine entscheidende Einschränkung: Stärke habe sie mit ihrem unbeugsamen Willen bewiesen, aber keine Souveränität. Anders ausgedrückt: Das mit dem Zustand der Souveränität bezeichnete ruhige Beisichsein lag nicht in ihrer Macht. Da scheint zum Schluß noch das Bild der zähen Faschistin auf, deren Stärke aus einer wilden Energie der Selbstdurchsetzung kommt und deren Schwäche sich aus dem Mangel an humanen Formen der Selbstbefriedung erklärt.

Adelheid Guttmann will unbedingt die Loyalität zu ihrer Mutter aufrechterhalten. Dem Kriegskind würde es böse und feindlich vorkommen, würde es dieser »klugen« und »interessanten Frau« Vorhaltungen über ihre Nazigeschichte machen. Schließlich hat sie mit der Last von drei Kindern ein »hartes Leben« gemeistert. Adelheid Guttmann versucht daher, mit der Mutter zurechtzukommen, ohne sie zu konfrontieren und ohne ihr zu verfallen. Die Gefahr im einen Fall besteht darin, auf Dinge gestoßen zu werden, die der Tochter auch heute noch nicht »in den Kopf« wollen, und im anderen Fall, die Liebe der Mutter völlig zu verlieren, weil diese nur die Menschen liebt, die einen fanatischen Glauben an sich selbst haben. Sicher allerdings ist nach der Erfahrung, von der Mutter auf einen Zug ins Ungewisse gesetzt worden zu sein, nichts. Die Erinnerungsspur an dieses lebensbedrohende Widerfahrnis scheint in einem Loch zu enden. Hier zeigt sich, wenn man so will, die Kernstruktur der Überlebenstechnik dieses Kriegskinds: Der Tochter ist aufgegeben, die Mutter zu schützen und zugleich sich selbst zu riskieren. Der Herkunftskomplex enthielte so gesehen zwei Motive, deren Umwandlungen in der Biographie von Adelheid Guttmann wir nun weiter verfolgen müßten: eine Struktur des Ausweichens und eine Technik der vorauseilenden Empathie auf der einen und die unbedingte Suche nach einem »starken Selbst« auf der anderen Seite.

Nach der Rückschau in die Kriegskindheit wenden wir uns wieder der Geschichte von 1968 zu und fragen unsere Gesprächspartnerin nach dem Beginn der Frauenbewegung.

I: Also ich frage mich, ob 72, 73 für Männer nicht möglicherweise eher eine Zeit von so Aufbruch und Umbruch zu Ende gegangen ist als für Frauen.

E: Also für mich hat mit den Frauen eigentlich alles angefangen.

I: Mhm.

E: Ich habe mich immer als so ganz toll und links empfunden, aber habe im Grunde nur nachgeplappert, würde ich heute sagen. Im Sender galt ich als rot wegen einer SPD-Einstellung, das war ja damals schon ungeheuer links, in der Tat war es das, aber es waren im Grunde keine eigenen entwikkelten Gedanken, sondern, also ich meine, deswegen habe ich auch immer so Schwierigkeiten, meine Mutter zu verurteilen, denn die hat ja keine Möglichkeiten gehabt, sich zu entwickeln, dann geriet sie gleich in eine so schreckliche Politik rein, ohne selber nachzudenken, bis zur Katastrophe hin, und bei mir, ich war halt ein bißchen SPD und ein bißchen links und ein bißchen dies und das, aber es war eigentlich nicht so doll darüber nachgedacht, weil mir eben andere Sachen auch so wichtig waren, aber die jetzt nichts, was weiß ich, ein schönes Leben haben und dies und das, aber dann mit der Frauenbewegung, das hat so ein richtig tiefen Nerven, ein tiefes Bedürfnis getroffen.

I: Ja.

E: Das fing eigentlich damit an, daß ich das Kind hatte und so plötzlich, naja, so voller Liebe war für so ein Geschöpf, was so von einem abhängig ist, was ich so auch nicht gedacht hatte. Aber auf der anderen Seite auch keine Zeit mehr hatte, ein Kind ist ja anstrengend, und grade in einer Gegend, wo man es nicht einfach runterschicken kann, also ich war ständig auf dem Spielplatz, habe Sachen gemacht, die ich früher nie gemacht hatte, mußte früh aufstehen, obwohl ich spät ins Bett ging, und habe auf dem Spielplatz zum ersten Mal Frauen überhaupt wahrgenommen als Menschen, als interessante Menschen. Früher dachte ich immer, ich will mit Frauen überhaupt nichts zu tun haben, ich finde Männer viel toller, und das fand ich auch eigentlich.

I: Mhm.

E: Und habe die dann mal gesehen mit ihren Kindern, in Unterhaltung, und habe zum ersten Mal Frauen kennen und schätzen gelernt. Und dann habe ich dieses Buch gelesen von der Germain Greer, »Der weibliche Eunuch«, das hat mir der SWR gegeben, ich sollte das besprechen, und zwar mit so einem süffisanten Ton, lies mal, du bist doch so toll und so emanzipiert, du hast es doch gar nicht nötig, ich sollte praktisch, wußte ich schon, einen Verriß machen, und ich wäre da normalerweise immer drauf eingegangen, weil, was von mir erwartet wurde, dann auch meine eigene Erwartung an mich selber war.

I: Mhm.

E: Dann habe ich dieses Buch gelesen und dachte immer, die Frau, die kennt mich, die schreibt über mich, und war ganz, ganz berührt davon und habe eine wirklich ganz begeisterte Rezension geschrieben und habe angefangen, mit meinem damaligen Mann, also dem Vater von meinem Sohn, darüber zu sprechen, und der war auch ganz hingerissen von dem Buch und hatte damals bei der Volkshochschule einen Kurs über Marxismus, das muß so 72 gewesen sein, und da sagte der damalige Leiter der Volkshochschule, sie suchen eine Frau, die irgendwas mit Frauen macht,

I: mhm,

E: Frauenforum oder so, und hat er gesagt, meine Frau halt, auf diese Weise war ich plötzlich in der Erwachsenenbildung tätig.

I: Mhm.

E: Das war dann meine einzige Beschäftigung außer Kind und Haushalt, also wir lebten da von seinem Assistentengehalt an der Uni, aber ich habe mir dabei auch gar nichts gedacht, daß ich mittlerweile zweiunddreißig war und keinen richtigen Beruf hatte, das hat mich auch nicht weiter gestört so richtig.

I: Mhm.

E: Dann war ich also in der Erwachsenenbildung tätig und wußte wirklich gar nicht, was mir da geschah. Da kamen sofort lauter spannende Frauen, und zwar mehr so Arbeiterinnen und Angestellte, die auf eine Weise radikal waren, daß ich wirklich nur gestaunt habe. Die waren viel radikaler und viel politischer als ich, einfach in der Art, wie die auch mit Männern umgingen, was auch daran lag, daß die meisten einen eigenen Verdienst hatten und vielmehr auf'n Pudding irgendwie hauen konnten und unabhängiger waren. Und damals hieß es noch »auch für Männer«, also »Frauenforum auch für Männer«, und es dauerte wirklich nicht lange, da haben wir zusammen gesagt, die Männer sollen nicht mehr kommen.

I: Mhm.

E: Die sind dann auch weggeblieben. Es gab auch große Kämpfe, ob die da hingehen dürfen, die Frauen, zu diesen Frauenabenden oder nicht, und auch bei mir zu Hause, wenn ich dann ging, dann habe ich schon alles vorbereitet für dieses kleine Kind, und wenn ich dann wiederkam, dann stand die Nuckelflasche immer noch auf dem Tisch und nix war weggeräumt, noch nicht mal die dreckigen Windeln wurden weggepackt. Also ich hatte dieselben Kämpfe wie die, nur daß ich mir noch anhören mußte, für was für einen miesen Stundenlohn ich da arbeite, wenn ich zwei Stunden dieses Frauenforum mache und dann noch drei Stunden in der Kneipe bin, nach fünf Stunden wiederkomme. Naja, es war eine rasante Entwicklung. Dann gab es ja auch 218-Demonstrationen.

I: Mhm.

E: Dann habe ich das Frauenhandbuch Nummer 1 in die Hand gekriegt und wußte sofort, daß mich irgendwie das betrifft, also ich habe ganz schnell Kontakt mit denen bekommen, und wir haben dann in Heidelberg was ähnliches aufgezogen. Habe dann mein erstes Flugblatt geschrieben, zu einer Veranstaltung, wo wir die Ärzte angezeigt haben, weil sie, also nicht weil sie abgetrieben haben, sondern weil sie in Verbindung mit Abtreibungen sich an den Frauen vergangen haben, also entweder, was weiß ich, sie unsittlich berührt haben,

I: ja,

E: wie wir damals sagten, also vergewaltigt haben, genötigt haben oder schlecht medizinisch versorgt, also alles was, wofür sie normalerweise belangt werden würden, im Zuge einer Abtreibung gemacht haben, sich dann aber gegen Abtreibung so vehement gewehrt haben durch ihre Standesorganisation, ich habe damals schon auch Beratung im Frauenzentrum gemacht, in einer Sprechstunde, obwohl wir ja wußten, daß die meisten Frauen bei Ärzten abtreiben, also daß genau die sich dagegen wehren, daß es legalisiert wird, die das meiste daran verdienen.

I: Ja.

E: Das war also wirklich eine rasante Entwicklung. Das ging dann so bis 75, diese Arbeit im Frauenzentrum, die Arbeit in der Volkshochschule, die Ehe, und dann habe ich immer Übersetzungen gemacht. Auf dem Spielplatz habe ich ein Werk, ein amerikanisches Standardwerk der Frauenbewegung übersetzt, Phyllis Cheslers »Frauen – das verrückte Geschlecht«.

I: Ach, das haben Sie übersetzt.

I: Ja, es war keine gute Übersetzung, aber für mich war sie toll, das war für mich alles auch ganz neu und wunderbar, ich habe überhaupt zum ersten Mal in meinem Leben über was nachgedacht,

I: mhm,

E: also richtig nachgedacht, auch für mich selber, und im Grunde war es dasselbe, was die Studenten gemacht haben, ich will damit nur sagen, es ging an allen Ecken los, wo nur die Möglichkeit war, daß man nicht nur für die Schule irgendwas gemacht hat, zwangsweise, sondern so ein Erkenntnisinteresse da war, auch eine Sehnsucht nach Theorie.

I: Mhm.

E: Wobei mein Interesse, weiterzukommen und überhaupt zu denken, war natürlich immer behindert beziehungsweise fest in der Erde verwurzelt durch das Kind, was versorgt werden mußte.

I: Mhm.

E: War auch wahnsinnig neugierig auf die Wohngemeinschaften, auf diese neuen Lebensformen, ich hatte schon ganz große Sehnsucht danach, das auch zu machen.

I: Mhm.

E: Dann natürlich auch viele Auseinandersetzungen zu Hause, weil mein Mann damals ja auch überhaupt nicht klar kam mit den vielen Frauen, die sich hier plötzlich in der Wohnung bewegten, die ganzen Frauengruppen, die Männer ausschlossen.

I: Mhm.

E: Wobei er immer die ganzen Bücher gelesen hatte im Gegensatz zu mir, weil er viel mehr Zeit hatte als ich. Das hat ja auch noch meinen heftigen Zorn erregt, auf jeden Fall haben wir uns schrecklich gezankt, und wir haben nicht geschafft, was aufrecht zu erhalten, weswegen wir mal geheiratet haben, wir ein Kind zusammen hatten, sondern es gab nur noch Druck und Gegendruck und Haß und viel, viel Streit, und dann haben wir uns getrennt und scheiden lassen, und das war ganz furchtbar, es war sehr unangenehm, wenn ich heute daran zurückdenke, gruselt's mich heute noch, ja, es war irgendwie sehr peinlich.

I: Mhm.

E: Dann wohnte ich in der großen Wohnung, die wir in Heidelberg hatten, mit Frauen, und die Zeit hat mir eigentlich gar nicht gut getan, weil es war eher wie eine Jugendherberge, und es war schrecklich anstrengend einfach, also wir waren, glaube ich, vier oder fünf Frauen und drei Kinder, und dazu war die Wohnung einfach zu klein. Es war immer eine Unruhe, und es gab dauernd Krach wegen verschiedener Erziehungsstile bei den Kindern, ziemlich gräßlich. Ich habe damals dann nur noch mein Geld durch Erwachsenenbildung verdient in gewerkschaftsnahen und SPD-nahen Bildungsstätten, beim SWR habe ich überhaupt kein Bein mehr auf die Erde gekriegt, weil die auch an Frauenbewegungsthemen überhaupt nicht interessiert waren und ich nicht daran, wie die das wollten.

I: Mhm.

E: Ich fühlte mich auch nicht mehr für den Jugendfunk geeignet und war auch irgendwie ganz unprofessionell geworden. Wenn man das lange nicht mehr macht, dann drückt man auch mal schnell auf die Löschtaste anstatt auf die Aufnahmetaste.

Es überrascht nicht mehr, daß Adelheid Guttmann die Geschichte ihres Wegs in die Frauenbewegung mit der Nazigeschichte ihrer Mutter zusammenbringt. Vor der Entdeckung der Frauen habe sie nur »nachgeplappert« und sich dabei als »ganz toll und links« empfunden, aber im Grunde seien es »keine eigenen entwickelten Gedanken« gewesen. Deshalb habe sie Schwierigkeiten, ihre Mutter zu verurteilen, die nicht die Möglichkeit gehabt habe, sich zu entwickeln, und dann in eine »so schreckliche Politik« hineingeraten sei. Was will uns Adelheid Guttmann damit sagen? Möglicherweise, daß die Mutter die wirre Ideologie der Nazis auch nur »nachgeplappert« habe, um sich in ihrer Umgebung als »ganz toll«

vorzukommen. Dies erklärt indes nicht die Unerbittlichkeit ihrer Gesinnung. Davor steht doch die Tochter bis heute fassungslos. Vielleicht will uns Adelheid Guttmann vielmehr sagen, daß sie erst durch die Frauenbewegung gelernt habe, die Mutter zu verstehen. Indem sie etwas von der grundsätzlichen Benachteiligung von Frauen und Müttern in unserer Gesellschaft erfuhr, wurde ihr gewissermaßen die geschlechtsspezifische Disposition für faschistisches Denken klar. Da die Mutter nicht die Möglichkeit hatte, »sich zu entwickeln«, verfiel sie den Nazis. Wer weiß, was passiert wäre, wenn sie anstatt auf die nationalsozialistische Bewegung auf die Frauenbewegung gestoßen wäre. Will uns Adelheid Guttmann tatsächlich sagen, daß sie durch die Frauenbewegung eine nachträgliche Rechtfertigung für den kalten Kern ihrer Mutter gefunden habe? Die Frauensolidarität hätte dann dazu beigetragen, über das Unfaßliche des mütterlichen Verhaltens hinwegzutäuschen.

»Das fing eigentlich damit an, daß ich das Kind hatte.« Adelheid Guttmann erzählt, wie sie sich zu ihrer eigenen Überraschung plötzlich als Mutter fühlte. Die Entdeckung des Seins für das Kind berührte ihr Selbstverständnis. Später ist von einer »Erdung« durch das Kind die Rede. Außerdem fand sich die junge Frau, die eigentlich ein »schönes Leben« führen wollte »und dies und das«, unversehens als Mutter unter Müttern auf dem Kinderspielplatz wieder. Da war nicht der Ort, sich »ganz toll und links« zu geben, und so nahm sie zum ersten Mal Frauen als »interessante Menschen« wahr. Die in der Formulierung implizierte Außenperspektive deutet freilich schon an, daß sich Adelheid Guttmann in der Gemeinschaft der Mütter nicht gerade aufgehoben fühlte. Ein Buch brachte dann die stellvertretende Deutung ihrer Lage. Der ungeheure Vorteil der begeisterten repräsentativen Lektüre bestand darin, daß Adelheid Guttmann aus ihrer existentiellen Position als Frau und Mutter intellektuell und professionell Kapital schlagen konnte. Über die Rezension eines Klassikers der aus den USA importierten neuen Frauenbewegung fand sie den Anschluß an ein ganz neues Beziehungsnetzwerk, das Verbindungen zwischen dem Frauenforum an der Volkshochschule, dem lokalen autonomen Frauenzentrum und der Frauenbuchabteilung der großen Verlage herstellte. Dies bereitete die zweite große Verwandlung ihrer Biographie nach der Thematisierung der »eigenen Sehnsucht nach Welt« in der Popkultur vor: Anscheinend ohne viel eigenes Zutun wird Adelheid Guttmann zu einer Aktivistin der um 1971 im Zusammenhang mit den Kampagnen gegen den § 218 entstehenden neuen Frauenbewegung.

»Es ging an allen Ecken los, wo nur die Möglichkeit war, daß man nicht nur für die Schule irgendwas gemacht hat, zwangsweise, sondern so ein Erkenntnisinteresse da war, auch eine Sehnsucht nach Theorie«. Die Frauenbewegung wird an dieser Stelle im Vorübergehen als eine Sekundärbewegung der Studentenbewegung bestimmt. Der Hinweis auf die falschen Zwänge der Schule blendet gar zurück in die Tiefe der fünfziger Jahre, aus denen unsere von Haus aus bildungsbeflissene Erzählerin, wie wir wissen, zunächst mit Sartre, Camus und schwarzem Rollkragenpullover auftauchte. Wieder spielt im Text das Motiv der Sehnsucht eine große Rolle: eine »Sehnsucht nach Theorie« und im Blick auf die Wohngemeinschaften eine »ganz große Sehnsucht« nach anderen Lebensformen. An kein bestimmtes Ziel läßt sie sich heften, mit keiner teilweisen Erfüllung gibt sie sich zufrieden, die Sehnsucht, von der hier die Rede ist, ist ein Zustand des reinen Entkommens. Unwillkürlich denkt man an die vorzeitige Desillusionierung des Kriegskinds, das mit der Entscheidung der Mutter fertigwerden mußte, sich von ihren Kindern zu trennen, damit sie vor dem Führer nicht treulos erscheinen möge. Das war mehr als ein momentaner Verlust an Liebe, das war ein prinzipieller Verlust an Sinn. Denn bis heute verfügt Adelheid Guttmann über keine Erklärung für das, was am Ende des Kriegs geschehen ist. Retten kann sie sich vor der schrecklichen Wahrheit der Mutter nur im Gefühl einer ewigen Sehnsucht: so als sollte der letzte Zug, mit dem die Kinder damals ins Ungewisse geschickt wurden, niemals ankommen.

Im übrigen dokumentiert diese Stelle das doppelte Gesicht der siebziger Jahre: Einerseits war alles »ganz wunderbar«, womit in erster Linie die »rasante Enwicklung« der Frauenbewegung gemeint ist, andererseits stellten sich manche Teile des privaten Lebens als »schrecklich anstrengend« dar, was sich auf die

Kämpfe mit dem Mann und die schließliche Scheidung, aber eben auch auf die Wohngemeinschaft mit den Frauen bezieht. Am Ende der Verwandlung von der popkulturellen Agentin zur frauenbewegten Aktivistin ist die Spaltung dieser beiden Seiten nicht mehr aufrechtzuerhalten. Es ist ein biographischer Druck zu bemerken, der auf eine andere Form der Existenz zielt: In der Lebenswelt der Wohnung herrschte »immer eine Unruhe«, bei ihrem Haussender bekam sie kein Bein auf die Erde mit den neuen Frauenthemen und schließlich war sie durch die mangelnde Übung in ihrem erlernten Beruf »ganz unprofessionell« geworden. Man ist gespannt, wie Adelheid Guttmann aus dieser Sackgasse rausgefunden hat.

E: Dann kam diese Programmstrukturveränderung beim WDR, wo ich dann plötzlich die Möglichkeit hatte, weil die eine neue Art Frauenfunk haben wollten, in meinem Beruf wieder zu arbeiten. Das ist mir einfach zugefallen, da habe ich, also im Grunde gehöre ich zu den wenigen Personen, die lange Zeit in der Subkultur gearbeitet haben und dann immer schon auch in einer bürgerlichen Kultur, weil sie sonst gar nicht, also für den Verlag Frauenoffensive sich als Übersetzerin zu betätigen, bringt nicht richtig was ein.

I: Mhm.

E: Aber bei Rowohlt zu übersetzen, bringt ein bißchen mehr ein. Man brauchte also die großen Verlage, die dann mehr bezahlten, und ich war daher gar nicht böse darüber, daß einiges bei Frauenoffensive nicht erschienen ist, das hätte ich mir gar nicht leisten können, für die zu übersetzen.

I: Ja.

E: Da kam nun der WDR und sagte, wir wollen irgendwas mit Frauen machen. Daraus wurde dann unser Magazin, und zwar zuerst im Rundfunk. 78 fing das an. Und das war im Grunde so ein weiterer Aufstieg von mir.

I: Klar.

E: Weil ich nämlich einerseits in meinem Beruf wieder arbeiten konnte, und andererseits mit den Sachen, wo ich über fast genau zehn Jahre hinweg auch eine Substanz erarbeitet hatte, eine Substanz, von der ich so zehren konnte, wo es noch so einen Diskussionszusammenhang zwischen Frauen gab, so einen Theoriezusammenhang, der mir heute fehlt, den gibt es eigentlich nicht mehr, und von daher hatte ich unwahrscheinliches Glück.

Diese Stelle läßt uns die Technik von Adelheid Guttmanns Aufstieg erkennen. Sie selbst gibt das Stichwort, als sie ihre Rückkehr zum Rundfunk als »so einen weiteren Aufstieg« bezeichnet. Sie ist also der Ansicht, daß man ihre Biographie als eine Geschichte des Fort- und Weiterkommens beschreiben kann. Wie hat sie's denn gemacht? Adelheid Guttmanns besonderes Talent besteht augenscheinlich in der Fähigkeit zum Aufbau und zur Nutzung informeller Netzwerke. Sie spricht davon, daß sie sich in der Frauenbewegung eine »Substanz« erarbeitet habe, von der sie als Macherin des Frauenmagazins zehren konnte. Darunter muß man sich vor allem ein Wissen über Zusammenhänge vorstellen: wer welche Position vertritt, wo was veröffentlicht wird und wer mit wem liiert, zerstritten oder wieder versöhnt ist. Die besondere Kenntnis eines solchen Systems von Geschichten und Personen bringt einen ungemeinen Vorteil im journalistischen Zeitwettbewerb mit sich. Allerdings auf Gruppensolidaritäten in der von ihr so genannten »Subkultur« will sich unsere Gesprächspartnerin nicht festlegen lassen. Sie hält den Kontakt zur »bürgerlichen Kultur«, weil nur da mit den in der Bewegung erfundenen und gefundenen Themen das nötige Geld zu verdienen ist. Man muß Adelheid Guttmann einiges Geschick im Umgang mit dem sozialen Kapital der Frauenbewegung bescheinigen. Diese Fähigkeit war die Voraussetzung dafür, daß ihr die neue berufliche Möglichkeit als unwahrscheinliches Glück »einfach zufallen« konnte. Die soziale Lebenstechnik und das persönliche Lebensthema spielen im Fall von Adelheid Guttmann zusammen. Aufgrund der Beherrschung der sich wandelnden sozialen Beziehungssysteme konnte die »Sehnsucht nach Welt« zur Ressource ihres beruflichen Aufstiegs werden.

Das von Adelheid Guttmann betreute Frauenmagazin war Bestandteil eines neuen Segments auf dem Medien- und Pressemarkt. 1976 war in Berlin die Zeitschrift »Courage« und 1977 in Köln die Zeitschrift »Emma« gegründet worden, die Anfang der achtziger Jahre als konkurrierende überregionale Zeitschriften immerhin eine Auflage von 60000 bzw. 100000

Exemplaren verbuchen konnten. Diese Entwicklung wollte der Westdeutsche Rundfunk wohl nicht verpassen. Adelheid Guttmann spricht gar von einem feministischen Programm, das am 8. März 1978 zum ersten Mal und dann jeweils an einem ganzen Vormittag in der Woche über den Sender ging. Feministisch hieß, daß sich die Macherinnen von Anfang an nicht auf den Kanon der konventionellen Frauenthemen beschränken ließen. Für die Frage nach der spezifischen Betroffenheit von Frauen war kein Thema tabu, was die männlichen Kollegen von der Politik lange nicht einsehen wollten. Aber gegen die Hörer- und Hörerinnenzahlen konnten sie nichts sagen. Der Ü-Wagen habe den Frauen eine eigene Stimme gegeben. Bewegende Sendungen seien das gewesen. Einsichten, die heute vielleicht nur noch ein trauriges Einverständnis wert seien, hätten damals vielen Frauen die Augen geöffnet. Es ging um Gewalt in der Familie, gegen Frauen und gegen Kinder, und vor allem um die Botschaft, daß es kein persönliches Versagen sei, wenn sich eine Frau in der Ehe, die sie doch selbst gewollt habe, schlecht fühle. Unsere Gesprächspartnerin ist sich darüber im klaren, daß die Zeiten solch exemplarischer Öffentlichkeit der Vergangenheit angehören. Doch sie wirkt deshalb nicht verhärmt oder verbittert, sie scheint sich vielmehr darüber zu freuen, daß sie nach dem Popshop wieder an so etwas Revolutionärem beteiligt war.
Außerdem ging der Aufstieg weiter. Im Jahre 1987 meldete sich bei Adelheid Guttmann eine große deutsche Fernsehanstalt mit dem Angebot, ein wöchentliches Frauenmagazin zu konzipieren. Zusammen mit einer Kollegin entwickelte sie das Konzept einer Sendung, die seit 1988 mit wachsender Zustimmung im deutschen Fernsehen läuft. Allerdings ist zu hören, daß die Zusammenarbeit mit der zehn Jahre jüngeren Moderatorin des Magazins gewissen Belastungen ausgesetzt ist. Im Gewerbe existieren viele Gerüchte, wer da wem den Erfolg streitig machen will.
Ich würde die Journalistin schon gerne zu einem Urteil über den heutigen Stand der Frauenbewegung provozieren.
I: Ich habe kürzlich von einer Frau gelesen, die bei der »Courage« war, sie könne diese feministisch gut gemeinte biographische Literatur nicht mehr lesen. Finden Sie das auch?

E: (Pause) Ich weiß nicht, ob ich heute noch so was lese. Aber wenn die Frau das Bedürfnis hat, sich davon zu distanzieren, dann muß sie das tun.

I: Ja.

E: Also ich fand die Sachen wichtig, sehr wichtig, fand damals Vera Stephan sehr wichtig mit ihren »Häutungen« oder ein Buch, das ich mir gerade angesehen habe, wo eine Frau den Mißbrauch ihrer Tochter durch ihren Mann beschreibt, das ist ja auch so was wie Bekenntnisliteratur, aber es ist schrecklich und ein wichtiges Dokument.

I: Mhm.

E: Mir ist das egal, ob das Bekenntnisliteratur ist oder nicht. Ich habe auch »Die Scham ist vorbei« von der Anja Meulenbelt sehr gern gelesen. Sind alles Sachen, die wichtig gewesen sind zu einer bestimmten Zeit. Und jetzt auch dann sicher wieder eine historische Wichtigkeit haben. Ich möchte sie nicht missen, auf gar keinen Fall.

I: Ich glaube, das war eher so gemeint, daß das jetzt nicht mehr geht.

E: Wenn jetzt so was Neues käme, wäre das vielleicht auch was Neues und Interessantes, ich würde das sofort lesen.

I: Aber gibt es doch. Therapieerfahrung von Frauen zum Beispiel, Dutzende Bücher.

E: Das ist doch auch in Ordnung. Ich habe gerade so ein Buch durchgeblättert, das sind Briefe einer Mutter, die da zu Hause nach ihrem erwachsenen Kind noch so ein kleines gekriegt hat. Ich glaube, das ist wichtig für viele Leute zu lesen.

I: Mhm.

E: Ich fand es ziemlich komisch, wie sie beschrieb, wie der Mann von der Freundin, der sie schreibt, nun wieder mit einer ganz jungen Frau verheiratet ist und sie zu der Hochzeitsfeier eingeladen ist und deren Küche beschreibt, warum nicht, ich lese das, wenn ich Zeit dazu habe, finde das ganz wichtig

Sie denkt gar nicht daran, sich von der Geschichte der Frauenbewegung zu distanzieren. So einfach läßt sich Adelheid Guttmann das Kapital ihrer Geschichte nicht rauben. Die Urteile des literarischen Geschmacks sind eine Sache, die Errungenschaften der Frauenbewegung eine andere. Unsere Gesprächspartnerin will sich auf eine Vermischung dieser beiden Ebenen nicht einlassen, weil das nur darauf hinausläuft, daß die hohe Kultur, die sich allenfalls in »langer Dauer« bewegt, immer im Recht ist gegenüber den niedrigen Erfolgen einer sozialen Bewegung. Mit der Haltung des »Warum nicht?« verteidigt sie die literarisch womöglich ungelenken Bekenntnisse persönlicher »Häutungen« und sexueller Schamlosigkeit. Die Kategorie der Wichtigkeit bezieht sich auf die »vielen Leute«, die sich wiederfinden wollen in schrecklichen Geschichten vom Mißbrauch der Tochter durch den Vater und in komischen Geschichten einer Frau, die nach einer späten Geburt die Welt noch mal anders sieht. Adelheid Guttmann sieht sich in ihrem Beruf als Protagonistin solch profaner Wichtigkeit. Sie sucht nicht die kritische Absetzung einer gegen Moden und Konjunkturen rebellierenden Intellektuellen, sondern sie versteht sich als eine Journalistin, die sich auf die Wandlungen des Zeitgeistes einläßt.

In einigen Nebenbemerkungen hatte sich nach dem Pop und den Frauen noch eine weitere Verwandlung in Adelheid Guttmanns Leben angedeutet.

I: Esoterik habe ich noch aus angefangenen Bemerkungen von Ihnen im Sinn. Hat sich da bei Ihnen was entwickelt? Oder vielleicht ist Esoterik auch das falsche Stichwort.

E: Na ja. Ich mache viel andere Sachen, die ich früher nicht gemacht hätte. Ich habe mich sehr früh schon durch das Leben in der Wohngemeinschaft für eine andere Form von Ernährung interessiert.

I: Mhm.

E: Das ist dann mal wieder aufgeflackert und dann mal wieder eingeschlafen. Ich habe da eine Freundin gehabt, die makrobiotisch gegessen hat, und dann hat eine Frau, die abnehmen wollte, das auch mal drei Wochen gemacht, und die hat sich so verändert, so richtig frappierend verändert, also sie ist nicht nur ganz dünn geworden, so wie sie wollte, es hat sich auch so eine Verfeinerung ergeben, die hat so geschimmert durch dieses konsequente makrobiotische Essen, daß mich das sehr beeindruckt hat und ich das im Grunde seit zehn Jahren mehr oder minder mache.

I: Mhm.

E: Das ist eine Sache. Und als ich dann beim WDR ein bißchen mehr so rumgekommen bin und eine Zeitlang auch in so einem Gremium für Programmgestaltung war, da bin ich teilweise in anderen Städten in Hotels, in feinen Hotels gewesen, wo ich in meinem Leben noch nicht war, denn ohne reichen Mann kommt man da wahrscheinlich nicht rein oder ohne selber unheimlich viel Geld zu verdienen, also da lernt man schon so Lebensstil kennen.

I: Mhm.

E: Und habe auch gesehen, daß diese rechten Männer alle sehr gut aussahen im Gegensatz zu den linken Männern, die so ein bißchen verkommen aussahen, dann habe ich gemerkt, wieviel Zeit die sich für ihren Körper nehmen. Und wahrscheinlich haben sie auch alle eine Ehefrau zu Hause, die macht und tut und die sie so richtig in Schuß hält.

I: Mhm.

E: Ich habe mich da mal im Spiegel angeguckt und dachte, so geht es ja auch nicht weiter. Und dann habe ich mir einen Sport gesucht. Damals war Aerobic modern, das muß so 82 gewesen sein, dachte ich, das ist aber wieder so ein Termin, und Zeit hatte ich wirklich am allerwenigsten, um so richtig termingerecht irgendwo sein zu können.

I: Mhm.

E: Und dann bin ich auf das Laufen verfallen durch ein Interview mit Cher. Die hat in diesem Interview gesagt, sie würde jeden Tag laufen, um fit zu bleiben, und dann dachte ich, wenn die sich nicht zu schade ist, ich habe das nämlich immer verachtet, dann machst du das auch.

I: Mhm.

E: Früher war ich mal eine ganz gute Schwimmerin, und dann dachte ich, sportlich bist du, fängst du also an zu laufen. Aber dann konnte ich nur zweihundert Meter, war völlig fertig, aber irgendwie hat es in mir was in Gang gesetzt. Weil es für mich ein Wunder ist, also inzwischen laufe ich Marathon, und zwar immer ganz viel, was die Leute schwer beeindruckt.

I: Ja.

E: Mich beeindruckt das auch, aber noch mehr beeindruckt mich das Gefühl, daß ich da was gefunden habe wieder zur rechten Zeit, was mich ebenso begeistert hat wie vieles andere, was ich mache.

I: Mhm.

E: So ein Glücksgefühl, was unfaßlich einfach ist. Ich glaube, es hat was mit dem Sauerstoff zu tun, den man da ständig einatmet. Also das ist ein ganz tolles Gefühl so der eigenen Kraft und der eigenen Möglichkeiten. Und daß man was macht, was wirklich so was Demokratisches ist, ist ja nichts, wo ich für zahlen müßte oder wo ich eine hochgestellte Persönlichkeit für sein müßte, und dann habe ich auch wieder ganz andere Leute dadurch kennengelernt, man kann sich ja beim Laufen prima unterhalten, also man erfährt wieder ganz viel, da hat sich dann wieder auch eine neue Welt aufgetan für mich.

I: Mhm.

E: Durch diese Zustände bin ich dann auf die Esoterik gekommen, weil ich merkte, da ist noch sehr viel mehr, als ich mir in meinem nüchternen Kopf immer so vorgestellt habe, und dann habe ich angefangen, mich damit zu beschäftigen. Diese Sachen und die Ernährung sind im Grunde zwei Sachen, die mich sehr interessieren, die hängen auch sehr eng miteinander zusammen.

I: Mhm.

E: Ich arbeite viel weniger als früher, bin auch eigentlich nicht desinteressiert politisch, das kann man nicht sagen, aber ich muß nicht immer so hinterher sein. Ich bin auch nicht so zornig, wenn hier mit dem Magazin mal was nicht so toll gelingt.

I: Mhm.

E: Ich weiß gar nicht, ob das nun eine gute oder eine schlechte Veränderung ist. Dieser Wille zum äußeren Erfolg, der ist nicht mehr so geradlinig. Natürlich wurmt es mich, wenn ich eine schlechte Sendung gemacht habe, da habe ich schon den Anspruch, gut zu sein, aber wenn es mal nicht so klappt, bringt mich das nicht mehr fast um wie früher.

I: Mhm.

E: Das ist meiner Meinung nach ein Ergebnis vom Laufen. Ich meine, ich hatte viele Vorgaben, denn schon 75 hatte ich mit diesen makrobiotischen Leuten zu tun gehabt, mit dieser Bioenergetik, das mache ich heute noch nicht, ich weiß immer noch nicht richtig, was das ist, aber ich hatte zumindest Berührung mit Leuten, die einen anderen Weg gesucht haben. Der war für mich damals nicht gangbar, weil ich mit Kindererziehen und mit Geldverdienen wirklich eingedeckt war.

I: Mhm.

E: Aber irgendwie freue ich mich, daß ich doch noch so eine Kurve gekriegt habe zu einer anderen Denkweise, auch wenn sie einem auf den Nerv geht, weil das so modisch ist, aber mir geht es ganz gut.

I: Haben Sie irgendeine religiöse Figur so als Vorbild?

E: Nein, ich glaube, das kann ich gar nicht. Ich habe zwar die Sachen hier, aber ich schaffe dann immer nicht reinzugukken. Was mir gut gefällt, wäre, so mal richtig Zeit zu haben und mal zu gucken, was passiert, wenn man so gar nichts tut.

I: Mhm.

E: Aber dann ist mir das auch nicht so wichtig, und dann laß ich es wieder, also mal eine Stunde irgendwie nur sitzen und sich nur voll konzentrieren auf irgendwas, aber dann denke ich, machst du noch dies und das, also ich schaffe das gar nicht.

Den Ausgangspunkt für die bisher letzte Metamorphose von Adelheid Guttmanns Existenz bildete eine bestimmte Erfahrung des Körpers. Der Blick in den Spiegel verriet der Frau von vierzig Jahren, daß der Körper sein Recht fordert. Was jetzt nicht getan wird, kann nicht mehr nachgeholt werden. Da nützt auch die Anteilnahme in der linken Szene nichts, wo die Männer sich doch nur hängen lassen und äußerlich verkommen. Hinter dem Blick auf sich selbst lauert indes der Blick der »rechten Männer«, die immer schon um die Praxis der körperlichen Selbstsorge wußten: Wie würde sie in deren Augen wirken? Adelheid Guttmann scheint ein wenig benommen von den »feinen Hotels«, und es sieht gerade so aus, als wollte sie genauso wie die Herren dieser Welt »in Schuß gehalten« werden. Dann fragt sich allerdings, wer sich ihrer so hingebungsvoll annehmen soll. Das können doch nur »diese rechten Männer« sein. Die verborgene Wunschvorstellung bestünde demnach darin, daß Adelheid Guttmann die zu Hause wartenden Ehefrauen aussticht, indem sie sich von den »rechten Männern« in den »feinen Hotels« hofieren läßt. Wir haben es hier augenscheinlich mit einer Geliebtenphantasie zu tun, und wir können über entsprechende Erlebnisse unserer Gesprächspartnerin nur spekulieren. Andererseits ist das frühkindliche Szenarium mit Händen zu greifen. Die Tochter will für den nur als Phantom existierenden Vater attraktiv erscheinen, damit dieser sie außerhalb des Elternhauses in die Geheimnisse des gehobenen Lebensstils einweihen möge. So gesehen rückt der ganze esoterische Komplex in den Horizont der Kriegskindheit. Die vorher in bezug auf den Vater gebrauchte Formel von der »hochgestellten Persönlichkeit« begegnet uns nicht zufällig bei der Beschreibung der Vorzüge des Laufens wieder.

Doch wir müssen uns vorsehen. Es kann nicht bestritten werden, daß die Entdeckung des Laufens eine Antwort auf die Erfahrung des Alterungsprozesses darstellt. Konfrontiert mit der Möglichkeit des Verkommens ihres Erscheinungsbildes sucht Adelheid Guttmann nach Reparationsstrategien. Das Laufen ist freilich nicht nur ein demokratischer, sondern mehr noch ein altersloser Sport. Laufen können Junge wie Alte, Jugendliche wie Erwachsene. Und selbstverständlich besitzt die mit der Szene vertraute Journalistin ein feines Gespür dafür, was angesagt ist. Cher spielt die Rolle der beispielgebenden Medienfigur. Wir wissen, mit welchem Aufwand besonders dieser Star der achtziger Jahre sich der Präparierung seiner ewigen Jugendlichkeit und seines unvergänglichen Sexes gewidmet hat. Gleichwohl erübrigt sich die Frage nicht, woher die Sehnsucht nach dem anderen Zustand eines esoterischen Nirwanas kommt. Wohin läuft Adelheid Guttmann, wenn sie nirgendwohin läuft? Das Laufen vermittele »ein ganz tolles Gefühl so der eigenen Kraft und der eigenen Möglichkeiten«. Die Formulierungen umschreiben das Bild einer wunderbaren Entrücktheit von aller Welt. Keine Abhängigkeiten und keine Verpflichtungen stören die absolute Harmonie des Selbst. Die Laufende ist so allein mit sich, daß sie nichts mehr zu befürchten hat. Das früh enttäuschte Selbst hat sich immun gemacht gegen mögliche Enttäuschungen in den zwischenmenschlichen

Beziehungen. Aber vielleicht können wir die Wiederkehr des kindlichen Traumas in der Metamorphose der Lebensmitte auch ganz konkret und historisch verstehen: Dann halluzinierte das endlose Laufen die endlose Zugfahrt des Kriegskinds ins Nichts, damit nie sich herausstellte, daß die Mutter ihre Kinder in höchster Gefahr und größter Not um der Treue zu einem großen anderen willen verlassen hat.

Wir dürfen freilich Adelheid Guttmanns Hang zu einer gewissen lebensdienlichen Oberflächlichkeit nicht vergessen. So ernst bis ins Letzte ist alles nicht gemeint. Sie schafft es einfach nicht, die Bücher über die in ihrem Milieu hoch gehandelten Heiligen zu lesen oder sich dem vollkommenen Zustand des Nichtstuns zu widmen. Die andere Seite ihres Zurückschrekkens vor der Wahrheit der Mutter ist eine heilsame Verfallenheit an das Nächstliegende. Der Sinn für die beruhigende Trivialität des Alltags hat sie offenbar nie verlassen. So hat sie noch rechtzeitig »eine Kurve gekriegt« zu einem anderen Gefühl des Selbst, ohne sich ihm doch gänzlich zu überlassen. Sie versichert, durchaus zu wissen, daß die esoterische Lehre von der Relativität des äußeren Erfolgs auf eine enervierende Weise modisch sei, aber sie muß gestehen, daß es ihr dabei ganz gut gehe.

Adelheid Guttmann kann am Ende eine freundliche Bilanz ziehen. Das Thema ihres Lebens ist die »Sehnsucht nach Welt«, die Form ihres Lebens eine Folge »wunderbarer« Verwandlungen. Mit der Popkultur entkam sie der geschlossenen Welt der fünfziger Jahre, mit der Frauenbewegung den Desillusionierungen der Studentenbewegung und mit der Esoterik der Krise in der Lebensmitte. Somit vollendete sich zuletzt die »Sehnsucht nach Welt« in Zuständen eines kosmischen Einsseins von Selbst und Welt. Die »Einsamkeit der Langstreckenläuferin« ist höchster Triumph und tiefste Verlorenheit zugleich.

E: Es hat sich alles so ergeben. Ich weiß nicht, ich finde das so toll, daß es einem immer so zufliegt, daß man, und das macht mich auch ganz mißtrauisch, nicht so drum ringen muß. Es kommt immer so. Also mit dem Laufen, das hat was.

I: Mhm.

E: Neulich hat es auch so geschneit. Da wollte ich eigentlich zu so einem, hört sich auch witzig an, makrobiotischen Kochkurs. Hier gibt es so ein makrobiotisches Zentrum um die Ecke, da kann man mal hingehen. Mache gern was mit den Händen, ich streiche auch gerne Türen, wenn es sein muß, koche auch gern, finde es so ganz toll, daß sich eine Sache verwandelt.

I: Mhm.

E: Dann hat es aber draußen geschneit, dann bin ich lieber laufen gegangen. Es war wunderbar, diese Fußstapfen im Schnee, da war kein Mensch, eine riesige Stadt, und der Stadtpark war wirklich leer, das war schön. Da standen nur so ein paar Rehe rum, die sind ja auch schon ein bißchen degeneriert, die gucken dann nur doof und klappen mit den Ohren, und wenn sie einen dann mitkriegen, dann gehen sie verwundert einen Schritt weiter. So was freut mich. Und dann dachte ich, ist doch nett, so ein Reh zu sehen, besser als Nudeln zu kochen. Doofe Sachen, ist schon albern, aber ist schön.

6. Die Prophetin des Untergangs. Camilla Blisse und das stolze Beharren

Mit ausgesprochenem Mutterstolz stellt sie mir ihren Sohn vor. Ein adretter junger Mann aus der »Generation X«[1] gibt mir freundlich die Hand, um sich dann in die hinteren Räume der weitläufigen Wohnung zurückzuziehen. Im Berliner Stadtteil Charlottenburg gibt es viele dieser ehemals großbürgerlichen Etagen, die Mitte der sechziger Jahre, als die Stadt von der Welt abgeschnitten war, von den Bildungsaufsteigern aus der Achtundsechziger-Generation in Beschlag genommen worden sind. Heute wohnt man hier vergleichsweise luxuriös für vergleichsweise wenig Geld. Camilla Blisse war es freilich nicht vergönnt, während der Expansionsphase der Bildungsreform in eine universitäre Laufbahn zu geraten. Obwohl sie schon Mitte der sechziger Jahre eine Assistentenstelle innegehabt und Anfang der achtziger Jahre ein in die feministische Debatte eingreifendes Buch veröffentlicht hatte, mußte sie bis zum Ende der Dekade der Postmoderne warten, bis sie ihre freie Existenz als Schriftstellerin und Wissenschaftlerin mit der einer beamteten Professorin vertauschen konnte.

Camilla Blisse ist zweifellos eine der markantesten Theoretikerinnen der Neuen Frauenbewegung in Deutschland. Ihr Stern ging auf mit dem kollektiven Schock von Tschernobyl. Es hieß damals, das sei nicht mehr ein Leid, eine Not und eine Gewalt, die sich einer Kategorie von Anderen zuschreiben lasse, den Juden, Schwarzen, Frauen, Asylanten, Dissidenten oder Kommunisten, das sei vielmehr eine Gefahr ganz anderer Art, die mit einem Schlag alle Schutzzonen und Differenzierungen der Moderne aufgehoben habe. Die Apokalypse sei durchführbar geworden, durch Absicht, durch Dummheit,

1 Douglas Coupland, Generation X. Geschichten für eine immer schneller werdende Kultur, Berlin/Weimar 1994 (amerikanisch zuerst 1991), hat das Bild einer jungen Generation aus der höheren Mittelklasse unserer Gesellschaft gezeichnet, die aufgrund ihrer Einsicht in das veränderte gesellschaftliche Gesamtszenarium mit dem Scheitern rechnet und trotzdem cool bleibt.

durch Zufall oder durch Überdruß. In Camilla Blisses Sicht der Dinge waren damit die Träume vom Ende des Patriarchats erledigt. Sie sah eine Wendezeit für den Feminismus anbrechen, in der die Kassandra zur Leitfigur einer weiblichen Abkehr von allen Sinnstiftungen aufsteigen würde. Der Erfolg dieses feministischen Existentialismus erklärt sich aus dem Umkehrschluß der Parole des Aufbruchs: Es reicht demnach nicht mehr zu sagen, das Private sei politisch, denn wenn uns nur noch retten kann, was eigentlich nicht geht, dann ist das Politische privat.

Die Kraft scheint in ihren Händen zu liegen. Trotz der feinen Linienführung wirkt jeder Finger ausgeprägt und durchgearbeitet. Die Hände fallen deshalb ins Auge, weil sie einen Kontrapunkt zu dem Eindruck einer gewissen körperlichen Scheu bilden. Der Pullover aus Cashmere und die Pumps aus Italien weisen sie zwar als eine großstadterfahrene Frau von fünfzig Jahren aus, aber nichts an ihr will gefallen oder mit dem Blick der anderen spielen. Camilla Blisse spricht mit seltsam gezügelter Nervösität – so als ob sie von vorneherein der Aufnahmebereitschaft und der Aufnahmefähigkeit des anderen mißtrauen würde. Was sie sich von diesem Interview versprochen hat, ist mir bis heute unklar geblieben. Tatsache nur ist, daß wir uns im Dezember 1989 immerhin drei Stunden lang über sie selbst und ihre Eltern, über den Krieg und die Nachkriegszeit, über den Feminismus und den Untergang der Menschheit unterhalten haben.

Ich fange wieder mit der Frage nach dem Attentat auf Rudi Dutschke an.

I: Wissen Sie noch, wie Sie die Nachricht vom Attentat auf Rudi Dutschke gekriegt haben? Aus dem Radio gehört oder hat Ihnen das jemand erzählt oder wie?

E: Das weiß ich nicht mehr, ich weiß nur, daß ich am selben Abend noch vorm Krankenhaus Westend war.

I: Ja.

E: Da haben sich ja ganz viele versammelt, da war ich auch dabei. Wie ich das erfahren habe, weiß ich nicht mehr, telefonisch oder wie, weiß ich nicht. Aber jedenfalls bin ich da sofort hin.

I: Sofort?

E: Sofort, ja, ja klar.
I: Wo waren Sie damals?
E: In Berlin. Na ja, das war da in dem Westend-Krankenhaus, da wurde er eingeliefert.
I: Hatten Sie was mit dem SDS zu tun?
E: Nein, nie. Also ich habe immer schon eine instinktive oder wie auch immer geartete Abneigung gegen jede Form von Organisierung gehabt. Ich habe mich dem immer gegen große Anfeindung, muß ich sagen, widersetzt. Das war nicht nur der SDS , das war auch danach, was dann alles kam, danach wurde es ja eigentlich noch aufregender mit den ganzen vielen Gruppen, die dann entstanden. Die verschiedensten K-Gruppen und so weiter, das spiegelte sich ja auch in der Uni, ich war damals ja auch schon längst in der Uni. Die Auseinandersetzungen zwischen den verschiedenen studentischen Organisationen der K-Gruppen und der Nicht-K-Gruppen, die damals ADSen hießen, das war äußerst dramatisch.
I: Ja, ja.
E: Ich habe mich da zwar nicht rausgehalten, aber ich wollte mich nicht organisieren. Und das war sehr schwierig, weil der Druck dahin sehr groß war. Es war nicht sehr leicht, Argumente zu finden, warum man sich dazu nicht entschließen konnte, weil damals diese Position klar war, daß eigentlich eine Organisierung die notwendige Form für überhaupt eine politische Veränderung ist.
I: Und diese Vorstellung haben Sie nie gehabt?
E: Nein, nie. Aber das hat Gründe mit meiner gesamten Heimatlosigkeit, also mit dem gesamten auch schon damals bestehenden Gefühl, nirgendwo eigentlich wirklich hinzugehören, und auch nicht in diese Organisationen, trotz aller Sympathie für bestimmte Richtungen. Jetzt hole ich mal eben den Tee, Moment.

An Camilla Blisses aktiver Beteiligung an der Studentenbewegung kann kein Zweifel bestehen. Es war für sie klar, daß sie sich gemeinsam mit ganz vielen anderen vor dem Krankenhaus versammelte, um dem mit dem Tode ringenden Rudi Dutschke auf symbolische Weise Beistand zu leisten. Aber ob sie zum Kern der Bewegung zu rechnen ist, ist nicht so eindeutig. Ziehen wir den Fall von Paul Arnheim als Vergleich heran. Der konnte sich nicht nur sofort daran erinnern, daß er durch einen Telefonanruf vom Attentat erfuhr, sondern mehr noch, daß sie, wer auch immer das war, stehenden Fußes zum Tatort eilten und anschließend eine Demonstration hinlegten. Den Unterschied in der Schnelligkeit der Reaktion könnte man als Indikator für einen Unterschied im Engagement nehmen. Am Abend fanden sich die ein, die zwar zur Bewegung gehörten, aber doch nicht zum engeren Kreis der Bewegungsaktivisten. Es könnte freilich auch einen Sinn haben, daß im einen Fall eine aktive Reaktion der Kenntnisnahme und des Protest, im anderen eine passive Reaktion des Wartens und Schweigens benannt wird. Zumindest drückt sich in der Versammlung vor dem Krankenhaus ein Moment der Bewegungslosigkeit in der Bewegung aus. War da im Grunde die heiße Phase des Aufruhrs nicht schon vorbei? Man kann sich in der Tat fragen, was es zu bedeuten hat, daß Camilla Blisse gerade diese Situation der Ohnmacht und der Verzweiflung einfällt. Bevor wir uns hier zu schnell zu einer Deutung verleiten lassen, sollten wir einem näherliegenden Hinweis an dieser Stelle nachgehen. Camilla Blisse erklärt uns doch selbst, warum sie der Bewegungsorganisation fernstand. Sie habe eine geradezu »instinktive« Abneigung gegen jede Form von Organisierung. Das kommt so spontan aus ihr heraus, daß sie sich gar, wie sie sich selbst verbessernd bemerkt, eines linguistischen Biologismus schuldig macht. »Nein, nie« heißt es gleich zweimal. Der Ausdruck, oder genauer: der Ausruf, läßt nicht den Spalt einer Möglichkeit des Zweifels. Camilla Blisse will sich nicht raushalten, wenn es um politische Veränderungen geht, auf keinen Fall jedoch würde sie sich deshalb einer Gruppe anschließen. Sie nimmt dafür sogar große Anfeindungen in Kauf. Die Formulierung, sie habe sich entsprechenden Forderungen »widersetzt«, läßt etwas von der Stärke ihres Loslösungswillens spüren. Aber wohin will sie sich retten und wo fühlt sie sich bei sich? Den Zustand, auf den sie sich vor den Ansprüchen und Zumutungen der anderen zurückzieht, nennt sie ihre »gesamte Heimatlosigkeit«. Diese Formel für das Selbstverständnis muß ihr erst später aufgegangen sein. Denn sie spricht von dem »schon damals bestehenden Gefühl, nirgendwo eigentlich wirklich hinzugehören«. Das Gefühl war also schon da, aber noch nicht der Begriff. Camilla Blisse beschreibt hier ihre Entwicklung als eine Art kategorieller Wende. Mit dem Begriff der Heimatlosigkeit wandelt sich das Gefühl der Verlorenheit von einem psychologischen Mangel zu einer existentiellen Auszeichnung. Stolz erhebt sich das Selbst über das Gefühl seiner Abhängigkeit von den anderen. Das Nein, die erste semantische Geste des Kindes, verbindet sich mit dem Nie, der äußersten Geste der Enttäuschung. »Nein, nie« schleudert Camilla Blisse den anderen entgegen, die ihr ganz eigenes Anderssein in ein nivellierendes Zusammensein zwingen wollen.

Natürlich wollen wir wissen, wie es zu diesem Selbstverständnis gekommen ist.

I: Sagen Sie mir doch noch was zu Ihrer Heimatlosigkeit. Was soll ich darunter verstehen?

E: Das ist aber ein sehr langes Feld.

I: Hängt das mit Ihrer Herkunft oder mit Ihrer Position als Frau zusammen oder wie?

E: Ja, das kann man gar nicht so schnell sagen, das ist ja ein ganz langer Prozeß. Man kann biographisch darüber reden, und man kann darüber politisch reden.

I: Ja.

E: Und daß diese Heimatlosigkeit zu einer politischen Kategorie irgendwann mal wurde, setzt natürlich Erfahrungen und Wissen mit dieser Gesellschaft voraus und mit der der eigenen Position in dieser Gesellschaft. Es hat sicher lange Zeiten gegeben, wo ich das nicht politisieren konnte, sondern wo das sozusagen eine psychische Kategorie war.

I: Mhm.

E: Und daß sich diese Heimatlosigkeit als eine politische Kategorie herausbildete, das hing sicher mit der Studentenbewegung und dann später mit der Frauenbewegung oder mit dem Bewußtsein zusammen, daß das auch was damit zu tun hat, als Frau in dieser Gesellschaft zu leben.

I: Mhm.

E: Aber unabhängig von diesem Bewußtsein darüber, war das bei mir eigentlich schon von Kind auf an so ein Gefühl, ein Gefühl, eigentlich nirgendwo richtig verankert zu sein. Und das war, glaube ich auch, ich sage das nicht lamentierend, sondern im Gegenteil, ich denke, das war überhaupt die ganz große Chance, sich nirgendwo zuzuordnen, sondern sozusagen doch als eine Art Steppenwolf sich im Leben zu befinden, und deswegen auch gar keine Sehnsüchte zu entwickeln, so da oder da oder da dabei zu sein. Von der Familie, also als Familiengründung, bis hin zu irgendeiner politischen Gruppierung. Das heißt jetzt allerdings nicht, daß ich mich nun völlig individualisiert verstehe und mich keiner, sagen wir mal, keiner auch bestimmten Opposition gegen diese Kultur und Gesellschaft zuordnen könnte, aber das ist relativ abstrakt. Das ist also nicht sehr stark, nicht so personengebunden oder gruppierungsgebunden, sondern eigentlich mehr auch wieder eine politische Gruppierung, die es eigentlich personell gar nicht so gibt.

I: Mhm.

E: So würde ich das sagen.

Der Fortgang des Gesprächs bestätigt unsere anfängliche Interpretation. An einem bestimmten biographischen Punkt wurde »diese Heimatlosigkeit« zu einer »politischen Kategorie«. Durch diesen symbolischen Akt gelang es Camilla Blisse, aus einem sozialen Stigma ein persönliches Kennzeichen zu machen. Der biographische Trick, Schwächen in Stärken umzumünzen, scheint überhaupt das Geheimnis erfolgreicher Lebensläufe zu sein. Es verwundert daher nicht, daß Camilla Blisse in der Unfähigkeit, sich irgendwo zuordnen zu können, ihre »ganz große Chance« sieht. Das bewahrte sie nämlich vor den klebrigen Sehnsüchten nach Normalität. Liegt in dem Wunsch, eine Familie zu gründen oder sich einer politischen Gruppierung anzuschließen, nicht der Ursprung aller Unfreiheit und Unselbständigkeit? Die Zitierung der Figur des Steppenwolfs in diesem Zusammenhang berührt indes etwas seltsam. Man könnte meinen, noch die erwachsene Frau stünde unter dem Eindruck des adoleszenten Komplexes einer von Gefühlen der Isolierung, Vereinsamung und Verwirrung begleiteten Individuation. Dazu paßt zumindest der rigorose Impuls, sich von der Zuwendung und von dem Urteil der anderen freizumachen. Wir sollten daher im Auge behalten, wie sich die Heimatlosigkeit als »politische Kategorie« mit bestimmten Erfahrungen der Jugend verbindet.

Unsere Gesprächspartnerin verrät uns an dieser Stelle freilich nicht nur ihre Art und Weise des Umgangs mit einer nicht ganz unproblematischen lebensgeschichtlichen Hypothek, sie verortet zudem diesen »ganz langen Prozeß« in einem bestimmten historischen Zusammenhang. Für die Möglichkeit einer »Politisierung« ihres Gefühls, »eigentlich nirgendwo richtig verankert zu sein«, hatten zuerst die Studentenbewegung und dann die Frauenbewegung die Voraussetzung geschaffen. Die Bezeichnung Frauenbewegung geht Camilla Blisse übrigens nicht so leicht von den Lippen. Qualifizierend fügt sie hinzu, die Herausbildung der Heimatlosigkeit als politischer Kategorie habe damit zu tun, wie eine Frau als Frau in dieser Gesellschaft lebe. Allein der Ausdruck »diese« Gesellschaft oder, wie es später heißt, »diese« Kultur und Gesellschaft macht eine bestimmte Lerngeschichte seit 1968 kenntlich. Der Artikel »diese« markiert die kritische Reflexion der historischen Erfahrung unserer Gesellschaft, die nicht immer so war und nicht immer so bleiben wird. In der Studentenbewegung wurde denkbar, daß unsere Gesellschaft, so Lars Gustafsson in einem Text von 1969[2], umgeben ist von möglichen, niemals verwirklichten, besseren oder schlechteren oder vielleicht gleichwertigen Arten und Weisen, dieselbe äußere Situation zu organisieren. »Diese« Kultur und Gesellschaft wird aus einem Abstand heraus wahrgenommen, wodurch das Bestehende in den Horizont des Möglichen gestellt wird. Es war diese Denkoperation, welche die »Politisierung« eines Gefühls ermöglichte, das Camilla Blisse seit ihrer Kindheit begleitet hatte. Es gab mit einem Mal einen begrifflichen Rahmen, in dem eine Frau ihre »Heimatlosigkeit« als eine nicht mehr bloß persönliche und private Selbstbeschreibung formulieren konnte. Was heißt das nun für unseren Fall? In den sechziger und siebziger Jahren entstand mit der Entdeckung der »Gesellschaft« eine Redeweise und eine Vorstellungsart für die Artikulation einer Erfahrung, deren Ursprung ganz woanders lag. Camilla Blisses Lebensstilisierung der Einsamen und Freien geht zurück auf die Erlebnisschicht ihrer Kindheit in der Kriegs- und in der Nachkriegszeit. Und zwar nicht nur das Gefühl, sondern

2 Lars Gustafsson, Utopien, Frankfurt a.M./Berlin/Wien 1985, S. 84.

auch die Begriffe ihres Weltbilds stammen aus dieser Zeit. Die Kategorie der Heimatlosigkeit gehört eigentlich zur Welt des »unbehausten Menschen«[3]. Zwischen dem Nichts und dem Sein schwankt im Denken der frühen fünfziger Jahre das große Paradigma der metaphysischen Ortlosigkeit. Aus dem Gefühl geistiger Heimat- und Orientierungslosigkeit heraus wird eine als epochemachend empfundene Ausdruckswelt von Endspielen gezeichnet. Im Zeichen eines totalen Ideologieverdachts wird eine Haltung existentieller Nüchternheit und ein Denken in offenen Antinomien gefordert. Diesen Bedeutungshof scheint Camilla Blisses Rede von der Heimatlosigkeit mitzuführen. Mit den esoterischen Deutern eines ontologischen Schicksals des modernen Menschen teilt sie die Verachtung von mittleren Lagen und mittleren Charakteren, genauso wie sie in dem sie auszeichnenden Zustand der Heimatlosigkeit den Nihilismus als Glücksgefühl feiert.

Unsere Lektüre dieser Stelle enthält eine überraschende Deutung von Camilla Blisses Karriere als feministische Leitfigur der achtziger Jahre. Das in ihrem Lebensgefühl konservierte Denken der fünfziger Jahre konnte in der apokalyptischen Stimmung von Nachrüstungsbeschluß und Tschernobyl plötzlich als Ausweg aus der vielfach beschworenen Krise des Realitätsbegriffs erscheinen. Ein Leben in stolzer Hoffnungslosigkeit entsprach dem Aufbruch in eine andere Moderne von zivilisatorischer Ungesichertheit, individualisierter Haltlosigkeit und reflexiver Endlosigkeit. Der Steppenwölfin aus den »Hungerjahren«[4] öffnete sich in den achtziger Jahren die Gelegenheit, als Seherin des »wüsten Landes«[5] hervorzutreten.

I: Ist es zu indiskret, wenn ich Sie frage, woher dieses Gefühl von Kind auf an kam? Gibt es da irgendwelche existentiel-

3 Vgl. Hans Egon Holthusen, Der unbehauste Mensch. Motive und Probleme der modernen Literatur, Neuausgabe, München 1964 (zuerst 1951).

4 So der Titel des bereits erwähnten Films von Jutta Brückner über ein Mädchenleben in den fünfziger Jahren.

5 T. S. Eliots 1922 erschienener Zyklus, der die tiefe Ernüchterung nach dem Tanz über die Gräben des Ersten Weltkriegs zum Ausdruck brachte, galt nach 1945 als die große hermetische Sinnfigur abendländischer Klagen über den Traditions- und Substanzverlust.

len Grunderfahrungen oder so was, die früh liegen, die damit zu tun haben?

E: Ja, ich denke erst mal, ich bin ja im Krieg geboren. Mein Vater ist gefallen, relativ früh, den habe ich kaum gekannt. Also ich sage es mal an einem Beispiel. Ich habe als Kind in so einer vaterlosen Lebenskonstellation mit Mutter und Schwester und später dann auch Großmutter dazu nie die Sehnsucht entwickelt, so was wie heile Familie zu haben oder so was wie heile Familie zu gründen. Und diese Orientierung auf Familie hin ist ja für ein Kind eine ziemlich wichtige, normalerweise, also in der Norm, eine wichtige Orientierung, die habe ich nie gehabt. Und auf ganz vielen anderen Bereichen hat sich das ähnlich gezeigt. Ich fand immer die Leute blöd und langweilig und fand das absolut unattraktiv, in bestimmten normierten Konstellationen zu leben und das auch aufzubauen und zu wollen.

I: Hat Sie das nie geschmerzt, keinen Vater sozusagen bewußt zu haben?

E: Doch, als Kind sicher schon, das war ja auch die ganze Ideologie, also der ganze Gefühlshintergrund so einer halbverwaisten Familie. Ist natürlich ununterbrochen davon gesprochen worden, wie wäre es, wenn unser Vater noch da wäre. Also bei jedem überhaupt nur erdenklichen Problem, was es gab, fiel der Satz, wenn unser Vater jetzt da wäre, dann würde alles anders sein, dann würde das jetzt kein Problem geben und dann würden wir alles ganz anders machen. So, aber das ist schwierig.

I: Mhm.

E: Ein Kind glaubt das ja erst mal, man findet das und denkt das dann auch so, es gibt auch von mir noch Unmassen von Kinderbildern, die ich gemalt habe, wo ich meinen Vater im Himmel gemalt habe, der da oben mit einem Stahlhelm bei den Engeln rumläuft und Kekse bäckt an Weihnachten, und ich da unten auf dieser Erde rumlief. Das heißt, diese Vorstellung, daß da oben dieser Vater ist und daß der da immer guckt, und zwar im positiven Sinne, also liebevoll sozusagen begleitet, was dieses Kind nun alles macht und nicht macht und nicht kann und schlecht macht und so weiter, das hatte ich, das ist dokumentiert sozusagen in Kinderbildern, Zeichnungen. Aber ich habe so rückblickend und ich glaube auch schon während der Zeit, das war immer mehr ein Wunsch als ein wirkliches echtes Gefühl. So dieser Wunsch, daß da vielleicht doch jemand ist, der da noch irgendwie die Sache besser regeln könnte, als wir das sozusagen als Hinterbliebene, wie wir uns immer gefühlt haben, der das besser regeln könnte. Aber so richtig echt war das eigentlich gar nicht. Das war eigentlich mehr ein Übernehmen von dem, was alle sagten und was als selbstverständlich galt, daß nämlich Vater, Mutter, Kind zusammengehören. Eigentlich habe ich meinen Vater überhaupt nie vermißt.

I: Mhm.

E: Nicht eine Minute. Also ich kann mich daran nicht erinnern. Im Gegenteil, ich habe eher so, eigentlich sogar mit einer gewissen Herablassung auf diejenigen geguckt, die in diesen unblessierten Lebensverhältnissen lebten.

I: Mhm.

E: Diese Gutbürgerlichkeit, wo alles da war und wo dann in den fünfziger Jahren dieses Wirtschaftswunder einbrach und alle sich bemühten, alles zu haben. Wir waren ja sehr arm, auch sehr lange, weil mein Vater jenseits der Oder-Neiße-Linie, würde man heute sagen, Pfarrer war, und das hatte zur Folge, daß die Bundesregierung den Witwen dieser Pfarrer keine Rente oder Pension oder was zahlte.

I: Ach, in Polen.

E: Ja, ja, das jetzige Polen.

I: Mhm.

E: Und das war ganz schlimm. Wir waren wirklich die ärmsten der Armen, und das war sehr lange. Wir lebten noch unter dem Sozialhilfeniveau. Ich habe eigentlich erst, als ich angefangen habe zu studieren, durch so eine Art Fleißprüfungen, da gab es ja noch kein BAFöG, also durch eine Studienförderung, da war ich schon zwanzig, überhaupt so 150 Mark oder 200 Mark im Monat gehabt. Aber auch das war so ein Punkt, wo ich nie darunter gelitten habe und auch nie gedacht habe, hätte ich das jetzt auch und das muß ich mir jetzt irgendwie beschaffen. Im Gegenteil, das war eigentlich, wie gesagt, so ein gewisser Stolz, das jetzt ohne das alles zu machen, also ohne Vater und ohne Geld.

I: Mhm.
E. Ohne Vater und ohne Geld zu leben.

Die Anwort auf die Frage nach den frühen lebensgeschichtlichen Ursprüngen der »Heimatlosigkeit« bringt uns auf die Spur eines schweren protestantischen Lebensgefühls. Dabei geht es weniger um den Glauben als um eine Haltung. Mit einer »gewissen Herablassung« schaut Camilla Blisse auf diejenigen, die den geordneten Verhältnissen verfallen sind. Sie leben in biederer Gutbürgerlichkeit dahin und haben dem einbrechenden Wirtschaftswunder nichts entgegenzusetzen. Das sind die Unblessierten und Unbedarften, die von Sünde und Gnade keine Ahnung haben. Sie bilden zwar die Mehrheit, aber sie besitzen nicht die Wahrheit. Camilla Blisse macht keinen Hehl aus ihrem stolzen Vorurteil gegenüber den Leuten, die in »bestimmten normierten Konstellationen« leben wollen. Schon das Kind unterschied sich von den meisten anderen Kindern darin, daß es »diese« Orientierung auf eine heile Familie nicht nötig hatte. Der Mangel stellt keinen Grund zur Klage, sondern eine Prüfung für die Bewährung des einzelnen dar. Gerade die »ärmsten der Armen« und, so mag man weiterassoziieren, die verlorensten unter den Verlorenen sind in der Lage, den Ruf eines ganz anderen zu vernehmen. Man muß sich jeden Idylls versagen, um nicht auf die leeren und hohlen Verlockungen der Normalität hereinzufallen.

Als Kind habe es sie »sicher schon« geschmerzt, keinen Vater zu haben. Aber, so lautet die auf dem Fuß folgende Erklärung, das sei ja auch die ganze Ideologie gewesen. Der Kinderwunsch nach einer heilen Welt wird als ein »wirkliches echtes Gefühl« nicht gelten gelassen. Am liebsten, so scheint es, würde unsere Erzählerin die gefährlichen Wünsche, die nicht der Beziehung zu einem realen Objekt, sondern der zur reinen Phantasie entspringen, aus der Seele verbannen. Die führen uns nur ins Zwischenreich des Ungefähren und Ungewissen, wo kein Wille und kein Gehorsam, keine Macht und keine Gnade klare Verhältnisse zu schaffen vermögen. Das Dumme besteht nur darin, daß Dokumente von Erinnerungsbildern existieren, welche die Erfüllung früher Wünsche zum Ausdruck bringen. Da erkennen wir den Vater im Himmel, der eine merkwürdige Mischfigur darstellt: Er ist Soldat mit einem

Stahlhelm, Begleiter der Engel, Kekse backende Mutter und liebevoll beobachtendes Oberhaupt der Familie. Hier kehrt nicht nur die verführerische Familienidylle wieder, es wird zugleich eine Vaterwelt gezeichnet, die Zartheit mit Gewalt, Nähe mit heiliger Ferne, Vertrautheit mit fremder Großartigkeit verbindet.

Trotz aller Wehklagen der halbverwaisten Familie habe sie ihren Vater »nicht eine Minute« vermißt. Der Vater als reale Person ist nicht das Problem. Man kann sich gut vorstellen, wie die Restfamilie unter den Bedingungen der schicksalhaften Depravierung innerlich zusammenrückte. Außerdem gebot das väterliche Gesetz des Pfarrhauses den Hinterbliebenen, sich nicht bloßzustellen und den Kopf hoch zu halten. Mit anderen Worten: Es geht in dieser Stelle um das symbolische Regime des Vaters. Und so gelesen erweist sich Camilla Blisse als gelehrige Tochter ihres toten Vaters. Als durch und durch protestantisch ist dieser »gewisse Stolz« zu verstehen, »ohne Vater und ohne Geld zu leben«. Unübersehbar ist die kulturprotestantische Verachtung des Händlerischen und Kaufmännischen. Der deutsche Mann soll nicht bloß Geld verdienen, sondern einer Sache dienen wollen, die seine private Existenz transzendiert. Die eigentliche Quelle des in dieser Formulierung zutage tretenden Überlegenheitsgefühls liegt freilich in einer bestimmten Grundeinstellung zur Wirklichkeit, für die Negativität als Wahrhaftigkeit gilt. »Ohne Vater und ohne Geld zu leben«, ist sozusagen höchste Prüfung und höchste Auszeichnung zugleich. Daraus könnte ein, mit dem Pfarrerssohn Gottfried Benn gesprochen, »Fanatismus zur Transzendenz«[6] erwachsen, der das einsame Ich in der entgötterten Welt als den modernen Zustand des Absoluten ersehnt.

Das protestantische Grundgefühl und die Bewußtseinslage des »unbehausten Menschen« passen durchaus zusammen. Wir können von verschiedenen Schichten von Camilla Blisses Lebenskonstruktion der »Heimatlosigkeit« sprechen: Die sozialisatorische Prädestination zu einer bestimmten Art von Sinnbedürfnis fand in der Ruinenphilosophie der fünfziger

6 Gottfried Benn, Prosa und Autobiographie. In der Fassung der Erstdrucke, Frankfurt a.M. 1984, S. 289.

Jahre den Resonanzboden für einen jugendlichen Existentialismus, der sich schroff den neudeutschen Wonnen der Normalität entgegenstellte.
Vielleicht haben wir unser Augenmerk bisher zu sehr auf den Vater gelegt. Schließlich hat Camilla Blisse in ihrer Kindheit und in ihrer Jugend hauptsächlich mit ihrer Mutter und mit ihrer Schwester zusammengelebt.

I: Haben Sie Ihre Mutter geliebt?

E: Ja, sehr, sehr. Ich denke, ja, auf alle Fälle. Meine Mutter war wirklich wunderbar, weil sie auch sehr offensiv und sehr liebevoll diese ganze Situation gemeistert hat und sehr parteilich war, also ihr Leben ganz stark darauf eingestellt hat, daß wir das jetzt so zu dritt machen.

I: Ja.

E: Und daß wir das irgendwie schaffen. Das hat sie ganz toll gemacht. Ganz, ganz toll.

Die Mutter hat lange nicht die Bedeutung wie der Vater. Sie wird zwar gerühmt und gelobt für die Art und Weise, wie sie die ganze Situation der Familie gemeistert hat, aber man sucht vergeblich nach Hinweisen auf einen prägenden Einfluß. »Wunderbar«, »offensiv«, »liebevoll« und zudem noch »parteilich« sei ihre Mutter gewesen. Diese Reihe von Attributen aus schwachen spontanen Erinnerungen und starken nachträglichen Wertungen vermag ein plastisches Bild der Mutter nicht zu erzeugen. Die Betonung liegt auf dem Beitrag, den diese dafür geleistet hat, »daß wir das irgendwie schaffen«. Camilla Blisse bildete mit ihrer älteren Schwester und ihrer jungen Mutter offenbar einen Dreierbund von »Hinterbliebenen«, die versuchten, gemeinsam durchs Leben zu kommen. Jedenfalls erscheint die Mutter eher als eine Kameradin denn als ein Liebes- oder Haßobjekt.

I: Würden Sie sagen, daß sie, auch nachher ohne Ihren Vater, ein gläubiges Elternhaus waren?

E: Nein, gar nicht.

I: Gar nicht?

E: Nein, gar nicht ist übertrieben. Das muß ich etwas differenzierter sagen, das nehme ich zurück. Ich bin ja in dieser Zeit, also nach 1945 habe ich zehn Jahre in einer der größten Krankenanstalten gelebt, evangelischen, in Bethel.

I: Ach ja.

E: Und das ist ja nun ein ganz christliches Pflaster. Und die Heimatlosigkeit, um mal bei diesem Stichwort zu bleiben, hat sich bei mir fortgesetzt, jetzt auch im Hinblick auf das Christentum. Familie, Wohlstand, Christentum, diese ganze Norm in jeder dieser verschiedenen Verzweigungen war für mich immer etwas, was ich mit äußerster Skepsis schon als Kind gesehen habe. Und deswegen kann man eigentlich auch nicht sagen, gläubig, obwohl die Atmosphäre ganz christlich war, und meine Mutter auch aus einem christlichen Umfeld stammt, in meiner Familie da sehr viele Pfarrer existierten.

I: Mhm.

E: Und ich auch sehr früh da mit der Orgel zugange war. Ich habe schon meine große Begeisterung für die Orgel als Kind entwickelt, und das ist jetzt schwierig, was das mit dem Christentum zu tun hat. Das hat sicher was damit zu tun, aber nicht nur. Die Orgel hat auch was mit Autonomie und Großartigkeit zu tun, mit Raumfüllung und mit Souveränität, also so einen großen Raum mit dieser phantastischen Musik sozusagen alleine zu beherrschen, das hat nicht nur was mit dem christlichen Hintergrund zu tun, aber sicher auch, mit Sicherheit, das ist mir auch klar, aber nicht nur.

Natürlich bot auch der christliche Glaube für die Heranwachsende keine Heimat. Im Gegenteil, die enge und harte Atmosphäre in der evangelischen Anstalt, »ein ganz christliches Pflaster«, förderte noch die »äußerste Skepsis« gegen dieses ganze normative System aus »Familie, Wohlstand, Christentum«. Zu der erfahrenen Statusinkonsistenz zwischen materieller Not und geistigem Anspruch, zu der erlittenen Zurücksetzung wegen der Unvollständigkeit der Familie kamen die wahrgenommenen Widersprüche zwischen Wort und Tat, was die christliche Botschaft anbetraf. So erklärt sich Camilla Blisses erste Reaktion auf die Frage nach der Gläubigkeit in ihrem Elternhaus. Unter der scharfen Ablehnung kirchlicher Gläubigkeit konnten freilich die gewissermaßen säkularisierten Formen protestantischer Religiosität gedeihen. Amts- und Musikpflege gehören im evangelischen Pfarrhaus traditionellerweise zusammen. Dem gestörten Verhältnis zu den prunkenden Künsten des Auges entsprach ein um so innigeres zur Musik. »Die Wunder, die sich unseren Augen darbieten«, hatte Luther verkündet, »sind viel geringer als die Wunder, die wir mit den Ohren wahrnehmen.«[7] Und das Instrument der Orgel und die Musik von Bach sind bekanntlich klassisch für diese Form protestantischer Kunstreligiosität. Das weiß Camilla Blisse selbstverständlich auch. Sie will daher noch auf etwas anderes hinweisen. Die Orgel habe mit »Autonomie«, »Großartigkeit«, »Raumfüllung« und »Souveränität« zu tun. Sie spielt damit auf ein bestimmtes Hochgefühl an, das sie dieser »phantastischen Musik« verdankt. Die musikalische Beherrschung von »so einem großen Raum« eröffnet der Spielenden eine objektlose Weite, wo niemand und nichts ihrem Verlangen nach Souveränität Einhalt gebietet. Es handelt sich um ein Erlebnis von Triumph, das zwar durch die Abwesenheit eines störenden menschlichen Objekts charakterisiert ist, aber die Verbundenheit mit einem ganz diffusen Objekt elementarer Art zur Voraussetzung hat und gleichzeitig mit der Aufhebung der natürlichen menschlichen Körpersphäre einhergeht[8]. Derart entrückt von der Welt spürt Camilla Blisse eine besondere Kraft ihres Selbst. In solchen Momenten, so scheint es, triumphiert die Heimatlose über das klägliche Dasein.

I: Was waren Sie für ein Kind? Ein aufgewecktes, zurückhaltendes oder ein freches Mädchen oder wie kann man das sagen?

E: (lacht) Also eine extreme Mischung von krankhaft schüchtern bis hin zu unverschämt und agressiv.

I: Mhm.

E: Also in dem Spektrum spielte sich das ab, wobei es dazwischen wenig gab (lacht). Ich war wahnsinnig schüchtern, wollte niemand sehen und habe sehr zurückgezogen eigent-

7 Zitiert nach Oskar Söhngen, Die Musik im evangelischen Pfarrhaus, in: Martin Greiffenhagen (Hrsg.), Das evangelische Pfarrhaus. Eine Kultur- und Sozialgeschichte, Stuttgart 1984, S. 295-310, hier S. 303.

8 Vgl. zu dieser Beschreibung des fliegenden Hochgefühls Hermann Argelander, Der Flieger. Eine charakteranalytische Fallstudie, Frankfurt a.M. 1985, S. 26.

lich meine Kindheit verbracht, meistens mit einem Instrument. Aber ich war, wenn die Situation dazu angetan war, war ich dann auch sehr selbstbewußt oder sehr widerspenstig, wie das dann hieß, und habe mir nichts gefallen lassen.

I: Mhm.

E: Aber ich hatte nicht dieses freundliche, charmante Verhalten, was andere Mädchen haben, hatte ich nie.

I: Mhm, mhm.

E: Also dieses Umgängliche stand mir nicht zu Gebote.

Es liegt eine gewisse Schamlosigkeit in der Frage des Interviewers, die ohne Umschweife auf den frühen Charakter zielt. Die so Exponierte antwortet daher im ersten Moment mit einem Lachen. Doch dann zögert sie nicht mit der Preisgabe einer weiteren Schicht ihrer persönlichen Welt. Wir erkennen ein Mädchen, das von einer »extremen« Ambivalenz beherrscht ist: Voller Schüchternheit zieht es sich, nur begleitet von einem Instrument, von der Welt zurück. Das heranwachsende Mädchen sucht einen Zustand jenseits aller Probleme der Polarität, des Neides zwischen den Geschlechtern und des Gefühls der eigenen Unvollkommenheit. In psychoanalytischer Manier würde man sofort auf die phallische Bedeutung des Instruments hinweisen. Doch wir würden so nicht verstehen, was so »krankhaft« und »wahnsinnig« an dieser Schüchternheit sein soll. Daß das Mädchen niemand sehen wollte, könnte man als eine Form der Abwehrorganisation interpretieren, die auf die Erwartung hindeutet, verfolgt zu werden. Wir dürfen jedoch die Musik nicht vergessen, die es mit dem Instrument erzeugt. An der Orgel, so haben wir erfahren, erlebt die Heranwachsende einen Höhepunkt der Ich-Bezogenheit, der alles andere in den Schatten stellt. Im leeren Raum um Welt und Ich erreicht sie den Zustand einer persönlichen Transzendenz. »Krankhaft« und »wahnsinnig« daran ist das süchtige Verlangen der ewigen Wiederholung dieses Erlebnisses. Die Hinwendung zur Wirklichkeit ist zwar grausam, aber lebensnotwendig. Das macht vielleicht den Wechsel ins andere Extrem verständlich. Wenn es die Situation erlaubte, wandelte sich die Schüchterne zur Hochmütigen. Sie wird zur unerbittlichen Verteidigerin einer Position, die sich über die Zumutungen von Erzogenheit und Temperiertheit hinwegsetzt. Nein, erklärt uns dieses Mädchen als erwachsene Frau, dieses Umgängliche, was andere Mädchen haben, sei ihr nicht zu Gebote gestanden. Mit unverhohlener Verachtung blickt Camilla Blisse auf ihre Geschlechtsgenossinnen, die dieses freundliche und charmante Verhalten nötig haben. Ihr tief eingeborener Protestantismus sagt ihr, das Absolute ist woanders, aber zugleich steht ihr vor Augen, daß der Versuch der Verweltlichung des Absoluten zum Weltverlust führt[9]. An der Orgel stellt sie den transzendenten Raum selbst her, worin sie sich so großartig verloren fühlt.

Wir ahnen schon die Verbindungslinien, die in der gedachten Ordnung des evangelischen Pfarrhauses zwischen Glaube und Vaterland, Wille und Gehorsam, göttlicher Gnade und kriegerischer Bewährung bestehen.

I: Wie stand Ihr Vater zum Faschismus?

E: Mein Vater war überzeugter Nationalsozialist.

I: Ja.

E: Ein ganz überzeugter Christ mit der Waffe. Er ist als Pfarrer freiwillig eingezogen, war schon bei der SA, was auch in zahlreichen Schriften und Briefen dokumentiert ist, seine Haltung zum Nationalsozialismus.

I: War Ihre Mutter anders?

E: Meine Mutter war in dieser Hinsicht halt eine typische Frau, das heißt, sie hat keine eigene Position entwickelt dazu, sie hat geglaubt, daß es so richtig sei, wie ihr Mann das gemacht hat, also sie hat gehofft und versucht, es so auch gut zu finden.

I: Mhm.

E: Nehme ich jedenfalls an. Aber sie hat darüber nicht ein einziges Mal gesprochen. Das war das absolute Tabuthema. Und in diesem geschützten Raum Bethel ist der Nationalsozialismus politisch niemals ein Thema gewesen, in meiner gesamten Schulzeit ist das nicht einmal überhaupt berührt worden. Es war nur atmosphärisch halt so, daß Bethel eine

9 Vgl. zu diesem protestantischen Motiv Klaus Podak, Pfarrhaus und Philosophie oder der Untergang des Absoluten, in: Martin Greiffenhagen (Hrsg.), Das evangelische Pfarrhaus, Eine Kultur- und Sozialgeschichte, Stuttgart 1984, S. 311-327.

karitative Einstellung zu den ganzen Problemen hatte, so daß auch sehr viele Nazis in Bethel untergebracht waren, und die da auch rumliefen, und so eine gewisse Berührungsscheu den Menschen gegenüber bestand, aber ich nie genau wußte, warum. Ich war ja noch ziemlich klein und habe das erst hinterher eigentlich alles rausgefunden, was da los war.

I: Mhm.

E: Das war mir alles etwas unheimlich, aber ich habe als Kind viel weniger noch eine Ahnung gehabt, was nun Nationalsozialismus war, ich habe mehr so sinnliche Erfahrungen mit dem Krieg selbst gehabt. Mit Bombenangriffen und Zerstörung von Städten, das hat mich, glaube ich, sehr, sehr tief beeindruckt, überhaupt die Zerstörungsleistung eines Krieges, ohne damals zu fragen, wer eigentlich was hier zu verantworten hat. Erst mal überhaupt die Tatsache der Zerstörung, das war für mich eine solche Ungeheuerlichkeit, was ich nicht begreifen konnte, was das war, warum man das alles kaputt machen mußte.

I: Das hatte nichts mit einer Angezogenheit von großer Zerstörung zu tun, die ja wohl auch etwas Faszinierendes haben kann?

E: Nein, überhaupt nicht. Das war für mich wirklich die Hölle, wirklich die Hölle. Ich erinnere mich noch genau, als wir aus Polen kamen, das war 1944, da war gerade ein großer Angriff auf Berlin gewesen, und wir mußten da umsteigen von der Friedrichstraße zu einem anderen Bahnhof und mußten durch diese kaputte Stadt laufen, und ich fand, das waren wirklich Höllenvorstellungen, so sieht die Hölle aus.

I: Mhm.

E: Das war nachts, das vergesse ich nie. Auch andere Sachen. Zum Beispiel Bombenangriffe aus der Ferne haben wir mehrere erlebt, als wir evakuiert waren auf einem Dorf, wo man dann aus der Ferne so richtig sah, wie diese Bomben, bei diesem schönen Wetter 1945, diesem knallblauen Himmel, diese glitzernden Flugzeuge, und dann die Bomben da unten rausflogen, und da sah man von weitem richtig, wie die Kirchtürme umkippten. Das sind so Erinnerungen.

Auch wenn meine Mutter weinte, wegen der Gebäude auch, also auch. Ich weiß noch, wie sie sagte, diese schönen Kirchen. Das heißt also, auch so eine Art, von meiner Mutter ausgehend, Liebe zu der Kultur, die da zerstört wurde.

I: Mhm.

E: Zu den Menschen, zu den anonymen Menschen und zu allem, was so eine Stadt an Gewordenem beinhaltet.

I: Glauben Sie, daß Ihre Mutter das ohne sie beide, die beiden Kinder, ertragen hätte?

E: Nein, das glaube ich nicht. Das war eine emotional sehr enge Beziehung, das ist kaum vergleichbar, ich denke, daß diese Konstellation, diese Dreierkonstellation gar nicht denkbar wäre unter anderen Bedingungen, unter Nicht-Kriegsbedingungen. Zumal in meiner Familie fast alle Männer gefallen waren, es sind keine übrig geblieben, die sind wirklich ausgerottet, und da war halt die Bindung aneinander und die Fürsorge füreinander und die Toleranz sehr, sehr einmalig, denke ich.

Camilla Blisse schildert uns eine Welt, in der alles etwas unheimlich war. In dem geschützten Raum von Bethel hielten sich merkwürdige Menschen auf, denen gegenüber eine gewisse Berührungsscheu bestand. Das Kind, so wird uns versichert, wußte nicht, was da los war. Es ging um ein Thema, das auf keinen Fall berührt werden durfte. Die Mutter wird als Wächterin dieses Tabus gekennzeichnet. Der Vater wäre nämlich einer dieser ausgestoßenen Menschen gewesen, denen man sich in der Anstalt aus karitativen Gründen annahm. Man denkt an schweigsame und geduckte Gestalten, die sich dankbar zeigen mußten für die ihnen widerfahrene Wohltätigkeit. So etwas will die Tochter ihrem Vater selbst in der Vorstellung nicht zumuten. Der war vor allem ein Überzeugter – ein überzeugter Nationalsozialist und ein überzeugter Christ mit der Waffe. Das dominante Merkmal des doppelten Überzeugtseins hebt ihn ab von allen Karrieristen, Angepaßten oder zufällig Involvierten. Das macht ihn groß und stark, als sei er ein Held zur falschen Zeit gewesen. Martin Niemöller ist der Prototyp des überzeugten Christen mit der Waffe. Ob im U-Boot oder in der Kirche, im Bewußtsein des göttlichen Auftrags kann es nur Führung und Gefolgschaft geben. Es ist dieses Bild des

Vaters, das die Mutter aufrechterhalten will. Sie wird als eine typische Frau bezeichnet, die aus der Identifikation mit ihrem Mann lebt. Keine falschen Fragen und dummen Anschuldigungen sollen diese Ikone im nachhinein noch beschmutzen. Die Tochter folgt hier der Linie ihrer Mutter: Was sollen wir noch hin und her reden, seine Haltung ist in zahlreichen Schriften dokumentiert. Damit bleibt sein Bild außer jeder Diskussion. Hier tritt uns eine entschiedene Einstellung entgegen: Besser ein überzeugter Täter als ein bloßer Mitläufer. Das Widerliche sind die faulen Kompromisse und die ängstlichen Arrangements. Kämpferisch und entschieden muß man Gott folgen oder dem Nichts ins Auge sehen.
Aber Camilla Blisses eigene Erfahrung war nicht durch den Nationalsozialismus, sondern durch den Krieg geprägt. Geschichte war für das Kind zuerst Kriegsgeschichte. Man muß sich klar machen, daß die 1940 Geborene eine ruhige und geschützte Verhaltensheimat erst in der stickigen Atmosphäre von Bethel erlebt hat. Der Krieg sei die Hölle gewesen – »wirklich die Hölle«. Die Metapher bringt das nicht mehr Handhabbare jener Erfahrung zum Ausdruck. Camilla Blisse bedient sich zwar der Vergangenheitsform, um das Unbegreifliche für das kleine Kind von damals zu bezeichnen, das in der Nacht mit seiner Mutter und mit seiner Schwester durch das von Bomben zerstörte Berlin lief, aber die Frage beschäftigt sie doch bis heute: Wie konnten sich die Menschen selbst so eine Hölle bereiten? Jetzt fragt sie, wer das »hier« zu verantworten habe. Die Formulierung bringt genau genommen verschiedene »Zerstörungsleistungen« zusammen: die von damals und eine noch unbestimmte von heute. Es sei überhaupt die Tatsache der Zerstörung, die eine solche »Ungeheuerlichkeit« darstelle. Ungeheuerlich ist eine Anmaßung, eine Zumutung, überhaupt eine Maßlosigkeit der Selbstermächtigung. Man sieht, daß schon in dieser einen Vokabel eine ganze Philosophie von den Ursprüngen solcher »Zerstörungsleistungen« steckt.
Es ist die Mutter, die dem Ganzen noch eine abendländische Dimension verleiht. Sie weint nicht wegen der getöteten Menschen, sondern wegen der zerstörten Kirchen. Jedenfalls »auch«, wie die Tochter sofort erklärend hinzufügt. Die umkippenden Kirchtürme demonstrieren, daß Gott die Menschen

verlassen hat. Selbst diese aufrechten Symbole der abendländischen Kultur fallen den Zerstörungen des Kriegs anheim. Dem Menschen, der sein Maß auf Erden verloren hat, ist nichts mehr heilig. Diese glitzernden Flugzeuge, die am knallblauen Himmel auftauchen und ihre Bomben abwerfen, sind die Vorboten einer neuen Macht, in der der Mensch sich zugleich selbst herstellt und zerstört.

Nachdem der Vater gefallen war, suchte die Mutter ihren Halt bei den Kindern. In der Familie sei fast das ganze männliche Geschlecht durch den Krieg »ausgerottet« gewesen. In dem starken Ausdruck schwingt etwas von gerechter Strafe mit. Man denkt natürlich sofort an das erhobene Bild des Vaters, dessen Überzeugungen dieser Selbstvernichtung nicht gerade im Wege gestanden haben. Doch die heroische Vorstellung wird davon nicht berührt. Im Grunde spielt selbst der Begriff der Ausrottung noch mit Assoziationen von Großartigkeit. Als sei ein Völkermord an den männlichen Mitgliedern ihrer Familie verübt worden. Jedenfalls hatte die Mutter ihr männliches Komplement verloren, weshalb sie sich unter den besonderen Bedingungen des Kriegs ihren Kindern überantwortete. Das ist die andere Seite des Kriegskinderschicksals: Sie haben nicht nur unvergleichbare Höllen der Zerstörung durchlebt, sie mußten gleichzeitig noch als Stütze ihrer von allen Männern verlassenen Mutter dienen. Nein, bestätigt Camilla Blisse, alleine hätte die Mutter diese Belastungen nicht ertragen.

Bevor wir weiterverfolgen, wie unsere Erzählerin aus dem geschlossenen System der fünfziger Jahre herausgekommen ist, sollten wir festhalten, was die Interpretation bisher erbracht hat. Der Grundriß von Camilla Blisses Lebenskonstruktion entstammt dem Sozialisationsmilieu des evangelischen Pfarrhauses. Die stolze Geste der Weltflucht weiß sich im Einklang mit einer Mentalität langer Dauer, der das soziale Stigma der materiellen Düftigkeit und des schicksalhaften Mangels als Bewährungsprobe für den einzelnen gilt. Was die Schwachen niederdrückt, erhöht die Starken. Hinter solcher Gesinnung verbirgt sich ein scheues und widerspenstiges Mädchen, das sich der von ihm antizipierten Geschlechtsrolle charmanter Gefügigkeit verweigert. Eine weitere Schicht von Camilla Blisses Lebenskonstruktion bildet der Krieg. In allem, was sie denkt, fühlt und wahrnimmt, ist Camilla Blisse geprägt von frühen Erlebnissen einer enormen Verwüstung. Bezeichnenderweise findet diese vielgestaltige Lebenskonstruktion ihre Ausdrucksgestalt in der geistigen Welt der fünfziger Jahre. Mit ihrem Pathos der Heimatlosigkeit entpuppt sich Camilla Blisse als Weggefährtin des »unbehausten Menschen«. Die Lehre der metaphysischen Ortlosigkeit verlangt, daß der einzelne jeder behaglichen Normalität und jedem allgemeinen Grund entsagen muß. Daraus ergibt sich eine erstaunliche Erklärung für den Aufstieg unserer Gesprächspartnerin zu einer feministischen Leitfigur: Camilla Blisse eroberte in der Ungewißheitsperiode der achtziger Jahre durch die Reaktualisierung der endzeitlichen Bewußtseinslage der fünfziger Jahre eine exemplarische Deutungsposition. Am Ende aller Ideologien, so spricht die Prophetin der Heimatlosigkeit, wird klar, daß der zerstörerischen Gegenwart eine jahrtausendelange Geschichte von Vor- und Einübungen der Herrschaft von Männern über Frauen, von Reichen über Arme, von Freien über Abhängige, von sogenannten Zivilisierten über sogenannte Nicht-Zivilisierte vorausging, weshalb wir uns vom Prinzip Hoffnung endgültig verabschieden müssen. Sie rät den Frauen, sich vom Unrat tröstlicher Paradiesvorstellungen zu befreien und die Jetztzeit als ihre einzige Chance zu ergreifen.

I: Können Sie sagen, wann für Sie die fünfziger Jahre zu Ende waren? Ich meine dieses Gefühl der Enge und der strikten Normalität. Wann das für Sie vorbei war?

E: Das ist bei mir etwas schwierig zu sagen, weil ich Ende der fünfziger Jahre angefangen habe zu studieren, 58 habe ich Abitur gemacht und mit dem Studium begonnen, und bin dann weggegangen aus Bethel, aus dieser Anstalt, wo ich zehn Jahre war, und dann fing sowieso ein völlig neues Leben an.

I: Mhm.

E: Außerdem, ich war so was von unpolitisch, und wir waren damals alle, die ich kannte, vollkommen unpolitisch.

E: Ja.

I: Das ist unglaublich, das kann man sich heute gar nicht mehr vorstellen. Überhaupt keine Ahnung, nicht das geringste Interesse, sich damit zu beschäftigen, was diese Politik eigentlich bedeutet. Ich kann mich nur an die Aufrüstungsdebatte damals erinnern, also Franz-Josef Strauß und Kiesinger damals, das weiß ich noch sehr genau, da habe ich am Radio gehangen, ich wollte eine Position dazu haben, was ich davon halten sollte, ob diese Bundeswehr nun bewaffnet werden soll und mit der atomaren Frage. Da habe ich angefangen, mich damit zu beschäftigen. Aber auch noch relativ unpolitisch.

I: Das heißt moralisch?

E: Ja, moralisch. Und sehr mit einem existentialistischen Lebensgefühl. So, diese Welt ist sowieso nicht mehr zu retten, und diese Menschen werden das nicht aufhalten. Ob nun die Bundesrepublik Atomwaffen hat oder nicht, ist letztlich egal, das wird sowieso hier alles zu Bruch gehen. Also diese Vorstellung hatte ich ganz stark. Wenn diese Waffe erst mal erfunden ist, dann wird die auch in Aktion treten. Das entspricht sozusagen dem menschlichen Unvermögen und der menschlichen Unfähigkeit, überhaupt ein vernünftiges Leben hinzukriegen. Die moralische Inkompetenz des Menschen war eigentlich so ein Grundgefühl.

I: Dann sind Sie schon so ein Kind des Existentialismus. Haben Sie das auch gelesen?

E: Gelesen habe ich das viel, viel später. Das war wirklich ein existentialistisches Lebensgefühl, kein existentialistisches Wissen. Das habe ich gar nicht gelesen damals.

So schnell kommen wir von den fünfziger Jahren nicht los. Mit dem endlichen Weggang aus dem evangelischen Anstaltsmilieu fing zwar ein völlig neues Leben an, aber der Lebensfonds der Kriegskindheit blieb erhalten. Es zeigt sich, wie die Frage nach der Zerstörungsleistung des Menschen neue Nahrung bekam. Die Ausmaße wuchsen sogar noch. Mit der atomaren Frage stand offenbar die Existenz der gesamten Menschheit auf dem Spiel. Von den bewegten Gefühlen und den rasanten Formen des neuen Alltags der fünfziger Jahre findet sich bei unserer Erzählerin keine Spur. Das Kriegskind begegnet dieser Welt mit einem großen Mißtrauen. Von diesen Menschen, die sich gerade mal zehn Jahre nach dem Ende des Zweiten Weltkriegs wieder mit der Bombe versehen wollten, war nichts zu halten. Das als existentialistisch bezeichnete

Grundgefühl von der »moralischen Inkompetenz des Menschen« bildete eine Sperre gegen die Wahrnehmung der Modernitätsexplosion der fünfziger Jahre. Sambaschritte und gelöster florealer Schwung, die Ersetzung des Rechtwinkligen durch das Bewegte, Bibi, Bully und Babs[10] – all diese Zeichen eines ebenso dynamischen wie amüsanten Aufbruchs nach einem schrecklichen Krieg galten für die Jungakademikerin nichts, weil diese Welt sowieso nicht zu retten war. Der Hinweis darauf, daß sie das damals noch völlig unpolitisch gesehen habe, läßt den Schluß zu, daß Camilla Blisses Verdikt heute noch schärfer ausfallen würde. Jedenfalls ist keinem Wort zu entnehmen, daß in der Bundesrepublik ein Neuanfang oder gar ein kollektiver Lernprozeß nach 1945 stattgefunden hätte. Das Kriegskind kann seinen Ursprung nicht vergessen.

Die Frage nach dem Ende der fünfziger Jahre ist allerdings noch nicht beantwortet. Wir müssen auf anderem Wege wieder darauf zurückkommen.

I: Wissen Sie noch, wann Sie Ihren ersten Kontakt mit der Popkultur gehabt haben?

E: Sechziger Jahre.

I: Sechziger Jahre?

E: Ja.

I: Früher nicht?

E: Nein. Ich bin relativ spät da eingestiegen. Eigentlich erst mit den Beatles. Vorher gar nicht.

I: Also der Rock'n'Roll war sozusagen –

E: Rock'n'Roll hat mich nicht besonders interessiert, aber das hat auch, glaube ich, zu tun mit meiner Rolle als Frau oder als Mädchen.

I: Mhm.

E: Ich war ja immer viel zu groß. Diese Geschlechterrollen der fünfziger Jahre waren mir so entsetzlich gegen den Leib geschnitten, daß ich da überhaupt nicht reinpaßte. Und das war sicher auch meine Chance, denke ich. Wie ein Mädchen

10 Gemeint sind die neuen deutschen Schlagersänger mit Namen wie Bibi Johns, Alice Babs oder Bully Buhlan. Vgl. zu diesem Komplex des westdeutschen Neubeginns nach 1945 Paul Maenz, Die 50er Jahre. Formen eines Jahrzehnts, Köln 1984.

aussehen mußte in den fünfziger Jahren, das war so konträr zu dem, wie ich aussah, das hatte natürlich auch Folgen für die ganze Popkultur, weil ich mich da gar nicht integrieren konnte. Dieses Tanzen da zusammen, dieses paarweise Tanzen, das ging immer alles gar nicht. Ich war viel zu groß, ich war immer größer als diese Jungs, außerdem hatte ich auch andere Gesprächsthemen, ich konnte mich in den Small Talk dieser Jugendlichen nicht einfinden und bin da auch ganz schnell wieder ausgestiegen. Zwei Stunden Tanzschule und wieder verschwunden, nie wieder hingegangen und so was. Und die Beatles waren dann und der Twist und diese ganze Entwicklung, fand ich sowohl musikalisch als auch von der Kommunikation her, das war eine Möglichkeit, sich davon unabhängig zu machen.

I: War Ihnen der Rock'n'Roll vorher zu proletarisch?

E: Na ja, ich meine, dieses Wort hatte ich damals nicht in meinem Wortschatz, es könnte sein, daß da so was zugrunde lag. Es könnte schon sein. Aber ich war sowieso nirgendwo integriert. Um in diese Popkultur einzusteigen, mußte man integriert sein in irgendwelchen Jugendgruppen, das war ich ja nie. Das wollte ich auch gar nicht, ich bin immer so alleine durchs Leben gelaufen. Das paßte nicht dazu, so im Rudel rumzulaufen, für mich.

I: Aber trotzdem waren die Beatles was Befreiendes?

E: Ja, die Beatles, und dann waren es auch viele Chansons damals in der Zeit, die haben mich mit Sicherheit fast noch mehr interessiert. Juliette Greco und – wie heißt sie?

I: Piaf?

E: Edith Piaf, ja, das fand ich alles ganz phantastisch.

Die frühe Popkultur des Rock'n'Roll hat dieses schlacksige Mädchen also nicht berührt. Sie hatte das Gefühl, schon mit ihrem Körper nicht in diese lässige, coole und geschmeidige Teenager-Welt zu passen. Dem ersten Probelauf des »American Style« nach 1945 widersetzte sie sich mit deutschem Ernst und protestantischem Trotz. Die Themen in der von den »Jungs« dominierten Jugendkultur waren ihr zu oberflächlich und die Umgangsformen zu vulgär. Hier stoßen wir wieder auf das Lebensthema unserer Erzählerin: die Heimatlosigkeit als Chance einer authentischen Existenz. Zwar öffnet sie sich den Beatles und überraschenderweise dem Twist, aber im Zweifelsfall liegt ihr der pure Stil des französischen Chansons näher. Der einsamen schwarzen Gestalt auf der Bühne, die von der Absurdität der Existenz und von dem Glauben an die Liebe singt, fühlt sie sich »fast noch mehr« zugetan.

Von den sechziger Jahren ist das Übliche zu berichten. Erst das Studium der Psychologie mit heißem Bemühn, gleich daran anschließend die eifrige Wahrnehmung einer Assistentenstelle, dann die sexuelle Revolution und der Kampf um die Allgemeinbegriffe. Die Stichworte lösen unterschiedliche Reaktionen aus. Die Geschichte mit der Revolutionierung der sexuellen Besitzverhältnisse habe sie zwar mitgemacht, aber mehr im Sinne eines Versuchs als mit Überzeugung. Eigentlich habe sie sich nie lange auf diese modischen Trends eingelassen, läßt uns Camilla Blisse wissen, und sie habe sich schnell eine eigene Meinung über diese Normen der Befreiung gebildet. Die Studentenbewegung als subkulturelles oder gegenkulturelles »consciousness raising« war offenbar ihre Sache nicht. Da spürte sie bald wieder die Übergriffe der anderen, gegen die sich die »Steppenwölfin« instinktiv zur Wehr setzte. Was sie indes betont, ist der Kampf um Meinungsfreiheit in einer verlogenen Gesellschaft. Die Studentenbewegung sei eine Praxis der Denkfreiheit gewesen, so die plötzliche Emphase unserer Erzählerin, um überhaupt Vorstellungen darüber zu gewinnen, was Demokratie sein könnte. Die Erfahrung der Freiheit wird hier auf ein neues Wissen bezogen, das eine andere Konstruktion der Wirklichkeit ermöglichte.

E: Ende der sechziger Jahre kam eine Kategorie hinzu, die wirklich das ganze psychologische Denken absolut umkrempelte, das war einfach die Kategorie Gesellschaft. Die gab es vorher nicht. Überhaupt zu denken, daß es eine Gesellschaft gibt, die Menschen prägt und nicht nur individuelle Erfahrungen, das war eine solche Herausforderung und ein solches Aha-Erlebnis, was dazu führte, daß die Psychologie im herkömmlichen Sinne radikal in Frage gestellt wurde. Überhaupt so ein Begriff wie gesellschaftliche Bedingtheit des Verhaltens, der hatte unglaubliche Folgen für den Umgang mit Problemen und für den Umgang mit dem einzelnen Menschen, den man als Psychologe vor sich hat, der mit seinem Leben nicht zu Rande kommt, dann führt das wiederum nicht zu anderen Methoden innerhalb der Psychologie, sondern es führt eigentlich dazu, die Psychologie zu verlassen. So war es bei mir auch.

Es heißt bemerkenswerterweise nicht »gesellschaftlich vermittelt«, sondern »gesellschaftlich bedingt«. Die individuelle Erfahrung wird zur abhängigen Variablen eines amöbenhaften Ganzen, aus dem wir kommen und in das wir eingehen. Das Unbehagen hatte eine Form und das Unglück einen Grund gefunden. Der einzelne, der mit seinem Leben nicht mehr zu Rande kam, wurde plötzlich als ein gesellschaftliches Wesen angesehen, das nicht an sich selbst, sondern an etwas anderem litt. Wer die »Gesellschaft« entdeckt hatte, mußte daher die Psychologie verlassen.

Man sieht, wie die »Kategorie« der Gesellschaft ein System besseren Wissens begründete, das zugleich einen deskriptiven und einen präskriptiven Anspruch erhob. In der Verwendung des Begriffs der »gesellschaftlichen Bedingtheit des Verhaltens« steckt die Aufforderung nach Einsicht und Umkehr. Man kann jetzt nicht mehr nur Methoden wechseln, man muß einen ganz anderen Blickwinkel einnehmen. Wichtig für die Geschichte unseres Falls ist, daß die Revolution der Interpretationsverhältnisse eine neue Grundlage für die Beziehung der Kritikerin zu ihrer Gesellschaft geschaffen hat. Aus einer Position des Abstands kann alle individuelle Erfahrung in Frage gestellt werden. Was immer der einzelne glauben, denken und fühlen mag, das Unheil kommt woanders her. Der Ursprung des Leidens liegt in der Gesellschaft, die irgendwie ihrem Wesen oder ihrem Gesetz untreu geworden ist. Die Gesellschaftskritikerin muß aus diesem Grunde eine Revision des Ganzen fordern, damit der einzelne sein Leben wieder in die eigenen Hände bekommen kann.

Camilla Blisse brach übrigens wirklich mit der akademischen Psychologie und widmete sich jahrelang dem Aufbau eines öffentlich finanzierten Systems der Familienhilfe. Die Sozialtherapie vor Ort sollte gerade den unterprivilegierten Schichten unserer Gesellschaft zugute kommen, denen es, wie man damals sagte, an der sozialen Kompetenz für eine auf das Individuum bezogene Kur mangelte.

I: Glauben Sie eigentlich heute noch an diese Formel von der gesellschaftlichen Bedingtheit des individuellen Verhaltens? Das ist vielleicht eine zu große Frage.

E: Ja, das ist eine riesige Frage. Dazu kann ich unmöglich so schnell was sagen.

I: Mhm.

E: Ich denke erst mal, daß das eine riesige Eröffnung war, die gesellschaftliche Bedingtheit des Verhaltens von Menschen, also der nachzugehen und zu versuchen, da etwas mehr herauszufinden, als wir vorher rausfinden konnten. Ich denke, da ist auch viel herausfindbar gewesen. Und ich bin weiterhin der Meinung, daß das eine produktive Kategorie ist. Allerdings stellt sich die Frage, was gesellschaftliche Bedingtheit heißt. Die ist natürlich nicht damit gefaßt, daß man sagt, das ist Kapitalismus oder so was. Sondern da muß man viel, viel großräumiger denken. Und dazu gehört die Geschichte mindestens seit der Aufklärung. Also wenn ich von Gesellschaft rede, dann meine ich immer mindestens die letzten zweihundert Jahre dazu.

I: Mhm.

E: Und die Entwicklung, die diese Zivilisation genommen hat, seit der Aufklärung. Das ist eigentlich für mich weiterhin die entscheidende Determinante, um zu begreifen, warum Männer und Frauen so sind, in ihrer unterschiedlichen Normgebung, warum sie so geworden sind. Dennoch denke ich, daß das nicht ausreicht, um das Verhalten von Menschen wirklich zu begreifen. Ich gehe zwar weiterhin davon aus, daß es uns nie gelingen wird, das zu begreifen, daß wahrscheinlich immer der wesentliche Rest offen bleibt. Ich denke mittlerweile, das ist vielleicht auch eine Frage des Älterwerdens und der vielen sich wiederholenden Erfahrungen. Das ist jetzt schwierig, was ich sage, weiß ich, problematisch, ich sage es ganz bewußt, daß Gedanken zur Biologie nicht ganz sinnlos sind. Das ist nicht mein Fach, deswegen kann ich dazu nichts Qualifiziertes sagen, aber ich denke, das Wort biologistisch, was seit der Linken ein Schimpfwort ist, was es ja auch ist, also biologistisch ist ein Schimpfwort, aber das Wort biologisch im Zusammenhang mit der ganzen Ökologiefrage, das muß leider doch einen größeren Raum einnehmen, als es bisher tut. Aber das sage ich nur in Klammern, was Vernünftiges kann ich dazu nicht sagen.

I: Mhm.

E: Es ist eigentlich mehr ein Ergebnis der Verzweiflung darüber, daß von der Veränderbarkeit von Menschen immer weniger zu halten ist. Wir haben uns immer derartige Illusionen gemacht über die Möglichkeiten von Veränderung, und ich sehe in dieser Kultur, in unserer westlichen, zivilisierten, weißen Kultur eine solche Stagnation von überhaupt nur der Vorstellung, was Befreiung eigentlich sein sollte, der vollkommene Schwund, der vollkommene Verlust von übergreifenden politischen Ideen, der Verlust des Bewußtseins, was eigentlich Ausbeutung bedeutet, Ausbeutung, die diese Kultur vornimmt an Ländern der dritten Welt, an Frauen, an der Natur. Und das ist für mich die entscheidende Richtung zu denken, und sehe aber gleichzeitig, daß das immer mehr zu abstrakten Formeln verkommt, also das lebendig zu machen, was das bedeutet im Rahmen dieser mindestens zweihundertjährigen, aber eigentlich könnte man sagen, zweitausendjährigen Geschichte dieser Kultur. Das ist ein äußerst weites Feld.

Die Eröffnung war riesig, aber das Ende kläglich. Camilla Blisse kann ihre Wut kaum zügeln. Da ist von vollkommenem »Schwund« und »Verlust« die Rede, von einer »solchen Stagnation« des Vorstellungsvermögens, was die einst zentralen Topoi von Befreiung und Ausbeutung betrifft. Einerseits sieht sie, daß sich das kollektive »Wir« der Studentenbewegung »Illusionen« über die Möglichkeiten von Veränderungen überhaupt gemacht hat, andererseits will sie sich damit nicht abfinden. Das Ergebnis ist »Verzweiflung«. Als Ausweg bleibt nur eine Radikalisierung des Protests. Das Nein muß irgendwie archaischer und existentieller werden. Zuerst wird noch eine Entwicklung »dieser« Zivilisation seit der Aufklärung benannt. Doch dann erweitert sich die Perspektive auf unsere Kultur und sogar auf unsere Biologie. Nicht eine zweihundertjährige, sondern die zweitausendjährige Geschichte »unserer westlichen, zivilisierten, weißen Kultur« verfällt dem verdammenden Urteil unserer Prophetin. In diese Richtung

müsse denken, wer einen ursprünglichen Begriff von Ausbeutung und Unterdrückung »lebendig« machen wolle. Es ist die zum Schweigen gebrachte Stimme der dritten Welt, der Frauen und der Natur, die wieder hörbar werden soll.
Es ist freilich nicht allein die Geschichte des christlichen Abendlands, denn das sind die zweitausend Jahre, es ist darüber hinaus die Natur des Menschen, die Camilla Blisse zur »Verzweiflung« bringt. Die Andeutungen sind hier etwas nebulös. Aber es soll »ganz bewußt« festgehalten werden, daß Gedanken zur Biologie nicht einfach durch Hinweis auf linke Sprachregelungen von der Hand zu weisen sind. Mit tabubrecherischem Trotz wird die Natur selbst angeklagt. Ist der Mensch, so scheint die Frage zu lauten, von seiner natürlichen Ausstattung her nicht viel festgelegter, als man im frischen Bewußtsein der gesellschaftlichen Veränderung glauben mochte? Die Erfahrung des Älterwerdens wird als Hintergrund für solche Gedanken genannt. Doch im nächsten Moment bricht wieder die jugendliche Verzweiflung durch. In dem Aufbegehren gegen den »Menschen« manifestiert sich ein ewiger Idealismus protestantischer Herkunft. Camilla Blisse ist nach der Enttäuschung über das erfolgreiche Verschwinden der Studentenbewegung in der gegenwärtigen Gesellschaft zu einer richtigen Abendländerin geworden, die in der Lehre von einer irregeleiteten »westlichen, zivilisierten, weißen Kultur« einen Schutz gegen Gefühle der Ohnmacht und Beschämung sucht. Es stellt sich die Frage, wie sich Camilla Blisse selbst in dieser tragischen Geschichte von Verfall und Untergang verortet.

I: Sie sehen sich zumindest selbst nicht als Gegenbeispiel Ihrer These – oder?

E: Doch.

I: Sehen Sie sich doch?

E: Ich bin leider ein Gegenbeispiel. Ich sage leider, weil es mir lieb wäre, wenn ich mich mehr integriert sehen könnte in einer größeren Bewegung, politischen Bewegung. Weil ich meine Arbeit eigentlich schon sehr lange, eigentlich seit zwanzig Jahren, als eine politische Arbeit verstehe.

I: Mhm.

E: Aber ich sehe meine Art, zu arbeiten und zu denken, als schon sehr untypisch. Sehr untypisch für die Norm. Das war eben schon vor jeder linken oder Frauenbewegung der Fall.

Man mag Camilla Blisse nicht so recht glauben, daß sie sich gerne in eine große politische Bewegung integrieren würde. Wenngleich nicht auszuschließen ist, daß sie sich einem Bund der letzten Aufrechten anschließen könnte. Was man ihr allerdings sofort abnimmt, ist die Stilisierung zum heroischen Ausnahmefall, der nur die Regel der allgemeinen Verblendung bestätigt. Sie war eben immer schon untypisch, weshalb sie jetzt gegen die verderbte herrschende Normalität zu arbeiten und zu denken vermag. Aufgrund des Nicht-Integriertseins sozusagen von Geburt an glaubt sich Camilla Blisse offenbar im Besitz eines privilegierten Zugangs zur Wirklichkeit. Die einzige Begabung der Prophetin besteht in dem Blick von außen, der sich durch die Sehnsucht nach Normalität nicht trüben läßt. So kann sie den Ausbeutungs- und Zerstörungszusammenhang unserer Welt noch beim Namen nennen.

Natürlich reizt solch negativistische Überzeugtheit zum Widerspruch.

I: Irgendwie, und das geht ja auch aus Ihren Schriften hervor, finde ich Ihre Position etwas zu apokalyptisch. Zumindest eine sehr pessimistische Anthropologie.

E: Aber das ist doch nicht meine Erfindung, sondern das halte ich für Fakten, welche Zerstörungskraft diese Zivilisation entwickelt.

I: Mhm.

E: Das finde ich deswegen abartig, das muß ich wirklich sagen, das als apokalyptisch darzustellen. Nur die meisten Leute reden nicht davon, die finden das pessimistisch. Ich bin überhaupt kein pessimistischer Mensch, im Gegenteil, oder eine depressive oder sonstwelche Person, sondern ich denke, daß die Zerstörungsleistung, die die Kultur angerichtet hat und anrichtet, die ist ein Faktum. Nur hat kein Mensch Lust, sich damit zu beschäftigen. Erst recht nicht die Männer.

I: Mhm.

E: Deswegen verstehe ich diesen Begriff apokalyptisch überhaupt nicht, da kann ich gar nichts mit anfangen. Ich meine, ich kann damit sehr viel anfangen, weil ich denke, das ist eine immer wahrscheinlicher werdende Möglichkeit, daß diese weiße Kultur global gesehen sich vor der Zerstörung und Selbstzerstörung nicht retten wird.

I: Mhm.

E: Das ist aber doch, wie gesagt, nicht mein Pessimismus, der mich dahin treibt, sondern einfach nur die Augen aufmachen. Darum geht es mir eigentlich, überhaupt darum, die Augen aufzumachen und zu gucken, was passiert. Und alle, die gucken, die sehen das ja auch.

I: Können Sie sich wirklich, ich meine jetzt Sie subjektiv und persönlich, vorstellen, daß die Menschheit sich vernichtet? Ich für meinen Teil habe, ehrlich gesagt, Schwierigkeiten, mir das vorzustellen.

E: Doch, natürlich kann ich mir das vorstellen. Das kann ich mir nicht nur vorstellen, da brauche ich gar keine große Phantasie, da kann ich mich auf unendliche tausendjährige Fakten beziehen, daß dieser Mensch immer wieder alles getan hat, um nicht in einer vernünftigen und harmonischen oder wie auch immer Beziehung zu seiner Umwelt und überhaupt zur Welt zu leben. Das heißt nicht, daß es immer wieder wunderbare Menschen gegeben hat, die sich anderes vorstellen konnten, das ist nicht der Punkt. Aber die Zerstörungslawine, die jetzt vielleicht im ökologischen Bereich am deutlichsten ist, noch vor fünf oder sechs Jahren hätte man den Akzent auf die atomare Situation gelegt, das ist doch keine Frage der Einstellung, das sind doch einfach Tatsachen, was Menschen anrichten.

I: Mhm.

E: Also ich möchte diesen Punkt nicht psychologisieren. Man könnte ja so sagen, nur weil ich mal als Kind gesehen habe, wie eine Stadt brennt und wie Häuser zusammenstürzen, deswegen würde ich jetzt meinen, die Menschheit würde sich umbringen. Das ist Unsinn. Das sind doch Fakten, das ist auch kein Traum oder kein Alptraum gewesen, das sind alles Tatsachen, daß Menschen diese Möglichkeit haben, und zwar nicht nur einzelne Ungeheuer, sondern daß die Menschheit, Menschen, also eine ganze Gesellschaft, ein ganzes Volk in der Lage sind, mit dem besten Gewissen die wahnsinnigsten Vernichtungsleistungen zu begehen. Und ich sehe mich in einer konservativen Nachbarschaft im Grunde in diesem Gedanken, da muß man gar nicht furchtbar apokalyptisch sein. Sogar Biologen wie zum Beispiel Konrad Lorenz, der hat in seinem Alter äußerst pessimistische Aussagen gemacht, obwohl auch sicher Konrad Lorenz als Person kein pessimistischer Mensch ist.

I: Mhm.

E: Man braucht nur ein bißchen den Grips anstrengen oder nur gucken, was eigentlich los ist. Und ich meine, dieser Widerspruch von Zerstörungsleistungen von Kulturen und von Menschen, also vor allen Dingen der Zivilisation, und der moralischen Inkompetenz dieser gleichen Menschen, das ist das, was mich am meisten herausfordert, darüber nachzudenken.

Camilla Blisse hat den Angriff des Interviewers verstanden und geht zum Gegenangriff über. Der Frager, der sie zur Apokalyptikerin abstempeln will, wird als Mann identifiziert und zur westlichen, weißen und männlichen Mehrheitsklasse geschlagen, die von ihrer zerstörerischen Konstitution nichts wissen will. Zu dieser Abwehrhaltung gehört die Psychologisierung derer, die nur sagen, was der Fall ist. »Abartig«, findet Camilla Blisse so was und verbirgt in diesem Ausdruck nur mühsam ihre Rage ob solcher Ignoranz. Das Interview wird in dieser Passage zu einem offenen Kampf um Interpretationen, dem sich der Interviewer durch seine Fragen einerseits stellt und durch das Rezeptionssignal »mhm« andererseits entzieht. Der hinterlistige Effekt dieses kommunikativen Verhaltens besteht in der Hervorlockung weiterer Konfessionen und zusätzlicher Erklärungen.

Merkwürdigerweise weist Camilla Blisse die Bezeichnung apokalyptisch vehement zurück und nimmt sie gleichzeitig offensiv auf. Sie kann nicht anders, denn Untergang ist der gesamte Inhalt ihrer Rede. Sie erinnert schon an alttestamentarische Propheten wie Jona, der sich in die große und fremde Stadt Ninive aufmacht, um deren Bewohnern den Untergang zu predigen. Er will nichts verbessern und nichts korrigieren, sondern seine einzige Botschaft ist die Prophezeiung der Zerstörung. Dabei zeigt er ein ziemlich abstraktes Mitleid für die »über hundertzwanzigtausend Menschen«, »die zwischen rechts und links noch nicht unterscheiden können« (Jona, 4.11). Genauso wie Jona ist Camilla Blisse eine Außenstehende, die sich von konkreten Einzelheiten der Lebenswirklichkeit unbeeindruckt zeigt und nur den ganzen und großen Untergang im Blick hat. Der entscheidende Unterschied zwischen Ninive und der Menschheit besteht darin, daß die Stadt bereut und die Gattung nach Camilla Blisses Ansicht die »immer wahrscheinlicher werdende Möglichkeit« ihrer eigenen »Zerstörung und Selbstzerstörung« trotz der Mahnungen und Warnungen einfach nicht zur Kenntnis nehmen will.

Dem Muster der prophetischen Rede folgt ihre Argumentation darin, daß sie auf die unbezweifelbare Evidenz der Tatsachen setzt. Da ist nichts verborgen, dunkel und schwer, es liegt vielmehr alles zutage: Es gehe nur darum, die Augen aufzumachen und wahrzunehmen, was passiert. Ihre Prophetie ist ohne Poesie und ohne Resonanz, man brauche, wie es heißt, keine große Phantasie, da unendliche tausendjährige Fakten die Zerstörungslawine der abendländischen Geschichte belegen.

Man fragt sich, wer mit solchen Sätzen eigentlich angerufen wird. Die Menschen sind doch rettungslos verloren. Sie sind in der Lage, »mit dem besten Gewissen die wahnsinnigsten Vernichtungsleistungen zu begehen«. Der konstatierte Widerspruch zwischen der ungeheuren Zerstörungskraft und der moralischen Imkompetenz der Menschen treibt auf eine jenseitige Auflösung. Unausgesprochen bleibt die Hoffnung auf einen »kommenden Gott«, der seinen Gnadenbund mit den außer sich geratenen Menschen erneuern würde. Bis dahin bedarf es dieser »wunderbaren Menschen«, die sich anderes als die herrschende Normalität vorstellen können. Es überrascht auf den ersten Blick, daß als Beispiel für eine derart unerschrockene Gesinnung eine altdeutsche Figur wie Konrad Lorenz genannt wird. Aber dessen Spur führt wieder zurück auf das Denken der fünfziger Jahre, wo man sich gerne im Habitus der moralisch unberührten Existenz dem Nichts entgegenstellte.

Camilla Blisse scheint zu ahnen, daß sie am Ende als einsame Ruferin in der Wüste übrig bleiben könnte. Jedenfalls enthält der Hinweis auf die Konjunkturen der Gefahrenwahrnehmung einen Zweifel an der bloßen Gegebenheit der Zerstörung. Wenn es gestern noch die atomare Situation war und es heute die ökologische ist, die als besonders gefährlich empfunden wird, dann fragt sich natürlich, ob sich nicht morgen die Menschen an den Wechsel der Gefahren gewöhnt haben. Einem differenzierten Risikobewußtsein hätte die Prophetin des Untergangs nichts mehr zu sagen. Aber wir wissen doch, daß es den Propheten nicht um ihr persönliches Schicksal, sondern allein um die Rettung der Welt geht.

Die »Prominenzphase« von Camilla Blisses Biographie begann Ende der siebziger Jahre mit den Auseinandersetzungen um den Nato-Doppelbeschluß und verging Ende der achtziger Jahre mit der deutschen Einigung. Die »neuen sozialen Bewegungen« der Frauen, des Friedens und der Natur schufen den Resonanzboden für ihre Botschaft des Untergangs. Die verschiedenen Post-Theorien hatten die traditionellen Anschlüsse von Vergangenheit und Zukunft unterbrochen und das leere Kontinuieren der Gegenwart denkbar gemacht. In dieses Deutungsvakuum stieß Camilla Blisse mit ihrem feministischen Negativismus. Die in planetarischer Perspektive gestellte Frage von Sein oder Nicht-Sein dementierte die Euphorie eben der sozialen Bewegungen, denen sie ihre Auftrittschance verdankte. Wie denn zu leben sei, rief unsere Prophetin, angesichts der Universalität von Zerstörung und der Normalität von Katastrophen. In solcher Finalstimmung leuchtete dann die Haltung eines stolzen weiblichen Nihilismus.

Manche Bilder von Camilla Blisses lassen ein Termitenstaat-Modell der Gesellschaft erkennen. Die Ungeheuerlichkeit der Lage werde einem erst richtig klar, wenn man aus der Ferne auf diese Erde schaue und diese Menschen da laufen sehe, die nichts Besseres zu tun haben, als mit höchster Energie ein Zerstörungspotential anzulegen, mit dem sie sich selbst und einen großen Teil der Natur vernichten können. In solchen Äußerungen schlägt die Klage über den Zustand der Welt in eine Verachtung der Menschen um. Das ist der Ton des kulturpessimistischen »Unzeitgenossen«, der »jenseits der Masse« seinen einsamen und freien Stand sucht. Einem anderen, nämlich Günther Anders, der nun wirklich aus den fünfziger kommend in den achtziger Jahren noch eine späte Karriere feiern konnte, fiel bei seinem »Blick vom Mond« ebenfalls die »Harmonie des Inferioren« ins Auge[11]. In dem Rückgriff auf die Bewußtseinslage des »unbehausten Menschen« erweist sich Camilla Blisse als Kriegskind, das bis heute vom Wahrnehmungsschock einer Weltzerstörung beherrscht ist. Doch hinter diesem frühen Lebensfonds steht das Gesetz des toten Vaters, der als Christ mit der Waffe auszog, die Weltgeschichte als Weltgericht zu vollenden. Protestantisch bis ins Herz ist Camilla Blisses militanter Einsatz für einen Feminismus ohne Gewähr. Irgendwie ist also doch, wo die Gefahr, das Rettende auch.

Wie geht das aus? Wo gibt es einen individuellen Haltepunkt in dieser Großflächenpolemik gegen die Gegenwart, gegen die christliche Geschichte und gegen den Zivilisationsprozeß überhaupt?

E: Das ist sicher unter anderem die Musik. Die Musik ist sicher entscheidend. Ohne Musik kann ich mir mein Leben auch gar nicht vorstellen, weil mein Leben immer von Musik begleitet war. Gerade in den letzten Jahren bin ich wieder zur Orgelmusik zurückgekommen und damit zu einer Zeit, die absolut keine Gegenwart ist. Das ist ein Zurückgehen in eine vergangene Zeit, weil ich mich ja in erster Linie mit Bach beschäftige, der für mich unvergleichlich ist, und deswegen gar kein Interesse habe, mich in der Geschichte weiter vorzukämpfen, sondern bei diesem Bach bin ich, glaube ich, lebenslänglich gut aufgehoben.

11 Günther Anders, Der Blick vom Mond, München 1970, S. 24.

III. Die Betrachter

1. Was zu sehen ist

Wir haben sechs Fälle, drei Typen, zwei Geschlechter und ein Thema. Peter Beckmann war leicht als ein konsensualistischer Typ zu identifizieren. Wie ein Kreiselkompaß den wechselnden Gruppenstimmungen folgend sah der politische Arbeiter seine Aufgabe darin, die Bewegung der Bewegung in Gang zu halten. In ständiger Alarmbereitschaft beobachtete er die Prozesse an der Basis, um zum richtigen Zeitpunkt intervenieren zu können. Als die Organisationstendenzen der Bewegung sich verfestigten, suchte er noch Halt in einer subversiven marxistischen Gruppe, die das Pathos des spontanen Prozesses mit der Überzeugung von der reinen Lehre verband. Aber mit dem sukzessiven Verfall der Gruppenzusammenhänge verlor der Radar-Typ der Bewegung seine Orientierung. Als individualisierter politischer Intellektueller kommt er nicht los vom Phantasma der Rebellion. Immer noch übt er »scharfe Kritik« und sucht nach der »richtigen Linie«. So spricht der Junge, dem sich der »Elendszug« der zurückflutenden deutschen Truppen eingeprägt hat. Ein großer schwerer Ödipus bindet Peter Beckmann an den Herkunftskomplex seiner Kriegskindheit. Der Überstimulierte ist in eine Geschichte verstrickt, die nicht die seine ist.

Klaus Bregenz stellt sich demgegenüber als ein verzweifelter Hierarchist dar. Das Arbeiterkind suchte im Frankfurter Milieu seine Chance, indem es dem haltlosen Spiel des kritischen Gedankens die mangelnde Abgeleitetheit aus einem System der Kritik vorhielt. Er verlangte den zwingenden Beweis dafür, daß das Ganze das Unwahre ist. Denn nur so glaubte der Aufsteiger der herrschenden Ordnung die Anerkennung seines Anspruchs abfordern zu können, die er dieser selbst noch im Aufstand gegen sie entgegenbrachte. Doch der Nachweis mißlang, und die herrschende Ordnung triumphierte über ihre Kritiker. Dem enttäuschten Hierarchisten des kritischen Bewußtseins bleibt jetzt nur noch das destruktive Programm einer Reduktion jeden theoretischen Anspruchs auf die Psychologie des jeweiligen Theoretikers. Aber er ist dabei weit entfernt von der ironischen Haltung eines heiteren Konstruktivisten. Es handelt sich eher um das Eingeständnis der tragischen Vergeblichkeit des wissenschaftlichen Bemühens. Adorno war für Klaus Bregenz kein Theoretiker der Befreiung, sondern einer des Überlebens. Das Kind einer verrückten Familie wollte dem kleinen Mann mit den großen Augen das Geheimnis des Davonkommens entreißen. Die penible Systemrekonstruktion, so steht heute fest, war der falsche Weg. Die hartnäckige Suche nach dem kleinen Trick, wie man dem Maelstrom des Ursprungs sich aussetzen und zugleich ihm entkommen kann, führt am Ende zur Person des Meisters zurück, der eine Praxis verkörpert, aber keine Theorie vorschreibt.

Paul Arnheim wiederum ist ein klassischer Experimentalist. Er beteiligte sich an der Bewegung, solange er sie als eine Art surrealistische Revolte verstehen konnte, er verließ das Feld, als die Verflachungen eines linken Juste-milieus zu erkennen waren. Im Grunde war für ihn 1968 ein Ereignis zwischen zwei existentiellen Lektüren: zwischen der frühen Lektüre Adornos und der frühen Lektüre Foucaults. In beiden Fällen waren es verschlüsselte Texte, die die Frage nach dem Verhältnis von Kunst und Leben stellten. Für den Experimentalisten berühren sich Ethik und Ästhetik an dem Punkt, wo es um die Erfindung einer Existenz geht, die den Gegensatz zwischen dem Begründeten und dem Unbegründeten übersteigt. In diesem Sinne scheint Paul Arnheim gerade in seinen Brüchen mit der etablierten linken Theorie ein echter Achtundsechziger geblieben zu sein. Er will die Geschichte nicht verstehen, sondern mit ihr aufräumen. Wenn der Vater eine »Pflaume« ist, deren weiche äußere Erscheinung keinen Widerstand bietet und deren harten inneren Kern man nur ausspucken kann, dann kann man über die kindliche Begierde nach Sinn nur lachen. Am Ende sucht Paul Arnheim seine Form eines glücklichen Scheiterns.

Bei den Frauen fällt die Zuordnung zu einem Typ schwerer. Bei allen dreien schiebt sich auf den ersten Blick der Familienroman in der Vordergrund, woraus sich eine andere typologische Differenz zu ergeben scheint. Katharina von Gransow kämpft ein Leben lang mit der Delegation ihrer Mutter, die schmachvolle Deklassierung der Familie durch eine glänzende

Karriere wiedergutzumachen. 1968 bedeutete in diesem Fall die Vollendung eines fehlgeschlagenen Wiederaufstiegs. Das mit den besten Zukunftsaussichten in der Wissenschaft gestartete Flüchtlingskind wurde zu einem Verlierer des von der Studentenbewegung in Szene gesetzten Modernisierungsschubs der Bundesrepublik. Durch ihre verspätete Konversion zum Marxismus nahm sich Katharina von Gransow selbst alle Möglichkeiten, die sie sich geschaffen hatte. Sie widersetzte sich damit dem Auftrag der Mutter und stellte unter Beweis, daß die aus dem Osten vertriebene Familie im Westen nie angekommen ist.

Auch im Falle von Adelheid Guttmann beruht der Familienroman auf einer Deklassierungsgeschichte. Das Erbe der Mutter besteht in dem unbedingten Willen zum sozialen Aufstieg und in dem fanatischen Glauben an die nationalsozialistische Bewegung. Es ist der Tochter überlassen, die Rührungslosigkeit der Mutter zu rechtfertigen und die enttäuschten Hoffnungen hinter der Kälte des Herzens zum Ausdruck zu bringen. Indem sie sich so zum Nicht-Ich ihrer Mutter macht, gehorcht Adelheid Guttmann einem bestimmten Pakt des Verstehens, der das Vermeiden der Wahrheit als Preis der Liebe fordert. Auf den Spuren des Märchenschicksals ihrer Mutter läßt sie sich von den Wandlungen des Zeitgeistes leiten, wobei der heimliche Wunsch eine Rolle spielt, vielleicht einem Mann wie ihrem Vater zu begegnen, der ihr das unbeschwerte Leben ermöglichen könnte, das sich ihre Mutter immer erträumt hat.

Bei Camilla Blisse ist die Mutter nicht das entscheidende Bezugsobjekt. Die Tochter steht vielmehr unter dem Gesetz ihres toten Vaters. Die Gemeinschaft mit der älteren Schwester und der jungen Mutter hat ihr zwar das Überleben in finsteren Zeiten gesichert, aber von der mächtigen Gestalt des Vaters stammt der Sinn für den Sinn. Im Zeichen seines Überzeugtseins tat sich der Abgrund zwischen Wort und Tat auf, und nach Maßgabe seiner Unbedingtheit bestimmte sich der metaphysische Skandal des Menschen. So lief über das Modell des Vaters die Sozialisation in das Format protestantischer Sinnsuche, dem das Denken der fünfziger Jahre den Gipfel aufsetzte. Mit prophetischem Eifer brandmarkt sie die Heuchelei der Menschen und den Trug der Welt und erfüllt damit die symbolische Gleichung zwischen dem Eigentlichen, dem Väterlichen und dem Protestantischen. Am Ende bleibt der vatertreuen Tochter nur die Musik Bachs als Fluchtpunkt einer stolzen Abkehr von der Welt.

Man mag nun fragen, warum sich im weiblichen Lebensroman die Familiengeschichte derart in den Vordergrund drängt – beziehungsweise wem das so erscheint. Ich will mich hier jedoch auf die schwierigen Fragen nach einer möglichen Spezifik der weiblichen Individualitätskultur beziehungsweise nach den latenten Wirkungen einer hegemonialen Disziplinierung der Geschlechterdifferenz nicht einlassen. Denn auf den zweiten Blick lassen sich die drei Frauenporträts durchaus als Variationen unserer drei Typen von Achtundsechzigern entziffern. Natürlich ist Camilla Blisse eine Experimentalistin, die ihre Identität in der unbedingten Differenz zu ihrer Bezugsgruppe bestimmt. So wie Paul Arnheim seine Exzeptionalität in einer Form artistischen Scheiterns sucht, so Camilla Blisse in einer Form prophetischer Einsamkeit. Der Unterschied allerdings besteht im affektiven Grundton: Die Prophetin des Untergangs kann von ihrer Beherrschungswut nicht lassen, während der Sucher des Unmöglichen sich dem regellosen Spiel der Welt scheinbar vorbehaltslos ausliefert.

Sowohl Peter Beckmann als auch Adelheid Guttmann gehorchen dem konsensualistischen Schema. Worin sie sich unterscheiden, ist das soziale Feld, auf dem sie sich bewegen: Was für den einen die APO bedeutete, war für die andere der Pop. Beide richten sich nach der Erfolgsnorm der Anerkennung, aber sie verfolgen dabei verschiedene Strategien: Verglichen mit Peter Beckmanns rebellischer Verbohrtheit wirkt Adelheid Guttmanns Sympathie für die wunderbaren Wandlungen des Lebensstils mobil und elastisch. Belastet mit zu großen Ansprüchen und zu schweren Gedanken verharrt er in der Position einer ungelenken Defensive den anderen gegenüber, während sie genau weiß, wie man mit Geschick und Einfühlungsvermögen den Geschmack der anderen herausspürt und dann gemeinsame Neigungen und Abneigungen austauscht, um so die Vertraulichkeit eines gemeinsamen Milieus herzustellen. So wartet Peter Beckmann am Ende draußen vor der Tür, und Adelheid Guttmann befindet sich mitten im Geschehen.

Genauso wie Klaus Bregenz steht Katharina von Gransow vor dem zusammengebrochenen System des Wissens, das einst das Ganze auf den einen Begriff brachte. Nur entspringt der Wille zum Wissen bei beiden unterschiedlichen Motiven: Klaus Bregenz will dem System seines Ursprungs entkommen, Katharina von Gransow dagegen will es wiederherstellen. Während der Aufsteiger dem Kult des Höheren mißtraute, glaubte die Wiederaufsteigerin daran. Wurde Katharina von Gransow ihre Naivität, so Klaus Bregenz sein Unglaube zum Verhängnis. Der Glaube ans Höhere entpuppt sich als enorme Selbsttäuschung, und der Weg nach Hause führt nirgendwo hin. Beiden jedenfalls fehlt es am Vertrauen zu sich und zur Welt, das auf letzte Begründungen für die eigene Existenz verzichten kann.

Alle unsere Fälle haben ein gemeinsames Thema: Die Frage nach dem Zusammenhang zwischen dem Ursprung ihres Lebensgefühls und den Bedingungen ihres Erfolgs. Aus der Perspektive des Beobachters ausgedrückt: Wie konnten die Kriegskinder von 1945 zu den Protagonisten des gesellschaftlichen Aufbruchs von 1968 werden? Paul Arnheim kann man vielleicht die lakonischste Auffassung unterstellen. Es gibt von irgendwoher kommend die Bereitschaft zum Sturz der Erfahrung. Und dazu paßte der kurze Sommer der Anarchie im Jahre 1968. Aber danach muß man wieder auf einen Augenblick warten, wo der Faden reißt und sich ein Raum mit merkwürdigen Verbindungen und andersartigen Gleichungen herstellt. Adelheid Guttmann hat 1968 als popkulturelles Ereignis mitgenommen, das ihre tiefe Sehnsucht nach Welt zum Ausdruck brachte. Die Popkultur, die Frauenbewegung, das Laufen bilden Stationen einer Lebensstilmetamorphose, die sich nach ihrem Gefühl so ergeben hat und für die ein Gesetz der kollektiven Emanzipation nicht in Anspruch genommen werden kann. Für Klaus Bregenz beruhte der Erfolg der Studentenbewegung sowieso auf einer grandiosen Täuschung. Die für die Konstitution der sozialen Bewegung entscheidenden aus dem Marxismus hergeleiteten Interpretationen hatten seiner heutigen Ansicht nach mit der gesellschaftlichen Wirklichkeit nichts zu tun. Adorno und die Kritische Theorie stellten für ihn eine stellvertretende Deutung seines eigenen aus der inzestuösen Enge der Nachkriegsfamilie stammenden Unglücks dar. Peter Beckmanns jungsozialistische Sozialisation wäre ohne die gesellschaftliche Ausweitung des Hochschulprotests vermutlich in eine parteipolitische Karriere gemündet. Bei ihm ist die nachträgliche Rebellion gewissermaßen durch einen historischen Ödipus angelegt gewesen, aber mit Beat, Jeans und langen Haaren hatte das ursprünglich keine Verbindung. Deshalb ist bei ihm das Schwere und Ernste des Protests immer noch aufgehoben. Katharina von Gransow und Camilla Blisse schließlich zeichnet die verzögerte Wirkung der Impulse von 1968 aus. Katharina von Gransow kam zu spät dazu und blieb zu lange dabei. Die Flüchtlingstochter begreift sich bis heute als emphatische Achtundsechzigerin und merkt gar nicht, daß sie ihre Zeit schon damals verpaßt hatte. Allein Camilla Blisse hat aus dem Gefühl ihres Ursprungs eine philosophische Überzeugung gebildet. Weil sie stets die Distanz zu den Gruppenzusammenhängen der Bewegung gewahrt hatte, konnte sie in den achtziger Jahren ihre ganz persönliche Botschaft des Untergangs als die eigentliche Bilanz der »neuen sozialen Bewegungen« präsentieren. Das Kriegskind generalisierte im Rückgriff auf das Denken der fünfziger Jahre seine Erfahrung zu einer Prophetie nicht mehr nur über die Zukunft des Kapitalismus, sondern über die Zukunft der ganzen Menschheit. Man weiß nur nicht, wer das jetzt noch hören will.

Es bleibt die Erkenntnis, daß 1968 eine Generation von Kriegskindern auf eine günstige Opportunitätsstruktur des sozialen Wandels traf. Ein diffuses Unbehagen fand die Bedingungen einer wirkungsvollen Artikulation. Die Motive des Protests erklären daher nicht den Erfolg der sozialen Bewegung. Nur erwächst aus diesem glücklichen Zusammentreffen für die Achtundsechziger-Generation nunmehr die Last ihrer Geschichte. Den um 1940 Geborenen werden historische Effekte zugeschrieben, für die sie gar nicht verantwortlich sind. Weil sich ihnen damals die Chance bot, ein bißchen auf der wilden Seite zu leben, werden sie heute als die Autoren eines in Wahrheit anonymen sozialen Wandels angesehen. In diesem Attribuierungsmechanismus liegt das Dilemma ihres generationspezifischen Selbstverständnisses beschlossen: Den Achtundsechzigern fehlt ein Begriff sowohl ihres Ursprungs als auch ihres Erfolgs. Von ihrem Lebensgefühl her sind sie eine Generation deutscher Kriegskinder, aber durch ihre Wirkungsgeschichte sind sie zu den Heroen einer gesellschaftlichen Transformation geworden, die sich immer wieder die Konfrontation mit ihren einstigen Absichten gefallen lassen müssen. Dabei wissen sie selbst nicht, woher sie kommen, was sie wirklich erreicht haben und wohin sie gehen.

2. Wie gesehen wird

Doch die als Angehörige der Achtundsechziger-Generation Identifizierten können sich jetzt nicht einfach auf subjektive Erfahrungsschau zurückziehen. Nach dem Abtritt der »skeptischen Generation« sind sie zur dominierenden Generation im Generationsgefüge der inzwischen durch das Beitrittsgebiet im Osten erweiterten Bundesrepublik aufgestiegen. Dies bestimmt den Blick, der von verschiedenen Seiten auf die mittlerweile Fünfzigjährigen geworfen wird.

Da gibt es immer noch den Blick der Eltern, die Nationalsozialismus, Krieg, Gefangenschaft und Wiederaufbau mit einem für die Kriegskinder unglaublichen Durchhaltewillen überlebt haben. Dahinter verbergen sich bestimmte Verhaltenslehren der Kälte, die sich in der Zwischenkriegszeit als Antwort auf den narzißtischen Schlag durch die deutsche Niederlage im Ersten Weltkrieg ausgebildet haben. Man muß sich klar machen, daß der Abschied von der »Gewissenskultur« zur Habitusausstattung der »Weimarer Generation« gehört, die im Grunde bis Mitte der sechziger Jahre die politische Kultur der Bundesrepublik beherrscht hat. Deren eiskaltem Blick fühlen sich die moralischen Rebellen von 1968 bis heute schonungslos ausgeliefert. Langsam freilich beginnt aus dem Gefühl einer utopischen Ernüchterung heraus die Bearbeitung jener Fixierung durch die neusachliche Unberührtheit. Man läßt sich von einst verfemten Figuren wie Ernst Jünger, Carl Schmitt oder neuerdings Helmuth Plessner beeindrucken[1], und manch einer der ehemaligen

1 Diese Bearbeitung begann 1977 mit Klaus Theweleits Untersuchung deutscher Männerphantasien, setzte sich fort zum Beispiel in dem Kapitel über die Verbindungen zwischem dem Schmerzbegriff von Ernst Jünger und der Politik der RAF in Michael Rutschkys 1980 erschienenem Essay über die siebziger Jahre und wurde zuletzt weitergeführt in Helmut Lethens Untersuchung über die Verhaltenslehren der Kälte. Vgl. Klaus Theweleit, Männerphantasien. 1. Band: Frauen, Fluten, Körper, Geschichte, Frankfurt a.M. 1977; Michael Rutschky, Erfahrungshunger. Ein Essay über die siebziger Jahre, Köln 1980; Helmut Lethen, Verhaltenslehren der Kälte. Lebensversuche zwischen den Kriegen, Frankfurt a.M. 1994.

Achtundsechziger scheint sich in diesen Lebensversuchen nach einer großen Enttäuschung wiederzufinden.
Die mit der Bundestagswahl von 1965 in die führende Position gelangte »skeptische Generation« der zwischen 1925 und 1930 geborenen einstigen Flakhelfer und jungen Soldaten des Zweiten Weltkriegs pflegt eine schwierige Beziehung zu der ihr nachfolgenden Achtundsechziger-Generation. Eine prominente Generationseinheit schloß sich 1968 im Bewußtsein eines gegen die totalitäre Diktatur versäumten Aufstands dem »nachträglichen Ungehorsam«[2] an, verbunden allerdings mit dem Anspruch auf Deutungshoheit über die in der Kulturindustrie an Einfluß gewinnende Neue Linke[3]. Man denke nur an Hans Magnus Enzensberger oder Jürgen Habermas, die der Studentenbewegung die Stichworte für ihr Selbstverständnis lieferten und damit dem intellektuellen Feld der durch 1968 populär gewordenen Gesellschaftskritik ihren Stempel aufdrückten. Es ist schon bemerkenswert, daß die Klassiker des kritischen Denkens im Gefolge der Studentenbewegung von Autoren aus der »skeptischen Generation« stammen[4]. Jedenfalls fällt einem wenig ein, wenn man so etwas wie bleibende Werke nennen sollte, die wirklich von Angehörigen der Achtundsechziger-Generation geschrieben worden sind. Man kann hier durchaus von einem Ausnutzen der problematischen Deutungsposition der Kriegskinder durch die avancierten Kader der frühgereiften Kriegsjugend sprechen. Die Mehrheit der »skeptischen Generation« jedoch reagierte mit Abwehr auf das Verlangen der Achtundsechziger-Generation. Man fand die »Wiedertäufer der Wohlstandsgesellschaft«[5] ziemlich schrecklich, weil sie das in der Nachkriegszeit entstandene fragile System der Verständnisbrücken zwischen den Ge-

2 Odo Marquard, Abschied vom Prinzipiellen, Stuttgart 1981, S. 10.

3 Vgl. als Dokument einer solchen Wahrnehmung Willy Hochkeppel (Hrsg.), Die Rolle der Neuen Linken in der Kulturindustrie, München 1972.

4 Man schlage dazu nur die beiden von Jürgen Habermas herausgegebenen Bände der »Stichworte zur ›Geistigen Situation der Zeit‹«, Frankfurt a.M. 1979, auf.

5 Erwin K. Scheuch (Hrsg.), Die Wiedertäufer der Wohlstandsgesellschaft. Eine kritische Untersuchung der »Neuen Linken« und ihrer Dogmen, Köln 1968.

nerationen einfach aufs Spiel setzten, nur um vor sich selbst ein besseres Gewissen zu haben. Heute können sich die Protagonisten der skeptischen Mehrheitsfraktion nicht enthalten, ihren späten Triumph nach dem kläglichen Ende des utopischen Zeitalters auszukosten[6]. Eine böse Abfuhr hat der ironische Meister der »skeptischen Generation«, Niklas Luhmann, den Achtundsechzigern mit auf den Weg gegeben: Zufällige Vorfälle, schrieb er 1988 zum zwanzigjährigen Jubiläum, der Schuß auf Benno Ohnesorg zum Beispiel, schossen die Studenten aus der Gesellschaft hinaus – und von da ab konnte man über den Rasen laufen[7].

Der Achtundsechziger-Generation wird nicht nur von der vorhergehenden, sondern auch von der nachfolgenden Generationsgestalt ein wenig freundlicher Blick zugeworfen. Gemeint sind die um 1960 geborenen »Kinder des Modells Deutschland«. Deren formative Lebensphase wird von signifikanten politischen Ereignissen wie dem gescheiterten Mißtrauensvotum gegen Willy Brandt im April 1972 auf der einen Seite und der »Schlacht um Brokdorf« im November 1981 auf der anderen Seite begrenzt. Sie haben die Kulturrevolutionäre in verbeamteter Stellung als Lehrer in der Schule und als Dozenten auf den Universitäten erlebt und besitzen daher ein auf kleinste Differenzen reagierendes Sensorium für Achtundsechziger-Verhalten. Grenzen verletzende und Statusdifferenzen leugnende Duz-Vertraulichkeiten gelten ebenso als sichere Indikatoren wie sauertöpfige Empörtheit und jammervolles Selbstmitleid. Skeptische Artistik reizt die erste und einzige Generation der untergegangenen Bundesrepublik mehr als nachtotalitäre Ideologiekritik. Denn die heute Mitt- bis Enddreißiger haben in der Dekade des »Kasino-Kapitalismus«[8] gelernt, daß Protest zu

6 Zum Beispiel Joachim Fest, Der zerstörte Traum. Vom Ende des utopischen Zeitalters, Berlin 1991.

7 Niklas Luhmann, Njet-Set und Terror-Desperados, in: die tageszeitung vom 4. August 1988.

8 Gemeint sind die in mancher Hinsicht innovativen und in mancher Hinsicht desaströsen achtziger Jahre. Susan Strange, Casino Capitalism, Oxford 1986, betont in ihrer Rekonstruktion des Jahrzehnts den zweiten Aspekt: »Denn wenn das reine Glück vorzuherrschen beginnt und mehr und mehr bestimmt, was mit Menschen geschieht, während Qualifika-

einfach und Resignation zu billig ist. Der offensichtliche Grund ihrer Aversion gegen die Achtundsechziger-Generation besteht darin, daß diese sie immerzu zur Teilhabe an allen gesellschaftlichen Prozessen aufgefordert hat, aber als es um den Zugang zu Positionen und die Förderung von Karrieren ging, erwiesen sich die Studentenbewegten als eisenharte Verwalter bürokratisierter Kartelle der Besitzstandswahrung. Die mit der Botschaft einer Welt der unbegrenzten Möglichkeiten gestarteten »Kinder des Modells Deutschland« machten mit der ihnen vorhergehenden Achtundsechziger-Generation die Erfahrung, daß plötzlich die Türen für den sozialen Aufstieg und das berufliche Fortkommen geschlossen wurden. Besonders in dem in den sechziger Jahren enorm ausgeweiteten öffentlichen Dienst gab es keine neuen Stellen mehr, und die alten waren von verbalradikalen Gesellschaftskritikern besetzt, die noch zwanzig oder mehr Jahre vor sich hatten. Damit vor allem hängt zusammen, daß die Achtundsechziger-Generation unter den Angehörigen dieser ungeduldigen Generation im Wartestand ihre schärfsten Kritiker hat.

Die Kinder der Achtundsechziger scheinen verglichen mit denen geradezu milde gestimmt. Die um 1970 Geborenen stellen die erste Generation nach dem Zweiten Weltkrieg dar, die ein Bewußtsein davon hat, daß es ihnen im Durchschnitt schlechter gehen wird als ihren Eltern. Allein die Gnade der früheren Geburt kann über das Lebensschicksal des einzelnen entscheiden. Sie haben bewußt miterlebt, daß sich das staatliche Gebilde der Bundesrepublik grundlegend verändert hat, und sie können sich ausmalen, daß die »nivellierte Mittelstandsgesellschaft« nicht von Dauer sein wird. In seinem schon erwähnten Kultbuch über diese »Generation X« hat Douglas Coupland[9] den Habitus blitzschneller Ironie unter den Bedingungen kultureller Beschleunigung beschrieben. Das reicht von den Inszenierungen imaginativer Vergleichzeitigung des Ungleichzei-

tion, Bemühen, Initiative, Zielstrebigkeit und harte Arbeit weniger und weniger zählen, dann müssen unausweichlich Vertrauen und Glauben an das soziale und politische System abnehmen.« (S. 2)

9 Douglas Coupland, Generation X. Geschichten für eine immer schneller werdende Kultur, Berlin und Weimar 1994 (amerikanisch zuerst 1991).

tigen bis zum Spiel der symbolischen Statussimulation. Die dazu nötige Coolness verträgt sich nicht mit heftigen ödipalen Gebärden. Überhaupt scheint diese Generation gewisse Selbstverständlichkeiten in Frage zu stellen, die seit der Erfindung einer autonomen Jugendkultur in den fünfziger Jahren zur Jugend gehören: der Aufruhr der Gefühle, die Revolution der Ideen, der Glaube an eine bessere Welt. Das wäre dann die wirkliche Verabschiedung der Achtundsechziger-Generation durch ihre Kinder.

Danksagung

Zuerst möchte ich allen meinen Interviewpartnern danken. Sie haben mir Rede und Antwort gestanden, obwohl sie nicht wissen konnten, was dabei herauskommt. Ich wußte es auch nicht. Das Schicksal des einzelnen hat immer etwas Überwältigendes und jede Deutung etwas Zwingendes. Aber wer den Begriff scheut, hat sich der Wirklichkeit nie ausgesetzt.

Sodann gebührt mein Dank der Deutschen Forschungsgemeinschaft, die meine Arbeit durch ein Habilitationsstipendium gefördert hat. Dem Hamburger Institut für Sozialforschung danke ich für die großzügig gewährte Möglichkeit, das Manuskript nach einiger Unterbrechung in Ruhe abschließen zu können.

Martin Kohli danke ich für Rat und Tat, Gustav Roßler für Kommentar und Kritik und Friedhelm Herborth für Engagement und Entscheidung.

Vor allem aber danke ich Karin Wieland, die besser weiß als ich selbst, warum ich dieses Buch geschrieben habe.

Literatur

Abelshauser, Werner, Die langen fünfziger Jahre. Wirtschaft und Gesellschaft der Bundesrepublik Deutschland 1949-1966, Düsseldorf 1987.

Adorno, Theodor W., Jene zwanziger Jahre, in: ders., Eingriffe, Frankfurt a.M. 1963, S. 59-68.

Adorno, Theodor W., Minima Moralia. Reflexionen aus dem beschädigten Leben, Frankfurt a.M. 1970.

Adorno, Theodor W., Negative Dialektik, Frankfurt a.M. 1970.

Améry, Jean, Über das Altern. Revolte und Resignation, Stuttgart 1968.

Anders, Ann (Hrsg.), Autonome Frauen. Schlüsseltexte der Neuen Frauenbewegung seit 1968, Frankfurt a.M. 1988.

Anders, Günther, Der Blick vom Mond, München 1970.

Argelander, Hermann, Der Flieger. Eine charakteranalytische Fallstudie, Frankfurt a.M. 1985.

Atwood, Margaret, Katzenauge, Frankfurt a.M. 1989.

Barthes, Roland, Literatur oder Geschichte, Frankfurt a.M. 1969.

Baselitz, Georg, Baselitz, Köln 1990.

Baselitz, Georg, Im Gespräch mit Heinz Peter Schwerfel, Köln 1989.

Bateson, Gregory u.a., Schizophrenie und Familie, Frankfurt a.M. 1969.

Baxandall, Michael, Ursachen der Bilder. Über das historische Erklären von Kunst, Berlin 1990.

Beck, Ulrich, Risikogesellschaft. Auf dem Weg in eine andere Moderne, Frankfurt a.M. 1986.

Benjamin, Walter, Der destruktive Charakter, in: ders., Illuminationen. Ausgewählte Schriften, Frankfurt a.M. 1961, S. 310-312.

Benn, Gottfried, Prosa und Autobiographie. In der Fassung der Erstdrucke, Frankfurt a.M. 1984.

Bergmann, Joachim/Brandt, Gerhard/Körber, Klaus/Mohl, Ernst Theodor/Offe, Claus, Herrschaft, Klassenverhältnis und Schichtung, in: Theodor W. Adorno (Hrsg.), Spätkapitalismus oder Industriegesellschaft? Verhandlungen des 16. Deutschen Soziologentags Frankfurt am Main 1968, Stuttgart 1969, S. 67-87.

Binswanger, Ludwig, Drei Formen mißglückten Daseins, in: ders., Ausgewählte Werke, Band 1, Heidelberg 1992, S. 233-418.

Bodenheimer, Ronald, Warum? Von der Obszönität des Fragens, Stuttgart 1985.

Bohrer, Karl Heinz, Ein bißchen Lust am Untergang. Englische Ansichten, München/Wien 1979.

Bondy, Curt u.a., Jugendliche stören die Ordnung. Bericht und Stellungnahme zu den Halbstarkenkrawallen, München 1957.

Borchardt, Knut, Zäsuren in der wirtschaftlichen Entwicklung. Zwei, drei oder vier Perioden? in: Martin Broszat (Hrsg.), Zäsuren nach 1945. Essays zur Periodisierung der deutschen Nachkriegsgeschichte, München 1990, S. 21-33.

Bourdieu, Pierre, Homo Academicus, Frankfurt a.M. 1988.

Brand, Karl-Werner, Neue soziale Bewegungen. Entstehung, Funktion und Perspektive neuer Protestpotentiale. Eine Zwischenbilanz, Opladen 1982.

Brinkmann, Rolf Dieter, Rom, Blicke, Reinbek 1979.

Brinkmann, Rolf Dieter, Erzählungen, Reinbek 1985.

Bude, Heinz, Zum Problem der Selbstdetermination, in: Hans-Georg Soeffner (Hrsg.), Sozialstruktur und soziale Typik, Frankfurt a.M./New York 1986, S. 84-111.

Bude, Heinz, Deutsche Karrieren. Lebenskonstruktionen sozialer Aufsteiger aus der Flakhelfer-Generation, Frankfurt a.M. 1987.

Bude, Heinz, Der Fall und die Theorie. Zum erkenntnislogischen Charakter von Fallstudien, in: Gruppendynamik 19, 1988, S. 421-427.

Bude, Heinz, Was sagt der Anfang eines offenen Interviews über die Lebenskonstruktion einer Rheumakranken?, in: Gerd Jüttemann (Hrsg.), Komparative Kasuistik, Heidelberg 1990, S. 218-226.

Bude, Heinz, Das Bild eines Kriegskinds, in: Merkur 45, Heft 9/10, 1991, S. 959-964.

Bude, Heinz, Das Ende einer tragischen Gesellschaft, in: Hans Joas/Martin Kohli (Hrsg.), Der Zusammenbruch der DDR. Soziologische Analysen, Frankfurt a.M. 1993, S. 267-281.

Bude, Heinz, Die soziologische Erzählung, in: Thomas Jung/Stefan Müller-Doohm (Hrsg.), ›Wirklichkeit‹ im Deutungsprozeß. Verstehen und Methoden in den Kultur- und Sozialwissenschaften, Frankfurt a.M. 1993, S. 409-429.

Chaussy, Ulrich, Die drei Leben des Rudi Dutschke, Frankfurt a.M. 1985.

Claessens, Dieter, Gruppen und Gruppenverbände. Systematische Einführung in die Folgen der Vergesellschaftung, Darmstadt 1977.

Clecak, Peter, America's Quest for the Ideal Self. Dissent and Fulfillment in the 60s and 70s, New York/Oxford 1983.

Conti, Cristoph, Abschied vom Bürgertum, Reinbek 1984.

Cooper, David, Reisen durch den Wahnsinn, Berlin 1978.

Coupland, Douglas, Generation X. Geschichten für eine immer schneller werdende Kultur, Berlin/Weimar 1994.

Dahrendorf, Ralf, Gesellschaft und Demokratie in Deutschland, München 1965.

Dahrendorf, Ralf, Der moderne soziale Konflikt. Essays zur Politik der Freiheit, Stuttgart 1992.

Deleuze, Gilles, Foucault, Frankfurt a.M. 1987.

Derrida, Jacques, Von der beschränkten zur allgemeinen Ökonomie. Ein rückhaltloser Hegelianismus, in: ders, Die Schrift und die Differenz, Frankfurt a.M. 1972, S. 380-421.

Dutschke, Rudi, Mein langer Marsch. Reden, Schriften und Tagebücher aus zwanzig Jahren, herausgegeben von Gretchen Dutschke-Klotz, Helmut Gollwitzer und Jürgen Miermeister, Reinbek 1980.

Eckstaedt, Anita, Nationalsozialismus in der »zweiten Generation«. Psychoanalyse von Hörigkeitsverhältnissen, Frankfurt a.M. 1989.

Elder, Glen H. jr./Caspi, Avsholm, Persönliche Entwicklung und sozialer Wandel: Die Entstehung der Lebensverlaufsforschung, in: Karl Ulrich Mayer (Hrsg.), Lebensverläufe und sozialer Wandel, in: Kölner Zeitschrift für Soziologie und Sozialpsychologie, Sonderheft 31, 1990, S. 22-57.

Elias, Norbert, Studien über die Deutschen. Machtkämpfe und Habitusentwicklung im 19. und 20. Jahrhundert, Frankfurt a.M. 1989.

Enzensberger, Hans Magnus, Einzelheiten I, 10. Auflage, Frankfurt a.M. 1979.

Enzensberger, Hans Magnus, Der Untergang der Titanic. Eine Komödie, Frankfurt a.M. 1981.

Erikson, Erik H., Identität und Lebenszyklus, Frankfurt a.M. 1966.

Ewald, François, Der Vorsorgestaat, Frankfurt a.M. 1993.

Faimberg, Haydée, Die Ineinanderrückung (Telescoping) der Generationen. Zur Genealogie gewisser Identifizierungen, in: Jahrbuch für Psychoanalyse 20, 1987, S. 114-142.

Fest, Joachim, Der zerstörte Traum. Vom Ende des utopischen Zeitalters, Berlin 1991.

Fichter, Tilman/Lönnendonker, Siegward, Kleine Geschichte des SDS, Berlin 1977.

Fischer-Kowalski, Marina, Halbstarke 1958, Studenten 1969. Eine Generation und zwei Rebellionen, in: Ulf Preuss-Lausitz u.a., Kriegskinder, Konsumkinder, Krisenkinder. Zur Sozialisationsgeschichte seit dem Zweiten Weltkrieg, Weinheim/Basel 1983, S. 53-70.

Foucault, Michel, Die Ordnung der Dinge. Eine Archäologie der Humanwissenschaften, Frankfurt a.M. 1971.

Foucault, Michel, Freiheit und Selbstsorge, Frankfurt a.M. 1985.

Fraser, Ronald (Ed.), 1968. A Student Generation in Revolt. An International Oral History, New York 1988.

Friedeburg, Ludwig von, Einführung, in: ders. (Hrsg.), Jugend in der modernen Gesellschaft, Köln/Berlin 1965, S. 11-19.

Friedeburg, Ludwig von, Bildungsreform in Deutschland. Geschichte und gesellschaftlicher Widerspruch, Frankfurt a.M. 1989.

Gadamer, Hans-Georg, Wahrheit und Methode. Grundzüge einer philosophischen Hermeneutik, 3. Auflage, Tübingen 1972.

Gaus, Günter, Wo Deutschland liegt. Eine Ortsbestimmung, Hamburg 1983.

Gilligan, Carol, Die andere Stimme. Lebenskonflikte und Moral der Frau, München 1984.

Gitlin, Todd, The Whole World is Watching. Mass Media in the Making and Unmaking of the New Left, Berkeley 1980.

Gould, Roger L., Lebensstufen. Entwicklung und Veränderung im Erwachsenenalter, Frankfurt a. M. 1979.

Gregor, Ulrich/Patalas, Enno, Geschichte des modernen Films, Gütersloh 1965.

Grob, Norbert, »Es gibt keine bessere Kulisse als die Straße...«. Berlin-Filme von Gerd Oswald und Georg Tressler in den fünfziger Jahren, in: Zwischen Gestern und Morgen. Westdeutscher Nachkriegsfilm 1946-1962, Frankfurt a. M. 1989, S. 206-222.

Gustafsson, Lars, Utopien, Frankfurt a. M./Berlin/Wien 1985.

Habermas, Jürgen/von Friedeburg, Ludwig/Oehler, Christoph/Weltz, Friedrich, Student und Politik, Neuwied/Berlin/Darmstadt 1961.

Habermas, Jürgen (Hrsg.), Stichworte zur »Geistigen Situation der Zeit«, Frankfurt a. M. 1979.

Habermas, Jürgen, Der Marsch durch die Institutionen hat auch die CDU erreicht, Frankfurter Rundschau vom 11. März 1988.

Haffner, Sebastian, Im Schatten der Geschichte. Historisch-politische Variationen aus zwanzig Jahren, Stuttgart 1985.

Hartung, Klaus, Über die langanhaltende Jugend im linken Ghetto. Lebensalter und Politik – Aus der Sicht eines 38jährigen, in: Kursbuch, Nr. 54, 1978, S. 174-188.

Hartung, Klaus, Neunzehnhundertneunundachtzig. Ortsbesichtigung nach einer Epochenwende, Frankfurt a. M. 1990.

Hennig, Christoph, Die Entfesselung der Jugend. Romantischer Individualismus in den deutschen Alternativkulturen, Frankfurt a. M./New York 1989.

Hermann, Kai, Die Revolte der Studenten, Hamburg 1967.

Hirschman, Albert O., Engagement und Enttäuschung. Über das Schwanken des Bürgers zwischen Privatwohl und Gemeinwohl, Frankfurt a. M. 1988.

Hockerts, Hans Günter, Metamorphosen des Wohlfahrtsstaats, in: Martin Broszat (Hrsg.), Zäsuren nach 1945. Essays zur Periodisierung der deutschen Nachkriegsgeschichte, München 1990, S. 35-45.

Hochkeppel, Willy (Hrsg.), Die Rolle der Neuen Linken in der Kulturindustrie, München 1972.

Holthusen, Hans Egon, Der unbehauste Mensch. Motive und Probleme der modernen Literatur, Neuausgabe, München 1964.

Horkheimer, Max/Adorno, Theodor W., Dialektik der Aufklärung. Philosophische Fragmente, Neuausgabe, Frankfurt a. M. 1986.

Inglehart, Ronald, The Silent Revolution. Changing Values and Political Styles Among Western Publics, Princeton 1977.

Inglehart, Ronald, Kultureller Umbruch. Wertwandel in der westlichen Welt, Frankfurt a.M./New York 1989.

Jaspers, Karl, Psychologie der Weltanschauungen, Berlin/Heidelberg/New York 1971.

Jenkins, J. Craig, Resource Mobilization Theory and the Study of Social Movements, in: Annual Review of Sociology 9, 1983, S. 527-553.

Kohlberg, Lawrence, Zur kognitiven Entwicklung des Kindes, Frankfurt a.M. 1974.

Klages, Helmut, Wertedynamik. Über die Wandelbarkeit des Selbstverständlichen, Zürich 1988.

Kluge, Alexander, Der Luftangriff auf Halberstadt am 8. April 1945, in: ders., Neue Geschichten. Heft 1-18. »Unheimlichkeit der Zeit«, Frankfurt a.M. 1977, S. 33-106.

Kohli, Martin, Lebenslauf und Lebensmitte, in: Kölner Zeitschrift für Soziologie und Sozialpsychologie 29, 1977, S. 625-656.

Kohli, Martin, Zur Theorie der biographischen Selbst- und Fremdthematisierung, in: Joachim Matthes (Hrsg.), Lebenswelt und soziale Probleme. Verhandlungen des 20. Deutschen Soziologentags Bremen 1980, Frankfurt a.M./New York 1981, S. 502-520.

Kohli, Martin, Gesellschaftszeit und Lebenszeit, in: Johannes Berger (Hrsg.), Die Moderne – Kontinuitäten und Zäsuren, Soziale Welt, Sonderband 4, 1986, S. 183-208.

Korte, Hermann, Eine Gesellschaft im Aufbruch. Die Bundesrepublik Deutschland in den sechziger Jahren, Frankfurt a.M. 1987.

Kriesi, Hanspeter, Organisationsentwicklung von sozialen Bewegungen, in: Forschungsjournal Neue soziale Bewegungen 5, 1992, Heft 4, S. 85-93.

Ernst Kris/Otto Kurz, Die Legende vom Künstler. Ein geschichtlicher Versuch, Frankfurt a.M. 1980.

Kristeva, Julia, Die Revolution der poetischen Sprache, Frankfurt a.M. 1978.

Kristeva, Julia, Eine Erinnerung, in: Schreibheft, Nr. 26, 1985, S. 134-143.

Kuzmics, Helmut, Das »moderne Selbst« und der langfristige Prozeß der Zivilisation, in: Hermann Korte (Hrsg.), Gesellschaftliche Prozesse und individuelle Praxis, Frankfurt a.M. 1990, S. 216-255.

Lasch, Christopher, Das Zeitalter des Narzißmus, München 1982.

Lejeune, Philippe, Der autobiographische Pakt, Frankfurt a.M. 1994.

Lepsius, M. Rainer, Soziale Ungleichheit und Klassenstrukturen in der Bundesrepublik, in: Hans Ulrich Wehler (Hrsg.), Klassen in der europäischen Sozialgeschichte, Göttingen 1979, S. 166-209.

Lepsius, M. Rainer, Die Prägung der politischen Kultur der Bundesrepublik durch institutionelle Ordnungen, in: ders., Interessen, Ideen und Institutionen, Opladen 1990, S. 63-84.

Lethen, Helmut, Verhaltenslehren der Kälte. Lebensversuche zwischen den Kriegen, Frankfurt a.M. 1994.
Lévi-Strauss, Claude, Das wilde Denken, Frankfurt a.M. 1968.
Löwenthal, Richard, Der Romantische Rückfall, Stuttgart 1970.
Lübbe, Hermann, Der Nationalsozialismus im deutschen Nachkriegsbewußtsein, in: Historische Zeitschrift 236, 1983, S. 579-599.
Lüpertz, Markus, Im Gespräch mit Heinz Peter Schwerfel, Köln 1989.
Luhmann, Niklas, Soziale Systeme. Grundriß einer allgemeinen Theorie, Frankfurt a.M.1984.
Luhmann, Niklas, Zum Begriff der sozialen Klasse, in: ders., Soziale Differenzierung. Zur Geschichte einer Idee, Opladen 1985, S. 119-162.
Luhmann, Niklas, Njet-Set und Terror-Desperados, in: die tageszeitung vom 4. August 1988.
Luhmann, Niklas, Soziologie des Risikos, Berlin/New York 1991.
Luthe, Heinz Otto/Meulemann, Heiner (Hrsg.), Wertewandel – Faktum oder Fiktion? Bestandsaufnahmen und Diagnosen aus kultursoziologischer Sicht, Frankfurt a.M./New York 1988.
Maase, Kaspar, Bravo Amerika. Erkundungen zur Jugendkultur der Bundesrepublik in den fünfziger Jahren, Hamburg 1992.
Mackensen, Rainer, Bevölkerung und Gesellschaft in Deutschland. Die Entwicklung 1945-1978, in: Joachim Matthes (Hrsg.), Sozialer Wandel in Westeuropa. Verhandlungen des 19. Deutschen Soziologentags Berlin 1979, Frankfurt a.M./New York 1979, S. 443-464.
Maenz, Paul, Die 50er Jahre. Formen eines Jahrzehnts, Köln 1984.
Mann, Thomas, Betrachtungen eines Unpolitischen, Neuauflage, Frankfurt a.M. 1988.
Mannheim, Karl, Ideologie und Utopie, 5. Aufl., Frankfurt am Main. 1969.
Mannheim, Karl, Das Problem der Generationen, in: ders., Wissenssoziologie. Auswahl aus dem Werk. Neuwied/Berlin 1970, S. 509-565.
Marcuse, Herbert, Der eindimensionale Mensch, Neuwied/Berlin 1967.
Marquard, Odo, Abschied vom Prinzipiellen, Stuttgart 1981.
Marquard, Odo, Weltanschauungstypologie. Bemerkungen zu einer anthropologischen Denkform des neunzehnten und zwanzigsten Jahrhunderts, in: ders., Schwierigkeiten mit der Geschichtsphilosophie, Frankfurt a.M. 1982, S. 107-121.
Marshall, T. H., Citizenship and Social Class, Cambridge 1950.
Mayer, Karl Ulrich, Lebensverlaufsforschung, in: Wolfgang Voges (Hrsg.), Methoden der Lebenslauf- und Biographieforschung, Opladen 1987, S. 51-73.
Merleau-Ponty, Maurice, Das mittelbare Sprechen und die Stimme des Schweigens, in: ders., Das Auge und der Geist. Philosophische Essays, Hamburg 1984, S. 69-114.

Meyer, Sibylle/Schulze, Eva, Wie wir das alles geschafft haben. Alleinstehende Frauen berichten über ihr Leben nach 1945, München 1984.

Michel, Karl Markus, Ein Kranz für die Literatur. Fünf Variationen über eine These, in: Kursbuch 15, 1968, S. 169-186.

Mitscherlich, Alexander und Margarete, Die Unfähigkeit zu trauern. Grundlagen kollektiven Verhaltens, München 1967.

Morin, Edgar/Leford, Claude/Coudray, Jean-Marc, La Brèche. Premières réflexions sur les évènements, Paris 1968.

Mosler, Peter, Was wir wollten, was wir wurden. Studentenrevolte – zehn Jahre danach, Reinbek 1977.

Neidhardt, Friedhelm, Die junge Generation, Opladen 1967.

Neidhardt, Friedhelm, Über Zufall, Eigendynamik und Institutionalisierbarkeit absurder Prozesse. Notizen am Beispiel einer terroristischen Gruppe, in: Heine von Alemann/Hans-Peter Thurn (Hrsg.), Soziologie in weltbürgerlicher Absicht. Festschrift für René König zum 75. Geburtstag, Opladen 1981, S. 243-257.

Nietzsche, Friedrich, Also sprach Zarathustra, in: Sämtliche Werke, herausgegeben von Giorgio Colli und Mazzino Montinari, Band 6, München/Berlin/New York 1980, S. 335-349.

Nipperdey, Thomas, Probleme der Modernisierung in Deutschland, in: ders., Nachdenken über die deutsche Geschichte, München 1990, 52-70.

Nisbet, Robert, Sociology as an Art Form, London 1976.

Obershall, Antony, The Decline of the 1960s Social Movements, in: Louis Krisberg (Ed.), Research in Social Movements, Conflict and Change, Vol. III, Greenwich, Conn. 1978, S. 257-290.

Parkin, Frank, Middle Class Radicalism. The Social Basis of the British Campaign for Nuclear Disarmament, Manchester 1968.

Pfeil, Elisabeth, Die 23jährigen. Eine Generationenuntersuchung am Geburtsjahrgang 1941, Tübingen 1968.

Picht, Georg, Die deutsche Bildungskatastrophe. Analyse und Dokumentation, Olten/Freiburg 1964.

Podak, Klaus, Pfarrhaus und Philosophie oder der Untergang des Absoluten, in: Martin Greiffenhagen (Hrsg.), Das evangelische Pfarrhaus. Eine Kultur- und Sozialgeschichte, Stuttgart 1984, S. 311-327.

Preuss-Lausitz, Ulf u.a., Kriegskinder, Konsumkinder, Krisenkinder. Zur Sozialisationsgeschichte seit dem Zweiten Weltkrieg, Weinheim/Basel 1983.

Rosenmayr, Leopold, Jugend als Faktor sozialen Wandels (Versuch einer theoretischen Exploration der Jugendrevolten), in: Friedhelm Neidhardt u.a., Jugend im Spektrum der Wissenschaften, München 1970, S. 203-228.

Rutschky, Michael, Erfahrungshunger. Ein Essay über die siebziger Jahre, Köln 1980.

Rutschky, Michael, Zur Ethnographie des Inlands. Verschiedene Beiträge, Frankfurt a.M. 1984.

Schelsky, Helmut, Die skeptische Generation. Eine Soziologie der deutschen Jugend, Neuauflage, Frankfurt a.M./Berlin/Wien 1975.

Scheuch, Erwin K. (Hrsg.), Die Wiedertäufer der Wohlstandsgesellschaft. Eine kritische Untersuchung der »Neuen Linken« und ihrer Dogmen, Köln 1968.

Schimank, Uwe, Neoromantischer Protest im Spätkapitalismus, Bielefeld 1982.

Schmid, Thomas, Nicht sozial, aber bürokratisch. Über die Vergesellschaftung der Ohnmacht, in: ders. (Hrsg.), Das pfeifende Schwein. Über weitergehende Interessen der Linken, Berlin 1985, S. 127-142.

Schmid, Thomas, Staatsbegräbnis. Von ziviler Gesellschaft, Berlin 1990.

Schmidt-Harzbach, Ingrid, Rock'n'Roll in Hanau, in: Perlonzeit. Wie die Frauen ihr Wirtschaftswunder erlebten, Berlin 1985, S. 37-41.

Schneider, Peter, Paarungen, Berlin 1992.

Schütze, Fritz, Biographieforschung und narratives Interview, in: Neue Praxis 13, 1983, S. 283-293.

Schulze, Gerhard, Die Erlebnisgesellschaft. Kultursoziologie der Gegenwart, Frankfurt a.M./New York 1992.

Schwarz, Hans-Peter, Die Fünfziger Jahre als Epochenzäsur, in: Jürgen Heideking/Gerhard Hufnagel/Franz Knipping (Hrsg.), Wege in die Zeitgeschichte. Festschrift zum 65. Geburtstag von Gerhard Schulz, Berlin/New York 1989, S. 473-496.

Schweppenhäuser, Hermann (Hrsg.), Theodor W. Adorno zum Gedächtnis. Eine Sammlung, Frankfurt a.M. 1971.

Sennett, Richard, Verfall und Ende des öffentlichen Lebens. Die Tyrannei der Intimität, Frankfurt a.M. 1983.

Sichrovsky, Peter, Schuldig geboren. Kinder aus Nazifamilien, Köln 1987.

Söhngen, Oskar, Die Musik im evangelischen Pfarrhaus, in: Martin Greiffenhagen (Hrsg.), Das evangelische Pfarrhaus. Eine Kultur- und Sozialgeschichte, Stuttgart 1984. S. 295-310.

Spinner, Helmut F., Max Weber, Carl Schmitt, Bert Brecht als Wegweiser zum ganzen Rationalismus der Doppelvernunft, in: Merkur 40, 1986, S. 923-935.

Spranger, Eduard, Lebensformen. Geisteswissenschaftliche Psychologie und Ethik der Persönlichkeit, Halle 1927.

Stroeken, Harry P. C., Über imaginäres Alter, in: Forum der Psychoanalyse 9, 1993, S. 26-34.

Strange, Susan, Casino Capitalism, Oxford 1986.

Süskind, Patrick, Deutschland, eine Midlife Crisis, in: Der Spiegel vom 17. September 1990.

Sullivan, Harry Stack, The Interpersonal Theory of Psychiatry, New York 1953.
Tarrow, Sidney, Kollektives Handeln und politische Gelegenheitsstruktur in Mobilisierungswellen: Theoretische Perspektiven, in: Kölner Zeitschrift für Soziologie und Sozialpsychologie 43, 1991, S. 647-670.
Taubes, Jacob, Ad Carl Schmitt. Gegenstrebige Fügung, Berlin 1987.
Theweleit, Klaus, Männerphantasien. 1. Band: Frauen, Fluten, Körper, Geschichte, Frankfurt a.M. 1977.
Thome, Helmut, Wertewandel in der Politik? Eine Auseinandersetzung mit Ingleharts Thesen zum Postmaterialismus, Berlin 1985.
Thompson, Michael, Welche Gesellschaftsklassen sind potent genug, anderen ihre Zukunft aufzuoktroyieren? in: Lucius Burckhardt/Internationales Design Zentrum Berlin (Hrsg.), Design der Zukunft, Köln 1987, S. 58-87.
Tilly, Charles, Big Structures, Large Processes, Huge Comparisons, New York 1984.
Touraine, Alain, Soziologie als Handlungswissenschaft, Darmstadt/Neuwied 1974.
Trilling, Lionel, Das Ende der Aufrichtigkeit, München 1980.
Türkis, Wolfgang, Beschädigtes Leben. Autobiographische Texte der Gegenwart, Stuttgart 1990.
Turner, Ralph H., Das Thema zeitgenössischer sozialer Bewegungen, in: Walter R. Heinz/Peter Schöber (Hrsg.), Theorien kollektiven Verhaltens, Bd. 2, Darmstadt/Neuwied 1972, S. 102-127.
Turner, Ralph H., The True Self. From Institution To Impulse, in: American Journal of Sociology 81, 1976, S. 986-1007.
Ulrich, Bernd, Too old to Rock'n'Roll, too young to die. Die 68er oder wie eine Generation anfing, mir auf den Geist zu gehen, in: Kommune 6, 1988, Heft 4, S. 28-35.
Vesper, Bernward, Die Reise. Romanessay, Berlin und Schlechtenwegen 1977.
Veyne, Paul, Aus der Geschichte, Berlin 1986.
Viale, Guido, Die Träume liegen wieder auf der Straße, Berlin 1979.
Vollmer, Antje, Die schöne Macht der Vernunft. Auskünfte über eine Generation, Berlin 1991.
Weizsäcker, Richard von, Ansprache des Bundespräsidenten am Tag der Deutschen Einheit, Bulletin Nr. 118 vom 5. Oktober 1990, S. 1232-1238.
Wellershoff, Dieter, Das Geschichtliche und das Private. Aspekte einer Entzweiung, Akademie der Wissenschaften und der Literatur, Mainz, Abhandlungen der Klasse der Literatur, Wiesbaden 1986.
Wittgenstein, Ludwig, Philosophische Untersuchungen, Frankfurt a.M. 1971.

Wolff, Frank/Windaus, Eberhard (Hrsg.), Studentenbewegung 1967-69. Protokolle und Materialien, Frankfurt a. M. 1977.

Wouters, Cas, Informalisierung und der Prozeß der Zivilisation, in: Peter R. Gleichmann/Johann Goudsblom/Hermann Korte (Hrsg.), Materialien zu Norbert Elias' Zivilisationstheorie, Frankfurt a. M. 1979, S. 279-298.

Ziehe, Thomas, Die alltägliche Verteidigung der Korrektheit, in: Willi Bucher/Klaus Pohl (Hrsg.), Schock und Schöpfung. Jugendästhetik im 20. Jahrhundert, Darmstadt/Neuwied 1986, S. 254-258.

Soziologie, Ethnologie, Politik in den suhrkamp taschenbüchern

Beck, Ulrich: Politik in der Risikogesellschaft. Essays und Analysen. Mit Beiträgen von Oskar Lafontaine, Claus Offe, Joschka Fischer, Erhard Eppler u.a. st 1831

– Das ganz normale Chaos der Liebe. st 1725

Brecht, Bertolt: Schriften zur Politik und Gesellschaft 1919-1956. st 199

Broch, Hermann: Massenwahntheorie. Beiträge zu einer Psychologie der Politik. st 502

Duerr, Hans Peter: Intimität. Der Mythos vom Zivilisationsprozeß. Band II. Mit zahlreichen Abbildungen. st 2335

– Nacktheit und Scham. Der Mythos vom Zivilisationsprozeß. Band I. st 2285

– Obszönität und Gewalt. Der Mythos vom Zivilisationsprozeß. Band III. st 2451

Elias, Norbert: Mozart. Zur Soziologie eines Genies. Herausgegeben von Michael Schröter. st 2198

Elias, Norbert / John L. Scotson: Etablierte und Außenseiter. Aus dem Englischen von Michael Schröter. st 1882

Enzensberger, Hans Magnus: Politik und Verbrechen. Neun Beiträge. st 442

Eribon, Didier: Michel Foucault. Eine Biographie. Aus dem Französischen von Hans-Horst Henschen. st 2226

Fanon, Frantz: Die Verdammten dieser Erde. Vorwort von Jean-Paul Sartre. Deutsch von Traugott König. st 668

Foucault, Michel: Überwachen und Strafen. Die Geburt des Gefängnisses. Aus dem Französischen von Walter Seitter. st 2271

Hesse, Hermann: Politik des Gewissens. Die politischen Schriften. 1. Band: 1914-1932. 2. Band: 1933-1962. Vorwort von Robert Jungk. Herausgegeben von Volker Michels. st 656

Kracauer, Siegfried: Die Angestellten. Aus dem neuesten Deutschland. Mit einer Rezension von Walter Benjamin. st 13

Kraus, Karl: Sittlichkeit und Kriminalität. st 1311

Mayer, Hans: Außenseiter. st 736

– Der Turm von Babel. Erinnerung an eine Deutsche Demokratische Republik. st 2174

Moser, Tilmann: Politik und seelischer Untergrund. Aufsätze und Vorträge. Erstausgabe. st 2258

– Vorsicht Berührung. Über Sexualisierung, Spaltung, NS-Erbe und Stasi-Angst. st 2144

258/1/11.95

Soziologie, Ethnologie, Politik in den suhrkamp taschenbüchern

Opfer der Macht. Müssen Politiker ehrlich sein? Herausgegeben von Peter Kemper mit Beiträgen u.a. von Gernot Böhme, Alfred Grosser, Matthias Horx, Oskar Negt, Michael Rutschky, Klaus Staeck und Michael Stürmer. st 2380

Oz, Amos: Bericht zur Lage des Staates Israel. st 2192

Puhl, Widmar: Dichter für die Freiheit. Von der subversiven Kraft der Literatur in Osteuropa. st 2173

Schiffauer, Werner: Die Gewalt der Ehre. Erklärungen zu einem deutsch-türkischen Sexualkonflikt. st 894

Tertilt, Hermann: Turkish Power Boys. Ethnographie einer Jugendbande. st 2501

Wesel, Uwe: Juristische Weltkunde. Eine Einführung in das Recht. st 2265

258/2/11.95

Deutschsprachige Literatur in den suhrkamp taschenbüchern: Essays, Reden, Briefe, Tagebücher

Alain: Die Pflicht, glücklich zu sein. Aus dem Französischen übertragen und mit einem Nachwort versehen von Albrecht Fabri. st 859

Andreas-Friedrich, Ruth: Der Schattenmann. Tagebuchaufzeichnungen 1938-1945. Mit einem Nachwort von Jörg Drews. st 1267

– Schauplatz Berlin. Tagebuchaufzeichnungen 1945-1948. st 1294

Benjamin, Walter: Angelus Novus. Ausgewählte Schriften 2. st 1512

Deutsche Menschen. Eine Folge von Briefen. Auswahl und Einleitungen von Walter Benjamin. Mit einem Nachwort von Theodor W. Adorno. st 970

– Illuminationen. Ausgewählte Schriften. Herausgegeben von Siegfried Unseld. st 345

– Über Haschisch. Novellistisches. Berichte. Materialien. Herausgegeben von Tillman Rexroth. Einleitung von Hermann Schweppenhäuser. st 21

Blixen, Tania: Moderne Ehe und andere Betrachtungen. Aus dem Dänischen von Walter Boehlich. Mit einem Nachwort von Hanns Grössel. st 1971

Brecht, Bertolt: Der Kinnhaken. Gedichte, Geschichten und Essays zur Literatur und zum Boxsport. Herausgegeben und mit einem Nachwort versehen von Günter Berg. st 2395

– Schriften zur Politik und Gesellschaft 1919-1956. st 199

Broch, Hermann: Schriften zur Literatur 1. Kritik. st 246

– Massenwahntheorie. Beiträge zu einer Psychologie der Politik. st 502

Buch, Hans Christoph: Tropische Früchte. Afro-amerikanische Impressionen. Erstausgabe. st 2231

Cioran, E. M.: Die verfehlte Schöpfung. Übersetzt von François Bondy. Das Kapitel »Die neuen Götter« wurde von Elmar Tophoven übersetzt. st 550

– Vom Nachteil, geboren zu sein. Übersetzt von François Bondy. st 549

Endres, Ria: Werde, was du bist. Dreizehn literarische Frauenportraits. st 1942

– Werde, was du bist. Dreizehn literarische Frauenportraits. st 2350

Enzensberger, Hans Magnus: Ach Europa! Wahrnehmungen aus sieben Ländern. Mit einem Epilog aus dem Jahre 2006. st 1690

– Aussichten auf den Bürgerkrieg. st 2524

– Der Fliegende Robert. Gedichte, Szenen, Essays. st 1962

– Die Große Wanderung. Dreiunddreißig Markierungen. Mit einer Fußnote ›Über einige Besonderheiten bei der Menschenjagd‹. st 2334

– Mittelmaß und Wahn. Gesammelte Zerstreuungen. st 1800

256/1/11.95

Deutschsprachige Literatur
in den suhrkamp taschenbüchern:
Essays, Reden, Briefe, Tagebücher

Enzensberger, Hans Magnus: Politik und Verbrechen. Neun Beiträge. st 442
– Politische Brosamen. st 1132

Frisch, Max: Forderungen des Tages. Porträts, Skizzen, Reden 1943-1982. Herausgegeben von Walter Schmitz. st 957
– Tagebuch 1946-1949. st 1148
– Tagebuch 1966-1971. st 256

Goytisolo, Juan: Spanien und die Spanier. Aus dem Spanischen übertragen von Fritz Vogelgsang. st 861

Handke, Peter: Als das Wünschen noch geholfen hat. Fotos von Peter Handke. st 208
– Das Ende des Flanierens. st 679
– Ich bin ein Bewohner des Elfenbeinturms. st 56

Hesse, Hermann: Ausgewählte Briefe. Erweiterte Ausgabe. Zusammengestellt von Hermann Hesse und Ninon Hesse. st 211
– Briefe an Freunde. Rundbriefe 1946-1962. Zusammengestellt von Volker Michels. st 380
– Kindheit und Jugend vor Neunzehnhundert. Hermann Hesse in Briefen und Lebenszeugnissen. 1. Band: 1877-1895. Ausgewählt und herausgegeben von Ninon Hesse. st 1002
– Kindheit und Jugend vor Neunzehnhundert. Hermann Hesse in Briefen und Lebenszeugnissen. 2. Band: 1895- 1900. Herausgegeben von Ninon Hesse. Fortgesetzt und erweitert von Gerhard Kirchhoff. st 1150
– Eine Literaturgeschichte in Rezensionen und Aufsätzen. Herausgegeben von Volker Michels. st 252
– Politik des Gewissens. Die politischen Schriften. 1. Band: 1914-1932. 2. Band: 1933-1962. Vorwort von Robert Jungk. Herausgegeben von Volker Michels. st 656
– Die Welt der Bücher. Betrachtungen und Aufsätze zur Literatur. Zusammengestellt von Volker Michels. st 415
– Zarathustras Wiederkehr. Ein Wort an die deutsche Jugend und andere Aufrufe gegen den Herdengeist von rechts und links. Herausgegeben von Volker Michels. st 2228

Johnson, Uwe: Berliner Sachen. Aufsätze. st 249

Jonas, Hans: Materie, Geist und Schöpfung. Kosmologischer Befund und kosmogonische Vermutung. st 1580

Joyce, James: Briefe. Ausgewählt aus der von Richard Ellmann edierten dreibändigen Ausgabe von Rudolf Hartung. Deutsch von Kurt Heinrich Hansen. st 253

256/2/11.95

Deutschsprachige Literatur in den suhrkamp taschenbüchern: Essays, Reden, Briefe, Tagebücher

Joyce, James: Briefe an Nora. Herausgegeben und mit einem Vorwort versehen von Fritz Senn. Übersetzt von Kurt Heinrich Hansen. st 1931

Joyce, Stanislaus: Das Dubliner Tagebuch des Stanislaus Joyce. Herausgegeben von George Harris Healy. Deutsch von Arno Schmidt. st 1046

Kaminski, André: Schalom allerseits. Tagebuch einer Deutschlandreise. st 1637

Karalaschwili, Reso: Hermann-Hesse- Studien. st 2156

Koeppen, Wolfgang: Die elenden Skribenten. Aufsätze. Herausgegeben von Marcel Reich-Ranicki. st 1008

Kohtes, Michael: Literarische Abenteurer. Dreizehn Porträts. st 2512

Kracauer, Siegfried: Kino. Essays, Studien, Glossen zum Film. Herausgegeben von Karsten Witte. st 126

– Das Ornament der Masse. Essays. Mit einem Nachwort von Karsten Witte. st 371

Kraus, Karl: Die chinesische Mauer. st 1312

– Dritte Walpurgisnacht. st 1322

– Hüben und Drüben. Aufsätze 1929-1936. Herausgegeben von Christian Wagenknecht. st 1328

– Kanonade auf Spatzen. Glossen 1920-1936. Shakespeares Sonette. Nachdichtung. Herausgegeben von Christian Wagenknecht. st 1330

– Die Katastrophe der Phrasen. Glossen 1910-1918. Herausgegeben von Christian Wagenknecht. st 1329

– Magie der Sprache. Ein Lesebuch. Herausgegeben und mit einem Nachwort von Heinrich Fischer. st 204

– Literatur und Lüge. st 1313

– Sittlichkeit und Kriminalität. st 1311

– Die Sprache. st 1317

– Die Stunde des Gerichts. Aufsätze 1925-1928. Herausgegeben von Christian Wagenknecht. st 1327

– Theater der Dichtung. Jacques Offenbach. Herausgegeben von Christian Wagenknecht. st 1323

– Untergang der Welt durch schwarze Magie. st 1314

– Weltgericht I / Weltgericht II. st 1315/1316

Lem, Stanisław: Provokationen. Aus dem Polnischen von Friedrich Griese, Jens Reuter und Edda Werfel. PhB 263. st 1773

– Summa technologiae. Mit einem Vorwort des Autors zur deutschen Ausgabe. Aus dem Polnischen übersetzt von Friedrich Griese. st 678

256/3/11.95

Deutschsprachige Literatur in den suhrkamp taschenbüchern: Essays, Reden, Briefe, Tagebücher

Lem, Stanisław: Die vollkommene Leere. 15 fiktive Rezensionen. Autorisierte Übersetzung aus dem Polnischen von Klaus Staemmler. »Die neue Kosmogonie« übersetzte I. Zimmermann-Göllheim. st 707

Lenk, Hans: Kritik der kleinen Vernunft. Einführung in die jokologische Philosophie. st 1771

Lovecraft, Howard Phillips: Azathoth. Vermischte Schriften. Ausgewählt von Kalju Kirde. Aus dem Amerikanischen von Franz Rottensteiner. PhB 230. st 1627

Mayer, Hans: Das unglückliche Bewußtsein. Zur deutschen Literaturgeschichte von Lessing bis Heine. st 1634

– Wendezeiten. Über Deutsche und Deutschland. st 2421

Mitscherlich, Alexander: Toleranz – Überprüfung eines Begriffs. Ermittlungen. st 213

Muschg, Adolf: Empörung durch Landschaften. Vernünftige Drohreden. st 1482

– Goethe als Emigrant. Auf der Suche nach dem Grünen bei einem alten Dichter. st 1287

Oz, Amos: Bericht zur Lage des Staates Israel. st 2192

Paz, Octavio: Nackte Erscheinung. Das Werk von Marcel Duchamp. Aus dem Spanischen von Rudolf Wittkopf. st 1833

– Sor Juana Inés de la Cruz oder Die Fallstricke des Glaubens. Aus dem Spanischen von Maria Bamberg. Versübertragungen von Fritz Vogelgsang. Mit zahlreichen Abbildungen. st 2294

Proust, Marcel: Briefe zum Leben. 2 Bde. Ausgewählt und aus dem Französischen übersetzt von Uwe Daube. st 464

Schneider, Reinhold: Portugal. Mit einem Nachwort von Peter Berglar. st 1073

Schriftsteller vor Gericht. Herausgegeben von Jörg-Dieter Kogel. st 2528

Vargas Llosa, Mario: Die Wahrheit der Lügen. Aus dem Spanischen von Elke Wehr. Erstausgabe. st 2283

Walser, Martin: Auskunft. 23 Gespräche aus 26 Jahren. Herausgegeben von Klaus Siblewski. Erstausgabe. st 1871

– Beschreibung einer Form. Versuch über Kafka. st 1891

– Heilige Brocken. Aufsätze, Prosa, Gedichte. st 1528

– Liebeserklärungen. st 1259

– Vormittag eines Schriftstellers. st 2510

Walser, Robert: Briefe. Herausgegeben von Jörg Schäfer unter Mitarbeit von Robert Mächler. st 488

256/4/11.95